디어 맑스

디어 맑스

엥겔스가 그린
칼 맑스의 수염 없는 초상

손석춘 지음

시대의창

프롤로그

내 친구

서로 사랑하라.

신의 이름으로 사람들 사이에 오랜 세월 회자한 가르침이지. 그럼에도 정작 사랑은 시나브로 사라지고 있다네. 사랑은 물론 자비라는 말까지 자자한 세상에서 말일세.

사랑의 설교는 가멸지만 사랑은 가뭇없어서인가. 사람 사는 세상은 으레 그런 거라고 쓴웃음을 머금는 사람들이 무장 늘어나고 있네. 해가 바뀌도록 소설 한 권 읽지 않으면서 마치 인생의 이치를 꿰뚫어 본 듯 행세하는 용기만큼은 높게 평가해야 옳을까.

더 기막힌 풍경은 자신 또한 노동으로 살아가면서도 노동하는 사람을 시들방귀로 여기는 사람들이 셀 수 없을 만큼 많다는 걸세. 그럼에도 '교양 있는 시민'을 자부하는 이들을 볼 때는 하릴없이 슬픔마저 잔잔히 밀려온다네. 심지어 '중산층'을 자임하며 자신이 마치 노동과 자본 사이에서 균형을 잡고 있거나 중립이라도 되는 양 착각하는 이들도 뒤뚱뒤뚱 나타나고 있어.

스스로 똘똘하다거나 깨어 있다고 확신하는 사람들에게 쓰잘

머리 없이 겸손을 설교할 뜻은 전혀 없네. 자네도 알다시피 나는 겸손이란 덕목과 전혀 무관하지 않은가. 같잖은 교양과 뒤뚱뒤뚱한 균형 감각을 으스대는 이들을 볼 때면 솔직히 가엾기도 하다네.

다만 곡진히 권하고 싶군, 이 사람을 보라고. 세상은 으레 그렇다는 예단이나 자신이 내내 깨어 있다는 속단은 이 사람 앞에 서면 시나브로 작아질 걸세.

누군지 짐작 가는가. 살아서도 죽어서도 '붉은 악마'로 불리는 내 친구, 바로 자네라네. 인간적인, 너무나 인간적인 친구가 사랑을 어떻게 사유하고 실행했는지 문학을 통해 증언하는 까닭일세.

붉은 악마의 거룩한 사제를 자처하는 엄숙주의자들에게 진실을 전하려는 충정도 담았네. 그들에게도 이 사람을 보라고 유언하고 싶군.

'사랑'이나 '교양'을 입에 달고 사는 사람이라면 아무리 삶에 여유가 없더라도 꼭 만나 보길 소망하네. 붉은 악마, 내 친구의 지순한 사랑을.

1895년 4월 24일
런던
F. E

차례

2부 알려지지 않은 걸작

1부
—
악마가 된 랍비

1. 머리칼에 수염까지 깎은 그대

친구, 잘 지내시는가.

아무래도 내 삶에 노을이 검붉게 익어가면서인 듯싶네 그려. 홀로 북아프리카를 여행하며 그 아름다운 수염을 모두 밀고 사자 갈기 머리칼까지 삭둑 자른 자네 심경을 이제야 조금 헤아린다네.

편지로 통보했을 뿐, 자네는 내게도 수염 없는 얼굴을 보여주지 않았지.

북아프리카로 건너간 넉 달 만에 파리를 거쳐 돌아왔을 때는 수염도 머리칼도—예전과 견주면 짧기는 했으나—제법 텁수룩했으니 말일세. 왜 깎았냐는 물음에 그대 쓸쓸한 미소로 답했지. 더 묻지 말라는 뜻이었어.

결국 귀하가 멋진 볼수염까지 깔끔히 깎은 까닭, 아니 수염을 깎았다는 사실조차 대다수 사람들은 모른다네. 자네를 숭배하는 친구들도 마찬가지일세. 삭발 사건은 온전히 북아프리카의 비밀로 사막 아래 깊숙한 수맥처럼 묻혀 있다네.

아, 여기서 편지 한 통 소개하고 가야겠군. 의심할 필요가 없는 사실은 애써 의심하고, 정작 의심해 마땅한 거짓은 한사코 의심하지 않는 과똑똑이들을 위해 자네 편지를 증거로 공개하니 행여 불쾌해하지 마시게.

"오늘 햇살 아래에서 덥수룩한 수염과 '가발'을 정리했다네. 하지만 딸들이 이전 모습을 더 좋아할 듯싶어 수염과 가발이 이발사의 손에 희생되기 전에 사진을 찍어두었다네."

발신인 이름은 칼 맑스.*

1882년 4월 28일, 북아프리카 알제의 한 이발소에서 걸어 나온 뒤 내게 보낸 편지에서 그 대목을 읽을 때 눈이 번쩍 뜨였지.

---

*　　한국에선 Karl Marx를 외래어표기법에 따라 '카를 마르크스'로 옮기고 있다. 하지만 그는 생전에 '칼 맑스'로 불렸고, 오늘날 유럽과 미국에서도 그렇게 불리고 있다. 한국 밖으로 나가 '카를 마르크스'라고 발음하면 알아듣지 못한다. 더구나 이 작품은 절친한 친구가 쓴 정겨운 글의 번역문이기에 발음을 따라 '칼 맑스'로 옮겼다. 표제 '디어 맑스'도 영문 원고 맨 앞장의 'Dear Marx'를 그대로 살렸다. 한국에서 최근 출간된 서적 가운데 '칼 맑스'로 표기한 번역서도 적지 않다. 이하 모든 각주는 독자의 이해를 돕기 위해 원문에 추가했음을 밝혀둔다. 영문 원고를 입수한 경위는 작품의 곁가지이기에 생략한다.

자네가 예상한 대로 이발사의 손에 하얀 수염과 사자 갈기가 희생되기 직전 찍어놓은 사진은 지금 유럽과 세계 곳곳에 퍼져 있다네. 작심하고 펜을 든 까닭이 바로 여기 있지. 그대를 둘러싸고 온갖 억측이 어지럽게 춤추어 차마 눈 뜨고 볼 수 없을 지경에 이르렀거든.

우정 어린 내 친구를 평생에 걸쳐 비트는 데 앞장선 기자들만 두고 하는 말이 아닐세. 내 친구를 무람없이 붉은 악마로 몰아가는 자들이 시간이 흐를수록 되레 늘어나고 있다네. 그만큼 자네의 힘이 커져서라고 판단할 수도 있겠지만, 모든 싸움에서 지나친 낙관은 패배의 지름길 아닌가.

그뿐이 아닐세. 불행히도 자네를 우상으로 섬기는 신도들이 곰비임비 나타났다네. 살아 있을 때도 이미 숭배하는 이들이 많았지만 요즘처럼 종교적이진 않았어.

귀하의 말 한마디 한마디를 마치 성경 구절처럼 떠받들고 주문처럼 암송하는 무리가 여기저기 부스럼처럼 생겨나고 있네. 종기는 내 친구에게 정녕 최악이지. 그대가 무슨 종교의 창시자는 아니지 않은가. 더구나 민중의 우상이고 싶은 망상 따위는 단 한순간도 없었어.

내 친구를 함부로 왜곡하는 저 마녀 사냥꾼과 온새미로 숭배하는 저 주의자들로 자네의 아름다운 수염은 갈기 머리와 더불어 마구 헝클어지고 있다네. 어처구니없는 그 현상의 뒷면에는 돈을 신으로 섬기는 사람들이 꼭꼭 숨어 있지.

민중이 자네를 멀리하고 싶은 악마나 가까이 다가설 수 없는 신성으로 여길수록, 돈이 사람보다 먼저인 체제를 변혁하기가 어려워지지 않겠나. 그만큼 많은 사람이 변혁에 동참하지 않을 테니 말일세. 아마도 그것이 저들의 노림수일 거야.

하여, 자네가 붉은 악마도 거룩한 신성도 아님을 똑바로 증언하고 싶네. 사자 갈기와 하얀 수염에 갇힌 귀하가 곳곳에 내걸린 풍경을 바라보며 진솔한 모습을 증언하고픈 마음이 절실해졌어.

그러니 그대, 지금부터 사뭇 주의 깊게 살펴보시게. 진솔을 명분으로 내가 그대를 어떻게 교묘히 흠집 내는지, 혹 오랜 우정 아래 묵새기던 질투가 슬금슬금 드러나는 건 아닌지 말일세. 언제 어디서부터 우리의 우정 반세기를 증언할까 고심하다 끝에서부터 시작키로 했네.

공동묘지에 자네를 묻던 스산한 그날, 장례식에 참석한 열한 명의 젖은 눈동자를 둘러보며 그 퀭한 슬픔에 심심한 위로의 말을 전했거든, 칼 맑스의 전기를 쓰겠노라고.

늙은 전사에게 세월은 무장 빨리 흐르더군. 자네 무덤을 다시 열고 우리가 함께 사랑했던 여성의 관을 내리던 서글픈 날, 문득 그새 칠 년이 흘렀음에도 전기는 착수조차 못 했음을 깨달았네.

미안하네, 친구. 자료를 모으고 늘 염두에 두었네만 시답잖은 변명을 하자면 유고를 정리해 출간하고 공동 사업을 홀로 애면

글면 이어가기도 내 딴에는 힘겨웠다네.

그날, 더는 전기를 미룰 수 없다고 결기를 세웠어. 그녀를 자네 곁에 보내고 집에 돌아오니 냉기가 심장까지 파고들더군. 새삼 그녀의 죽음을 절감하곤 오열했네.

서러움을 이겨낼 힘은 다시 자네가 주었지. 그녀를 묻으려고 무덤을 열자마자 이슬이 맺히던 그대 관을 보았을 때 확신이 들었거든, 저 관은 비어 있노라고.

여기서 정직한 독자라면 당연히 의심스레 묻겠지. 부활? 그렇다면 살아난 자네는 지금 어디 있는가를. 바로 답하고 싶지만 손쉽게 거처를 발설하면 나는 자칫 또 다른 가룟 유다가 될 수 있을 걸세.

그러니 난들 어쩌겠나, 사람들이 스스로 찾는 길밖에 없는 것을. 다만, 그 말이 부활한 자네를 만나러 가는 길에 도움마저 줄 수 없다는 뜻은 아닐 거야.

되살아난 그대 있는 곳을 사람들이 스스로 찾을 수 있도록 찬찬히 톺아보겠네. 내 친구가 누구인가를, 어떻게 살았는가를. 친구가 걸어온 길을 알고 나면 그 연장선에서 누구나 만날 수 있겠지. 부활한 내 친구, 자네를, 수염 없는 맑스를.

일찍이 청소년 시절에 인류를 위하여 몸 바치겠다고 다짐한 맑은 맑스가 어떻게 그 거룩한 다짐을 노동인*과 더불어 구현했

---

*   본디 영문으로 된 원고의 원문은 'worker'로 지금까지 한국에선 '노동

는지 생생하게 보여주는 문필 노동은 한평생 우정을 나눈 친구에게 주어진 최소한의 의무일세. 아직은 살아 있는 나의 권리일 수도 있겠지.

혹 오류가 있다면 속절없이 노화해가는 내 두뇌 탓일 거야. 최대한 자네와 가족들이 남긴 편지와 기록, 함께 살았던 사람들의 증언, 신문 기사를 밑절미로 한 글자 한 글자 삼가 서술해가겠네.

가만, 혹 내 문장력을 불신할까 싶어 밝혀두네. 평생 귀하의 날카로운 지성과 화려한 문장에 짓눌려 내 밋밋한 문장은 언제나 시들 수밖에 없었던 참사를 알고 있나? 그런데 실은 나도 한 문장깨나 하던 사람일세.

이미 알고 있다고 스리슬쩍 눙치진 말게나. 내가 열아홉 살 때 쓴 서사시극은 남우세스러워 귀하에게도 이야기하지 않았을 게야. 나는 십 대 시절 내내 고대 세계의 신화와 민담, 중세 설화에 탐닉했다네.

자'로 번역해왔다. 하지만 이 작품에선 '노동인'으로 옮겼다. 한국에서 '노동자'라는 말을 곧장 '일용직 육체노동자'로 등식화하고 있기 때문이다. 선입견을 벗어나 낯설게 보기가 필요할뿐더러 '노동인'이라는 말이 원어에 더 적합한 번역어라고 판단했다. '상공인'과 '노동자'라는 기왕의 번역어는 이 작품에서 '상공업자'와 '노동인'으로 교정되었다. 평생 노동work을 존중한 사상가의 삶을 다룬 작품에서 'worker'의 번역어는 '노동인'이 더 적실하다. 새로운 언어를 만들어내는 일(노동)은 언제나 문학의 권리이자 의무다.

습작한 서사시극도 민담의 영웅을 소재로 삼았지. "내게 군마와 칼을 다오" 같은 씩씩한 대사를 나름 힘주어 썼지만, 오늘날에 영웅 서사를 어떻게 풀어내야 옳은가에서 그만 막혀버리더군.

그 미완성 서사시극—나중에 밝히겠지만 나는 그 작품을 기어이 완성할 걸세—에서 내가 가장 자부하고 싶은 문장이 있다네. 주인공의 대사로 촌철살인을 날렸지.

"산속 시냇물처럼, 내 앞길 내 힘으로 열어가리라."

어떤가. 여전하지 않은가. 자네의 듬직한 무게 앞에선 언제나 꼴같잖은 우스개만 늘어놓는 푼수일세. 그 서사시에 주인공의 아버지가 "이제 녀석도 철들 때가 되었는데"라며 아들의 모험을 말리는 대목이 있거든. 일흔이 넘었지만 아직도 내겐 아버지의 꾸중이 절절한가 보이.

잡담은 그만 접어야겠지? 지금부턴 제법 진지하려네. 우리가 처음 만난 순간부터 차근차근 되새김질하고 싶어서야. 단 한 장면도 놓치고 싶지 않을 만큼 아름다운—자네와 나의 인생에도 예외 없이 불거진 갈등과 추함까지도 세월은 어느새 곱게 채색해놓았어—순간들이거든.

우리가 처음 얼굴을 맞댔을 때 나는 스물두 살, 자네는 스물네 살이었지. 애동대동한 우린 당연히 미혼이었어. 언제 우리에게 그런 시절이 있었나 싶을 만큼 그립군.

귀하는 귀족스러운, 아니지 실제로 귀족의 딸인 절세 미녀와 오래전부터 사귀어왔고, 나는 세상의 쓴맛을 이미 어린 시절에 톡톡히 음미한 애인을 만나기 직전이었지.

우리 모두가 사랑했던 여자는 귀족의 집에서 하녀로 고단한 일상을 보내고 있었어. 우리 모두는 그때 새파란 이십 대였지. 얼굴도 몸도 얼마나 싱그러웠던가.

그런데 생명력 넘치던 그 다섯 명, 내 애인의 자매이자 내 아내를 더하면 여섯 명 가운데 애오라지 나 홀로 남았군. 그때로부터 겨우 오십 년이 흘렀는데도 저 시간이라는 흉측한 괴물은 그 훌륭한 얼굴, 아름다운 몸들을 가공스러운 아가리로 모두 삼켰어. 하다못해 주목나무만 하더라도 오백 년 정도는 거뜬히 넘기는데 말이야.

자네에게 책망 들을 각오로 솔직히 묻겠네. 인생이란 이토록 허망한 것인가. 차라리 내가 괴물의 위장에 들어가고 자네가 여기서 우리의 우정을 풀어간다면 더 좋았을걸.

2. 참 경건한 위선자들

대리석으로 조각한 얼굴, 이들이들한 피부, 맑고 밝은 눈동자와 콧날 아래 엷은 콧수염, 1미터 83센티의 훤칠한 키, 수영과 승마로 다진 군살 없이 날렵한 몸, 산뜻한 성격에 베토벤 음악—특히 3번 교향곡 〈운명〉—을 좋아하고 취미는 여우 사냥, 나날이 번창하는 기업을 소유한 부잣집 아들.

젊은 그가 누구나 부러워할 석조 저택을 나서면 뭇 여성의 눈길을 끌었지. 기억하는가, 자네와 처음 만난 스물두 살의 내 모습이었다네.

친구와 더불어 괜스레 나까지 마치 거룩한 존재라도 되는 듯이 숭배하는 먹물이 풀쑥풀쑥 늘어나고 있어. 나를 '엥겔스 박사님'이라 부르기를 한사코 고집하는 동지들도 나타나더군. 단호하되 정중하게 호칭을 교정해주었지.

"저는 박사가 아닙니다. 대학도 나오지 않은 은퇴한 방직업자라는 사실을 분명히 밝히고 싶습니다."

그럼에도 고치지 않더군. 바로 그렇기에 나는 이 증언의 들머리에 못 박아두고 싶네, 내 친구와 나는 품격이 다르다고.

스물두 살, 그때 나는 고급 포도주와 그 못지않게 '고급'인 여자를 좋아했었지. 아니, 과거형으로 쓰면 정직하지 않은 거야. 일흔이 넘은 지금도 그러하거든.

자네도 알다시피 이건 무슨 위악 따위가 아닐세. 좋은 와인과 그윽한 여인의 향기가 없다면 이 지상의 삶은 얼마나 신산하겠는가. 누가 뭐래도 흔들림 없는 내 소신일세.

자네에게도 그 둘을 권했지. 하지만 아무래도 나와는 사람 됨됨이가 다르더군. 그래도 포도주는 어느 정도 따라왔어. 품질을 가림 없이 마셔대긴 했지만. 딴은 자네가 보르도 포도주를 마음 놓고 마실 만한 경제적 여유는 없었지.

아무튼 술과 달리 여자에 관한 한 나를 전혀 학습하지 않더군. 음, '전혀'라는 표현은 적절하지 않을 수도 있겠네. 자네 나름대로 새로운 사랑을 열망하지 않은 것은 아니었잖은가.

하지만 귀하의 사랑은 너무 무거워서 발걸음이 경쾌하지 못했지. 지나치게 진지한 사랑은 주는 사람도 받는 사람도 또 주변 사람에게도 부담, 때로는 깊은 상처를 줄 수 있거든. 바로 앞 문장은 어쩌면 자네의 사랑을 지켜보며 자연스레 고여오던 부러움과 부끄러움의 다른 표현일지도 몰라.

나로 말하자면, 사뿐사뿐 다가오는 여성들을 굳이 멀리하고 싶지 않았고 실제로 그러지 않았지. 아니, 먼저 거칠게 다가서기도 했어. 더러는 쑥덕이며 나를 흘겨보았지만, 그런 시새움에 어떻게 대처할지 그대가 일찌감치 일러주었지. 내게 얼마나 도움이 되었는지 모른다네.

"사람들이 떠들게 내버려두라, 너 자신의 길을 가라."

친구, 그렇다고 내가 형편없는 바람둥이로 살아온 것은 아니잖은가. 그래, 나는 다만 위선의 가면, 인간에게 오래 들씌워진 거짓의 탈이 거추장스러웠을 따름이네.

십 대 전반기까지 어린 나를 지배한 도덕은 아버지와 어머니의 엄숙한 경건주의였어. 아버지는 어린 나를 앞에 두고 또박또박 기도했다네.

"우리가 이 아이를 잘 키워 신을 경외할 수 있도록 해주시고 우리가 모범을 보임으로써 최상의 가르침을 줄 수 있도록 해주십시오."

나는 아버지의 기도에 응답했지.

"주 예수 그리스도, 신의 독생자

오 당신의 하늘 왕좌에서 내려오시어

제 영혼을 구해주소서

복되이 오시어

아버지 주님의 거룩하신 빛으로

제가 당신을 선택할 수 있게 해주소서."

내가 쓴 시를 보여드렸을 때 아버지는 기억컨대 처음으로 미소를 보냈어. 어떤가. 열다섯 살로선 나름 최선을 다한 거야.

하지만 기독교 신앙에 근거한 경건주의는 종종 나를 나락에 떨어뜨렸지. 성욕이 폭풍처럼 몰아쳐올 때는 특히 더 그랬어. 터질 듯이 팽창한 그곳을 손으로 붙잡고 있다가 아버지와 어머니의 엄정한 가르침이 떠오를 때면, 나는 바지춤도 다 올리지 못한 채 두 손을 황급히 모아 신에게 죄를 고백하며 용서해달라고 기도했지.

울며 기도를 마치고 손을 내릴 때 수그러들기는커녕 되레 더 사납게 고개 든 내 몸을 바라볼 때 지옥으로 떨어질 것만 같은 불안과 함께 저놈이야말로 바로 사탄이 아닐까 싶어 잘라버리고 싶은 충동이 엄습할 때도 적잖았어. 내 의지를 깡그리 무시하고 무시로 들어와 몸을 지배하더군.

자넨 그런 경험이 없었는가? 때로는 나 자신을 아무런 가치 없는 쓰레기로 여겨 자살을 고심하기도 했다네.

그대에게도 처음 털어놓는 이야기지만 나는 그 경건주의가 얼마나 위선인가를 단숨에, 그것도 하늘이 무너지는 충격으로 깨달았어. 문자 그대로 거룩한 하늘에 금이 가며 모태신앙이 조각조각 쏟아져 내린 순간이지.

감기가 든 어느 날 밤중에 열이 높아 비틀비틀 어머니의 침실을 찾아갔을 때라네. 문 앞에 다가섰을 때 들려오는 소리에 멈칫했지. 나도 모르게 손잡이 열쇠 구멍에 눈을 바투 댔어. 그 순간 들어온 풍경에 머릿속이 온통 하얘졌던 그 순간은 세월과 무관하게 또렷해.

여기서 부모님의 사생활을 더 침해하고 싶진 않다네. 다만 혹 나처럼 부모의 성애를 목격할 수 있을 후대에게 한마디만 적어두고 싶어. 혹여나 추하다는 생각이 든다면, 그것은 인간에 대한 불충분한 이해 또는 잘못된 종교 교육에서 온 오해나 편견에 지나지 않는다고.

나 또한 언제나 근엄한 아버지와 어머니가 경건주의를 강제해왔기에 편견과 오해에서 벗어나지 못했어. 거의 일 년 넘도록 괴로워했다네. 때로는 몹시 반항적인 언행도 서슴지 않았지.

하지만 두 분의 침실을 몰래 엿본 그 체험, 아버지의 기도 표현을 빌린다면 두 분이 '몸으로 보여준 모범'을 통해 나는 비로소 알을 깨고 나와 하늘을 나는 새가 될 수 있었네. 어린 시절부터 나를 가두어온 금욕의 장벽, 위선의 철벽이 어느 순간 알껍데기처럼 깨져 나가더군. 비로소 종교의 굴레를 벗어나 삶의 싱싱한 현실을 있는 그대로 바라보며 즐길 수 있는 밑절미를 얻은 거야.

친구, 굳이 내 삿된 체험을 시시콜콜 늘어놓는 까닭은 우리가 개척한 유물론에 개탄할 만큼 천박한 이해가 무장 퍼져가고 있어서라네.

유물론은 결코 누리끼리하지도 파리하지도 않아. 오히려 관념론이 창백하지. "모든 이론은 회색이고, 생명의 나무는 초록색"이라는 괴테의 문장을 인용하자면, 모든 관념적 이론은 잿빛이고 오직 유물론만이 초록색이잖은가. 적막한 물질적 현실에서 생명의 약동을 발견해내니 말일세.

앞으로 그 사상적 의미를 조곤조곤 밝힐 생각이지만, 일단 우리 인간은 생명체이고, 날마다 먹어야 생명을 유지할 수 있으며—바로 그것이 경제생활이지—성생활을 해야 인류라는 종족을 보존할 수 있다는 과학적 진실을 강조해두고 싶군.

물론, 인간은 '동물 이상의 동물'이지. 성 또한 그렇잖은가. 사람의 성애는 성숙한 남녀 사이의 깊은 대화이자 사랑하는 사람이 함께할 수 있는 즐거운 놀이 아닌가. 어떠신가, 몸을 잃은 자네, 몸으로 존재하던 시간들이 애절토록 그립지 않은가.

우리는 인간이 동물의 한 갈래라는 과학적 진실을 전제하지 않는 성직자의 고귀한 설교, 철학자의 고고한 지혜, 정치인의 고상한 비전 따위는 쌩쌩한 현실을 온몸으로 살아가는 민중에게 디딤돌은커녕 걸림돌이 된다고 판단했지. 그따위 종교·철학·정치는 인류의 삶을 억압하는 질곡이거나 그것을 넘어서는 상상력을 질식시켜왔잖은가.

아무튼 열쇠 구멍으로 삶의 새로운 정경을 발견하면서 나는 기성세대의 위선을 꿰뚫어 볼 시력을 얻을 수 있었다네. 사람들은 내가 잘 웃고 당최 무게 잡는 일이 없다고들 했는데, 아마도 그 웃음은 위선을 간파한 씁쓰름한 통찰과 동전의 양면을 이룰 걸세.

내가 무게 잡지 않는다는 평가도 억울하네. 안 잡는 게 아니라 못 잡는 거니까. 본디 더없이 가벼운지라 거머쥘 무게라곤 도무지 없으니 말일세. 게다가 무게는 자네 전공 아닌가.

성애의 현장—어찌 보면 내 출생의 기원—을 목격하고 마음이 싱숭생숭하던 그 시절, 산책 나가는 일이 부쩍 늘었다네. 과거에는 눈에 들어오지 않았던 현상들이 점점 보이기 시작하더군. 아름다운 자연 풍광이나 침실의 호화스런 관능과는 견줄 수 없을 만큼 남루하고 비루한 인간들의 풍경이 그것이었지.

언제나 아버지가 자랑스레 선전해온 공장에서 일하는 사람들을 비롯해 노동인이 살아가는 살풍경은 충격이었어. 팔은 안으로 굽기 마련이기에 나에게도 편견이 있을 수 있겠지만, 아버지의 공장은 그나마 인간적이었다네.

여기서 '인간적'이란 뜻은 물론 상대적인 평가겠지. 인간적인 상공업자라고 해서 고용한 노동인을 정말로 가족처럼 대한 것은 결코 아니기 때문일세. 내 선친도 예외일 수 없겠지.

경건주의적인 아버지의 위선을 꿰뚫어 본 내 두 눈은 공장을 소유한 상공업자가 점점 부자가 될 때 정작 노동인은 극심한 가난에 빠져들고 있다는 사실, 한 인간이 상공업자의 자녀로 태어나느냐—바로 나처럼—와 노동인의 자녀로 태어나느냐가 그 사람의 어린 시절은 물론 인생 전체를 좌우한다는 무서운 진실을 빠르게 파악할 수 있었다네.

비참할 만큼 궁핍이 만연해 있음에도 상공업자들은 자신이 고용한 노동인의 월급*을 올려줄 생각을 조금도 하지 않더군. 노동인들이 갈수록 뻔뻔해질뿐더러 염치도 없어졌다며 되레 월급을 줄이는 데 수단 방법을 가리지 않았지. 그러면서 명분을 사뭇 경건하게 내세웠어. 노동인이 술에 절어버리는 것을 예방하려면 월급을 올려선 안 된다나?

얼마나 자애로운 학대인가. 정말이지 가소롭고 가증스러운 위선이라네. 성적 위선은 그 가정의 자녀에게만 해롭지만, 상공업자의 위선은 노동인의 가정을 무시로 파괴하고 있었지. 특히

---

*   원문 'wage'는 통상 임금으로 번역된다. 그런데 임금은 서양에서는 대체로 주급이지만 한국 사회에선 주로 월급이다. 이 작품에선 '월급으로 받는 임금'이란 뜻으로 '월급'이라 옮겼다.

신앙에 엄격한 사람들이 노동인을 훨씬 표독스럽게 다루더군. 매주 두 번씩 교회에 갈 경우엔 더욱 그랬어. 아니, 이건 과거형으로 쓸 게 아니지. 상공업자들의 그 입에 발린 위선, 그 끝없는 이윤 추구 욕망은 지금 이 순간에도 왕성하니까.

아버지의 성적 위선과 부를 축적해가는 상공업자의 성스러운 위선—내게 그 둘은 하나였어. 아버지 또한 상공업자 중 하나였으니까—을 비판적으로 바라본지라 나는 공장주들의 행태를 고발하는 글을 쓰고 가명으로 신문에 투고했지.

내 글이 인쇄되어 나올 때마다 주변 사람들이 술렁이는 반향이 느껴져 언론의 힘을 실감했다네. 그 시절, 글을 쓰는 일, 언론과 문학에 뜻을 둔 이유지.

나는 신문을 읽는 한편 소설을 구해 탐독해갔어. 그저 먹고 마시고 자고 기껏해야 펜싱이나 해대는 한심한 일상에서 벗어날 수 있는 통로가 소설이었지. 나중에 안 사실이지만 자네도 대학 시절에 소설가의 꿈을 키우며 습작까지 했더군. 이래저래 우리의 우정은 운명이었을까.

상공업자인 아버지는 내가 문학에 관심을 보이자 완강히 반대했네. 아버지와 갈등이 커지면서 집에 있기가 갑갑할 즈음에 군 입대 통지서가 왔지.

아버지는 돈을 써서 면제를 받아주겠다고 하더군. 나는 손사래 치며 군 복무를 함으로써 사내의 의무를 다하고 싶다고 밝혔지. 아버지는 의아해하면서도 대견스럽게 바라보며 젊었을 때

일 년 정도 군 생활을 하는 것도 나쁘진 않다고 동의했어.

내 생각은 아버지와 확연히 달랐지. 명령에 복종하는 군 조직 문화가 아니라 군대의 전략과 전술을 익힐 계획이었거든. 더 큰 이유는 베를린 근교의 군부대에서 근무할 수 있어서였다네. 군 복무를 하며 틈틈이 대학에 들어가 강의를 청강할 깜냥이었지. 가지 못한 대학 생활도 체험하고 평소 부족하다고 여겨온 철학을 공부하고 싶었네.

이윽고 군복을 입은 채로 베를린 대학 철학 강의실 맨 앞에 앉아 청강했지. 베를린에서 군 복무를 하며 얻은 가장 큰 수확은 그 시대 지성계를 지배하고 있던 헤겔을 넘어 새로운 철학을 정립해가려는 젊은 지식인—세상은 그들을 '청년헤겔학파'라고 불렀지—과의 만남이었어.

청년헤겔학파 주변을 어슬렁거리며 어스름이면 선술집과 카페에서 맥주를 앞에 두고 그들과 토론을 벌였지. 그 자리에서 어린 시절의 영웅 괴테를 아프게 정리했다네.

그때까지 나는 '신이 자신을 긍휼히 여겨주기만을 바라면서 두려움에 젖어 있는 멍청한 자'를 '속물'이라 부른 괴테를 내심 존경하고 있었거든. 하지만 청년헤겔학파가 괴테에게 던진 질문이 가슴을 사로잡았지.

"하늘이 그에게 불같은 언어를 선사했건만, 한 번이라도 정의를 제대로 옹호해본 적이 있는가?"

통렬하게 다가왔어. 바이마르의 현인이라는 괴테가 귀족과 후원자에게 신하처럼 굴종으로 일관했다는 사실도 알게 되었지. 나는 그렇게 슬기로운 '맥주학파' 모임에서 괴테를 졸업하며 온몸과 영혼으로 '청년 헤겔'의 한 사람이 되었다네.

3. 한판 맞짱 뜨고 싶은 사내

그런데 청년헤겔학파가 질펀하게 술 마시는 자리에는 언제나 안주처럼 어느 철학박사가 회자되더군. 내가 베를린에 오기 직전 떠났다는 그 철학자에 대해 술 마시던 사람들이 너도나도 쏟아놓는 말이 궁금증을 무장 증폭시켰네.

"그를 만나려면 가장 위대한 철학자를 만날 준비를 하게. 그는 아마도 살아 있는 철학자 가운데 유일하게 진정한 철인이거든. 진지한 사유와 신랄한 재치를 겸했지. 루소, 볼테르, 하이네, 헤겔을 하나로 합쳐놓은 인물을 상상할 수 있겠는가. 그가 바로 그런 사람이라네."

처음 그 말을 들었을 때는 농담으로 받아들였지. 그런데 또 다른 청년 헤겔이 바로 맞장구를 치더군.

"그래, 정말 강렬한 사나이지. 늘 좌중을 압도하고 열정적이며 자신감이 넘쳤어."

친구, 누굴까 어림하겠는가. 그런 찬사를 받은 사람이 나보다 겨우 두 살 위라는 사실에 나는 망치로 얻어맞는 듯한 충격을 받았다네.

이건 자네에게 처음 꺼내는 이야기지만, 그때까지 누구에게도, 어떤 부문에서도 결코 열등감을 느끼지 않았거든. 그래서일 거야. 묘한 경쟁 심리가 스멀스멀 올라왔어. 도대체 어떤 인물일까, 그는.

되게 궁금했고 그래서 만나고 싶었다네. 더 바로 말하지. 한판 겨뤄보고 싶었던 걸세. 하지만 베를린에서 군 복무 일 년을 마칠 때까지 만나지 못했어. 추억을 함께 만들었을 청년 헤겔들을 만나러 올 법도 한데 그러지 않더군. "가장 위대한 철학자"는 그 시점에 언론인의 길을 "강렬한 사나이"답게 열어가고 있었던 거야.

청년 헤겔들의 술안주는 끊임없이 이어졌어. 박사학위를 받고 대학에 남으려 했다는 둥, 왕정에 맞선 혁명을 꿈꾸는 그를 받아줄 대학이 없었다는 둥, 탁월한 학문적 재능이 아깝다는 둥 개탄이 꼬리를 물었지. 그와의 두터운 친분을 은근히 과시하는 사람들과 달리 쾨펜은 불교학을 공부해서일까, 나이가 십 년 정도 더 들어서일까, 조용히 미소만 지은 채 술자리에서 오가는 이야기를 경청하더군.

풍문은 서로 어긋나기도 했지. 가령 혁명을 꿈꾼다는 말과 교수가 되어 대학에 남으려 했다는 말은 잘 이어지지 않더군. 나는 직접 만나 대화로 확인해야 "루소, 볼테르, 하이네, 헤겔을 하나로 합쳐놓은" 사내의 실체를 정확히 파악할 수 있으리라 판단했지.

군 복무보다는 청년헤겔학파와의 사귐에 몰두했던 베를린 시절을 마치고 고향으로 돌아가자 아버지는 맏아들로서 공장 물려받을 준비를 하라고 일방적으로 통보하더군. 마치 큰 선물을 주었다는 듯이 감사하다는 대답을 기대하는 눈치였어. 나는 가까스로 침묵을 지켰지만 내심 반발이 클 수밖에 없었지. 내가 걸어가야 할 길의 윤곽을 이미 베를린에서 그려놓았기 때문일세.

당시 나는 비록 가명이지만 기성세대의 위선에 맞서 젊은 세대가 자신의 길을 걸어가야 옳다는 글도 이미 발표했었거든. 스무 살을 맞이하기 직전에 쓴 글을 추억 삼아 다시 적어보네. 물론, 단순히 회상하기 위해서는 아니라는 걸 자네는 알아차렸을 거야.

"어느 때보다 더 우리의 미래는 젊은 세대에 달려 있다. 그들이 점점 더 날카로워져가는 대립들에 결단을 내릴 주체이기 때문이다. 기성세대는 젊은이들을 보며 한탄하고 개탄한다. 옳다. 젊은이들은 대단히 반항적이다.

그러나 젊은이들이 자신의 길을 가도록 제발 내버려두라. 젊은이들은 틀림없이 올바른 길을 찾아낼 것이다. 길을 잘못 드는 사람은 그에 대한 책임이 스스로에게 있지 않겠는가. 우리는 청년을 위한 하나의 시금석으로 새로운 철학을 품고 있다. 이것을 계속 연구하고 그러면서도 청년의 열광을 잃어버리지 않는 일이 중요하다.

따라서 저 '관념의 궁전'이 들어서 있는 울창한 숲 앞에서 꽁무니를 빼는 자, 칼을 들고 나아가 잠자는 공주를 입맞춤으로 깨우지 않는 자, 그들은 그녀에게도 그녀의 나라에도 어울리지 않는다. 그들은 그곳을 떠나 시골 목사, 상인, 고급 공무원 또는 자신이 원하는 다른 무엇이 될 수 있을 것이다. 경건과 명망 속에서 아내를 얻고 아이들을 낳아 기를 수도 있을 것이다. 그러나 시대는 그들을 자기의 아들로 인정하지 않는다."

친구, 인류의 미래는 언제나 기꺼이 싸움에 나선 젊은이들이 열어왔잖은가. 십 대 시절을 마감하며 그 글을 쓸 때 내가 염두에 둔 새로운 철학은 헤겔의 변증법이었어. 베를린 대학에서 청년 헤겔들과 어울린 내게 가업을 이으라는 아버지의 제안은 당신의 고루한 성품만큼이나 불편하고 난감하게 다가왔지.

아직도 헤겔의 변증법이니 청년 헤겔이니 하는 말이 생경한 사람들도 있을 거야. 변증법을 무슨 마법처럼 여기는 사람도 수두룩해. 변증법이 이해하기 힘든 고등수학도 아니고 누구나 쉽게 알 수 있음에도 그렇게 된 것은 기득권 세력의 집요한 세뇌 때문이지.

눈에 보이는 세뇌보다 눈에 보이지 않는 세뇌가 효과는 훨씬 크지 않은가. 변증법이라는 말만 들어도 거부감을 느낀다면 그것이 바로 세뇌당했다는 확실한 증거겠지.

딱히 세뇌가 아니어도 인생과 세상을 바라보는 관습에 푹 젖어 있는 사람들에게 변증법은 아무래도 불편할 걸세. 변증법이 무엇인가를 이해는 하더라도 그것을 자신의 삶으로 익히는 것은 또 다른 문제일 거야. 가슴의 빗장을 조금 열고 주의 깊게 경청하면 곧장 고개를 끄덕일 수 있으련만, 안타까워도 어쩔 수 없는 일이지.

헤겔 이전까지 유럽의 사유 방식―오늘날도 인류 대다수가 벗어나지 못한 생각의 틀―은 단순했어. 하나의 사실에 하나의 판단만 존재한다거나, 어떤 사실이 참인 동시에 거짓이면 모순이기에 그럴 수 없다거나, 논리적 판단은 참 아니면 거짓 둘 중 하나로 중간은 존재하지 않는다고 단언해왔지. 사뭇 거창하게 그런 사고를 동일률·모순율·배중률이라 불러왔어. 요컨대 사물이든 인식이든 모두 고정된 실체가 있다고 여긴 거야.

하지만 현실이 어디 그러한가. 헤겔은 사물 안에 모순이 있다고 보았고, 그 모순으로 자신을 부정하는 단계를 거쳐 모순을 해결함으로써 다음 단계로 발전해가는 논리적 사고법―바로 변증법―을 제시했어. 사물뿐만 아니라 사람의 인식 과정도 그렇다고 했지.

사물이나 인식은 정립·반정립·종합, 한마디로 정·반·합의 세 단계를 거쳐 전개된다는 헤겔의 주장은 철학사에 한 획을 그었어.

현 상태인 '정'(정립)은 자기 안에 모순이 있음에도 알아채지 못하고 있는 단계, '반'(반정립)은 모순이 자각되어 드러나는 단계, '합'(종합)은 정과 반이 통일된 단계로, 정과 반이 함께 부정되는 동시에 함께 살아나기에 이를 '지양止揚'이라 개념화했지.

모순의 전개 이론이랄까. 하나의 명제와 그것을 부정하는 명제의 양립을 매개로, 두 명제를 기초로 새로운 진리를 정립해 나가는 거지.

헤겔 철학은 내게 현실을 바라보는 눈을 새롭게 해주었다네. 역사에 등장하는 모든 국가는 인간 사회의 끝없는 발전—낮은 단계에서 높은 단계로 이행하는—과정 중 한 단계에 있다는 사실, 최종적이거나 절대적으로 신성불가침한 것은 없다는 진실에 눈뜬 거야.

자네 유고를 정리하다 보니 대학 시절에 헤겔의 《정신현상학》에서 옮겨 적은 구절이 있더군. 바로 내 눈을 뜨게 한 대목이라 반가웠네.

"세계정신은 현재 멈춰 서 있다. 그러나 그것은 다만 그렇게 보일 뿐이다. 사실상 그 속에서는 깊은 내적 활동이 이뤄지고 있다. 그곳에서는 그동안 이룩된 성과가 겉으로 드러날 때까지는 눈에 띄지 않는 내적 작업, 낡은 견해의 껍질이 재가 되어 날아갈 때까지 눈에 띄지 않는 내적 작업, 세계정신이 다시 젊어져 급속도로 전진하기 시작할 때까지 눈에 띄지 않는 깊은 내적 작업이 이루어지고 있다."

헤겔의 그 말은 눈에 보이지 않는 현실 깊은 곳에서 꿈틀대고 있는 모순을 우리에게 일러주었네. 물론 우리는 헤겔처럼 '세계정신'이라는 관념의 영역에 머물지 않았어.

우리는 세계정신이 아니라 세계에 주목하고 변증법을 실제 삶에 적용했지. 우리에게 관념적 사고의 또렷한 한계를 보여준 사람도 다름 아닌 헤겔이었거든. 절대정신으로 세상을 파악한 헤겔 자신이 한낱 병균이 퍼뜨린 콜레라에 죽음을 맞이하지 않았던가.

헤겔은 성숙한 인간은 "자신이 현재 보고 있는 세계의 객관적 필연성과 합리성"을 인식할 수 있어야 한다며 "모든 현실적인 것은 이성적이고 모든 이성적인 것은 현실적"이라고 했지.

헤겔이 현실적인 것은 이성적임을 강조한 반면에 청년헤겔학파는 "모든 이성적인 것은 현실적"이라는 말에 더 기울었고 나도 그랬어. 현실 속에서 이성적인 것을 찾아 그것을 전면적인 현실로 구현해야 옳다고 보았지.

그러니까 이 순간 내가 마주하고 있는 현실, 내가 살고 있는 이 현실에 모순이 실재하고 있다는 인식, 그 모순을 넘어 새로운 현실을 창조해낼 수 있다는 전망은 얼마나 즐거운가.

새로운 철학으로 변증법을 익힌 나는 아버지가 만들어놓은 길을 따라 삶을 걸어가라는 명령을 선뜻 받아들일 수 없었어. 그 명령은 마치 인생을 옥죌 질곡으로 다가오더군.

이미 아버지의 삶에서 위선—헤겔식으로 말하자면 모순일

까—을 발견했기에 더 그랬던 걸세. 당신은 모든 상공업자가 그렇듯이 사업을 확장해 돈을 더 축적하는 데서 삶의 의미를 찾았어. 프로이센에서 가동 중인 공장과 별개로 영국 맨체스터에도 영국인과 합작해 방직 공장을 열었지. 그곳에 나를 보내 경영을 익히라고 지시한 거야.

내 길이 결코 아니라고 확신했지만 긴 숙고 끝에 아버지의 뜻에 따르기로 했다네. 그런 순종이 내 한계일 수 있다는 생각도 물론 들었지. 하지만 독일보다 선진적인 영국 사회, 더구나 산업혁명의 본고장인 맨체스터에서 이른바 공장 경영이 무엇인가를 몸으로 느껴보고 싶더군. 결과가 불을 보듯 뻔해 보이더라도 영국 사회 체험은 무의미하지 않으리라는 기대도 있었어.

이윽고 맨체스터로 가는 길에 일부러 쾰른을 들렀지. 쾰른이 당시 독일*에서 가장 자유로운 도시였기 때문은 아니었네. 그곳에서 신문이라는 신선한 참호를 파고 들어가 정치권력과 경제

---

*   당시 독일은 통일을 이루지 못한 상태였다. 프랑스 나폴레옹Napoléon Bonaparte의 몰락으로 1815년 6월 중부 유럽의 질서가 재편될 때 느슨한 연방 국가인 '독일 연방'이 출범했다. 35개의 군주국과 4개의 자유시로 구성된 독일 연방의 모든 국가는 주권이 있는 자주국임을 명문화했다. 연방을 구성하는 나라 사이에서는 어떤 형태의 무력도 사용할 수 없고, 외부 침략이 있을 경우에 서로 지원할 의무가 있다고 규정했다. 프로이센과 오스트리아가 주축이 된 독일 연방은 1871년 프로이센의 비스마르크Otto von Bismarck가 주도해 통일 독일제국을 형성하며 해체된다.

권력을 손에 쥔 사람들을 조준해 총을 쏘고 있는 언론인을 만나보고 싶어서였어.

베를린 시절에 청년헤겔학파로부터 익히 명성을 들어 만나기를 손꼽아 기다렸던 사람, 루소·볼테르·하이네·헤겔을 하나로 합쳐놓은 바로 그 철학자, 그래, 귀하를 만나고 싶었던 걸세. 한판 맞짱 뜰 셈이었지.

4. 첫 만남의 냉대

쾰른 곳곳에 자유의 공기를 한껏 발산하고 있던 《라인신문》을 찾아 막상 칼 맑스, 자네를 만나니 예상했던 이미지와 사뭇 다르더군. 베를린에서 청년헤겔학파에게 들은 이야기가 있어 어느 정도는 대중했지만 그 이상이었어.

편집국에 들어서니 텁수룩하고 시커먼 머리칼과 그 못지않은 검은 수염 사이로 까무잡잡한 옆얼굴이 내 시야에 들어왔지. 허리도 곧게 펴지 않은 채 마치 두꺼비처럼 의자에 착 달라붙은 듯이 앉아서 편집할 기사들을 손질하고 있더군.

그때만 하더라도 요새처럼 신문사 내부에 기자들이 북적대지 않았어. 외부 필자들이 기고한 글이 더 많기도 했잖은가. 발행 지면이 한정되어 있던 그때는 자본의 지배력도 아직 절대적이진 않았네. 왕과 귀족이 행세하는 낡은 신분 체제에 거부감을 느끼던 상공업자들의 지원*을 받아 훌륭한 신문을 만들 수 있었지. 물론, 상공업자가 돈을 대는 신문이었기에 한계는 있었지만 말일세.

세월이 흘러 20세기를 코앞에 둔 지금은 돈을 벌려고 신문을 상품으로 만드는 자본가가 지구 곳곳의 모든 나라에 득실거리고 있다네. 그들은 신문을 팔아 돈만 버는 게 아니라, 노동인의 의식을 의도적이고 조직적으로 망가뜨리고 있지. 꿩도 먹고 알도 먹는 셈 아닌가.

엄연히 노동인이 자본가를 먹여 살리고 있음에도 마치 자본가가 노동인을 먹여 살리는 것처럼 지금도 내놓고 여론을 호도하고 있네. 신문 자본가들의 기막힌 기만이지. 더 기막힌 것은 아직도 그 기만을 사실로 받아들이며 순종하는 어리보기가 적지 않다는 사실이네. 아니, 유감스럽게도 다수일세.

그날 그토록 만나 보고 싶었던 칼 맑스를 발견하고 편집국 책상에 다가서는 순간, 내 옷차림을 돌아보지 않을 수 없었네. 외모에는 도통 개의치 않는 자네의 소탈한 모습 앞에 슬며시 주눅

---

*   쾰른의 자유주의적 상공업자들이 1842년 1월 1일 주식회사로 창간한 《라인신문》은 기득권 세력을 대변하던 《쾰른신문》보다 발행 부수는 적었지만 서서히 주목을 받고 있었고 국내외에 많은 통신원을 두었다.

마저 들더군.

　예상대로였어. 귀하가 나를 훑어볼 때 그 썰렁한 눈빛에서 노골적인 경멸을 읽었다네. 아, 물론 자네는 기억이 나지 않는다고, 또는 그다지 관심이 없었다고 말할 거야. 그러나 모멸할 뜻은 없었다고 하더라도 데면데면 대한 건 사실 아닌가.

　자네도 내가 쓴 기사들을 어느 정도는 보았을 거야. 그럼에도 가업 때문에 맨체스터로 가는 길이라는 말을 듣자 검은 눈에 그나마 한 가닥 맴돌던 호기심이 빠르게 사라지더군. 적이 불쾌했지만, 충분히 이해했어. 아니, 이해 정도가 아니지. 평생 이렇게 살아서는 안 되겠다는 생각이 번쩍 들었으니까.

　나로선 벼르다 만났지만, 귀하는 그걸 알 리 없었을 거야. 신문 편집장과 신문에 기고하는 필자 가운데 한 사람이라는 관계가 만남을 애초부터 불평등하게 설정하고 있었지. 시답잖게 보던 시선을 다시 원고로 돌리면서 실뚱머룩한 귀하 앞에 나는 그만 멋쩍어 신문사를 나오고 말았네.

　친구, 그때 내 심경을 짐작할 수 있겠나? '누구나 감탄할 만한 글을 기고해 너의 고집스런 코를 납작하게 해주리라, 다시 만날 때는 거만한 너의 지적 능력을 압도하리라' 다짐했다네. 당시 나도 몇몇 신문에 가명으로 기고하며 제법 필명을 얻고 있어 자신감이 넘쳤던 시절이었잖은가.

　이 대목에서 엷은 미소로 다사롭게 나를 바라볼 자네 얼굴이 떠오르는군. 훗날, 그러니까 그날로부터 수십 년이 흘러 그대가 고등학생 때 쓴 글을 찾아 읽고는 그때의 내 생각이 얼마나 소박했던가, 아니 무모했던가를 새삼 확인했지.

스무 살 전에 스스로 잘 썼다고 생각해 자부심이 높았던 내 글—앞서 소개한 젊은 세대를 주제로 쓴 원고—을 자네가 쓴 글에 하릴없이 견주어 보며 얻은 각성이라네. 그 글을 열일곱 살에 썼다는 사실이 믿기지 않기도 했어. 자네가 쓴 글은 내 글처럼 젊은이가 걸어갈 길을 주제로 삼았지.

"자연은 동물이 활동할 수 있는 범위를 결정한다. 동물은 그 범위를 뛰어넘으려는 시도 없이, 어떤 다른 것을 눈치 채지 못하고 그 범위 안에서 움직인다.

신은 인간에게 자신과 인류를 고귀하게 하라는 목적을 주었다. 그러나 그 목적을 이룰 방법은 인간에게 남겼다. 신은 사람이 자신과 사회를 최고로 고양할 수 있도록, 사회 속에서 자신에게 알맞은 일을 선택할 수 있게 했다. 그 선택은 다른 동물에게는 없는 인간의 큰 특권이다. 그러나 동시에 그것은 인간의 삶을 파괴할 수 있고, 모든 계획을 좌절시킬 수 있으며, 불행하게 만들 수 있다.

직업 선택에 대한 심사숙고는 중요한 것을 우연으로 남겨두길 바라지 않는 젊은이의 첫 번째 의무다. 노예 같은 도구로 일하기보다 자기 영역에서 독립하고 인류에 봉사할 수 있는 분야를 가져야 한다.

그러나 우리가 언제나 타고난 천성에 맞는 직업을 선택할 수 있는 것은 아니다. 우리를 둘러싼 사회의 여러 관계가 개개인의 결정 이전에 이미 존재하며 선택을 좌우한다.

직업 선택에서 우리를 이끄는 주요 안내자는 인류의 행복과 자기완성이다. 이 두 가지가 대립한다고 생각해서는 안 된다. 인간의 본성상 인간은 다른 사람에게 헌신할 때 가장 높은 완성의 경지에 이르기 때문이다.

자기 자신만을 위해 일하는 사람은 유명한 학자나 현자, 빼어난 문인은 될 수 있을지 모르지만 온전한 인간, 진정으로 위대한 인간은 될 수 없다. 역사는 인류의 복지에 기여함으로써 이름을 얻은 사람에게만 찬사를 보낸다.

우리가 인류에 가장 헌신적으로 기여할 수 있는 직업을 선택한다면, 그 어떤 무거운 짐도 우리를 굴복시킬 수 없을 것이다. 그 짐이란 인류를 위한 희생에 지나지 않기 때문이다. 그렇게 되면 우리는 사소하고 한정적이며 이기적인 기쁨을 누리지 않을 것이다. 그때 행복은 우리만의 것이 아니라 수많은 사람의 것이 된다. 우리가 한 일은 조용히 그러나 영원히 살아 전해질 것이고, 우리를 태운 한 줌의 재는 고귀한 인간의 반짝이는 눈물로 적셔질 것이다."

제목은 '직업 선택에 대한 한 젊은이의 짧은 고찰.' 자네가 트리어에서 고등학교를 마치던 1835년 8월에 쓴 졸업 시험 논술문이지. 처음 자네와 만났을 때 내가 움츠리든 데는 다 까닭이 있었던 걸세.

물론, 졸업 시험 때 쓴 자네의 모든 논술이 천재적인 것은 아니었지. 가령 종교 논술문에서 고등학생 맑스는 기독교적 사랑을 도덕적으로 해석하며 "그리스도와의 하나됨은 절대적인 필연이며, 그리스도 없이는 우리의 목적을 성취할 수 없을 뿐만 아니라 신에게 버림을 받을 것이요, 그리스도만이 우리를 구원할 수 있음을 마음과 이성·역사는 그리스도의 말씀처럼 명확하고 설득력 있게 일러주고 있다"라고 썼더군. 자네가 다닌 학교가 예전에 신학교였다는 사실을 감안하더라도 그 시점에 이미 종교의 위선을 간파했던 나와 대조적이었어.

하지만 청년의 미래라는 동일한 주제로 십 대 후반에 자네와 내가 쓴 글은 차이가 뚜렷했지. 누가 읽더라도 두 글에 담긴 내용은 물론 표현력까지 품격이 다르다고 볼 걸세.

반세기를 더 넘겨 짚어보면, 자네를 시기하며 경쟁하려 들기보다 돕기로 한 결정은 내 인생에서 가장 슬기로운 선택이었다는 생각마저 들더군.

5. 대학 새내기의 만취 소동

자네의 천재성을 증언하면서 사실과 달리 미화한다면 옳지 않을 거야. 귀하도 그걸 바라지 않을 테고 나도 그럴 뜻이 없네. 전기를 쓰려고 자네 고등학교 성적표까지 구해 보았지. 뜻밖에도 중하위권이었더군.

실은 그래서 더 경탄을 느끼고 있네. 고교생 맑스는 학교 공부의 틀에 순응하지 않았던 게야. 더구나 사랑의 성적표는 최상위권 아니던가. 자네가 그 도시 최고의 미인을 사로잡은 그 불가사의는 이미 소문이 자자한 이야기인지라 조금 미뤄두겠네.

자네의 전기를 쓰려고 자료를 모으는 과정에서 예상치 못하게 내 흥미를 강하게 끈 사람—자네의 여신보다 더욱더—이 나타나 더 그렇다네. 바로 자네 부친이지.

나이가 들어가면서, 그리고 우리 선친이 돌아가셨을 때 나이보다 내 나이가 더 많아지면서, 아버지를 다시 생각하게 되었어. 자네 부친은 퍽 자상한 분이셨더군. 아마도 자네가 대학에 들어간 뒤 보낸 편지로 추정되네. 서재에 둔 편지 꾸러미에서 발견했어.

"세상이 공정한 가능성을 열어주었다면 내가 되었을 법한 그런 사람으로 네가 인생을 살아가는 모습을 지켜보고 싶구나."

아들에게는 이 편지가 부담과 반발을 일으켰을 성싶네. 하지만 생각해보게. 그건 세상의 모든 아버지가 바라는 바 아니겠나? 그 누구도 아비로서 소망할 수 있는 자유를 부정할 수는 없을 걸세. 더구나 내 아버지처럼 가업을 이으라고 못 박아 강요한 것도 아니잖은가.

자식이 자신보다 나은 삶을 살기를 바라는 것은 결코 비난할 일이 아닐 거야. 이런, 어느새 내가 형편없이 쇠약해졌군. 늙은 사내들이 볼수록 가엾다는 문장까지 무람없이 덧붙이고 있으니 말일세.

아무튼 아버지에게 자네는 당신의 결단*으로 유서 깊은 랍비 가문에서 최초로 유대 전통의 속박을 벗어나 자유롭게 삶을 개척할 가능성이 활짝 열린 아들이었던 게지. 아버지로선 총명한 아들이 법조계와 관직으로 나아가 두각을 드러내길 기대했을 거야. 당신이 유대교를 배신하고 개신교로 개종한 까닭도 실은 거기에 있었던 게지. 그래서 자네가 장남**으로서 가문을 새로운 반석 위에 올리고 다섯 누이와 어머니의 생활에도 듬직한 기반이 되어주길 바라지 않았을까.

* 칼 맑스의 가문은 수 세기 동안 친가와 외가 양쪽으로 저명한 랍비와 유대 사상가를 배출했다. 칼의 할아버지도 트리어 시의 랍비였다. 아버지 하인리히 맑스Heinrich Marx는 유대인의 공직 추방과 탄압을 피해 1817년 개신교로 개종했다. 그 시기 개종은 시인 하이네Heinrich Heine가 간명하게 표현했듯이 유대인이 "유럽 문화로 들어가는 입장권"이었다. 어머니 헨리에타 프레스부르크Henriette Pressburg는 네덜란드의 부유한 유대 집안 출신이었다. 그녀의 친정은 자본가 집안으로 성장해갔다. 아버지는 신중한 지식인으로 독서를 즐겼지만 어머니는 근대 교육을 받지 않았다. 칼은 맹목적인 사랑으로 꼬치꼬치 간섭하는 어머니와 불화가 잦았다.

** 맑스 위로 형이 있었지만 어린 시절에 병사했다.

자네가 가문 최초로 대학에 입학하려고 본으로 떠날 때 가족은 물론 친인척까지 새벽 네 시에 선착장으로 나와 배웅해주었다고 들었네. 얼마나 부담스러웠을까, 대학 새내기 칼은.

하지만 그대 아버지는 누구보다 아들을 정확히 보고 있더구먼. 기대를 담은 문장 바로 다음에 "너는 나의 간절한 기대를 만족시킬 수도 있고 파괴할 수도 있다"라고 썼어. 그 예견은 적중했다고 보아야 공정한 기록이 되겠지? '만족'인지 '파괴'인지는 관점에 따라 다르겠지만 말일세.

1835년 10월 아버지 뜻에 따라 본 대학의 법대에 등록했지만 정작 강의는 문과대로 들으러 가서 철학과 문학에 심취했더군. 문학 동아리에도 가입해 창작에도 열정을 보였지. 내친 참에 우리가 만나기 전 귀하의 대학 생활을 더 수색했다네.

청년헤겔학파의 고참—청년이라 불리던 그들 대다수는 이미 지상에 없거나 살아남았어도 나처럼 곧 무덤으로 들어갈 늙은이라네—들에게 편지를 보내 대학생 맑스의 추억을 물었지.

그런데 정말 반가운 답장은 베를린 대학이 아닌 본 대학의 동창들에게 받았네. 대학에 들어온 자네, 첫해에 독서 못지않게 술독에 빠졌다며? 내가 직접 목격한 건 아니지만 그들이 부러 거짓말을 늘어놓을 까닭은 없겠지.

트리어에서 본으로 유학 온 열여덟 살의 청년이 문학 동아리와 함께 가입한 '술 동아리'에선 당차게도 회장까지 맡았더군. 성긴 턱수염을 기르고 검은 곱슬머리를 길게 늘어뜨린 단정치 못한 모습에 더러 술주정으로 구금되는 일도 있었다는 편지를 읽으며 서재에서 혼자 킥킥 웃을 수밖에 없었네.

아마도 고교 졸업할 때 쓴 종교 논술에서 묻어나는 경건한 믿음이 대학이라는 공간에서 산산조각 나는 아픔을 겪었겠지. 아무튼 나로선 술독과 독서에 빠진 그 새내기를 마주치면 가슴으로 안아주고 싶군.

스무 살 앞뒤로의 방황은 더 나은 삶, 창조적인 삶으로 가는 지름길 아닌가. 인생의 허무감과 정면으로 맞서볼 나이지. 성긴 턱수염은 인생을 마치 영원히 살 수 있을 것처럼 부귀만 좇는 속물들에게 경멸을 전하려는 매체였을 거야. 나도 그랬거든.

다만 귀족 클럽 회원을 상대로 검술 결투를 벌여 눈 위를 다치기도 했다는 대목에선 신의 자비에 고마움을 표했네.* 그 결투에서 아직은 무모했을 청년을 살려주셨기 때문이지. 만일 신이 자비를 베풀지 않으셨다면 '종교는 민중의 아편'이라는 악마적 명제도 탄생하지 않았을 게야. 신의 절묘한 실수라고나 할까.

아무튼 그 결투의 결과는 노동운동의 관점에서 얼마나 다행인가. 그런데, 자네, 그 시절부터 돈 개념이 없었더군. 불후의 저작 《자본》을 쓴 작가에게 할 소리는 아니겠지만 말이야. 그

---

*　　엥겔스Friedrich Engels는 스스로 무신론자임을 공언했다. 여기서 '신의 자비'를 거론한 것은 재치와 해학의 표현으로, 그는 다른 글에서도 종종 종교적 어투를 빌렸다.

명작과 무관하게 대학 새내기가 이따금 집에 보낸 편지는 거의 돈을 보내달라고 조르는 내용이었어.

부모로선 속상했을 걸세. 어느 탁월한 철학자에게 일상적으로 돈을 보내달라는 편지를 받았던 나는 그 마음을 대중할 수 있지. 아, 혹시 이런 문장으로 자네 화가 나진 않겠지? 하지만 어떤가, 이미 모든 사람이 알고 있는 사실인걸.

본 대학에서 두 학기를 마쳤을 때 아버지가 자네에게 진지한 학풍의 베를린 대학으로 옮길 것을 권했지. 탁월한 혜안이었네.

친구, 내 책상에는 1836년 8월 22일 자로 작성된 귀하의 전학 서류가 놓여 있어. 품성란이 가관이군.

"밤에 만취해 소란을 피워서 다른 사람의 평화를 방해한 죄로 하루 동안 구금에 처해진 적이 있으며 … 쾰른에서는 불법 무기를 소지한 혐의로 기소되었다."

그럼에도 트리어 최고의 미인이 그 청년을 사랑했다면, 그만큼 자네의 가능성 또는 매력이 남달라서였겠지? 고등학교 성적이 중하위권이고 대학에 들어가서도 경제관념이라곤 없으며 진탕 술 마시기를 즐기는 청년의 깊은 내면을 꿰뚫어 본 그 여인에게 오히려 감탄해야 옳겠지.

프로이센 귀족의 딸로 자타가 공인한 트리어 사교계의 여신이 사랑에 빠질 만큼 자네는 충분히 낭만적인 반항아였을 거야.

그대와 예니*의 사랑은 트리어만이 아니라 망명한 지인들 사이에서도 두고두고 화제가 되었지. 예니는 짙은 적갈색 머리칼 아래 녹색 눈동자 가득 지성미가 넘쳐 트리어에서 가장 매혹적인 여성이었다더군.

당시 무도회는 뭇 여인들이 화려한 옷과 머리 모양을 과시하는 곳이 아니었나. 사내들도 큰돈 들여 정장하고 사뭇 우아한 예절로 여성들에게 다가갔지. 무엇보다 가장 중요한 상품은 경제력이었지만 말일세. 사실상 청춘이 서로 거래를 하는 곳 아니었나.

친구, 그 기준으로 보면 무도회에서 가장 인기를 모을 조건을 두루 갖춘 사람이 바로 나 아닌가. 그러니까 자네 생전에 이미 말했지만 내가 트리어 출신이 아니라는 걸 고마워해야 할 거야. 내가 트리어에서 태어나 무도회를 출입했다면, 절세미인의 운명이 어찌되었을지는 장담할 수 없겠지. 농담이네. 질투도 전연

* 재색을 겸비한 그녀의 이름은 예니 폰 베스트팔렌Jenny von Westphalen. 아버지 루트비히 폰 베스트팔렌 Ludwig von Westphalen 남작은 유서 깊은 도시 트리어의 지방정부 고문관이자 프로이센 정부의 일원으로 봉급을 받는 고위 공직자였다. 루트비히의 선친은 전쟁에서 공을 세워 귀족 지위를 얻고 스코틀랜드 아가일Argyle 백작의 후손과 결혼했다. 예니 이름은 바로 스코틀랜드 혈통의 할머니에게서 따왔다. 아가일 백작은 에든버러에서 참수형을 당한 스코틀랜드의 독립운동 투사였고, 친척인 종교 개혁가 조지 위샤트George Wishart도 말뚝에 묶인 채 화형을 당했다. 예니와 열다섯 살 터울의 이복 오빠 페르디난트Ferdinand는 남작 첫 부인의 아들로 훗날 프로이센의 내무장관이 되어 사회주의자를 탄압하는 주역이 된다.

아닐세. 알다시피 예니는 내 스타일이 아니잖은가.

예니처럼 귀족은 아니지만 자네 가문은 성직자의 전통을 지니고 있었지. 부친이 개종하고 변호사로 활동했지만 그 위로는 대대로 랍비였다고 들었네. 자네 부친과 예니의 아버지도 알고 지내는 사이였더군. 당시 트리어에 개신교인은 이백 명 정도였고 두 분 모두 전문직 사교 클럽에 가입해 있었으니 그럴 수밖에 없겠지.

자네의 누나와 예니가 친구였고, 예니의 남동생 에드가는 자네 친구였으니, 그대는 누나 예니에게서 포근함을 찾았을지도 모르겠다는 생각이 들더군. 실지로 예니는 평생 귀하의 숱한 결점까지 모두 받아주지 않았던가.

톺아보면 예니의 안목은 대단했어. 좋은 성적에 우등상을 탄 모범생으로 교사들의 칭찬을 한 몸에 받은 남동생과 달리 친구 칼은 성적이나 상에는 관심을 보이지 않고 책만 읽으며 불평불만이 많았거든. 장래성도 없고 게으름만 피우는 중위권 고교생에게 예니는 남다른 감정을 키워가고 있었지.

내가 기성세대의 위선에 눈뜰 무렵 자네도 예민해질 수밖에 없었던 사건이 일어났더군. 고등학교에서 학생들이 정치적인 시를 짓고 교사들이 자유주의적이라는 이유로 교장이 자리에서 물러난 사건은 자네 인생의 전환점까진 아니더라도 분명 큰 자극을 주었을 걸세. 자네 아버지와 예니 아버지가 다니던 클럽조차 자유주의적이라는 이유로 감시를 당했으니 더 그랬겠지.

사실 프로이센 정부의 과도한 통제는 온건한 개혁론자까지 혁명가로 만드는 참 좋은 결과를 불러왔어. 그게 역사에서 실감할 수 있는 변증법이겠지. 정부가 민주주의에 대한 논의를 억압할수록 되레 그 사상이 퍼져갔으니 말일세.

사회주의 사상도 1830년대부터 독일 연방에 퍼져가고 있었지. 그 시기 '사회주의'는 자애로운 사상이었고 심지어 기독교적이었네. 그래도 사회주의를 선전하는 작은 책자에서 사회는 모든 부를 생산하는 노동인과 모든 이득을 취하는 지배계급으로 분열되어 있다는 문장을 발견했을 때 나는 전율을 느꼈어.

자네도 그 시절에 그 책자를 읽었을 거야. 그래서라네. 나야 고등학교만 졸업했지만 대학에 들어간 자네가 왜 그렇게 술을 마셔댔는지, 또 귀족계급의 거만한 청년과 왜 무모한 결투를 벌였는지 헤아려지더군.

우리가 살고 있는 나라에 정당성이 없다는 생각, 지배계급의 통치가 민중을 억압하고 있다는 분노가 일지 않았나? 새내기 시절에 자네를 만났다면 끌어안았으리라 쓴 까닭도 그래서였어.

하지만 그때 우리는 서로를 몰랐고, 귀하를 가슴에 품어줄 사람은 이미 있었지. 베를린 대학으로 전학가기 앞서 트리어에 왔을 때 예니와의 재회가 결정적 순간이더군. 그 만남을 기록한 스물두 살 예니의 편지를 찾아 읽을 때는 내 가슴이 다 분홍빛으로 채색되었네.

"오, 당신은 처음 저를 그렇게 바라본 뒤 곧바로 시선을 돌렸고, 다시 또 저를 바라보았지요. 저도 똑같았어요. 그리고 종내 우리는 서로를 꽤 오랫동안, 그리고 아주 깊게 바라볼 수 있게 되었고 더는 시선을 돌릴 수 없게 되었지요."

예니는 본 대학에 유학해 지적 분위기가 물씬 묻어나는 대학생 맑스를 볼 때마다 가슴이 도근도근 설레는 까닭을 확실히 깨달았겠지. 자네 또한 늘 동경의 대상으로 가까이 다가서기 어려웠던 누나가 자신의 눈길에 뜻밖의 수줍음을 보였을 때 가슴 벅찼을 거야.

베를린 대학에 들어간 뒤 자네가 아버지에게 쓴 편지도 지금 내 책상 위에 있네.

"아버지 곁을 떠났을 때 제 앞에 새로운 세상이 나타났습니다. 사랑의 세상이지요. 사실 처음에는 열정적인 동경과 가망 없는 사랑이었습니다. 베를린으로의 여행조차 다른 식이었다면 저를 한껏 고양시켰을 테지만…. 별다른 감흥이 없었습니다. 실로 저는 놀랍도록 웃음을 잃어갔습니다. 제가 본 그 어떤 바위도 제 영혼의 감정보다 더 거칠지도 단단하지도 않았으며, 그 어떤 큰 도시도 제 피보다 더 생기 있지 않았고, 그 어떤 식당의 음식도 제가 품고 다니는 환상의 식탁보다 더 화려하지도 먹음직스럽지도 않았습니다. 결국 그 어떤 예술 작품도 예니만큼 아름답지는 않습니다."

6. 예술 작품과 야생 곰

친구, 그 어떤 예술 작품도 예니만큼 아름답지는 않다고 쓴 편지를 읽으며 저절로 미소가 그려졌네. 그래, 기쁜 일이지. 내 친구의 젊은 날 사랑을 기리자며 포도주를 꺼냈네.

한 잔은 먼저 자네의 사랑을 위하여, 다음 잔은 그 사랑을 함께 나눈 여인을 위하여, 그리고 셋째 잔은 그렇게 뜨거운 피가 흘렀지만 어느새 흔적조차 없이 사라진 두 청춘의 예술적 몸을 위하여 고즈넉이 비웠지.

그런데 자네 아는가. 연애의 달인으로 꼽혀온 내겐 그대가 예니에게 고백한 말들이 민망을 넘어 잔망스럽다네. 예나 지금이나 나는 고정불변의 사랑은 없다고 생각하거든. 자네도 살아가며 그 진실을 차차 깨우쳤을 걸세.

어쨌든 자네의 사랑에 예니도 화답했지. 베를린 대학으로 떠나기 전 두 사람은 비밀리에 약혼했더군.

그런데 베를린에 도착한 자네에게 곧 참신하고 진지한 연인이 나타났지. 바로 헤겔과 만난 거야. 이미 육 년 전 죽은 헤겔이 '가장 아름다운 예술 작품'인 이십 대 초반의 예니에 더러 무심해질 만큼 자네의 눈길을 끌었지. 사멸한 인간 헤겔이 아니라 그가 남긴 철학, 즉 모든 것은 스스로 발전함으로써 자신의 내부에 자신을 부정하는 것을 낳고, 이어 그 모순을 지양함으로써 새롭게 형성해간다는 변증법적 사유 말일세.

인류를 위해 봉사하겠다는 고교 시절의 다짐에 비추어 보면, 자네가 베를린 대학의 지적 세계에 몰입한 것은 당연을 넘어 필연이었을 거야. 프로이센과는 달리 당시 프랑스와 벨기에, 영국은 왕이 민중에게 언론의 자유, 더러는 투표까지 '허락'함으로써 정치는 물론 경제와 예술에서도 큰 성취를 이뤄가고 있었지. 그뿐인가. 마차가 오가던 길에 철로가 놓이고 그 위로 철로 된 거대한 마차가 기적을 울리며 질주하는 장관을 과거엔 어디 상상할 수 있었을까. 전보라는 새로운 소통 수단은 또 얼마나 빠르던가.

바로 그랬기에 변화의 동력을 포착해낼 수 있는 헤겔의 변증법은 독일 연방 내부의 혈기 넘치는 젊은이들을 속속 베를린 대학으로 끌어모았지. 프로이센 서쪽과는 달랐던 동쪽 국가들, 특히 억압적인 러시아에서 많은 이들—그 가운데 한 명이 두고두고 자네와 내 속을 썩이기도 했지, 바쿠닌* 말일세—이 몰려들었어.

하지만 자네는 본 대학에 이어 베를린 대학에서도 이내 교수

---

* 바쿠닌Mikhail Aleksandrovich Bakunin, 1814~1876은 러시아의 무정부주의자로 맑스와 대립했다. 공동 소유 관념을 개인의 절대적 자유라는 무정부주의적 관념과 결합해 이를 최고의 목적으로 삼았다. 노동계급의 정치권력을 포함해 일체의 국가를 부정했다.

들의 위선과 저속함에 실망했지. 다만, 법대에서 만난 에두아르트 간스* 교수는 자네의 사상이 싹트는 데 적잖은 영향을 주었다고 들었네. 그의 강의를 열중해 듣던 자네가 "현대를 어떻게 정의하십니까?"라고 물었을 때, 간스 교수는 "혁명의 시대"라고 답했다지?

대학생 맑스는 더 물었더군. "혁명의 시대라면 누구와 누구의 투쟁인가요?" 간스 교수는 "가난뱅이와 부자의 투쟁이지. 평민과 귀족의 투쟁이기도 하고"라 답했다고 들었네.

무엇보다 새로운 역사는 혁명의 역사라는 간스 교수의 강의에서 자네는 지적 자극을 받았을 듯싶군. 자네를 청년헤겔학파와 이어준 사람도 간스 교수였어. 마치 물고기가 물을 만난 듯 자네는 헤겔의 변증법으로 사회 변혁의 논리를 탐색하던 청년헤겔들과 곧바로 어울렸을 거야. 그 모임의 토론은 자네가 좋아하는 두 가지를 다 갖추고 있었거든. 철학적 논쟁과 술, 그 둘을 자네처럼 잘 결합한 청년은 없었겠지.

어디 쉬운 일인가. 철학의 골방, 골방의 철학에 갇히기야 쉽고, 고주망태가 되기란 또 얼마나 쉬운가. 자네는 철학과 술을 즐기면서도 골방이나 고주망태에 갇히지 않았어. 습작도 했더

---

* 에두아르트 간스Eduard Gans, 1798~1839는 베를린 대학 법학 교수로 헤겔을 존경했다. 헤겔의 강의를 기록해 편찬한 《역사철학강의》가 바로 간스의 작품이다. 스승 헤겔과 달리 생시몽주의도 적극 받아들였다.

군. 나는 지금 젊은 그대가 헤겔을 제목으로 쓴 시를 보고 있네.

어리석게도 바보처럼 의자에 편히 앉아
독일 대중은 때가 오기만 기다리네
여기저기서 폭풍이 일고
구름이 하늘을 가려 더욱 어둡고 비참하네

칸트와 피히테는 하늘로 올라가
외딴 나라를 찾는다네
그러나 나는 시정에서 발견한 것을
참되게 파악하고자 하네

정직히 말하자면 자네의 시적 재능은 철학만큼 돋보이진 않네. 하지만 대중의 삶을 새롭게 하려는 청년 맑스의 열망이 시에 뚝뚝 묻어나는군. 시정 하면 흔히 잡배를 떠올리지만, 자네는 그곳에서 철학을 하겠노라고 결기를 세웠어.

피히테와 칸트처럼 관념을 추구하거나 신들의 세상을 중심으로 사고하지 않고, 뭇사람이 오가는 시정을 중심에 두겠다는 다짐이지. 또 다른 시에선 철학을 넘어 행동을 강조했어.

모든 일에 모험을
쉬지도 지치지도 말고

침묵도 순종도 말고
행동과 정열을 가지고

사유에만 매몰되지 말고
그것은 고통의 멍에에 복종하는 길
열망과 꿈과 행동
이것만이 오직 우리의 길

마치 돈키호테의 노래를 듣는 듯했네. 시정의 진리, 길거리 철학을 주장한 젊은 돈키호테에게 사유의 세계에 매몰되는 것은 곧 기존 질서에 대한 순종이었을 걸세. 그렇게 새 역사를 열 혁명을 열망하며 청년 헤겔과의 모임에 젖어 지내느라 예니에게 편지가 뜸해졌겠지.

당시 편지를 정리하며 읽어보니 예니가 "나의 귀여운 야생 곰"으로 불렀던 어떤 사내 때문에 상당히 힘들어했더군. 사교계의 여왕은 야생 곰에게 "아, 사랑하는 이여, 여기 고향에 희망과 고통 속에서 당신의 운명에 완전히 몸을 맡긴 연인이 있다는 사실을 늘 기억해줘요"라고 편지를 썼어.

친구, 사내에게 "완전히 몸을 맡긴 연인"이 늘 기억해달라는 글을 보냈음에도 편지를 자주 보내지 않는 건 숙녀에 대한 예의가 아니라네. 게다가 무례한 '야생 곰'은 정작 트리어에서 온 누군가의 이야기를 듣고 예니가 다른 남자와 사귀는 것은 아닌지 의심을 했지. 보관된 편지가 분위기를 어럽게 하네.

"트리어에는 거의 모습을 드러내지 않는 당신 같은 사람에게, 정체를 밝힐 수 없는 어떤 사람이 정확히 언급되었다는 것은 이상한 일이군요. 저는 사교계에서 온갖 유형의 남자들과 함께 자주 즐겁고 활달하게 대화를 나누고 또 그런 모습이 다른 사람의 눈에 뜨입니다. 종종 저는 꽤 명랑하고 사람들을 안달 나게 만들기도 하지요."

자신이 다른 남자와 사귈지도 모른다는 칼의 의심에 품격 있는 질투를 유발하는 답장을 보낸 예니는 은근히 걱정되었는지 덧붙였더군.

"저는 당신이 저로 인해 싸움에 휘말려 결투를 벌일지 모른다는 생각으로 괴로워요. 칼, 저는 밤낮으로 당신이 상처 입고 피 흘리며 아파하는 장면을 상상해요. 실은 그런 생각이 고통스러운 것만은 아니어요. 당신이 오른팔을 잃은 상황을 생생하게 그려보면 심지어 어떤 환희, 희열도 느껴진답니다. 왜냐고요? 그렇게 되면 저는 당신의 고귀한 사상을 받아 적을 수 있을 것이고, 당신에게 정말 필요한 사람이 될 수 있을 테니까요. 너무나도 그 상상이 자연스러워 끊임없이 당신의 사랑스러운 목소리를 듣고 있답니다. 고귀한 말들이 제게 쏟아지고 저는 그 모든 것을 다른 사람에게 전하려고 소중히 기록하는 거지요."

이 대목을 읽으며 자네를 부러워하지 않을 사내가 있을까. 말이 나온 참에 곧장 적겠네. 대체 어떻게 들이댔기에 귀족 아씨가 자네처럼 지적인 철학도를 '곰', 그것도 '야생 곰'이라 불렀는가. 그 시기 귀하의 성적 매력—혹은 능력?—을 내가 과소평가했다는 생각이 드는군. 야생 곰에게 예니는 책도 부탁했어. "좀 특별한 종류로 어느 정도 깊이 있는 책, 아무나 읽고 싶어하지는 않는 책"으로.

사랑하는 남자와의 끈을 결코 놓지 않으려는 슬기로운 여인의 세심한 의지가 읽히네. 그럼에도 자네의 관심은 철학으로 분산되었지. 애인 못지않게 철학이 그대를 지배하고 있었으니까.

어쩌면 그것은 자네 평생에 걸쳐 나타나는 지적 강박증일지도 모르겠어. 옆에서 아들과 예니의 연애를 지켜보던 아버지의 편지가 상황을 꿰뚫고 있더군.

"가끔 너의 장래를 생각할 때면 가슴 설렌다. 그렇지만 간혹 불현듯 스치는 생각 속에서 슬픈 예감과 공포에 사로잡힐 때도 있구나. 너의 가슴은 머리, 재능과 조화를 이루고 있니? 눈물의 골짜기를 헤매는 감성적 인간의 위안에 필요한 세속적이지만 자상한 감정이 들어설 공간이 네 가슴에 있느냐는 말이다…. 정말이지 네가 언젠가 가정적으로 행복하고 진실한 인간이 될 수 있을지 궁금하구나. 최근 내가 어떤 사람을 자식같이 사랑하게 되었기에 이런 의문이 한층 나를 번민케 하는지 모르겠지만, 묻고 싶다. 참으로 가까운 사람들에게 행복을 줄 능력이 네게 있는 게니?"

이어 곧장 이미 며느리로 여기던 예니를 언급했지.

"예니는 어린아이처럼 순진무구한 성격으로 너에게 완전히 헌신하기에 가끔 자기 의지에 반해 어쩔 수 없이 느껴지는 어떤 공포, 예감에 사로잡힌 두려움을 애써 모른 척한다. 내가 예니에게 그런 말을 털어놓으면 그 아이는 곧바로 내 마음속에서 그런 미혹의 흔적을 깨끗이 씻어주려고 애쓴다. 평생 동안의 극진한 사랑만이 이미 그 아이가 겪은 고난을 보상할 수 있을 거야. 나는 무엇보다도 그 아이의 평온과 행복을 기원한다. 너만이 그 일을 해줄 수 있어. 그것을 위해서는 네가 전심을 기울여도 아까울 게 없단다. 담배 연기로 자욱한 방 안의 냄새나는 기름등잔 아래 제멋대로인 학자의 옆자리 말고 현실 속에서 그 아이에게 합당한 미래를 만들어주어라."

아버지만큼 아들을 정확하게 보는 사람은 없다 했던가. 자네를 바라보는 아버지의 예리함이 돋보이더군. 귀하가 아버지를 멀리했으면서도 내심 존경했던 까닭을 단숨에 이해할 수 있었네. 예비 며느리의 앞날을 우려하는 각별한 마음에선 뛰어난 예견력까지 느껴지더군.

젊은 자네에게 "네가 자기방어를 위해 필요 이상으로 이기심에 묶여 있다는 생각을 완전히 떨쳐버릴 수 없다"라는 아버지의 꾸지람은 듣그러웠겠지. 부친도 예상했던가 봐. 다음 편지에서 "네가 언제나 내 가슴 깊숙한 곳을 차지하고 있었고 내 인생에서 가장 강력한 지렛대"였다는 고백도 했더군. 아버지로서 그보다 더 훌륭할 수 있을까 싶을 정도네.

"사랑하는 칼, 늙은 아비는 지쳤고 이제 끝이 다가오고 있다. 내가 편지를 솔직하게 쓰는 능력이 모자랐다는 사실이 한스럽구나. 나는 진심으로 너를 안아주고 싶다."

결핵과 간염으로 아버지의 건강이 날로 악화되자 아들은 서둘러 트리어로 돌아갔지. 스무 살 대학생을 보고 든든하셨을 거야. 이미 아들의 편지를 받고 기대가 컸으리라 장담하네.

"사랑하는 아버지! 우리 인간의 삶에는 누구나 한 시기를 마감하면서 동시에 새로운 방향을 결정하는 순간이 있나 봅니다. 그러한 전환기를 맞을 때에 우리는 현실적 위치를 자각하기 위해 사유의 눈을 독수리처럼 부릅뜨고 현재와 과거를 되짚어 보아야 합니다. 세계 역사도 그런 방식으로 돌아보면 가끔은 퇴보와 정체를 보이면서 발전해가는 것 같습니다."

아들은 뒤이어 시 작품이 지닌 관념적·낭만적·초월적 혼돈을 청산하기 위해 시 창작을 생의 동반자 정도로만 삼고, 법학과 철학을 본격적으로 파고들겠다고 밝혔더군. 병든 아비로선 듣고 싶은 말이었을 거야. 다만 편지 중에 "현실과는 무관한 사변적 태도로 일관하는 '안락의자의 철학'이 지배하고 있는 독일의 지적 현실"을 꼬집은 대목에선 한 가닥 불안감이 엄습해왔을 성싶네.

이윽고 베를린에서 먼 길을 달려온 아들과 얼굴을 맞대면서 병석일망정 흐뭇했으리라 짐작하이. 부자만의 이야기가 이어지며 마지막 추억을 빚었겠지. 이제 학교로 돌아가라는 아버지의 강력한 권고로 아들은 다시 베를린으로 발걸음을 옮겨야 했고, 집을 떠난 뒤 사흘 만에 부친은 운명하셨더군.

훗날 자네가 평생 아버지의 사진을 소중히 여긴 사실을 알게 되었네. 그 이야긴 잠시 접어두세. '가장 아름다운 예술 작품'과 그 작품의 애인인 야생 곰이 그 시절을 어떻게 보냈는지 기록하는 일이 지금 이 순간은 더 즐겁다네.

7. 블랙리스트로 막힌 교수직

20세기를 앞둔 오늘날도 그렇지만 우리의 젊은 시절, 여성과 남성 사이에 놓인 계곡은 안타깝게도 너무 깊었어.

산발적으로 성 평등 주장이 나오기는 했지만 찬찬한 지성이나 낭만적 열정을 지닌 여성들은 건널 수 없는 벼랑과 마주해야 했지. 기껏해야 꿈꿀 수 있는 최대치는 큰 이상을 추구하는 남성에게 헌신하며 돕는 정도였잖은가. 여성을 차별해온 그 기나긴 역사는 얼마나 야만적인가. 서툰 수컷들의 힘자랑에 고통받았을 저 숱한 인류의 절반에게 심심한 애도를 표하고 싶네.

민중의 딸로 태어난 여성들이야 더욱 말할 나위 없었지. 입에 풀칠하기도 힘겨웠으니 지성이나 낭만 따위는 차라리 사치였을 거야.

트리어의 미인, 더구나 품위와 지성으로 미모가 한결 돋보인 예니에게 인류를 위해 생을 바치겠노라 호언하는 청년은 네 살이나 연하였어도 그녀가 헌신할 영웅의 현현이었을 거야. 자신의 지적 능력을 자신하는 베를린 유학생과의 사랑을 운명으로 받아들이지 않았을까.

예니의 사랑, 부친의 죽음, 예니를 사랑하라며 유언처럼 남긴 말들이 자네의 베를린 대학 시절에 영향을 주었을 듯싶네. 자네는 철학 연구에 몰입했고 의욕적으로 박사학위 논문을 써갔지.

그런데 그 시점에 베를린 대학은 프로이센 왕정을 좇아 반동화하고 있었네. 철학박사 청구 논문 〈데모크리토스와 에피쿠로스의 자연철학의 차이〉*를 예나 대학에 제출한 것은 현명한 선택이었어. 예나 대학은 독일 연방에서 가장 자유로운 곳이었지.

초월과 영원을 추구하는 철학의 전통에 당당하게 맞선 젊은 철학자에게 세상을 원자의 충돌로 풀이한 에피쿠로스는 의미 있게 다가왔을 거야. 원자들 가운데 자신의 운동 궤도를 일탈한

---

*   맑스의 학위 논문은 그때까지 학계에 데모크리토스Demokritos의 단순한 모방자라고 알려졌던 에피쿠로스Epikuros를 '자기의식의 철학'에 근거한 그리스 최대의 계몽사상가로 조명했다. 데모크리토스의 기계론적이고 결정론적인 자연철학과 달리 우연적이고 자유론적인 자기의식의 철학을 에피쿠로스에서 독창적으로 읽어냈다는 평가를 받고 있다.

원자가 다른 원자와 부딪쳐 형성과 해체를 되풀이한다는 에피쿠로스의 자연철학에서 자네는 자유정신의 중요성과 더불어 타인의 중요성까지 도출해냈지.

나는 자네 논문으로 비로소 에피쿠로스를 알게 되었네만 그의 주장에 전적으로 동의하진 않았다네. 물론 "즐겁게 살지 않고서 아름답고 정의롭게 사는 것은 불가능하다"라는 에피쿠로스의 통찰에는 전적으로 공감하지. "사려 깊은 생각에서 즐겁고 건강한 삶이 나온다"라는 말에도 얼마든지 동의할 수 있네.

하지만 검소하게 생활하라는 권고를 넘어, 사분의 일 리터의 술로 만족하고 대부분은 물을 마시라는 도발은 너무나 야만적이어서 도무지 감당할 수 없다네. 그 무지막지한 도발은 자네도 받아들일 수 없는 폭력 아닌가.

우수한 논문으로 철학박사가 된 자네는 한때 대학 강단에 서는 것도 생각했을 거야. 어쨌든 경제는 삶의 기반 아닌가. 트리어의 여신이 애타게 기다리고 있으니 더 그랬겠지.

본 대학에서 신학을 가르치고 있던 브루노 바우어가 자네에게 강의할 수 있게 다리를 놓아주겠다고 약속한 것도 사실이었어. 그래서 박사학위 논문을 서둘러 쓰라 했고 프로이센 당국이 의심할 만한 언어는 논문에서 피하라는 주문도 했더군.

유감스럽게도 프로이센 정부의 반동화는 한층 심해져갔지. 신약성경은 그것을 기록한 사람들의 자기의식에서 빚어진 창작이라고 설명한 '죄'로 바우어 자신이 대학 조교수 자리에서 해직되었어.

모든 것이 틀림없어진 거야. 프로이센 문화장관은 바우어를 단죄하면서 자네 이름까지 그의 동료로 콕 집었지. 장관의 그 영광스러운 지명은 자네가 프로이센의 그 어느 대학에서도 강의를 할 수 없다는 뜻이었어.

친구, 여기에 역사의 역설이 있지 않을까. 만일 자네가 본 대학에서 철학을 가르치기 시작했다면, 그래서 교수로 자리 잡았다면 과연 진정한 철학자가 되었을까. 아니, 그 이전에 인류의 역사는 얼마나 지체됐을까.

교수로 살아갔다면 자네와 예니는 평생 호의호식했을 거야. 하지만 자본주의의 굴레에 얽매인 노동인과 민중의 고통은 얼마나 커졌겠는가.

교수직이 막힌 철학박사는 고향 트리어로 돌아가 사십여 일 머물며 앞으로 어떻게 가정을 꾸리며 살아갈까를 고심했을 텐데 내가 너무 쉽게 말하는 건지도 모르겠군. 그 무렵 본격적으로 턱수염을 풍성하게 길렀다고 들었네. 19세기 전반기에 턱수염은 과격분자의 상징이었지.* 교수 임용에 기득권의 잣대를 들이대는 대학과 권력에 정면으로 맞서겠다고 다짐했을 법하네.

자네는 이미 시를 창작하던 시절에 실천을 다짐하지 않았나.

---

* 심지어 독일 연방의 바이에른에서는 콧수염을 '보안'상의 이유로 불법화했다.

날이면 날마다 상아탑의 교수들과 가까이 지낸다면 견딜 수 없으리라 적어둔 기록도 서재를 정리하며 발견했네.

"어떻게 매일 지식인 스컹크들과 이야기할 수 있겠는가? 이들은 세계의 모든 골목길에서 결국 가로막힌 길만 발견하느라 공부하고 있는 인간들 아닌가?"

아무튼 대학에 집착은 없었으리라 생각하네. 어쩌면 교수직에 미련을 접고 싶을 때 명분을 얻은 격일 수 있겠지. 실상 대학에서 바우어가 해직되기 전에 오간 이야기 말고는 강단을 기웃거린 흔적을 찾을 수 없더군. 긴 세월 나와 온갖 대화—때로는 누구누구의 성적 취향까지—를 나누면서도 언제나 강조했던 것은 오히려 교수 나부랭이들에 대한 개탄 아니던가.

시대를 이끄는 사상은 헤겔처럼 대학 교수로 재직해야만 나오는 것이 아니라, 오히려 대학 밖에서 새로운 시대를 포착해낼 때 나오는 것임을 누구보다 자네가 잘 알고 있었을 성싶군. 자네가 1842년에 쓴 상쾌한 글처럼 "모든 진정한 철학은 당대의 지적 정수라는 점에서, 그 내용뿐만 아니라 형식에서도 현실 세계와 접촉하고 교류하는 시대가 어김없이 와야 한다"면, 자네가 바로 그 시대를 선구한 철학자 아니겠는가.

그런데 자네, 트리어로 '후퇴'해 있을 때 예니와 거리를 걸으면 사람들이 수군거렸던 일 알고 있었던가? 그대의 전기 집필을 준비하면서 우리가 함께 사랑한 그녀에게 처음 들은 말이었는데 하릴없이 웃음이 나오더군.

두 사람이 너무 대조적이었다는 거야. 검은 머리칼과 덥수룩이 자란 까만 수염 사이로 까무스름한 얼굴, 게다가 외투 단추를 잘못 채운 사내를 떠올려보게. 예니는 그 사내를 미남이라고 했다지만, 그건 트리어 전체에서 애오라지 예니만의 신념이었을 거야. 다만 그런대로 정겨울 수는 있었겠지.

하지만 바로 옆에 윤기 머금은 적갈색 머리칼과 긴 목 사이로 귀티 넘치는 얼굴을 하고 진주 목걸이를 두른 우아한 자태의 젊은 여성이 세련된 옷차림으로 까만 사내와 팔짱 끼고 걷는다면 어떨까.

트리어의 '선량한 시민들'은 약혼 관계인 두 사람이 외모뿐 아니라 집안, 경제력도 두루 차이가 크고 남자가 직업조차 없다는 사실까지 알고 있었기에 예니를 심히 아까워했다지. 오죽하면 한 트리어 남성이 자네를 보고 "태양이 비친 이래 가장 매력 없는 남성"이라고 이죽거렸겠나. 그건 허튼 시기심이라고 첨언해두겠네.

예니가 자네를 미남이라 한 까닭을 쓸까 말까 하다가 덧붙이네. 서재에 갈무리해둔 그 시절의 예니 편지가 모든 정황을 일러주더군.

"저는 조금도 후회하지 않아요. 눈을 질끈 감았을 때 당신의 축복 같은 미소 짓는 눈이 보였어요. 오 칼, 제가 무슨 일을 했는지 저는 아주 잘 알고 있고, 세상이 저를 어떻게 비난할지도 잘 알고 있어요.

그럼에도 저는 내내 행복하고 가슴 벅찬 희열을 느끼고 있고, 그 소중했던 시간의 기억을 세상의 어떤 부귀와도 바꾸지 않을 거예요. 그건 나의 보물이고, 영원히 간직할 겁니다. 저는 다시 당신의 심장 가까이 머리를 대고 누워서 사랑에 흠씬 취하고 희열을 느끼는 행복한 순간들로 젖어든답니다. 칼, 제가 당신의 아내가 된다니, 세상에! 오, 신이시여, 현기증이 나는군요!"

이 편지를 읽으며 나는 예감이 적중했다고 혼자 미소를 지었다네. 그 가슴 벅찬 희열의 순간을 보낸 뒤에 어찌 그 남자가 미남으로 보이지 않겠는가. 용서해주게. 하지만 자네 알다시피 본디 나는 위선이라면 딱 질색이거든. 섭섭할까 싶어 하나 덧붙이지. 자네, 미남은 아니지만 뭐랄까, 잘생겼어. 그래, 맑스답게 말일세.

8. 언론인 맑스 "공산주의는 비현실적"

칼. 이쯤해서 내 소개를 잠깐 해도 될까. 어차피 후대를 위한 기록이라면 그대와 나의 우정에 미주알고주알 호기심을 보일 누군가도 나타나지 않을까 싶군. 안심하게, 간략히 적겠네.

많은 이들이 알고 있듯이 나는 자본가 집안의 맏아들로 태어

낳네. 18세기에 증조부가 프로이센의 부퍼탈 계곡에 직조 공장을 세운 뒤 사업이 날로 번창해왔지. 독일 연방에서 산업화가 빠르게 진전된 곳*이기에 계곡을 흐르는 부퍼 강은 공장 폐수로 시커멓게 썩은 채 흘러갔다네. 처음 보는 사람은 지옥을 보는 듯 등골이 오싹할 정도였어.

이미 털어놓았듯이 우리 집안은 근본주의적 기독교 집안이라 유희는 어떤 종류든 간에 비난받았다네. 성경은 팔 남매의 장남인 나의 꼭뒤를 늘 짓눌렀지.

나는 반항적인 소년으로 자라났고 아버지는 그때마다 "신이시여, 이 아이의 성정을 보살펴주소서"라고 기도했어. 물론, 반항적이었다고 해도 패륜적이진 않았지. 반항의 탈출구는 문학이었어. 고교 시절 시를 써서 발표하기도 했다네.

하지만 아버지는 나를 대학에 보낼 뜻이 없었어. 자칫 대학에서 경건주의 신앙을 잃어버릴까 우려한 거겠지. 아들은 이미 십 대 중반에 당신이 나눈 사랑의 현장을 목격하고 경건한 위선에서 멀찌감치 벗어나 있었는데 말일세. 대대로 세습해온 사업을 물려주려고 산업도시 브레멘에 수습 직원으로 나를 발령 내시더군.

공장주의 아들이었기에 힘든 노동은 없었다네. 처음에는 저

---

*　　지금 부퍼탈에는 '엥겔스 거리'가 있다. 인근에 자리한 금융과 패션의 도시 뒤셀도르프로 출근하는 이들이 많이 살고 있다.

마다 아버지의 후광으로 연미복에 고급 양가죽 장갑, 번쩍이는 구두로 치장하고 콘서트에 참석하는 유복한 청춘들—나중에 청강하러 가게 된 베를린 대학에도 그런 족속이 지천으로 깔려 있더군—이 내게 다가왔지.

하지만 나는 콧수염을 깎지 않은 채 평범한 외투를 걸치고 맨손을 내밀어 속물들을 조롱했다네. 그런데 장미 향수 풍기는 고귀한 여자들이 외려 그런 나를 좋아하지 뭔가.

얼마 가지 않아 그따위 시시껄렁한 저항과는 작별을 고했네. 그럴 수밖에 없었지. 산업도시를 떠받치고 있는 사람들, 바로 노동인을 발견했기 때문일세.

자네가 철학박사 논문을 쓰며 헤겔에게서 벗어나고 있던 그 시점에, 나는 자유주의적 신문에 '부퍼탈로부터의 편지'를 기고하기 시작했지. 여섯 살, 아직 소년이라 부르기에도 이른 시절부터 낮은 천장 아래서 일을 시작하는 노동인의 삶, 산소보다 석탄 먼지와 연기를 더 많이 마시며 일하는 열악한 노동 환경을 글에 담았네.

노동인들은 삶의 기쁨을 잃어버리고 종교적 신비주의의 제물로 전락하거나 술로 망가지고 있었어. 아버지가 사업의 밑바닥을 배우라고 보낸 곳에서 거꾸로 나는 그 사업을 뒤엎을 혁명가로서 인생을 시작한 걸세.

내가 쓴 글이 서른일곱 편이나 기사화되더군. 내 필명 '프리드리히 오스발트'는 꽤 알려져서 자네도 모르진 않았을 거야.

물론, 내 글은 자네의 눈에 지나치게 피상적으로 보였겠지. 하지만 그 시점에 내 눈에는 자네 글이 과도하게 관념적으로 보였다네. 철학박사 논문을 쓰던 시절 아닌가. 다행히 자네가 교수 아닌 언론인의 길을 걸으면서 스스로 관념의 굴레를 벗어났지.

자네에게 언론인은 가장 어울리고 썩 잘 맞는 옷이었어. 당시 대학에 한자리씩 꿰찬 '학자'들은 언론인을 "평판 안 좋고 저속하고 불안정한 사람들"이라 폄훼했지만, 그건 어디까지나 배부른 교수들이 자신들 못지않게 명예를 누리는 언론 귀족에게 거는 자존심 경쟁일 뿐이었지.

자네가 언론을 선택한 것은 언론이 지배세력 중 하나여서가 아니잖은가. 그렇다고 싸움의 도피처도 아니었어. 오히려 줄기차게 맞서 싸울 참호로 선택한 거였지.

비판적인 언론사는 봉급이 적거나 심지어 없기도 했지만, 처음부터 기자 맑스에게 언론은 돈을 벌려고 글을 쓰는 곳이 아니었어. 자네는 언론인으로 나서기 직전, 1841년 12월에 프로이센 정부가 선포한 검열 법령을 정면으로 비판하는 글을《독일연보》에 보냈지.

"사고의 틀을 규제하는 법은 시민을 위해 공표된 국가의 법이 아니다. 한 정파가 다른 정파를 통제하는 법일 뿐이다. 그것은 통합이 아니라 분열을 위한 법이다. 분열을 조장하는 모든 법은 반동적이다. 그것은 법이 아니라 특권일 뿐이다. 검열에 대한 근본적이고 진정한 해결책은 오직 철폐뿐이다."

검열을 비판한 그 글은 검열을 통과하지 못해 나중에서야 알려졌다. 곧이어 《라인신문》이 창간되었고, 자네가 쓴 첫 기사의 주제도 '언론 자유'였어. 1842년 5월 5일, 스물네 번째 생일에 게재되었더군.

"아무도 자유를 반대할 수 없다. 기껏해야 다른 사람의 자유를 반대할 수 있을 뿐이다. 그러므로 모든 종류의 자유는 늘 존재해왔다. 더러는 특권, 더러는 보편적 권리였다. 중력의 법칙이 운동을 억압하는 수단이 아니듯이 법은 자유를 억압하는 수단일 수 없다. 법이란 자유가 개인의 자의성을 벗어나 객관적이고 이론적 존재일 수 있도록 더 긍정적이고 명료하며 보편적인 기준이어야 한다. 법전은 민중의 자유의 성경이다. 그러므로 출판법은 출판의 자유에 대한 법적 승인이어야 옳다."

그 기사를 보고 편집진의 한 사람이던 모제스 헤스가 자네를 "가장 위대한, 아마도 현 세대에 유일하게 진실한 철학자"라고 평가했지. 나도 《라인신문》에 실린 그 칼럼을 읽으며 독자 스스로 법이란 무엇인가를 생각하게 만드는 자네의 문체를 곱씹게 되더군. 내게 결핍된 깊이가 느껴졌어.

쾰른에서 빼어난 언론인으로 온당한 평가를 받으며 자네는 조금 고무되어 트리어에 돌아왔을 걸세. 쾰른의 자유로운 공기와 달리 트리어의 대기는 갑갑하게 다가왔겠지. 어머니와 심각한 갈등도 빚었다고 들었어. 남편이 세상을 떴는데도 박사가 된 맏아들이 여전히 가족을 소홀히 한다고 여겼을 법하네. 생활비와 가족의 미래를 놓고 아무래도 불편했을 논쟁이 이어졌겠지.

자네가 훌쩍 고향을 떠나며 "공적인 문제들이 있었기에 사적인 문제로 상심할 겨를이 없었던 것이 참으로 다행스럽다"라고 남긴 말이 모든 상황을 설명해주더군. 말이 나온 참에 정직하게 기록하자면, 그대가 사적인 공간에서 더없이 무능한 것은 그때부터였을 거야. 여기서 '무능'이라는 말이 비난이 아니라는 것쯤은 알고 있겠지? 노파심에서 덧붙이네.

하긴 비난이면 어떤가. 사실인걸. 예니와 자네 자식들은 지아비와 아비 때문에 얼마나 고난의 길을 걸었던가. 그날 이후 고향 트리어의 가족에게도 평생 눈 흘김을 당했고 처자식 앞에 경제적으로 무능했지만, 언론인으로서 자네가 내딛는 걸음은 참으로 옹골찼네.

언제나 무게와 깊이를 갖춘 자네의 칼럼에 담긴 혁명적 의미를 단순한 검열관들이 온전히 읽어내지 못한 것이 그나마 다행이었어. 그들을 따돌리면서도 독자를 깨우치는 자네의 칼럼은 사상을 담은 문학이었지.

신문에 실리는 그대 칼럼이 곰비임비 화제가 되면서 《라인신문》의 독자 수가 빠르게 늘어났더군. 자연스레 신문사 주주들도 필자를 눈여겨보았어. 더구나 자네는 청년헤겔학파의 급진주의자들이 신문 편집을 좌우할지 모른다고 불안해하던 투자자들에게 분명한 신호를 보냈거든. 《라인신문》은 추상적 이론에 관여하지 않고 오직 현실적 문제만을 다뤄야 옳다고.

신문의 재정 지원자들이 자네의 칼럼과 소신에 찬사를 아끼지 않았던 이유였어. 그해 가을에 투자자들과 불화를 빚은 편집장이 물러나자 자네를 후임으로 전격 임명했지.

취임 첫날 《라인신문》이 공산주의를 옹호한다는 경쟁 신문사의 비판 기사에 그대는 손수 반박 기사를 써서 보도했어.

"현실의 공산주의 사상이 이론적 현실성을 가졌다고 여기지 않는다. 그래서 그 실천적 현실화를 바라지 않으며 그것이 가능하다는 생각도 하지 않는다."

언론인 맑스가 공산주의*를 비현실적이라고 비판하자 《라인신문》의 주주들은 더없이 미더워했지. 재산 공동체를 주장하는 사상이 악마의 저주처럼 다가왔을 주주들에게 편집장의 공산주의 비판은 얼마나 믿음직한 복음이었겠는가. 그 "이론적 현실성 없는 공산주의"를 몇 년 뒤 우리는 "공상적 사회주의"라고 이름 붙이며 더 선명하게 선을 그었지.

그 시기 외투에 신문을 꽂고 커피숍이나 맥줏집, 어두침침한 레스토랑을 들락거리며 독일 연방의 다른 공국이나 외국의 구

***

* '공산주의'라는 말은 처음 등장한 뒤 역사적 변화를 겪었다. 1830년대와 1840년대 프랑스에서는 대개 생시몽Saint-Simon과 푸리에Charles Fourier 추종자들을 '사회주의자'라고 불렀다. 반면에 블랑키Louis Auguste Blanqui와 카베 Etienne Cabet를 중심으로 파리에서 조직된 비밀 결사는 '공산주의자'라고 불렀다. 현존 사회를 전면 부정하고 재산 공동체를 지향하는 사람들의 이름이 '공산주의자'였다.

하기 어려운 신문을 찾아 읽던 자네 모습을 기억하는 사람들이 있더군.

"강인한 사람, 때로는 위압적이고 충동적이지만 열정적이면서 무한한 지적 자신감으로 똘똘 뭉친 사람, 박식하고 대단히 진지한 사람."

남겨진 기록들을 보며 눈물이 고였다네. 보고 싶어서 말이지.

이 사람, 칼, 자네와 술잔 부딪치며 담소 나누고 싶어 가슴이 미어지네. 아무래도 오늘은 그만 써야 할까 봐. 내 친구가 사무치게 목마른 밤일세.

9. 책 마흔다섯 권 들고 간 신혼여행

자네가 편집을 맡은 뒤《라인신문》은 '자유의 목소리'로 불리기 시작했어. 뛰어난 필자들이 구름처럼 몰려들었지. 프로이센을 비롯한 독일 연방의 '젊고 신선하고 자유로운 사고와 혁명적인 재능이 모두 이곳에서 피난처를 찾았다'라는 찬사를 들을 정도였네.

정작 청년헤겔학파 일각에선 악담이 퍼져 나갔지. 아무리 명성이 높은 필자여도 편집장 칼은 논지가 모호하거나 잘난 체하는 문구가 들어 있는 글은 가차 없이 퇴짜를 놓았으니 말일세. 현실에 더 많이 주의를 기울여라, 더 전문적인 지식을 담으라는 주문에 자존심이 상한 자들은 터무니없게도 자네에게 보수주의자라는 비난을 퍼부었지.

그럼에도 의연했어. 신문을 망치느니 차라리 몇몇 베를린 허풍선이의 분노를 감수하겠노라 밝혔더군. 신문은 학술 논문이나 선전물과 다르다는 사실을 청년헤겔학파는 아직 몰랐어.

자네는 참으로 신문을 사랑했지. 편집장 임명 하루 전이었나, 병약했던 바로 아래 동생 헤르만이 스물세 살의 나이로 요절했지만 장례식에 참석하지 않았더군. 나는 자네의 냉철함을 십분 이해하네. 주요 진지인 《라인신문》의 사령탑을 비울 수 없었겠지. 죽은 사람에 대한 애도 또한 꼭 가서 할 필요는 없다고 생각했을 거야.

미처 의식하지 못했겠지만 자네는 언론인 생활을 통해 사상을 숙성해갔다네. 정치 현상 이면의 경제적 이해관계에 눈뜨면서 사유의 폭과 깊이가 크게 달라졌으니 말일세. 자네가 직접 쓴 두 기사가 그 증거지. 그 기사를 작성하며 인간관계란 기본적으로 물질적이라는 것, 다시 말해 경제적인 것이라는 진실을 포착했을 걸세.

먼저 가난한 농민들이 산이나 땅에 떨어진 나뭇가지 줍는 것을 절도로 몰아세운 생게망게한 사건이 일어났지. 추위를 피하려고 죽은 가지를 모아가는 것은 더 말할 나위 없이 농촌의 자연스런 일상 아닌가.

그런데 공장 가동에 나무가 필요하자 지주들은 나무를 팔아 돈을 쏠쏠히 챙길 수 있었어. 돈벌이에 눈 뻘겋게 된 지주들은 사유지에 떨어진 나뭇가지에도 소유권을 주장했지. 정부는 지주 편을 들어 허가 없이 가지 줍는 행위를 범죄로 규정하더군.

기자 맑스는 정부를 구성하는 대다수가 귀족, 곧 지주라는 사실에 주목했지. 기사를 쓸 무렵에 얼마나 가난이 만연했는지 형사 사건의 대다수가 절도일 정도였어. 떨어진 나뭇가지를 '자연의 자비'로 표현한 기자는 지주들의 나뭇가지 소유권을 보장해 준 법의 위선을 통렬하게 꼬집었지. "산림 소유주들이 '나무 도둑'을 난로 속에 넣고 불을 때도록 허용하지 않은 것이 오히려 놀라울 정도"라는 문장은 압권이었네.

또 하나는 포도를 재배하는 농민들 이야기였어. 자유무역으로 경쟁이 치열해지고 대규모 생산자가 시장을 장악함에 따라 포도 재배농이 고통을 겪고 있다는 기사에서도 혜안이 돋보이더군. 자유라는 좋은 말을 끌어와 '자유무역'을 부르대는 부라퀴들은 그 이면에 민중의 고통이 켜켜이 쌓여간다는 사실을 모르쇠 잡거나 은폐해왔거든.

민중의 피눈물을 외면하지 않는 철학자라면 기자로서 현실을 취재하고 보도하는 과정에서 자본과 그것을 비호하는 권력을 비판적으로 바라볼 수밖에 없었을 거야. 하지만 대다수 언론은 비판적 자세를 갖기보다는 권력과 자본의 품에 안겼어. 지금도 그렇지만 말일세.

당시 검열관이 "옳다고 확신하는 주장을 위해서는 목숨이라도 건다"라고 평할 만큼 언론인 칼은 용기 있게 보도해 나갔지. 신문 구독자는 일 년 새 아홉 배로 늘어났어. 그해 연말에 가족과 함께 크리스마스를 보내려고 트리어에 갈 때, 그대 어깨엔 꽤나 힘이 들어갔을 거야.

자네는 독일 연방의 자유주의자 사이에서 명성이 높아져갔고 《라인신문》에서 받는 급여도 그럭저럭 괜찮았지. 이듬해 6월에 예니와의 결혼을 공표―한 여자와 평생을 살겠다는 청년의 용기가 나는 두고두고 부러웠다네―한 것도 그래서일 거야.

하지만 다시 쾰른으로 돌아왔을 때 상황은 사뭇 달라졌어. 프로이센 정부가 《라인신문》을 폐간키로 결정하고 발간 금지를 통보해왔지. 자네에게도, 결혼식을 앞둔 신부에게도 마른하늘에 날벼락이었을 거야. 다소 과장해 표현하자면 말일세.

정부가 폐간을 결정한 직접적 계기는 1843년 1월 4일 자 신문에 실린 러시아 황제 기사였어. 니콜라이 1세를 비판한 기사가 실리자 러시아 황제가 프로이센 대사를 궁으로 불러들여 《라인신문》을 직접 꺼내 흔들고는 손봐달라고 요구했다지.

그렇지 않아도 《라인신문》이 눈엣가시였던 프로이센 정부로선 러시아 황실의 개입이 가려운 곳 긁어주는 격이었을 걸세. 빌헬름 4세는 곧바로 내각회의를 소집했고 폐간을 결정하며 선심이라도 쓰듯 영업 시한을 3월 말일로 통보했어.

자네는 시한을 이 주일 앞두고 전격 사임했지. 신문이 살아 남기를 바랐기 때문일 걸세. 하지만 그 노력도 허사로 돌아가고 《라인신문》은 예정대로 3월 31일 끝내 폐간되었어.

신문사 주주들은 어쩐 일인지 조직적 항의에 나서지 않더군. 자유무역을 비판하고 나선 자네의 편집 방향에 점점 위기의식을 느꼈을 거야. 이참에 아예 손 털고 싶었던 게지. 경제적 이해 관계란 이토록 무서운 것임을 그때까지만 해도 순진했을 법한 자네가 체감했을 성싶네.

심경이 되우 복잡했을 거야. 결혼을 앞두고 수입이 끊겼으니 답답할 수밖에 더 있나. 예니의 가족이 미래의 신부는 결혼 전에 발생한 그 어떤 빚도 책임지지 않는다는 밉살스런 서약을 요구한 것도 무리는 아닐세. 사랑에 몰입한 두 연인은 그런 서약에 개의치 않았겠지만 말일세.

귀하는 인간의 삶에서 경제가 갖는 중요성을 부각하는 저작에 평생을 바치면서도 정작 자신의 삶과 관련된 경제에는 내내 무심했지. 음, '무심'이란 말은 지나쳤군. 평생 그 문제로 번민했으니 말일세.

1843년 6월 19일, 약혼 칠 년 만에 무직인 자네와 예니는 교회에서 결혼식을 올렸지. 두 집안에서 참석한 가족은 예니의 어머니와 남동생뿐이었다는 이야길 들었네. 부친이 작고한 뒤 자네는 사실상 가족과 단절된 셈이었어.

예니의 어머니는 스물아홉 살 딸의 결혼 선물로 아가일 가문의 문장이 새겨진 수백 년 된 진귀한 은식기와 스위스로 신혼여행 갈 자금을 건넸지. 하지만 결혼식에서 제법 들어온 자금을 친지와 친구 접대에 아낌없이 써서 신혼여행을 마칠 즈음에는 한 푼도 남지 않았다더군.

친구, 돈에 인색하지 않고 베푸는 행위는 칭찬받을 만한 미덕임에 틀림없어. 하지만 돈이 생기면 죄다 써버리는 습관이 주변 사람에겐 자못 성가실 수 있다네.

그런데 귀하의 신혼여행에는 훨씬 더 낭만적인 특성이 있더군. 누군가 인류의 신혼여행 역사를 쓴다면 '맑스-예니 모델'을 혁명적이라고 평가할 걸세. 여행길에 오른 자네 가방은 곧 다 써버릴 돈보다 더 중요한 것으로 가득했으니 말이야.

헤겔, 루소, 마키아벨리의 저작을 비롯해 마흔다섯 권의 책을 챙겨갔다고 들었네. 여러 사람의 증언이던데 그럼에도 묻고 싶군. 사실인가?

품위 있는 삶의 기준으로 본다면 그건 신부에 대한 예의가 결코 아닐뿐더러 야만에 가깝지. 하긴 그런 자네에게 귀족 예니는 더 매력을 느꼈을지도 모르겠어.

젊은 신랑이 매혹적인 신부를 옆에 두고 설마 책만 들여다본 것은 아니었으리라고 믿네만, 우리의 칼은 신혼여행에서 두 가지 명제를 구상했더군. 쾰른에서 언론인으로 일하며 현장에서 수업한 공부를 갈무리한 결과였지.

'인류 해방의 심장은 노동인'이라는 명제와 '종교는 민중의 아편'이라는 명제가 트리어 최고 미인과의 신혼여행에서 구상됐다는 진실은 두고두고 자네의 비인간적 인간성, 또는 인간적 비인간성을 고발하는 증언이 될 걸세(이 문장에선 자네의 독특한 문체를 흉내 냈는데 아무래도 어색하군. 앞으론 그냥 내 문체대로 기록해야겠어).

10. 달콤한 밀월에 잉태한 사상

노동인이 인류 해방의 심장이라는 통찰을 자네는 '프롤레타리아트'라는 말로 담아냈지. 지금도 그 말을 부담스러워하는 사람이 적지 않은 것은 전적으로 자네의 공로라네. 그만큼 의미가 깊고 사회적 충격이 큰 개념일세.

라틴어 '프롤레타리우스proletarius'에서 따온 그 말은 본디 '가진 것 하나 없이 오직 자녀만을 생산해내는 가난한 사람들'이나 '사회 최하층계급'을 뜻했지.

자네는 노동인을 계급으로 묶어 프롤레타리아트라 명명했어. 그런데 그로부터 반세기가 더 흐른 오늘날도 노동인들은 자신을 가리키는 그 말을 꺼려하고 있네. 자본이 중심이 된 사회에서 노동인을 겨냥한 세뇌가 얼마나 치밀하고 강력한가를 거듭

깨달을 수 있지.

여기서 그 말에 연연할 필요는 없을 거야. 그 말을 쓰든 안 쓰든, 19세기를 마감하는 오늘날도 우리 인류는 모든 걸 시장에서 사고파는 살벌한 사회에서 살아가고 있다는 현실 인식이 중요하겠지.

다가오는 20세기엔 우리 후대가 그 미개를 반드시 끝장내리라 기대하네. 시장에서 먹을 것, 입을 것, 잘 곳을 살 돈이 없으면 굶주림과 헐벗음과 추위를 벗어날 수 없는 세상은 너무 비인간적이지 않은가.

돈은 시장에서 뭔가를 팔아야 생기는데, 아무것도 가진 것이 없는 사람이 팔 것은 애오라지 하나겠지. 바로 자신의 몸일세. 상품을 만들어내는 생산수단이 없는 사람이 생존할 수 있는 유일한 방법은 자신의 노동력을 판매해 정기적으로 돈, 즉 월급을 받는 것이잖은가.

그러니까 상공업자란 노동력을 사서 상품을 만들어 팔아 돈을 버는 사람일 뿐인데, 그 이윤을 좇는 자본가를 향한 온갖 찬사와 환상이 날마다 '생산'되고 있네. 돈이 많으니 찬사를 늘어놓거나 환상을 심어줄 '노동력'을 먹물들에게 얼마든지 구입할 수 있는 걸세.

내가 노동인의 비참한 현실 앞에서 자본가의 위선에 분노하고 있을 때 자네는 냉철하게 논리를 세워 분석했더군. 당시는 아직 잠정적인 결론이었겠지만, 그 이후 지속된 우리 연구의 최종 결론에도 관철된 명제를 그때 이미 정식화했어. 아직도 많은 노동인이 꿰뚫지 못하고 있는—상공업자, 곧 자본가들이 자본주의 사회의 비밀을 은폐하고 있어서라네—통찰이지.

자본주의 사회에서 아무런 생산수단을 갖지 못한 사람들, 그래서 자신의 노동력을 자본가에게 상품으로 팔아 생계를 꾸려 가는 노동인들이 불평등한 사회 현실을 제대로 인식한다면 새로운 사회를 여는 혁명이 가능하다는 깨달음은 오늘날에도 햇살처럼 눈부시다네.

깨어 있는 노동인이 인류 해방의 심장임을 날카로이 포착해 논리적으로 제시한 철학자 칼 맑스에게, 친구 이전에 같은 시대를 살아간 인류의 한 구성원으로서 심심한 경의를 표하네.

달콤한 신혼여행이 '생산'한 또 다른 명제도 인류에게 큰 울림을 주었지. 사실 우리의 종교 비판은 한 사회 또는 국가에서 기독교가 작동해온 역사적·현재적 사실에 근거했어. 아름다운 청년, 예수의 삶이 폭압적 군주나 썩어 문드러진 중세 체제를 유지하고 강화하는 데 이용되는 현실을 묵과할 수는 없잖은가.

그대와 내가 즐겨 읽은 작가 프리드리히 실러의 작품 《군도》에는 훈계질만 해대는 기독교 성직자가 나오지. 주인공인 산적 두령은 그 거만한 성직자를 준엄하게 심판하지 않는가.

"인간이 어쩌면 이다지도 눈이 멀 수 있을까? 저 일백 개의 눈을 갖고 있는 아르고스*처럼 사람들의 결점만을 찾아내려는 자가 정작 자신에 대해서는 왜 이렇게 눈이 멀었을까? 보라. 자신은 구름 위에 앉아서 자비와 인내를 설교하면서도 사랑의 신에게 오히려 인간을 제물로 바친다. 이웃을 사랑하라고 설교하면서도 여든이 넘은 노인을 문전박대한다. 인색하지 말라고 훈계하면서도 황금을 좇아 페루의 민중을 학살하고 이교도로 하여금 황소처럼 수레를 끌도록 한다. 머리를 쥐어짜며 어떻게 하면 배교자를 만들어낼 수 있을까만 생각한단 말이다. 예수를 은화 열 닢으로 팔아넘긴 자도 당신네 기독교 성직자 가운데서 가장 악랄한 인간만큼은 아닐 것이다. 오, 이 바리새인들아, 진리의 위조자들아, 신을 흉내 내는 원숭이들아!"

작가 실러보다 더 치열하게 기독교와 정면으로 마주한 사람은 철학자 포이어바흐였지. 아마도 자네의 신혼여행에도 동침했을 책 《기독교의 본질》은 종교에 대한 우리의 생각을 정리하는 데 큰 도움을 주었네.

인간이 신의 피조물이 아니라, 신이 인간의 피조물이라는 포이어바흐의 명제에 우리 얼마나 소름끼쳤던가. 그가 명료하게 정리했듯이 인간은 인류의 모든 덕목을 한데 모아 신성한 상으로 투사하고 그것을 신으로 숭배해온 걸세. 인간은 자신의 선한 본질을 다른 무엇에 양도하며 스스로를 약하고 무가치하다고 여김으로써 자기 본성의 최고로부터 소외되고 말았지.

---

*　　아르고스Argos는 그리스 신화에 나오는 백 개의 눈을 가진 거인으로, 제우스Zeus의 아내인 헤라Hera의 지시를 따라 제우스의 애첩을 감시한다.

포이어바흐는 신이라는 우회로를 거치지 않고 인간이 직접 자신의 본질을 자각해야 한다고 주장했지. 짚어보니 포이어바흐가 그 책을 낸 것이 1841년 봄이더군. 귀하의 박사학위 논문도 그때 제출되었으니 거의 같은 시간대에 엇비슷한 결론에 이르렀다고 보아야겠지. 자네 또한 학위 논문에서 시퍼렇게 선언했잖은가.

"자유로운 심장 안에 단 한 방울의 피라도 고동치는 한, 철학은 에피쿠로스와 함께 자신의 반대자들에게 다음과 같이 계속해서 외칠 것이다. '불경한 사람은 대중이 숭배하는 신을 부정하는 사람이 아니라, 대중의 생각을 신에게 덮어씌우는 사람이다.' 철학은 그것을 비밀로 하지 않는다. '나는 모든 신을 증오한다'는 프로메테우스의 고백은 최고의 신성으로서의 인간의 자기의식을 인정하지 않는 천상과 지상의 모든 신에 대한 철학 자신의 고백이며 선언이다."

포이어바흐는 책 출간 이후에도 논문을 발표했지. 종교적 관념이 사람 아닌 다른 무엇인가에서 유래하거나 천둥처럼 갑작스레 오는 것으로 풀이한 철학자들을 좌시하지 않았어. 다름 아닌 사람이 관념적으로 신도 철학도 창조하는 것임을 누누이 강조했지.

종교는 인간이 창조한 것이라는 포이어바흐의 명제에 전적으로 동의하면서도 자네는 한 걸음 더 나아가더군. 포이어바흐가 종교의 사회적 차원을 놓쳤기 때문일세. 자기 힘으로는 도저히 세상을 변화시킬 수 없는 상황에서 무력감을 느낀 인간이 고통을 완화하려고 마약처럼 복용하는 것이 종교임을 직시한 걸세.

"종교는 억압받는 피조물의 한숨이고, 심장 없는 세계의 감정이고, 영혼 없는 상황의 영혼이다."

그 명쾌한 명제의 자연스러운 결론은 더 간명했어.

"종교는 민중의 아편이다."

더러는 앞의 명제를 섬세히 음미하지 않고 '아편'이라는 자극적인 단어에만 관심을 기울이더군. 하지만 그럴 경우 왜 종교가 민중의 아편인지 온새미로 파악하기 어렵지. 무엇보다 자네가 규명한 '기독교의 사회적 원리'는 상공업자의 아들로서 내가 지니고 있었던 위선적이고 이기적인 구원의 종교관을 깨끗이 씻어주었네.

"기독교의 설교는 다만 억압받는 사람들을 위해 지배자의 동정이라는 이룰 수 없는 소망을 퍼뜨릴 뿐이다."

자네, 그 무렵 바우어와 《무신론자의 서고》라는 매체 창간을 준비했으나 투자자가 없어 접었을 거야. 나를 만나기 전이었지만, 그 매체가 불발됐다는 소식을 들었을 때 아쉽지 않았다네. 종교 또는 무신론이라는 주제에 갇히지 않은 더 폭넓은 매체가 자네에게 더욱 어울렸을 테니 말일세.

11. '무어'라는 별명의 오해

살아 있을 때 이미 칼 맑스는 지구상의 수많은 사람들 사이에서 회자되었지. 하이게이트*로 거처를 옮긴 뒤 유명세는 더 증폭되었어.

내겐 자네의 별명이 훨씬 더 친근하게 다가온다네. 청년헤겔학파 사이에서 일상적으로 불렸고 나중에는 집안에서도 애칭이 된 '무어'가 그것이지. 그 별명의 유래를 모르는 몇몇 동지들은 '아랍계 이슬람교도'를 부르는 말이기도 한 '무어Moor'가 자네의 거무스름한 생김새에서 나왔다고들 쑥덕인다네.

더러는 자네가 예니에게 "나는 당신 앞에 무릎 꿇고 외친다오. 진정 당신을 사랑하오. 베네치아의 무어가 느꼈던 것보다 더 큰 사랑이라오"라고 쓴 편지를 그 증거로 제시하더군.

결혼 13주년을 맞아 쓴 그 편지에서 '베네치아의 무어'는 오셀로지. 그러니까 질투에 눈이 멀어 아내를 죽일 만큼 '사랑'한 오셀로보다 더 예니를 사랑한다는 고백인 셈이네. 하지만 그 편지를 쓴 것은 무어라는 별명을 얻고 한참이 지난 뒤였어. 자네 또한 오셀로를 연상해서 그리 썼을 뿐이지.

무어라는 별명은 청년헤겔학파의 술자리에서 나왔더군. 머리

---

*   하이게이트는 런던 시내에 있는 공동묘지로 맑스가 묻힌 곳이다.

칼과 수염이 온통 시커멓던 자네를 보며 벗들이 떠올린 인물이 있었지. 좌중을 압도하는 비범한 언변은 실러의 《군도》에 나오는 주인공 칼 무어를 연상시키기 충분했어. 그러고 보니 청년헤겔학파는 개념만 잘 만들어낸 것이 아니라 별명을 창안하는 데도 탁월했네.

《군도》의 산적들을 이끄는 우두머리의 이름 '칼'이 자네 이름이기도 해서 더 그랬을 거야. 문학 속의 칼 무어는 카리스마 넘치는 두령으로 비극적인 삶을 살아가지. 무어는 성직자를 "악당 놈"이라고 부르며 "이제야 우리는 자유로운 몸이다. 죽음이 아니면 자유다!"라고 선동하지. "인간을 신과 똑같이 만드는 데 실패한 세상"을 개탄하며 말일세. 그 언행이 자네와 똑같다고 할 수는 없지만 얼마나 비슷한가.

물론, 자네와 나는 실러의 정치적 견해에 동의하지 않았어. 그럼에도 자네가 무어라는 별명을 기꺼이 받아들이고 편지의 서명에 쓸 정도로 아낀 이유는 무엇일까.

아마도 자네는 봉기에 실패하고 시대를 넘어서지 못했던 무어라는 인물을 상기하며 자신의 한계를 넘어서겠다는 다짐을 했을 거야. 무어라고 서명하면서 그처럼 비극적인 삶을 살지 않겠다는 결기를 그때마다 다잡았겠지.

가난한 사람을 사랑하고 권력과 부를 응징하던 산적들의 우두머리 무어는 분명 의적이었어. 하지만 프로이센 왕정 아래서 내놓고 그대를 의적이라 부를 수야 없지 않은가.

지금 짚어보아도 무어는 참 잘 붙인 별명이었네. 그 별명에 담긴 뜻을 누군가 내게 묻는다면 잠시도 머뭇거리지 않고 단언할 수 있지. 과학적 의적이라고 말이야.

로빈 후드와 칼 무어가 왕정 시대의 의적이라면, 칼 맑스 자네는 근대의 지적인 의적이지.

새로운 의적은 "무능력한 귀족과 모든 것을 신의 뜻으로 돌리는 관료의 무기력"을 무어 못지않을 만큼 통쾌하게 비판했어.

그러니까 예니의 오빠 페르디난트가 처남을 격렬히 증오한 것도 나름 이해할 수 있네. 그가 가장 소중히 여겨온 가치, 곧 교회·국가·가문 따위를 모두 부정하는 불한당이 어여쁜 누이를 뺏어간 셈이잖은가.

그래도 그 오빠는 여동생을 생각해서인지, 아니면 인질 전략인지 모르겠지만 자네에게 공직을 제안했더군. 누이를 가까이 두고 불온한 남편을 감시할 깜냥이었을 가능성이 다분해.

자네가 베를린 법원에서 일하고 있던 부친의 지인을 통해서도 공직을 제안받은 것으로 보아 프로이센 정부는 무어의 잠재력을 충분히 예견하고 있었던 게야. 아니, "충분히"는 아니겠군. 무어의 힘을 미리 알았다면 자네를 체제로 흡수하기 위해 장관직이라도 아꼈겠는가.

관료는 직업적 안정성은 물론 명예까지 따랐기에 대학 졸업자들이 가장 선호하는 자리지 않았나. 하지만, 아니 당연히 자네는 두 제안 모두 칼처럼 잘라버렸지. 예니가 임신을 해서 가정을 책임져야 할 상황이었기에 그 제안들을 물리칠 때 망설임이 아주 없지는 않았을 거야.

아마도 곧 창간될 새 매체를 믿고 있었겠지. 자네가 구상하고 있던 언론이 선을 보이면 뜻을 펼칠 수 있음은 물론, 생계도 꾸려갈 수 있다고 판단했으리라 추측되네.

실제 비슷한 처지의 루게*와 더불어 새 언론을 창간할 준비가 착착 진행되고 있었지. 루게는 출판사를 경영하는 취리히 대학의 교수 프뢰벨과 만나 창간 자금을 모으고 자신과 자네가 공동 편집자로 일하는 신문을 내기로 했어. 자네에겐 《라인신문》에서 받았던 수준의 월급을 보장하겠다고 약속했더군. 그 정도면 넉넉하진 않지만 그래도 신혼살림에 큰 어려움은 없으리라고 전망했을 성싶네.

자네는 국가 질서 개념에 살아 있는 인간을 뜯어 맞추는 헤겔식 관념을 비판하고 인간이 헌법과 법률의 주체가 되어야 옳다고 보았지. 그래서 권력과의 충돌도 마다하지 않는 '가차 없는 비판'이 필요하다고 루게에게 편지를 썼더군.

루게와 프뢰벨은 그런 신문이 간행될 수 있는 곳은 오직 한 곳

---

*   루게Arnold Ruge는 청년헤겔학파에 속했지만 맑스보다 열여섯 살 연상인 민주주의자로 감옥을 다녀오고 대학 강단에서 강의도 했다. 언론에 뜻을 두고 《학문과 예술을 위한 독일연보》《독일연보》를 발행했다. 이 매체도 1843년에 발행금지 처분을 받았다.

밖에 없다고 보았지. 자네의 결론과 같았어. 바로 프랑스 파리 였네.

세 사람은 파리에서 새 언론을 창간해 두 나라 반체제 세력의 목소리를 한데 모으겠다는 야무진 계획을 세웠어. 그에 맞춰 제 호도 《독프연보》*로 결정했지. 예니는 신중했더군. 자네가 프 랑스로 떠나면 조국을 배신한 것으로 보일 수 있고 다시 돌아올 수 없을지 모른다고 우려했지. 여자들의 본능적 감각이란, 과연 대단해.

하지만 정작 파리에 정착한 예니는 만족했더군. 사실 파리는 모든 여성이 좋아하는 도시 아닌가. 그대가 잘 알다시피 나는 여성들처럼 파리를 좋아하진 않았어. 파리의 여성들을 좋아했 을 뿐이라네.

예니와 그대가 이주하던 1843년 10월의 파리는 '시민 왕'이 라 불리던 루이 필리프**의 통치 아래 부유함과 화려함으로 "유

---

* 　지금까지 '독불연보'로 번역해왔지만 여기서는 '독프연보'로 옮긴 다. 독일과 불란서의 앞 글자인데 요즘 프랑스를 불란서로 쓰는 사람은 거의 없기 때문이다. 연보는 독일어 'Jahrbücher'의 번역어로 연감 성격의 정기간 행물을 이른다.

** 　프랑스 왕 샤를 10세Charles X가 절대왕정 체제로 복귀를 꾀하면서 상 공업자들이 가담해 1830년 7월 혁명이 일어났다. 이후 왕족이지만 샤를 10세 의 견제를 받아온 루이 필리프가 왕위에 올랐다. 루이 필리프는 시민혁명에 호의적이었기에 즉위 당시에는 '시민 왕'이라는 이름으로 불렸다. 그가 통치

럽 문명이 만개한 곳"이라는 찬사를 듣고 있었지. 시민 왕이란 호칭은 상층 상공업자들이 붙인 과대 포장에 지나지 않았지만, 왕 자신도 단두대에서 목이 날아가거나 쫓겨난 전임자를 보며 핏빛 교훈을 얻은 셈이야. 지나친 억압보다 일정한 수준의 자유가 권력 유지, 무엇보다 목을 온전히 간수하는 데 도움이 되고 상공업을 성장시키며 곳간을 채우는 데도 유용하다고 판단했겠지.

예니의 기록을 보면 칼, 자네도 파리의 자유를 한껏 호흡했더군. 귀족의 딸답게 예니는 극장과 가로수 우거진 큰길가에서 공연되는 희가극을 무척 좋아했어. 그러면서도 두 사람은 파리의 단맛에 빠져들진 않았지. 신혼이었음에도 말일세.

감수성 예민한 두 사람은 돈 버는 일과 연애 외에는 어디에도 신경 쓰지 않는 것처럼 보이는 파리 상공업자들이 증오의 눈길을 받고 있다는 사실을 곧 발견했지. 민중을 영원히 쥐어짤 수 있다는 듯이 처신하는 지배세력에 뜨거운 분노와 차가운 미소를 보냈을 청년 칼과 그 아내의 깊은 눈이 떠오르네.

자네 부부는 곧 파리의 진보적 모임에 나가기 시작했지. 청년

한 18년 동안 프랑스는 시민사회의 융성기로 꼽힐 만큼 저널리즘이 활발했다. 당시 산업혁명을 통해 대기업과 은행가, 대지주의 지배가 강화되면서 노동운동이 일어났다. 루이 필리프는 노동운동을 탄압했고, 갈등이 점점 커져 결국 1848년 2월 혁명이 일어났다.

헤겔학파와도 그랬듯이 그곳에서도 자네는 울툭불툭 비사교적이었어. 토론과 논쟁이 벌어지면 결코 물러서지 않았지.

사교와는 담쌓고 지낸 자네에게 예니는 두고두고 축복이었네. 사교계의 전문가답게 귀족 가문의 예니는 귀하가 공연히 불편하게 만든 사람들의 마음을 차분하고 섬세한 언행으로 편안하게 해주었지.

말이 나온 참에 사생활을 더 증언하는 걸 용서하게나. 예니가 자네에게 '야생 곰'이라 별명을 붙여주지 않았는가. 어찌 보면 그건 자부심이지.

야생 곰이 얼마나 사나운지는 우리 모두 알고 있잖은가. 하지만 그 야생 곰이 예니의 가슴 안에서는 한 마리 순한 양이 되는 꼴을 나는 숱하게 보았다네. 처음에는 그 부조화에 적응하지 못했지. 공적인 자리에서 준엄하게 토론하던 언행과 예니 앞에서 종종 경망스러울 만큼 유쾌한 행태는 너무나 대조적이었거든.

예니의 탁월함은 파리에서 시인 하이네*를 만났을 때도 유감없이 나타나더군. 자네와 나이 차가 적잖았지만 먼 친척이기도

---

* 하이네Heinrich Heine. 1797~1856. 독일의 시인. 한국 사회에선 서정 시인으로만 알고 있는 이들이 많지만 자본주의 사회를 날카롭게 비판한 시인으로 맑스와 교유하며 그의 사상에도 영향을 끼쳤다. 맑스와 엥겔스는 하이네를 괴테 이후 최고의 독일 시인으로 높이 평가했으며, 저작에서 그의 시문을 종종 인용했다.

했기에 하이네와 자연스레 친밀해졌지.

하지만 하이네는 심리적으로 불안정했더구먼. 삶의 위기를 맞았던 시기에 자네 부부, 특히 섬세한 예니가 다사롭게 감싸주었고, 덕분에 하이네가 자신감을 회복했다는 사실도 뒤늦게 알았다네. 그러고 보면 자네는 나보다 여복이 많은 사내임에 틀림없어. 다만, 이 말이 꼭 예니만 두고 늘어놓는 질투는 아님을 적어둠세.

12. 운명처럼 다가온 공장의 여인

여기서 우리가 처음 만난 순간으로 되돌아가야겠네. 자네는 그때 이미 내 삶에 깊숙이 들어왔거든.

가끔 가정해본다네. 이미 실토했듯이 첫 만남에서 냉대를 당한 내가 곧 콧대를 꺾어주마 다짐하며 쾰른을 떠났잖은가. 당시 자네가 쓴 고교 졸업 논문을 보았다면 어땠을까. 철학박사와 맞서겠다는 결기를 순순히 접었을까, 아니면 걷잡을 수 없는 질시에 사로잡혔을까.

열등감이 커질수록 경쟁 심리에 파묻혀 파멸의 길을 걸어갔을 수 있겠더군. 아무튼 내 생애 최초로 타인에게 홀대를 받고 짙은 해미를 헤치며 영국 런던의 항구에 도착했을 때, 부두 좌우로 늘어선 건물의 행렬에 압도당했다네.

말로만 듣던 영국의 산업문명을 두 눈으로 확인하니 심지어 경이감마저 느껴지더군. 그러나 런던이 준 충격은 맨체스터의 망치와 견주면 솜방망이였지.

충격의 결부터 달랐다네. 맨체스터는 대규모 파업이 휩쓸고 지나간 직후라 도시 전체가 된통 긴장되어 있더군.

짙은 화장으로 치장한 여자에게는 저절로 눈길이 가지만 곧 분위기 없는 표정에 거들떠보지 않게 되듯이, 맨체스터를 만난 뒤 런던이 그랬네. 런던의 노동인은 싸울 태세가 보이지 않았지만 맨체스터 노동인의 눈빛은 이글거렸어. 핍박받기는 마찬가지이되 독일 연방의 노동인과 달리 씩씩하게 정치에 참여할 권리를 요구하고 월급 삭감에 항의하며 싸우는 모습에 가슴마저 뭉클뭉클하더군.

아버지 동업자의 방직 공장에 들어서자 사백여 명의 노동인이 방적기 앞에서 쉴 틈 없이 일하고 있었어. 공동 사장의 아들이 왔다는 소문 탓일까. 공장을 둘러보는 나에게 쏟아지는 눈길은 선망에서 증오까지 다채로웠다네.

진실로 나는 적대적 눈길이 훨씬 마음에 들었어. 더 정직하게 말하자면 선망의 눈길보다 덜 부담스러웠네. 공장을 둘러보는 내내 가슴에서 죄의식마저 사물사물 올라오더군. 그래서였을 거야. 방적기 앞에 있는 어느 젊은 여성과 눈이 마주쳤을 때 나도 모르게 눈을 황망히 돌렸다네. 차갑되 차분한 시선이 여운으로 남더군.

사무실 벽에는 회사 명의로 신문 1면에 낸 광고가 보란 듯이 걸려 있었네.《맨체스터 가디언》에 실린 그 광고를 보며 왜 아버지가 당신의 '후계자'를 여기로 보냈는지 깨달았지.

광고는 "치안 당국과 경찰, 임시 경찰"이 "최근 소요 기간에 효과적인 예방 조치를 취해주고 작업장과 고용인을 보호하기 위해 최선을 다해준 것에 깊은 감사"를 표하고 있었어.

에르멘앤드엥겔스Ermen&Engels 사는 총파업 기간에도 한 사람 예외 없이 최선을 다해 생산에 임했다나? 경영자의 자부심인 동시에 노동인에게 보내는 경고인 셈이지. 아버지는 내가 경영을 배우고 노동인을 통제할 '선진' 방안을 익히길 기대했을 걸세.

결과는 정반대였지. 희망을 잃어버린 노동인들이 공장에 불을 지르고 경찰을 공격한 사실을 알게 되면서 역사의 비밀을 감지할 수 있었거든. 여태까지 역사 서술에서 중시하지 않거나 더러는 무시해온 경제적 요인이 실제 역사의 전개 과정에서 결정적인 힘이라는 진실을 깨달은 걸세.

그래서였어. 공장에서 일과를 마치면 맨체스터의 거리를 마구 쏘다녔지. 산업혁명의 선구자 영국의 적나라한 실상을 내 눈으로 확인해갔어.

상공업자들은 문자 그대로 자본, 그러니까 황금만능주의에 사로잡혀 오로지 돈을 더 벌려는 열망으로 가득 차 있더군. 그들의 일상생활은 번들번들 광이 났지.

고백하거니와 나도 그때까지 살아오면서 바닷가재 샐러드, 프랑스산 최고급 포도주, 체코 맥주를 즐겼다네. 죽을 때까지 그 맛의 유혹을 끝내 벗어나지 못했지.

하지만 상공업자들과 그 가족이 모여 사교라는 이름으로 느끼한 수다를 떠는 디너파티엔 처음 참석한 뒤로 발걸음을 끊었다네. 그만큼 맨체스터에서 노동인들이 살아가는 살풍경이 놀라웠던 걸세.

토크빌*의 맨체스터 방문기를 나중에서야 읽었는데 나름대로 실상을 담았더군. 언덕 위에 솟은 사십 개의 공장에서 뭉글뭉글 매캐한 매연이 뿜어 나오면, 뻥글뻥글 기계 바퀴 소리와 삐익삐익 보일러가 증기 뱉는 소리, 덜컹덜컹 직조기 소리가 경쟁하듯 소음을 높였지. 사방팔방으로 무질서하게 뻗어 나간 도시 안으로는 공장이 토해낸 온갖 색깔과 악취로 진흙탕처럼 걸쭉해진 하천이 코를 찌르며 흘렀어.

토크빌은 사뭇 여유도 부렸더군. "이 역겨운 하수도에서 그토록 놀라운 증기력을 활용한 산업이 솟아나 온 세계를 살찌우

---

* 토크빌Alexis de Tocqueville, 1805~1859은 프랑스 귀족 가문에서 태어나 정치인으로 활동했다. 미국을 둘러보고 민주주의를 주제로 쓴 책으로 명성을 얻은 뒤 영국을 종종 방문했다. 자유와 평등을 추구했지만 "(민중은) 자유 속에서의 평등을 원한다. 그러나 그것을 달성할 수 없으면, 차라리 노예 상태 속에서의 평등을 원한다"고 주장하며 민중운동에 거리를 두었다.

고 있다. 하수구에서 순금이 피어난 셈"이라고 말이야.

순금은 무슨 개뿔, 그런 환경 속에서 노동인은 정신적·도덕적으로 황폐화하기 쉬웠지. 희망이 없고 언제 병들어 죽을지 모른다고 생각해서인지 난잡한 성 문화가 퍼져갔어.

술주정뱅이도 곳곳에서 발견할 수 있었네. 선술집에 생동생동 들어가서는 고래고래 악을 쓰며 나오기 일쑤였어. 정도의 차이일 뿐 술을 대하는 예의가 어쩌면 우리와 엇비슷하다고 볼 수도 있겠지.

그런데 분노와 연민이 뒤섞인 스산함에 선술집을 전전하다가 정말로 순금을 발견했지 뭔가. 노동인이 모여 토론하고 함께 여가 활동을 하는 공간이 있더군. 오언*을 따르는 사백여 명이 돈을 모아 세운 '과학관'이었어.

오언은 공상적인 개혁가였네만, 그래도 경쟁을 부추기는 사

---

*　　로버트 오언Robert Owen, 1771~1858. 맨체스터의 대규모 방직 공장 경영자였지만 사회복지 시설을 잘 갖춘 공동체를 꿈꾸었고 실제로 미국 인디애나로 건너가 '뉴하모니 공동체'를 세웠다. 어린 시절의 환경이 인간 됨됨이에 절대적 영향을 끼친다고 본 오언은 이상적인 공동체를 인류의 미래로 제시했다. 500~3,000여 명의 주민이 거주하고 병원·식당·상점을 완비한 공동체 하나를 먼저 건설한 다음 그러한 공동체의 수가 점점 늘어나면 공동체들 사이에 동맹을 맺어 연방을 이루고 종내 전 세계를 하나의 공동체로 묶을 수 있다고 보았다. 미국에서 공동체 실험이 실패한 뒤 영국으로 돌아온 1834년 이후에는 교육과 도덕을 강조하는 설교에 나섰다. 말년에는 심령술에 몰입했다.

회에 순종하며 살아가지 않도록 노동인을 이끌었다네. 그에게 주어진 과도기적 소명이었지. 매주 일요일에는 사회주의를 주제로 한 강연이 열리더군. 그곳을 종종 찾다가 언제부터인가 날마다 갔다네.

상황 판단력이 출중한 자네는 "언제부터인가 날마다 갔다"라는 이야기를 듣자마자 그 까닭을 단숨에 파악했을 걸세. 그렇다네. 그곳에서 사랑하는 여성을 만났지. 강연이 끝나고 옆자리 노동인과 어울려 그들이 살아가는 이야길 듣던 어느 날이었다네.

건너편 다른 탁자에 앉은 여성의 눈과 마주쳤어. 큰 눈 가득 어리던 호기심은 곧 불신으로 뒤덮이더군. 어디선가 본 듯하다는 생각이 든 순간, 곧 우리 공장이 떠올랐어. 방적기 앞에 있던 노동인과 시선이 부딪쳤을 때 나도 모르게 눈을 돌렸다고 했었지? 바로 그 차갑고 차분했던 여성이 거기 앉아 있는 거야.

내가 그때까지 만나온 여자와는 확연히 느낌이 달랐어. 다른 토론 모임에 자리하고 있어 자리가 멀었는데도 싱싱한 체취가 물씬 전해오더군. 당당한 눈, 단아한 몸 두루 그랬다네.

이제 누구인지 알겠지? 그렇다네, 메리 번스를 만난 걸세. 메리는 맨체스터의 음울한 어둠에 잠겨 허덕이던 내게 운명처럼, 햇살처럼 다가왔네.

하지만 메리는 아니었나 봐. 그녀가 일어설 때, 나도 슬그머니 자리를 털고 발맘발맘 따라갔거든. 골목길 하나를 더 돌아서는 순간, 그녀의 냉담한 얼굴과 바투 마주쳤어. 매섭게 쏘아보며 대뜸 묻더군.

"뭐하자는 건가요? 공장주 아들이라고 내가 선뜻 옷이라도 벗으리라 기대하는 건가요? 사람 잘못 보았어요. 난 흡혈귀와 사랑을 나눌 생각은 전혀 없거든요. 더는 따라오지 마세요."

내 평생 처음이었다네. 면전에서 그런 험한 말을, 그것도 고운 입술로 쏘아대는 여성은 그때까지 없었지. 당황해서 아무 대꾸도 못 하고 있으니 서늘한 경고가 따르더군.

"그리고 앞으로 우리 모임에 오지 말아요. 당신이 정탐을 할 만큼 교활해 보이진 않아 아까는 눈감아주었지만, 다시 그곳에서 당신을 마주치면 거기 있는 모든 사람에게 당신이 내가 다니는 공장의 사장 아들이라고 알릴 테니까요."

당시 공장주 가운데는 노동인 사이에 밀정을 심어놓는 짓은 물론, 자신이 고용한 여성 노동인에게 초야권을 행사하는 '완전범죄'를 무람없이 저지르던 악질도 있었지. 공장 여성을 노리개로 삼다가 버리는 행태는 그다지 놀라운 사건도 아니었어. 충고에 이은 경고를 들으며 정신을 차리고 대꾸했다네.

"좋아요. 공장주 아들 맞아요. 당신 말처럼 흡혈귀일지도 모르겠소. 하지만 철들자마자 내 영혼은 노동인에게 남모를 연민을 느껴왔어요. 조금 전까지 그랬다오. 그런데 지금은 완전히 달라요. 강연 듣고 서로 토론하는 노동인들이 나를 바꿔놓았거든요. 자, 내 눈을 보세요. 이 눈동자에서 연민의 눈길이 보이나요? 아닐 겁니다. 사랑이 보일 겁니다. 더구나 매력 넘치는 여성

노동인 앞에서 연민이란 더욱 가당치 않소."

메리는 내 눈을 가만히 들여다보더니 쌀쌀하게 비웃으며 묻더군.

"노상 이렇게 작업해왔나요?"

"그렇소, 상공업자의 딸들에게 그래왔소. 하지만 덕지덕지 분 바르고 향수 뿌린 여자들의 텅 빈 머리엔 이제 신물이 나오. 맞소, 지금도 작업 중이오. 신물 나는 여성이 아니라 신선한 여성에게 말이오."

귀여운 그녀가 비로소 엷은 미소를 지었지. 그렇게 우리의 사랑은 공장의 밤길에서 싹을 틔웠어. 거드름 피우는 상공업자의 도도한 딸이나 내가 귀족이네 하며 우아한 듯 우쭐대는 여성—오해 없길 바라네, 예니는 그 점에서 정말 예외적으로 참했으니까—들만 지겹도록 보아온 내게 메리는 가식 없는 여성이 있다는 사실을, 풋풋한 사랑이 무엇인가를 깨우쳐주었네.

헤픈 자존심 따위는 일절 없던 메리는 여성에 대한 나의 고정관념을 산산조각 냈을 뿐만 아니라 영국 산업문명의 이면으로 들어가는 길라잡이가 되어주었어. 맨체스터 노동인 출신이 쓴 팸플릿 〈고질적인 진실〉*도 건네주더군. 집에 돌아와 팸플릿을

---

*　문맥으로 보아 제임스 리치James Leach가 쓴 〈한 노동인이 본 맨체스터 공장의 고질적인 진실〉이 틀림없다. 리치는 노동계급에게 바친 이 팸플릿에서 자신의 생생한 체험을 토대로 방적 공장주들의 악습을 고발했다. 공장주들

단숨에 다 읽고 다음 날부터 '성지 순례'에 나섰다네. 물론, 메리와 함께였지.

아일랜드에서 맨체스터로 넘어온 염색 노동인의 딸을 따라 이민자 모임을 찾아다녔고, 노동인들이 살고 있는 참담한 주거지를 둘러보았네. 그 거리를 메리와 순례하며 나는 거듭났어. 내가 할 일, 내 인생을 찾은 셈일세. 사랑하는 여인, 노동으로 단련된 건강한 여성과 더불어.

13. 학습하는 노동인의 장엄함

새 언론 《독프연보》는 독일어와 프랑스어로 제작해 1843년 11월에 창간호를 낸 후 월간으로 꾸준히 발간할 계획을 밝혔더군. 하지만 순조롭지 않았을 걸세. 결국 돈이 문제였어.

은 출근 시간을 알리는 시계를 15분 앞당겨 문을 닫았고, 관리 직원이 돌아다니며 '결근자' 이름을 적어 벌금을 물렸다. 자리를 잠깐 비웠다고 월급을 깎고 임신한 여성이 잠시 자리에 앉았다는 이유로 벌금을 물렸다. 또한 여성 노동인에게 성 상납을 강요했고 어린이를 관행적으로 고용했다. 메리가 건넨 리치의 팸플릿은 엥겔스의 생각과 저작에 큰 영향을 끼쳤다.

그 어떤 프랑스인도 창간 자금 모금에 동참하지 않았지. 심지어 신문에 기고할 프랑스 지식인도 찾지 못했어. 새 신문 창간은 자네의 뜻을 펼 공간이자 가족의 생계와도 직결되었기에 긴장했겠지.

사실 엔간하면 알 수 있는 일 아닌가. 그 시절에 프랑스는 여러모로 독일보다 앞서 있었거든. 파리로 들어온 독일인이야 프랑스 지식인과 지적 교류를 소망했을 걸세. 하지만 프랑스인은 자신들이 반세기 전*에 혁명으로 넘어선 문제를 독일인은 이제야 고심한다고 생각했을 걸세.

어두컴컴한 프로이센 숲에서 막 파리로 들어온 야생 곰 또는 산적의 머리에 인류의 내일을 열어갈 사상이 꿈틀대고 있음을 알아차리지 못한 것이 그들의 잘못은 아니잖은가. 굳이 잘못을 따지자면 자네의 프랑스답지 못한, 또는 세련되지 않은 외모에 책임을 물어야 비교적 공정하지 않을까.

신문 창간이 뜻대로 진행되지 않자 소심한 인간이 대개 그렇듯이 루게는 신경질적으로 변해갔지. 결국 창간은 해를 넘겼어. 나도 창간호에 글을 기고했으니까 당시 상황을 어느 정도 파악하고 있지.

이윽고 1844년 2월에 책 한 권 분량의 《독프연보》가 탄생했어. 자네 글도 싣고 하이네의 시도 담았지. 천 부를 발행했어.

*   1789년 프랑스 혁명.

하지만 어렵게 출산한 창간호는 파리에서 끝내 판로를 찾지 못했네. 그렇다고 국경을 넘어 독일로 들어갈 수도 없었어. 루게는 생뚱맞게 편집이 잘못됐다고 구시렁거렸지. 너무 급진적인 방향으로 편집했다는 비난에 이어 자네 글을 콕 집어 문체가 다듬어지지 않았다고 화를 냈어. 깊이 있는 명문을 이해할 만큼 뛰어나지 못한 자기 머리를 성찰할 수 없었던 게지.

다만, 한 면을 넘어갈 정도로 긴 문단이나 애매모호한 문학적 암시가 독자들을 집중하지 못하게 한 것도 사실이긴 하네. 하지만 그대 문장은 한번 음미하는 맛을 들이면 누구나 빠져들지 않을 수 없지. 거기까지 이르기가 어려웠을까. 아무튼 처음부터 많은 독자를 만날 수는 없다는 사실을 루게가 알았어야 했어.

예니가 상황을 간명하게 기록했더군. "우리 미래를 보장해줄 것으로 기대했던 신문이 창간호부터 애물단지가 되어버렸다"라고. 자금줄을 자처한 루게와 프뢰벨 모두 살며시 지갑을 닫았지. 내가 보기엔 처음부터 사업이 무엇인지 모르는 자들이었던 거야.

프로이센 정부는 한술 더 뜨더군. 자네와 루게, 하이네가 독일 땅에 발을 들이는 순간 곧바로 체포하라는 명령을 내렸어. 대역죄라나? 달콤한 신혼여행 때 착상해 이윽고 연보에 실은 두 편의 글 〈유대인 문제에 관하여〉와 〈헤겔 법철학 비판 서론〉이 특히 문제가 되었지.

두 글은 쾰른에서 검열관과 힘겹게 싸우며 글 쓸 때의 문체와

는 사뭇 다르긴 했어. 하고 싶은 이야기를 정면으로 거론했잖은
가. 종교 비판도 더는 에두르지 않았더군. 다만, 종교를 단칼에
없애자는 주장엔 반대했지.

당시 바우어는 유대인이 유대교를 포기하고, 더 나아가 인간
이 종교를 폐기해야 옳다고 부르댔어. 하지만 자네는 바우어의
주장에 담긴 허점을 예리하게 파헤쳤지. 유대인 문제의 근본 원
인은 유대인을 유대인으로 존재하게 하는 사회경제적 구조, 유
대인의 자본과 악덕 상행위를 정당화하는 자본주의 사회에 있
지 유대교에 있는 게 아니라는 통찰이었어.

그러니까 사회적 약자에 대한 편견과 혐오, 차별, 그와 결부
된 폭력과 테러의 배후로 비판받아 마땅한 대상은 종교나 민족
적 혈통이 아니라 자본과 권력일지라. 자본주의 시민사회의 사
회경제적 구조에 대한 근본적인 문제 제기가 없다면 어떤 형태
의 공동체도 인간에게 참다운 자유와 해방을 가져다줄 수 없음
을 명료하게 밝힌 거라네.

노동인을 역사의 주체로 설정한 프롤레타리아트 개념도 더
깊어졌더군. 저 유명한 명제를 마치 예언자처럼 선포했어.

"해방의 머리는 철학이요, 해방의 심장은 프롤레타리아트
다."

노동인이 지적 무기로 무장할 때 새로운 사회를 열 수 있다는
과학적 명제는 반세기가 지난 지금도, 아니, 다가올 미래에도
크고 깊은 울림을 주리라 확신하네.

내가 맨체스터 과학관에서 세상을 새롭게 보게 된 까닭은 그 곳에서 메리를 만나서였기 때문만은 아니었어. 메리는 얼마든지 으슥한 '늑대의 숲'에서 만날 수 있었다네. 메리와 나는 술집 '초승달'의 단골이기도 했거든.

과학관은 노동인들이 지적 무기를 벼리는 현장이었어. 이를테면 일요일 저녁에 열리는 강연은 강사보다 청중이 더 훌륭했지. '안식일'마다 강연장을 가득 메우며 경청하고 이어 뜨거운 숨결로 토론에 몰입하는 노동인의 모습이 장엄하게 다가왔다네. 스스로 학습해가는 노동인을 보노라면 잔잔한 감동이 밀려와 때로는 가슴이 먹먹했지.

술을 거의 마시지 않고 맑은 정신으로 대화하며 토론하는 자세—사실 그건 우리 청년헤겔학파도 갖추지 못한 미덕 아닌가. 나도 그대도 단연 예외가 아니지—에 얼마나 감탄했던가. 마치 옷에는 몸을 가리는 용도만 있을 뿐이라는 듯이 성긴 무명옷 하나만 대충 걸친 평범한 노동인들이 정치와 종교에 대해 따따부따하는 장대한 광경을 나는 평생 잊을 수 없었다네. 교양을 들먹이며 거들먹거리는 상공업자들과 견주어도 훨씬 뛰어났거든.

루게와의 불화와 자금난—후자와 전자는 선후 관계로 이어진 것이지만—으로 《독프연보》는 창간호인 1·2호 합병호가 종내 종간호가 되었지. 루게와 결별*하면서 신혼부부의 경제 형편은 암담해질 수밖에 없었을 거야.

《독프연보》의 죽음으로 어지간히 의기가 소침했을 자네에게 곧이은 새 생명의 탄생은 큰 힘을 주었겠지. 축하받아 마땅하네. 그대, 아이들을 얼마나 사랑했던가. 1844년 5월 1일 아버지의 검은 눈과 머리카락을 빼닮은 딸이 세상에 나타났지. 아내 예니를 너무나도 사랑한 남편은 아이를 '예니헨(작은 예니라는 뜻)'이라고 불렀다네.

예니가 아기를 얼마나 애지중지했는지는 굳이 서술할 필요가 없을 거야. 다만 문제가 있었지. 귀족 예니는 하녀로 가득한 집 안에서 자랐기에 아기를 어떻게 돌보아야 하는지 도통 지식이 없었거든.

귀족들은 아기가 태어나자마자 보모에게 맡기지 않던가. 아기 몸에 미열이라도 나면 '예술 작품 엄마'는 어쩔 줄 몰라 울먹이기만 했지. 천하의 산적, 야생 곰도 쩔쩔맸을 게 뻔해. 더구나 무일푼이었으니 더 무슨 말을 하겠나.

결국 예니는 한 달 된 아기를 안고 친정으로 갔더군. 첫 친정 나들이였기에 벨벳 망토와 깃털 모자로 한껏 모양새를 갖췄지. 길 떠나는 예니에게 손 흔드는 실직자의 을씨년스러운 모습이 흐린 풍경으로 그려지네.

예니는 친정 트리어로 가며 파리에 혼자 두고 온 칼이 은근슬

---

*   루게는 《독프연보》를 통한 독일과 프랑스의 지석 연합의 꿈이 부산되면서 맑스와 결별했다. 만년에는 국가주의로 전향하여 비스마르크를 지지했다.

쩍 걱정되었다더군. 파리의 화사한 여성들 유혹에 혹시 넘어가지 않을까 우려했겠지. 이십 대 후반인 신랑의 정력은 정점에 있었을 테니 말일세. 귀하 서재에서 찾은 그 시점의 예니 편지는 훈훈한 미소를 그리게 하더군.

"사랑하는 그리고 나의 유일한 칼. 진심으로 사랑하는 사람, 당신이 띄운 여러 편지들이 얼마나 나를 기쁨으로 채워줬는가를 당신은 모르실 거예요. 내 마음의 랍비*이신 분, 지난번의 목가적인 편지가 당신의 가여운 양에게 얼마나 마음의 안정을 주었는가를 당신은 아무래도 알 수 없을 거예요."

예니의 슬기는 야생 곰에게 '랍비'라는 주문을 걸었더군. 그만큼 믿었다고, 믿음을 주었다고 보아야겠지. 그 믿음은 적어도 그 시기엔 적중했어. 다만 그 적중도 절반이라고만 해야 정당하겠지. 자네는 예니의 부재중에 그녀를 거의 잊을 만큼 다른 대상에 깊숙이 빠져들었으니 말일세.

몰입한 대상은 과거에도 그랬듯이 여자는 아니었지. 사실 예니와의 신혼이 아직 끝나지 않은 상황에서 트리어의 여신을 지울 만큼 매력적인 여성이 나타나기는 쉬운 일이 아니잖은가. 아무리 자네 있는 그곳이 파리라도 말일세. 그대는 내가 아니기에

---

*   랍비rabbi는 '나의 선생님' 또는 '나의 주인님'이라는 뜻의 헤브라이어로, 유대교에서 신의 가르침을 전하고 율법을 지키는 사제이자 교사를 말한다. 나라를 잃은 유대인들의 정치적 지도자 역할을 하기도 했다.

더 그랬겠지.

자네는 베일에 가려진 세상의 진실을 찾아 몰입해갔어. 정치 현실의 지하로 내려가 경제 탐사에 나선 거야. 바로 그 지하 세계에서 위대한 사상을 잉태했지. 그곳에서 그대와 내가 재회한 걸세.

14. 권커니 잣거니 파리의 열흘

칼, 자네가 아직 《라인신문》 편집장으로 일할 때 내가 보낸 기사 기억하나.

"산업은 한 나라를 부유하게 만들어주지만 재산이 없는 절대 빈곤계급도 만들어낸다. 이들은 하루 벌어 하루 사는 계급으로, 빠르게 늘어나 도저히 없애려야 없앨 수 없는 지경이 된다."

귀하와 겨루려고 무척 공들인 글이었어. "무역이 조금만 요동쳐도 수많은 노동인이 빈곤해진다. 문제는 그런 위기가 주기적으로 반복된다는 사실"이라는 글도 보냈지.

장담컨대 자네는 내가 보낸 기사들이 마음에 들기 시작했을 거야. 그런데 유감스럽게도 《라인신문》이 폐간당했지. 귀하와 의 승부가 아직 끝나지 않았기에 아쉬웠다네.

다행히 '산적'이 파리로 건너가 《독프연보》를 만든다는 소식이 들려오더군. 기필코 철학박사의 오만한 코를 납작하게 만들 기사를 쓰겠노라고 작심했어.

철학의 관념적 실천에 매몰되어 허우적거리는 베를린의 청년 헤겔학파와 선을 긋고, 씽씽한 삶인 경제생활의 문제점을 파헤쳐야 한다고 판단했네. 당시 쓴 글을 다시 읽어보고 있네만, 문장이 적이나 거칠어도 속 시원한 대목이 군데군데 나오잖은가. 자화자찬하려니 민망하구먼. 하지만 어쩌겠나, 사실인걸.

"국민경제학, 곧 부의 축적에 관한 학문은 상공업자 사이의 질투와 탐욕에서 태어난 것으로 그 이마에 혐오스러운 이기심의 딱지가 붙어 있다."

실상 그 시기 자본주의는 지속적이고도 무한한 팽창을 꾀하는 야수로 변해갔어. 이를테면 영국은 식민지를 집요하게 넓혀갔지. 이른바 문명화를 내걸고 더러운 탐욕의 배를 잔뜩 채우려 지구의 가장 '오지'에서까지 게걸스레 땅을 삼켜댄 거야.

부가 한쪽으로 쏠리면서 경제위기가 되풀이될 때마다 양극화가 심해지더군. 결국 지구는 자본가와 노동인, 백만장자와 빈민, 대토지 소유자와 가난한 농장 노동인으로 나뉘고 있었지.

나는 《독프연보》에 '국민경제학 비판 개요'라는 제목으로 글을 보내며 내심 귀하가 어떻게 반응할지 궁금했다네. 아버지와 약속한 영국 견습 기간이 끝나고 독일로 돌아가는 길에 부러 파리를 찾은 까닭이지.

지인들에게는 파리 여자를 감상하기 위해서라고 둘러댔지만
—그것이 오로지 표면적인 이유였다고는 말할 수 없겠지만—사
실은 자네와 다시 만나고 싶었어. 시커멓고 시큰둥한 철학박사
가 〈국민경제학 비판 개요〉를 읽은 이후에도 과연 내게 냉담할
까 확인하려던 게지.

근 이 년 만인가. 약속 장소인 카페 레장스로 들어서며 가슴
이 설레더군. 그곳이 볼테르와 프랭클린, 심지어 나폴레옹까지
드나들던 술집이기에 더 그랬지.

재회는 기대 이상이었네. 아니, 그런 속된 표현으로는 참뜻을
담아낼 수 없겠지. 우리가 술집을 나올 때 자네는 선뜻 "집으로
가자"고 했어.

예니가 친정으로 가서 그대 혼자 지내던 집에 머물며 우리 얼
마나 의기상합했던가. 밤을 지새워 내리 열흘에 걸쳐 권커니 잣
거니 술을 나누다가 마침내 서로 눈물을 흘리며 부둥켜안았던
그 순간이 내가 걸어온 길, 이제 곧 과거라는 저 깊디깊은 어둠
에 파묻힐 내 인생에서 가장 빛나는 별처럼 반짝이는군. 그대도
몹시 외로웠을 거라 어림잡았네.

예니가 친정으로 가며 다른 여성에게 빠지면 안 된다고 경고
했음에도 자신은 어쩔 수 없이 정치경제학이라는 여자에 빠졌
다며 성글성글 웃었지. 그 결정적 계기가 《독프연보》에 기고한
내 글이라고 말했어.

그 순간, 내가 얼마나 기뻤는지 모를 거야. 자신에게 영향을

준 글을 인정하길 꺼려하는 수많은 먹물과 달리 자네는 진솔하게 내 글을 평가해주었지.

그런데 열흘이라는 긴 시간 이야기를 나누다 보니 자네는 독일 슐레지엔에서 일어난 노동인 봉기*를 고통스레 지켜보며 이미 그 여자, 정치경제학과 사귀고 있었더군. 그러니 내 글이 결정적 계기였다는 말은 과도한 칭찬이자 지나친 겸양이었지.

더 중요한 사실은 슐레지엔에서 학살당한 노동인이 자네와 나를 묶어주었다는 걸세. 각각 프랑스와 영국에서 슐레지엔 노동인이 봉기한 소식을 들었지만, 그대와 나는 똑같이 그 투쟁이 독일에서 실천적 노동운동의 출발점이 되리라고 평가했더군.

1844년 6월 슐레지엔의 공장주들은 산업혁명의 선구자를 자임하며 생산 공정을 기계화해갔지. 직조물을 값싸게 대량생산하면서 월급을 대폭 삭감하자 노동인들은 집에 먹을 것이 없다고 하소연했어. 그러자 삭감한 임금 총액만큼 더 배를 불린 공장주는 살천스레 내뱉었지.

"들판에 풀이 잘 자랐던데 그거라도 먹으면 되겠구먼."

---

* 독일 연방의 면 공업 중심지인 슐레지엔 주에서 빈곤에 허덕이던 직조공과 그 가족들은 중세적 수탈에 더해 자본주의적 착취라는 이중의 고통에 맞서 공장주의 집을 습격했다. 수천 명이 봉기를 일으키자 군대가 출동해 유혈 사태가 일어났다. 독일 노동운동의 시원을 이룬 이 사건은 노동인에게 큰 영향을 끼쳤다.

그 말이 봉기의 도화선이 되었어. 절대빈곤에 시달리던 노동인 삼천여 명은 농기구를 무기처럼 들고 악덕 공장주의 집으로 행진했지. 공장주를 보호하겠다며 군대가 투입되었고, 수십 명에 이르는 사상자가 났어.

나는 자네가 1844년 8월 7일과 10일 자《전진》*에 기고한 칼럼을 뒤늦게 읽었다네. 자네는 "봉기의 직접적인 상대는 프로이센 국왕이 아니라 상공업자들이었다"라며 "봉기는 노동인들의 자각으로부터 시작되었다"라고 명쾌하게 정의했더군.

슐레지엔 노동인의 봉기를 계기로 자네는 이미 인간의 구체적 삶, 경제 현실을 직시하고 있었던 거야. 그에 앞서 신혼여행 중에 착상한 두 편의《독프연보》기고문에서도 이미 경제적 기반을 중시하지 않았던가.

자네는 누구보다 투철했던 언론인 생활을 통해 정치가 물질적 이해관계인 경제와 분리될 수 없다는 사실을 파악했지. 상공업자가 전가의 보도처럼 휘두르는 자유주의적 민주주의의 한계

---

* 《전진Vorwärts》은 1844년 초에 파리에서 주 2회(수·토요일) 발행된 독일어 신문으로 '모든 분야의 진보에 대한 정보를 제공하는 신문'을 다짐했다. 처음에는 자유주의자들이 주도하며 파리에 체류하는 부유한 독일인이 가난한 독일인을 구제해야 한다는 여론을 펴 나갔다. 7월에 들어서면서《독프연보》사람들을 편집에 끌어들였고 이때 맑스도 편집에 참여했다. 《전진》은 슐레지엔 노동인들의 봉기를 부각하며 프로이센 정부를 비판했다. 프로이센 정부는 프랑스 정부를 움직여《전진》탄압에 나섰다.

를 투시했다면, 다음 단계는 그것을 넘어선 새로운 사회의 정치 경제를 구상하는 일이겠지.

내 글은 아마도 정치경제학을 본격적으로 연구하겠다는 자네의 의지를 더 다져주는 정도였을 거야. 경제에 대한 철학적 사유를 써놓은 글이라며 자네가 내게 보여준 원고*를 훑어볼 때는 놀라움 속에 내심 직감했지. 이 시커먼 친구가 지금 철학의 역사를 바꿀 새로운 철학을 구상하고 있음을.

그러니까 서로 걸어온 길은 달랐지만 우리가 이미 같은 길로 접어들었다는 사실을 파리에서의 열흘 동안 확인한 걸세. 자네는 나에게 맨체스터 공장 이야기를 들으며 산업문명이 실지로 어떻게 돌아가는지 더 정확하게 통찰했고, 나는 귀하에게 철학 이야기를 들으며 인간과 역사의 본질을 깨달을 수 있었지.

파리의 밀월에서 나는 비로소 인간을 유적 존재로 파악할 수 있었다네. 자네가 명쾌하게 정의했듯이, 인간은 자연과 하나가 된 채 살다 가는 동물과 달리 자유롭고 의식적인 존재지. 자네는 바로 그 자유롭고 의식적인 활동을 '노동'으로 개념화했어.

---

* 맑스의 《경제학—철학 수고》를 이른다. 맑스가 1844년 4월에서 8월 사이에 파리에서 집필했기에 '파리 수고手稿' 또는 '파리 초고草稿'로도 불린다. 맑스 자신이 아무 제목도 붙이지 않은 이 작품에 '경제학—철학 수고'라는 제목이 붙은 것은 탈고 뒤 약 90년이 지난 1932년에 모스크바에서 《맑스—엥겔스 총서》의 하나로 첫 출간되면서다.

인간은 노동으로 자기를 실현하는 사회적 존재인 거야.

친구, 노동에 대한 자네의 철학적 탐구는 왜 노동인이 새로운 사회의 주체인가를 한결 또렷하게 설명해주었어. 개개인의 삶과 사회의 기반이 되는 모든 것은 사람이 노동하는 수고로 생산된다는 당연한 사실을 자네 이전에 누가 중시했던가.

기나긴 철학사에서 처음으로 일하는 사람, 억압과 고통 속에 한 사회의 생산을 도맡아온 사람 쪽에 서서 철학을 전개한 걸세. 톺아보면 노예와 농노를 비롯해 사회 전체를 먹여 살려온 민중에 대해 대다수 철학자가 침묵했더군. 그런 그들이 현인을 자처하고 휴머니즘과 사랑을 주창한다면 그 얼마나 위선인가.

친구, 자네는 철학적 사유를 만날 기회조차 갖지 못한 채 평생을 생존의 굴레 속에 살아가야 했던 절대다수의 인류를 처음 철학으로 끌어들였을 뿐만 아니라 그들에게 역사의 주체 자리를 마련해주었네. 그것만으로도 자네는 가장 위대한 철학자임에 틀림없어. 그 간명한 사실을 사람들에게 알릴 때마다 어디서든 나는 기립박수를 칠 수 있네. 후대의 철학자들이 머리 아닌 가슴에 새기길 바라며 말일세.

칼 맑스, 후대에 이 이름은 정치권력과 경제력을 지닌 사람에게 부닐거나 그 주변을 맴돌며 사유해온 철학사에 신선한 북극성으로 평가되리라 확신하네. 비참한 노동 현실을 고발한 나의 글과 자네의 사유가 새로운 차원을 열었음을 파리의 밀월을 통해 절감했지.

사회 구성원 개개인이 먹고 입고 머무는 기초 생활과 일상의 생필품에서부터 예술 작품에 이르기까지, 모두가 인간의 내면에 떠오른 구상을 현실화한 노동의 결과물이자 창조물이라는 새삼스런 사실에 내가 비로소 눈뜬 걸세.

　아무리 창조적인 생각도 그것을 밖으로 드러내는 노동이 없다면 현실이 되기 어렵잖은가. 누구도 부정할 수 없는 그 명료한 진실을 자네가 철학적 사유로 담아낸 거라네. 노동이라는 인간의 본질적인 존재 양식이 자본주의의 사적 소유에 의해 왜곡되고 억압됨으로써 인간 소외가 발생한다는 이야기를 들으며 철학의 힘, 사유의 힘을 확실히 깨달았어.

　밀월의 끝자락에서 우리는 '해방의 머리는 철학이요, 심장은 노동인'이라 결론 내리고, 바로 그렇기에 현 단계에서 가장 중요한 것은 학습과 선전이라는 데 합의했지. 그리고 당면 사업을 분담해 나는 독일로 돌아가 영국에서 목격한 노동 현장의 참상을 책으로 고발하고 자네는 노동인에게 사상적 무기가 될 정치경제학 책을 쓰기로 했어. 먼저 노동인의 머리를 무장할 지적 무기부터 제작하자고 결의한 걸세.

15. 두 여인: 예니와 데무트

열흘에 걸친 자네와의 허니문을 아쉽게 마치고 파리를 떠날 때 우리는 첫 공동 저작으로 작은 논쟁적 팸플릿을 구상했지. 각자가 쓰기로 한 책에 앞서 우리가 딛고 설 땅을 탄탄히 고르는 작업이었어.

당시 바우어는 용감하게도 청년헤겔학파의 한계를 스스로 폭로하고 다녔지. 역사가 인류를 이끄는 힘이고 그 반대는 아니라는 생게망게한 주장을 폈어. 심지어 프랑스 혁명에 대중이 개입하면서 지식인들의 이념이 오염되었기에 결국 혁명이 실패로 끝났다는 망발도 서슴지 않았네. 나는 열다섯 쪽의 초고를 자네에게 건네고 프로이센으로 돌아갔지.

내가 쓴 초안에 덧붙인 그대의 초고는 두 달이 지난 11월이 되어서야 내게 왔더군. 그런데 분량이 무려 삼백 쪽에 이르렀고 책 표제도 '신성가족, 혹은 비판적 비판에 대한 비판'으로 어마어마하게 바뀌었지. 다 좋은데, 프랑스 소설까지 오지랖 넓게 비판하느라 논지가 산만했어. 더 큰 문제는 그 원고에 몰입하느라 땅 고르기보다 더 중요한 정치경제학 집필이 지지부진했던 거였어. 나는 자네를 구슬려보자고 작심했지.

"정치경제학 책에 최선을 다했으면 싶네. 아직 스스로 만족할 수 없는 부분이 많다 하더라도 그건 그다지 중요하지 않아.

확신컨대 자네 생각은 완숙했어. 쇠도 달구어졌을 때 두드리라 하지 않던가. 내가 권하는 방법으로 해보게. 마감 날짜를 정하게나. 단숨에 인쇄에 들어가도록 말일세."

자네는 내게 파리로 돌아오라 재촉했지만 그럴 수 없었네. 마음이야 가고 싶었지. 하지만 영국 노동인의 참상을 고발하는 책 집필에 몰두하고 있었거든. 어쩐지 자네를 만나면 덩달아 나까지 탈고가 늦어질 듯싶더군. 하지만 더 큰 이유는 집을 떠나면 가족과의 불화가 해결할 수 없는 상황에 이를 게 뻔해서였네.

결과론이지만 그때 파리로 가지 않은 것은 나름 다행이었어. 얼마 가지 않아 자네조차 파리에서 추방되지 않았던가. 프랑스 내무장관이 《전진》을 탄압하며 자네와 하이네, 루게, 바쿠닌에게 이십사 시간 안에 파리를 떠나라 했지. 프로이센의 빌헬름 4세가 얼마나 그럴싸한 백자 화병을 보냈는지 프랑스 '시민 왕' 루이 필리프가 선물 공세에 홀랑 넘어간 셈이네.

어느새 프랑스 문화에 익숙해진 걸까. 예니는 파리에 애착이 깊었더군. 실은 경찰국장이 건넨 서류, 앞으로 정치 활동을 하지 않겠다는 서약서에 서명만 하면 떠나지 않아도 되었지. 예니 때문에 결단하기가 조금은 힘들었을 거야. 자네와 바쿠닌을 제외한 다른 이들은 모두 서명했더군.

나는 자네가 서명을 거부하리라 예상했네. "스스로 경찰의 감시 아래 들어가는 것이므로 자존심이 허락하지 않았기에 거절했다"라고 밝혔지만, 정치 활동을 않은 채 파리에 머무르는 것은 무의미하다고 판단했을 거야. 이미 억압적인 프로이센과는 다른 세상을 체험했고, 쓰고 말할 자유를 더는 포기할 뜻이 없었지.

프랑스 왕정은 이십사 시간 시한을 한 달로 늦추려는 시도조차 묵살했더군. 진눈깨비 내리는 날, 자네는 홀로 작은 마차에 몸을 싣고 울퉁불퉁한 길을 따라 벨기에로 넘어갈 수밖에 없었지. 예니는 겨우 여덟 달 된 아기와 남아야 했어. 빚을 갚고 여행 경비를 모아야 했더군. 추방당한 남편과 떨어져 빚에 쫓기던 예니가 지아비에게 보낸 편지는 시방 보아도 감동적이네.

"엄마가 아빠에게 천 번의 입맞춤을, 그리고 예니헨이 아빠에게 작은 입맞춤을."

예니, 정말 좋은 여자일세. 어찌 그리 다감한가. 예니는 시내를 정처 없이 걸어 다니며 경매 상인을 찾은 끝에 가구를 헐값으로 팔고 파리 생활을 청산했더군. 우중충 흐린 날씨에 벨기에라는 "새 조국에 경의를 표하며" 브뤼셀에 들어섰지. 그땐 아무도 몰랐지만 평생 추방자로 살아갈 자네 일가의 신산한 삶이 시작된 거야.

그 시기, 유럽의 억압적인 전제군주제 바다에서 벨기에는 상대적으로 '자애로운 군주의 섬'이었어. 십오 년 전 네덜란드에서 독립한 이래 유럽에서 가장 자유주의적인 헌법을 채택하고 있었지. 물론, 파리와 견주면 브뤼셀은 작은 읍 수준에 지나지 않아. 하지만 자유로운 공간은 프랑스 전체보다 넓다는 호평을 받고 있었지.

물론 '자애로운 왕' 레오폴드 1세도 국내로 들어온 망명자들에게 경고를 잊지 않았네. 벨기에를 둘러싼 강력한 이웃 국가들을 자극할 직접적인 정치 활동이나 선전 활동은 허락할 수 없다는 조건을 달았어.

자네는 파리에서의 기개와 달리 그 조건을 순순히 받아들였지. 프랑스와 벨기에 정부의 성격이 다소 달라 그랬겠지만 더 중요한 것은 예니가 둘째를 임신해서였을 거야. 더구나 파리를 떠날 때, 출판사와 정치경제학 책을 출간키로 계약했기에 안정적으로 머물 곳도 필요했지. 잘 선택한 걸세. 당시 프랑스 경찰 국장은 브뤼셀 시장에게 이런 편지를 보냈더군.

"만약 칼 맑스가 약속을 어기고 우리 이웃과 동맹자들에게 위해를 가하는 행위를 한다면 발견하는 대로 곧장 알려주기를 요청합니다."

그런데 예니는 벨기에로 오기 전에 다소 몽상적인 편지를 보냈더군.

"방 네 개와 부엌이 있고 잡동사니와 여행 가방을 넣어둘 곁방 딸린 집이면 충분해요. 방 셋은 난방이 되어야겠죠. 우리 침실은 꼭 우아할 필요는 없어요. 당신의 서재도 마찬가지겠지만 그 방에 가구가 구비되어 있으면 더 좋겠어요. 그렇지만 수수한 것이어야 해요."

귀족 가문에서 자란 예니로선 정말 수수한 소망이었을 거야.

하지만 자네에겐 끔찍했겠지. 에니가 브뤼셀에 도착할 때까지 비바람 막을 곳조차 마련하지 못한 상황이었으니 말일세. 결국 에니는 수수한 집이 아닌 누추한 방으로 들어가야 했어. 우람하게 치솟은 대성당 옆 하숙집이었지.

그래도 브뤼셀의 독일인들이 《라인신문》과 《독프연보》를 편집하다가 추방당한 언론인을 후원하자며 십시일반 돈을 모아주더군. 벨기에의 민주주의자가 소유하고 있던 집을 비교적 값싸게 빌릴 수 있었던 것도 행운이었네.

앞으로 자네 인생에 언제나 함께할 두 사람이 브뤼셀에 있는 '민주주의의 거처'로 거의 동시에 도착했지. 1845년 4월이었을 걸세.

한 사람은 나, 또 한 사람은 그날 이후 귀하가 세상을 뜰 때까지 가족처럼 지낸 여성이지. 바로 헬레네 데무트.

먼저 내가 브뤼셀로 온 사연부터 설명해야겠군. 자네와 파리에서 열흘을 보내고 프로이센으로 들어가 아버지에게 맨체스터 견습 생활을 보고했네. 아버지가 소감을 묻기에 아주 유익한 경험이었다고 말했지. 사실이라네. 물론, 아버지가 받아들인 뜻과는 정반대였지만 말일세.

조금 쉬고 싶다고 건의해 허락을 받은 뒤 집필에 몰두했어. 맨체스터에서의 경험을 밑절미로 자네와 약속한 《영국 노동계급의 상태》를 탈고했다네. 영국 상공업자를 정면으로 조준한 고발장이지. 그들이 공장에서 저지르는 범죄를 낱낱이 밝혔거든.

내 본명으로 책이 출간되면 아버지와 갈등이 증폭되리라 예상했지만 감행했다네. 아버지 일을 다시 거들면서 한층 넌덜머리가 났거든. 단순한 공장주 아들에서 더 나아가 적극적으로 노동인을 통제해야 한다는 사실은 아무리 생각해도 받아들이기 어렵더군.

출간 전에 최소한의 예의는 갖추자고 마음을 다잡았어. 아버지께 더는 공장에 관여하고 싶지 않다고 말씀드렸다네. 그때는 당신의 심경을 헤아리지 않았지만, 돌이켜 보면 사업을 물려주고 싶었던 아버지에게 맏아들로서 상처를 주지 않았나 싶어. 하지만 그 시점엔 어쩔 수 없었네.

이어 집을 떠나 헤스와 함께 프로이센의 골골샅샅을 다니며 노동인을 대상으로 강연하고 토론했어.

나는 "하룻밤 사이에 국민의 뜻에 반해 공동 소유제 같은 것을 도입할 생각은 없다"라고 명백히 밝혔어. 다만 그 방향으로 나아가는 목표와 방법을 마련해야 한다며 '현대판 농노'의 삶을 개선하는 정책으로 어린이 교육 의무화, 빈민 구휼제도, 누진세 확대를 역설했다네.

경찰은 아버지에게 내가 '전단지를 뿌리며 돌아다니는 광신적 공산주의자'라고 통보했더군. 당신께선 예상 밖으로 놀라운 인내심을 보였다네. 가만히 나를 부르더니 "체포되어 가문이 치욕을 당하느니 차라리 가고 싶은 곳으로 떠나라"고 하더군.

내심 얼마나 기다렸던 말인가. 나는 감사를 표하고 즐거운 마음으로 짐을 꾸렸네. 브뤼셀로 출발하며 자네에게 쓴 편지에서 밝혔듯이, '이론적 공론'은 그만 접고 진정한 사람들과 진정한 일을 해보겠다고 다부진 결기를 세웠어.

나중에 알았지만, 당시 아버지는 친구에게 개탄했다더군.

"아비로서 내 가슴이 얼마나 아픈지 자넨 모를 거야. 우리 아버님은 교회에 헌금을 많이 내셨지. 뒤를 이어 내가 교회를 지었는데 아들놈이 그걸 죄다 허물고 있어."

어느덧 아버지가 돌아가셨을 때보다 내 나이가 더 많아진 지금 찬찬히 짚어보면, 그나마 당신께 조금은 덜 죄송하네. 교회는 허물어지지 않았고, 자네와 나 그리고 노동인들이 기독교를 비판한 덕분에 훨씬 건강한 교회로 재생했으니 말일세.

이제 그 여자, 헬레네 데무트를 소개할 차례인가. 어떻게, 아니 어디까지 서술해야 옳을까 망설여지네.

하릴없이 붓방아만 찧다가 예니보다 여섯 살 아래라는 둥, 트리어 주변에서 빵 만들던 부부의 일곱 자녀 중 하나라는 둥 싱거운 이야기를 늘어놓고 있는 까닭일세.

'겸손'이라는 뜻의 이름을 가진 데무트는 자네 집을 찾은 동지들에게 애칭 '렌헨'으로 불렸어. 더 친한 사람들 사이에선 '님'이었지. 짚어보니 그 별명의 유래를 누구에게도 확인하지 못했네. 아마 처음 그 애칭을 들었을 때 한 놀이가 떠올라 더는 궁금하지 않았던가 싶어. '님nim'은 성냥개비를 쌓아놓고 차례대로 몇 개씩 덜어내다가 맨 마지막으로 성냥을 집는 사람을 골라내는 놀이지.

우리가 그녀를 님이라고 부르면서 헌신을 강요한 것은 아닌가, 그런 생각이 들 때가 종종 있었다네. 열한 살 때부터 예니의 친정인 베스트팔렌 집안에서 하녀로 살았다는 사실이 믿기지 않을 만큼 님의 첫인상은 사뭇 우아했지. 아니, 청순한 자태어딘가 육감적이었다고 써야 할까. 금발에 푸른 눈을 가진 님은 혈통부터 얼굴 생김, 일상생활까지 모든 것이 귀족 예니와 대조적이었어.

그 시점에 자네나 나에게 하인에 대한 우월적 편견이 생판 없었다고는 할 수 없겠지만, 적어도 우리는 그들을 동등한 인격체로 바라보았지. 어떤 애처로움마저 깃들었을 거야.

우리는 무엇보다 가내 하인들의 경제적 기반에 주목했지. 그 시대에 임금으로 살아가는 노동인 중 가장 큰 집단은 산업 노동인이 아니라 하인이라고 불리던 '가사 노동인'이었잖은가. 그들 대부분은 여성이었어. 그러니까 당대의 전형적인 프롤레타리아트가 자네 집에 온 셈이었네.

예니의 어머니는 딸이 둘째를 임신한 상태에서 첫째를 돌보는 것이 걱정되어 스물다섯 살의 가사 노동인 님을 브뤼셀로 보낸 거야. 님은 그때부터 집안일을 도맡아 했지. 예니는 물론, 자네가 죽을 때까지 말일세.

그녀를 더 서술하는 것은 삼가고 싶군. 독자들이 그 문제에 매달려 정작 자네의 삶과 사상을 증언하려는 이 기록의 본말을 혼동한다면 내겐 최악일 걸세. 귀하를 결점 하나 없는 거룩한 존재로 형상화하겠다는 뜻도 없으므로 차차 기록해가며 틈을 찾아보겠네.

님이 집안에서 일상의 살림을 꾸려가며 시도 때도 없이 나타나는 식객들의 식·의·주까지 모두 살뜰하게 도맡아 정리했다는 사실만 적어둠세. 그 '정리'가 물리적인 것만은 아니었다는 진실도 덧붙여야 공정할까.

브뤼셀에 와서 자네 옆집을 빌렸지만 나는 거의 모든 시간을 그대 집에서 보내지 않았나. 님은 자네의 삶에 주어진 선물, 아니 축복이었어. 적어도 그 대목은 예니도 동의하리라 믿네.

그렇게 님과 나는 자네의 집안과 사실상 가족으로 맺어졌어. 예니의 친정에서 님은 고용된 가사 노동인이었지만, 자네 집에 오면서 노동 해방을 이룬 셈이지. 너무 한쪽 입장에 치우친 과한 표현일까? 님으로선 가족으로 대우받는 대신 임금을 받지 못할 때가 더 숱했으니 말일세.

하지만 정말이지 그녀는 우리 모두에게 한 식구였어. 다만 그런 관계는 때때로 위기를 불러올 수 있었고, 실제 위기가 현실로 나타나기도 했지.

아무튼 나는 자네의 경제적 부담을 덜어주려고 《영국 노동계급의 상태》를 출간하며 받은 인세를 내놓았네. 영국 노동인의 상태와 자네 가족의 상태가 어금지금했기 때문만은 아닐세. 그 책에서 '환상과 관념에 빠져 허우적거리는 청년헤겔학파의 허튼소리'를 '생동하는 삶'에 근거해 비판한 것은 전적으로 자네와 파리에서 나눈 밀월의 결과 아닌가.

내 생전에 이미 고전이 된—이건 순전히 내 자부심이니 이해하게—그 작품은 현실과 철학의 결합이랄까, 그대와의 밀월에서 힘을 얻은 내 첫 작품이었네.

16. 사과 반쪽도 이웃과 나눈

궁티 줄줄 흐르던 집에 식객은 줄을 지어 나타나더군. 살림살이가 늘 쪼들렸던 자네 부부와 님이 망명자들을 다사롭게 품어주며 사과 반쪽조차 다시 나눠 먹는 일상은 경건한—때때로 그 말은 인색하다는 뜻이지—공장주의 집안에서 자란 내가 충격 또는 경의를 느낄 만큼 살가운 정경이었다네.

작은 공동체, 또는 아담한 해방구를 이뤘다고 할까. 귀족 가문에서 자란 예니로선 쉬운 일이 아니었을 거야. 그녀는 풍문처럼 과연 미인이라는 상투적 문장으로 첫인상을 기록하기엔 내면의 품성이 더 고귀한 여성이었어. 내가 늘 예니 앞에서 언행을 조심했던 이유라네. 자네에게도 연상이지만 나보다는 여섯 살이나 많았으니 그럴 만도 하지.

그 시절에 자네 집을 종종 찾은 한 인쇄 노동인이 내게 들려준 이야기로 예니에게 예의를 표하고 싶네.

"결혼 생활이 이다지 행복한 것인 줄 몰랐소. 서로 완벽한 믿음으로 기쁨도 슬픔도 나눔으로써 그 어떤 상황도 이겨내는 듯하오. 더욱이 맑스 부인처럼 외모로나 지적으로나 균형이 잡혀 누구나 곧장 매혹당할 여인이 있으리라고는 미처 생각지 못했다오."

많은 이들이 느꼈을 법한 찬사지. 아직 결혼하지 않은 사람이 보기엔 더 그랬을 거야. 그런데 아담한 해방구의 매혹적인 환대도 곰살가운 님이 없었다면 가능했을까? 이 물음을 첨언하지 않는다면 이 기록은 공정하지 않은 글이 될 걸세.

기실 집안의 모든 살림은 님이 애면글면 꾸려갔잖은가. 님은 언제나 마지막 성냥개비였네. 그러면서도 자네 가족 누구에게도 짜증을 내지 않았지. 아니, 가족 모두 님이 옆에 있으면 편안해했어.

부지런한 열정으로 가사 노동을 사실상 전담했으니 그럴 수밖에 더 있겠는가. 님이 참 바보처럼 살았다고 폄훼하는 사람들이 있었고 앞으로도 있겠지만, 그건 님이 어떤 품성을 지녔는가를 조금도 헤아리지 못하는 이들의 예단이자 오만일 따름이네. 자네 집을 내 집처럼 들락거린 내가 한 점 망설임 없이 증언할 수 있지.

그 시기 둘째를 임신한 예니는 배가 불러오자 첫딸을 데리고 다시 친정으로 가더군. 나로선 다시 자네와 우정의 밀월을 만끽할 기회였어. 친구와 더불어 영국을 여행하며 이런저런 이야기를 나누자는 생각이 떠올랐네. 영국은 산업혁명을 선도하는 국가였으므로 자네의 시야를 넓히는 데 제격이라고 판단했어.

1845년 7월, 우리가 영국으로 들어가 맨체스터에서 달포 넘게 머물렀던 시간 기억하나. 하늘에선 검댕이 비처럼 내렸지. 검은 비를 맞으며 영국에서 가장 오래된 무료 공공도서관*을 즐겨 찾던 순간들이 아련하군.

두툼한 참나무 책상과 스테인드글라스가 고졸한 분위기를 자아냈지. 우리는 창문 쪽에 앉아 자료를 모으며 십만 권에 이르는 장서를 샅샅이 탐색하지 않았던가.

창밖으로 어둠이 짙어지면 우리는 도서관을 나와 새들이 둥지를 찾듯 술집에 깃들었어. 그곳에서 자네에게 내 사랑 메리를 소개했지. 첫인사에서 철학자와 노동인이라는 소개에 두 사람 모두 긴장했었던가. 이어 메리를 길잡이로 노동인 밀집 지역을 거닐던 시간들이 아름답게 떠오르는군.

그 성지 순례에서 비로소 현실을 발견했다던 그대의 젖은 눈도 잊을 수 없다네. 노동인들은 허름한 집—대부분 방 둘에 지하실과 다락방이 하나씩 있는 나지막한 오두막—한 채에 평균

---

*   곧이어 묘사한 문장을 보면 17세기에 설립된 체담Chetham 도서관이 확실하다.

스무 명씩 기거하고 있었지. 화장실은 집 밖에 있어 공동으로 썼는데 주민 백이십 명에 하나꼴이었네.

줄을 서서 발을 동동 구르다가 도저히 참을 수 없을 땐 도리없는 일이지. 사람 배설물에 더해 집짐승의 똥오줌이 여기저기 깔려 우리가 순례하는 '성지'는 악취가 코를 찔렀지. 거주자 대다수는 색 바랜 옷을 걸치고 그곳을 맨발로 오가더군.

가족의 품은 먹고살기 힘든 사람에겐 축복이 아니라 저주였지. 딸들은 열두 살만 되면 결혼으로 처리할 대상이었어. 경제적 부담을 덜기 위함이었네. 친구, 나는 거기서 결혼제도의 경제적 기반—그것이 전부는 아니겠지만 무시할 수 없는, 아니 무시해서는 안 되는—을 깨우쳤다네.

그럼 아들은 조금 나았을까. 천만에, 같은 경제적 이유로 여섯 살부터 거리로 내몰렸지. 야윈 몸 위의 파리한 얼굴은 하나같이 무표정이더군. 어차피 다치거나 병에 걸렸기에 오히려 죽음을 자비롭게 여겼어. 메리는 애인의 친구를 똑바로 보며 촉촉한 목소리로 또박또박 말했지.

"여기는요, 장례식이 곧 축하 행사랍니다. 왁자지껄, 이 세상을 먼저 떠난 행운아를 기려요."

노동인 메리의 말은 비수처럼 철학박사의 가슴을 찔렀을 거야. 귀족과 결혼했고 자신도 뼈대 있는 가문의 지식인이었던 친구의 얼굴에서 나는 당혹과 참담을 읽었다네.

자본이 주도하는 다른 도시에서처럼 맨체스터의 상공업자들도 이른바 '도시계획'을 통해 노동인을 숫제 눈에 보이지 않는 곳으로 몰아넣었어. 눈에서 멀어지면 마음도 멀어지게 마련이거든. 애초에 그들은 노동인이나 민중 따위를 마음에 둘 까닭도 의지도 없었겠지만 말일세.*

산업혁명을 끌어간 맨체스터는 특히 더 그랬지. 그런데 노동인들이 모여 살면서 상공업자들의 도시계획은 의도하지 않은 결과를 빚었어. 자연스레 노동인 사이에 자신의 일상, 더 나아가 인생은 상공업자와 너무나도 다르다는 생각이 퍼져갔거든.

목구멍이 포도청인 노동인과 그들의 목을 언제든 칠 수 있는 자본가는 서로 다른 신분이라 불릴 만큼 삶이 다르다는 인식, 바로 계급의식이지.

* 1840년대 세계 최강국이었던 영국에서 맑스와 엥겔스가 목격하고 분노한 노동인의 참상은 21세기인 오늘날에는 낯설 수 있다. 하지만 현실을 정확히 보는 사람에겐 기시감이 들 것이다. 국제아동기구가 2016년 발표한 보고서에 따르면 하루에 약 1만 6,000명의 아이가 5세 이전에 숨지고, 5세 미만의 영유아 1억 5,600만 명이 영양실조다. 세계 취학 연령 아동 6명 가운데 1명꼴인 2억 6,300만 명이 학교에 가지 못한다. 유럽의 전체 아동 숫자보다 많은 1억 6,800만 명의 아동이 노동하고 있으며, 7초마다 15세 미만 여아 1명이 결혼하고 있다. 가장 큰 원인은 가난이다. 세계은행이 같은 해 발간한 보고서에 따르면 하루 1.9달러 이하로 살아가는 빈곤 인구는 7억 6,700만 명이다. 19세기 유럽의 자본주의 국가에서 나타난 문제가 21세기 현재 지구촌 차원에서 벌어지고 있다. 21세기 자타칭 '경제 대국'인 대한민국의 자살률은 세계 1위로 하루 평균 거의 40명이 스스로 목숨을 끊고 있다. 경제적 이유가 가장 크다.

맨체스터는 상공업자들이 이룬 자본주의 문명의 위업을 보여주는 동시에 그 파멸을 예언하는 현장이었어. 곧이어 우리가 순례한 런던에서도 부유한 사람과 가난한 사람은 서로 다른 세계에 살고 있더군. 그들은 아예 종족이 다른 듯 서로를 닭이 소 보듯 했어.

부자는 빈자에게 돌아갈 몫을 훔쳤고, 빈자는 부자에게 빼앗긴 몫을 훔쳤지. 둘 다 능력껏, 남몰래 훔쳤다는 점은 서로 같았지만 방법은 차이가 있었네. 전자는 생색내며, 후자는 쉬쉬하며 훔친 걸세. 결과의 차이는 더 컸어. 전자의 능력은 '기업'이라 칭송받고, 후자의 능력은 '범죄'로 저주받았지.

깊은 계곡으로 갈라진 둘 사이를 이어주는 유일한 다리가 성性이었어. 무릇 성은 사람과 사람 사이를 이어주는 가장 아름다운 다리 아닌가. 하지만 부자와 빈자를 이어주는 성의 다리는 추악했지. 산업문명이 최고로 발달한 도시 런던의 타락한 몰골이 그대로 드러났다네. 섹스 산업이 창궐했어. 빈자의 어린 딸들은 어른 흉내를 내며 행인에게 추파를 던졌지. 맨체스터의 노동인처럼 그 아이들도 자신이 가진 유일한 재산을 판 거라네. 바로 자기 몸일세.

오죽하면 그해 디즈레일리가 출간한 소설 제목조차 '두 개의 국민'이었겠나. 보수적인 정객의 눈에도 한 도시 안에 부자와 빈자가 완전히 별개인 풍경이 들어온 게지. 그나마 그에겐 문학적 감수성이 있었기에 가능했을 거야. 대다수 '보수'는 그저 제

인생을 즐기기 바빴으니까.

비참한 현실은 그것을 고치려는 운동을 낳게 마련이지. 영국의 노동운동은 구두 만드는 노동인들이 투표권을 얻기 위해 1792년에 '런던통신협회'*를 설립하며 출발했지. 당시는 노동인과 수공업자가 연대했어. 그럼에도 가시밭길, 아니 붉은 핏길을 걸어갔다네.

지도자 토머스 하디는 대역죄가 들씌워져 산 채로 배를 가르고 내장을 들어낸 뒤 밧줄에 목을 매다는 잔혹한 처형을 당했지. 정말이지, 저들은 얼마나 잔혹한 야수인가. 그럼에도 영국 노동인들은 줄기차게 투표권 투쟁에 나서며 국회 개혁 운동을 벌였다네. 민중 헌장을 내건 차티스트 운동이 대표적이지.

영국으로 쫓겨난 독일인들은 '독일노동인교육연합'이라는 온건한 이름을 내걸고 공개 활동을 벌였어. 조직명은 부드러웠지만 실은 파리에 본부를 둔 의인동맹**의 영국 지부였지. 말 그

---

* 런던통신협회London Corresponding Society. 보통선거와 국회 개혁을 목적으로 1792년 제화공 토머스 하디Thomas Hardy가 숙련 노동인들과 함께 창설한 정치 단체다. 협회가 발전하면서 지부를 조직하고 대표자들로 이루어진 중앙 위원회를 구성했지만 1794년 하디를 비롯한 지도부가 대역죄로 체포된 후 운동은 지하로 들어갔다. 토지에 기반을 둔 귀족과 부패한 왕정을 공격했으며, 사회가 '유용하고 생산적인 계급(노동인과 수공업자)' 대 '기생적이고 비생산적인 계급(금리 생활자, 지주, 중간 상인)'으로 나뉘었다고 보았다.

** 정의로운 사람들의 동맹이란 뜻으로 파리에 거주하는 독일인 망명자

대로 정의로운 사람들의 동맹인 의인동맹은 독일인 망명자들이 파리에서 결성한 비밀 조직이었어.

나는 그 정의로운 사람들을 맨체스터에서 견습으로 일하던 1843년에 처음 만났다네. 자네의 개념을 빌리면 그들은 내가 만난 최초의 프롤레타리아트였어. 그들의 강렬한 눈빛이 내 심장으로 파고들었지. 두 해가 흘러 자네와 영국 여행을 할 때는 회원이 삼백여 명으로 부쩍 늘었더군. 독일인이 아닌 노동인도 가입하면서 조직 이름도 '공산주의노동인교육연합'으로 바꾸었어. 회원증을 여러 언어로 인쇄했는데 거기에 새겨진 문구 기억하나?

"모든 사람은 형제다."

얼마나 아름다운 말인가. 물론 우리는 그 말을 나중에 수정했지만, 거기에 담긴 인류애마저 부정한 것은 결코 아니었지. 노동인교육연합 회원 중에는 독자적으로 수공업 노동을 하는 사람들이 적지 않았네. 사실, 생존권에 쫓기는 임금 노동인이 노동운동을 개척하긴 어려울 수밖에 없잖은가.

그때만 하더라도 젊었던 우리는 노동인교육연합에서 만난 노

와 수공업자들이 1834년에 결성한 비밀 결사 '망명자동맹'이 그 뿌리다. 가입할 때 비밀을 누설할 경우 죽음을 달게 받아들이겠다고 선서했다. 의인동맹은 굴욕적 억압의 굴레로부터 독일 해방, 노예 상태로부터 인류의 해방, 인간 및 시민의 권리 실현을 목적으로 삼았다. 1839년 정부의 탄압을 받고 주요 간부들이 흩어져 프랑스와 영국, 스위스로 활동 무대를 넓혔다.

런한 노동 투사로부터 삶의 깊은 현실을 학습할 수 있었지. 그 정의로운 사람들은 자신들이 벌여온 운동을 들려주며 조직의 중요성을 일깨워주었다네. 그들과 대화하며 홀연히 깨달았지. 이론만 떠벌리는 허풍선이들을 오래전부터 비판해왔던 우리도 똑같은 먹물이었음을.

그래서였어. 자네와 나는 벨기에로 돌아오며 조직을 만들겠다는 투지를 불태우지 않았던가. 그 각성과 실천의 과정에서 우리의 우정도 깊어갔다네. 파리의 밀월이 사상으로 우리의 우정을 싹 틔웠다면, 영국 여행의 밀월은 우정의 새싹이 인간적 믿음이라는 햇살 아래 아름드리나무로 자라나는 계기가 되었지.

영국 여행으로 자네의 언어는 무장 날카로워졌어. 그때까지 써온 창백한 언어들이 비로소 발랄한 현실과 만나게 된 거야.

브뤼셀에 들어서자 세상이 예전보다 더 확연히 보이더군. 유럽 대륙의 경제성장 수준은 영국에 이르지 못했기에 민중의 삶은 더 궁상맞았지. 아일랜드에서 시작한 감자마름병이 대륙까지 번져 민중은 굶주림에 시달려야 했어.

그나마 중세에는 신분제가 엄격했더라도 같은 영주, 같은 가업, 같은 땅에서 누대에 걸쳐 공동체 구성원으로 살았잖은가. 1840년대를 거치면서 인류가 살아가는 풍경이 달라진 거야. 공장의 중간 관리자는 오직 고용주에게만 충성했지.

노동인은 열악한 환경에서 산업재해로 다치거나 죽을 수도 있다는 두려움에 떨며 하루 열두 시간에서 열여덟 시간, 일주일에 육 일 반을 일하며 살아야 했어. 유럽 전체에 질병과 범죄가 만연했고 심지어 아동 밀거래까지 성행해 폭동이 일어날 기운마저 살천스레 감돌았다네.

참혹한 재앙을 피해 유럽을 떠나는 사람이 줄을 이었지. 그해에만 십만여 명이 미국으로 떠나더군.

반면에 상공업자의 삶은 갈수록 윤기와 활기가 넘쳐났어. 노동인과 이익을 나누기는커녕 임금을 조금이라도 더 줄이려고 여성과 아동 고용을 늘려갔어. 철로와 증기선으로 온 세계에 상품을 팔았고, 총칼로 한 나라를 통째 삼켜댔지. 지구 곳곳에 식민지가 빠르게 늘어난 걸세.

참상을 지켜보거나 체험한 유럽의 노동인과 지식인은 커피숍과 선술집, 더 나아가 집회장에서 목소리를 내기 시작했지. 상업 확장을 의도한 교통의 발달은 사상 전파에도 크게 기여했어.

조금이라도 판단력을 갖춘 유럽의 군주라면 긴장할 수밖에 없었을 거야. 책도 국경을 넘어 퍼져갈 수 있었으니 말일세. 가령 발자크, 위고, 디킨스가 세계적 작가의 반열에 오른 배경에는 상공업과 미디어의 발달이 자리하고 있었네.

유럽의 왕들은 가슴에 혁명적 사상을 품고 떠도는 사람들을 본능적으로 경계했어. 그들이 트로이의 목마처럼 왕국을 위협할 수 있다고 보았기에 촉각을 곤두세웠지.

과거에는 영토 욕심이나 명예 또는 종교적 이유로 전쟁을 걸어오는 다른 왕들이 왕의 자리를 위협했지만, 18세기 미국의 독립과 프랑스 혁명 이후 위험은 내부에서 커가고 있었거든. 다만 민중 대다수는 '산업'으로 칭송받는 저 교활하고 거대한 괴물에 어떻게 맞서야 할지 모르고 있었지. 바로 그곳에 자네와 나의 소명이 있었던 거야.

17. 실제 사랑보다 자위가 좋다면

고통에 잠긴 노동인을 역사의 주체로 세우는—그들을 연민이나 동정의 대상으로 보는 낡은 틀을 벗어난—새로운 사상을 잉태한 그대가 벨기에로 돌아와 분만을 준비할 때, 예니의 출산도 다가왔을 거야.

예니는 친정에서 출산하지 않고 스스로 빈민굴이라 부른 브뤼셀로 돌아왔어. 자네가 그리워서였겠지. 무거운 몸을 아랑곳하지 않고 오히려 자네의 '출산'을 돕더군. 저술 작업이 방해받지 않도록 세심하게 배려하는 아내 예니의 자상함은 정말 부러움을 자아냈다네.

예니는 정치경제학 책 출간을 손꼽아 고대했어. 그 책으로 남편의 주장이 사람들의 주목을 받고 정치적 변혁을 이끌어 세상의 찬사를 받으리라 기대했을 거야. 책 출간을 기다린 또 다른 까닭도 무시할 수 없었지. 아무런 수입이 없는 가장에게 인세는 유일한 생계였으니 말일세. 다름 아닌 자네가 세운 철학이 경제적 요인을 중시하지 않던가.

내 책이 출간됐을 때 함께 나왔어야 할 자네의 저술은 진전이 더뎠지. 물어볼 때마다 한두 주면 끝난다고 둘러대거나 심지어 탈고한 글을 다듬는 중이라고 말했지만, 시간이 흐르면 어느새 또 말이 달라지더군. 경제적 어려움 또는 개인적 사정으로 조금 지체되고 있을 뿐 곧 탈고할 수 있다고 말이야. 엇갈리는 탈고 소식을 들으며 나는 인생의 중요한 덕목인 인내심을 일찌감치 익혔다네.

나중에야 깨달았지만, 그대는 그때부터 지적 완벽주의자였어. 책을 쓰다가 새로운 생각이 떠올라 자네가 사유해온 틀과 충돌하면 완벽하게 정리할 때까지 거기에 집중하더군.

예니는 그런 줄 모르고 책이 곧 출간되리라 기대했고 더구나 수입이 생기리라고 믿었으니 내 친구가 얼마나 압박감을 느꼈을지 헤아릴 수 있네. 어쩌면 그것이 자네가 수더분한 님에게 다가선 요인이지 않았을까. 근거도 없이 친구를 두남두어 뭇 여성의 비판을 자초할 짓인지 모르겠지만 말일세. 나는 그렇게 살지 않았다는 문장을 비겁하게 덧붙여도 자네 용서할 거지?

아무튼 자네는 출판사와의 계약에 쫓겨 겉으로 또렷이 드러날 정도로 심신이 쇠약해졌어. 몸 여기저기 삐죽삐죽 돋아나 고통을 주던 부스럼들이 정신적 긴장과 관련이 있다는 사실을 나중에서야 알았지.

결국 자네는 정치경제학 원고를 기다리고 있는 출판업자에게 청년헤겔학파를 비판하는 저작이 선행 과제라며 그 책을 낸 뒤 정치경제학 원고를 보냈겠다고 통보했더군. 출판업자로선 황당했을 테고 처음엔 나도 인내심이 흔들렸지만, 곧바로 그 작업에 기꺼이 동참키로 했지.

우리가 영국을 여행하며 세상을 바라보는 자세를 가다듬었듯, 민중의 고통스러운 현실을 외면하면서도 마치 진보 지식인이라도 된 듯이 으스대는 독일 철학자들을 으스러뜨리는 쇠망치가 필요했던 걸세. 누구보다 현실을 직시한 자네가 그 망치를 만드는 데는 오랜 시간이 걸리지 않았지. 이미 그해 봄에 정리해놓은 〈포이어바흐에 관한 테제〉가 뼈대가 되었으니 말일세.

자네가 미발표 원고라며 건네준 짧은 글은 모두 열한 개의 테제로 구성되었더군. 첫 테제부터 내 눈에 덕지덕지 낀 더께가 씻기는 느낌이 들었다네. 그때까지 모든 유물론은 현실을 단지 객체로만 보거나 또는 관조의 대상으로 보는 결함을 지녔다고 비판했어. 이어 현실을 주체적으로 파악해야 옳다며 새로운 유물론을 제시했지.

삶의 현실을 고정불변의 질서로 바라보면 어떻게 될까. 순응하거나 순종하는 삶을 살 수밖에 없겠지. 또 현실이 변화한다고 생각하더라도 거리를 두고 지켜만 볼 수도 있어. 자네는 현실에 순응하거나 관조하며 살아가는 사람들에게 자신의 감성적 활동과 실천을 통해 얼마든지 세상을 바꿔갈 수 있음을 알려주고 싶었던 걸세.

변화해가는 현실을 관조하며 지켜만 보는 인생과 현실을 실천적·비판적·혁명적으로 살아가는 인생 사이에서 고민하는 사람들을 위해 자네는 비유법으로 설명했지. 관조적 삶과 실천적 삶의 차이는 혼자 자위하는 행위와 실제 사랑하는 행위의 차이와 같다고 말일세. 무릎을 탁 칠 만큼 적절한 비유였어.

그런데 말이야, 그렇게까지 상냥하게 말해주었는데 요즘도 실제 사랑보다 자위를 선택하는 사람이 곳곳에 수북하다네. 자넨들 난들 어쩌겠는가. 그들의 인생인걸.

첫 테제 못지않게 마지막 테제도 큰 울림이었네.

"지금까지 철학자들은 다양한 방식으로 세상을 해석해왔다. 중요한 건 세상을 변화시키는 것이다."

도도히 흘러온 철학사의 물줄기를 바꾸겠다는 의지를 간명한 문장으로 표현했더군. 철학의 아버지로 불리는 소크라테스와 플라톤, 아리스토텔레스 모두 당대의 노예들을 사실상 모르쇠 잡지 않았던가. 귀족이 농노를 멋대로 부려먹은 중세 신분제에 침묵한 철학자와 신학자들은 또 어떤가.

우리 시대도 다르지 않아. 다시 강조하건대 오직 자네만이 민중의 고통을 철학에 담아낸 거야. 지천으로 널린 강단 철학자들이 미처 생각하지 못한 사고의 혁명이었지. 명제들을 다시 정독하고 나니 철학 교수들의 위선에 새삼 욕지기가 나더군.

자네가 정리해놓은 〈포이어바흐에 관한 테제〉에 밑절미를 두고 빠르게 써내려간 《독일 이데올로기》는 역사의 물질적 토대 개념을 중심에 둔 역작이었어. 하늘에서 땅으로 내려오는 독일 철학과 정반대로 땅에서 하늘로 올라간 걸세.

비단 독일의 이데올로기만 그런 것이 아니었지. 종래의 거의 모든 철학이 그랬어. 상상하고 생각하는 것에서 출발해 피와 살을 지닌 인간에게 다가섰지. 하지만 우리는 살아 움직이는 사람에서 출발해 상상이나 생각을 해 나가야 옳다고 보았고 그렇게 철학을 실천해갔어.

헤겔과 그 아류들은 사람이 아닌 어떤 힘이 역사를 인도한다는 믿음이나 소망을 보물처럼 간직해왔지만 실상은 그렇지 않다는 사실, 사람이 역사를 열어가는 주체라는 진실을 우리는 확실하게 제시했지.

역사란 사람들의 이야기이고 사람들이 행동한 연대기 아닌가. 인간보다 더 큰 힘—이상적으론 신, 현실적으론 왕—이 우리 삶의 운명을 좌우한다고 가르치는 설교는 제 잇속을 영구히 챙기려는 지배세력—신을 섬기는 성직자나 왕을 섬기는 귀족—의 교설에 지나지 않아. 민중이 무력감을 느끼게 함은 물론, 스스로를 주체적 행위자로 인식할 수 있는 능력까지 빼앗는 걸세.

사람의 삶과 죽음, 정치·경제·사회적인 모든 변화엔 그 어떤 신비도 없음을 또렷하게 밝혔으므로 노동인—더 나아가 다음 세기의 인류 구성원—이 더는 기만당하거나 자기 인생을 낭비하지 않기를 우리는 소망했지. 그 지점에서 자네와 내가 쓴 글들은 다음 세기에도 살아 숨 쉬리라 믿네.

물론, 인류의 후대가 반드시 우리 책을 읽어야 하는 것은 아니겠지. 다만 간곡히 당부하거니와, 인간 또한 생명을 유지하려면 생산 과정에서 자유로울 수 없다는 진실을 잊어선 안 될 걸세. 과거도 현재도 미래도 모든 인간이 살아갈 기반은 생산 과정에 있을 테니까.

인류의 기나긴 역사에서 각 세대는 생산 방식을 새롭게 고안해내며 그때마다 자신도 성장하고 사회도 변화시켜왔지. 결국 모든 세대는 이전 세대의 어깨를 딛고 서 있는 셈이라네.

그런데 과거와 미래로 끝없이 이어진 역사의 어느 시점에서 기계와 자본을 결합한 소수가 나타난 걸세. 사적 소유의 형태로 생산수단을 장악한 그들은 생산력을 크게 발전시켰지만 바로 그 힘으로 다수의 삶을 착취하고 심지어 파괴했어. 바로 그래서라네. 사회 유지에 필요한 부담을 모두 짊어지면서도 아무런 혜택을 누리지 못하는 다수의 구성원 사이에 혁명의 공감대가 퍼져가는 것은 필연이라고 우리는 판단했어.

역사의 모든 단계에서 혁명적인 변화는 생산물을 통제하는 자들과 민중 사이의 충돌에서 비롯했지. 자네는 민중이 폭력 투쟁에 나선다고 문제가 해결되는 것은 아니라고 보았어. 공산주의자를 자처한 공상주의자들과는 깊이가 다른 혜안이었지. 투쟁을 통해 지배세력의 폭력을 없앤다고 해도 그들이 오랜 세월에 걸쳐 심어놓은 '보편적 진리'—그들의 법, 그들의 예술, 그들의 신성한 제도—가 사라지는 것은 아니잖은가. 자네가 간명하게 정리한 글을 적고 싶군.

"지배계급의 사상은 언제나 시대를 지배하는 사상이 되었다. 사회의 물질적 힘을 지배하는 계급은 동시에 사회의 지적 힘도 지배한다. 물질적 생산수단을 가진 계급은 정신적 생산수단도 통제하게 되고 따라서 정신적 생산수단을 결여한 자들의 사상은 그것에 종속당한다."

그래서였네. 언제 어디서나 자네는 혁명의 전제조건으로 학습과 이해를 강조했어. 혁명의 단계에 이르려면 무엇보다 민중 스스로 자신이 살고 있는 정치경제 체제를 깨달아야 한다고 확신했지.

현실은 녹록하지 않았네. 저 강고하고 심지어 신성해 보이는 현 체제가 실은 지배계급이 만든 역사적 형성물이라는 사실, 그들의 목적은 권력을 누리고 제 잇속을 챙기는 것이라는 당연한 사실을 모르는 사람이 대다수였거든.

바로 그래서 새로운 사회를 건설해갈 사상부터 정리하자는 자네 뜻에 기꺼이 동참한 걸세. 1845년 9월 말부터 1846년 8월까지 우리는 《독일 이데올로기》에 매달렸지. 첫 공동 저서인 《신성가족》에 이어 독일의 이른바 진보적—실상은 관념적—사상을 수술대 위에 올린 거야.

기존 헤겔주의자들이 비철학적인 현실 세계를 철학화함으로

써 모순을 해결하려는 방향으로 나아갔다면, 청년헤겔학파는 철학을 현실 세계 안에서 실현함으로써 모순을 해결하려는 비판 활동에 주력했지. 그러니까 청년헤겔학파의 최대 관심사는 '헤겔이 완성한 철학을 어떻게 현실에서 실현할 수 있을까'였네.

헤겔이 철학으로 완성해놓은 절대정신의 세계는 완전한 이성 국가이자 절대적 자유세계로 인간의 자의식이 완전히 실현된 세계였어. 말 그대로 관념의 궁전일 뿐이지. 그런데 그 세계에 이르는 것이 청년헤겔학파의 목적이었어. 청년이라는 말이 붙었지만 여전히 헤겔학파인 셈이지. 그들이 그 세계에 도달하는 방법으로 제시한 것은 비판과 실천이었네. 비판의 과녁은 종교를 비롯한 비이성적 관념들이었고, 실천의 목적은 절대정신의 실현이라는 철학적 과제였지.

하지만 종교적 관념을 비판하고 절대정신을 실천한다고 세상이 달라질까? 천만의 말씀이지. 철학과 현실, 이론과 실천을 통합하는 새 길을 열겠다는 자네 포부는 눈부셨네.

그대 서재에서 노장헤겔학파든 청년헤겔학파든 프로이센의 고색창연한 사상을 해부할 때 우리는 종종 크게 웃어댔지. 그때마다 좁은 집 안이 울려 가족들의 잠을 다 깨웠노라고 훗날에 님이 증언해주었다네. 낮 시간 내내 살림하느라, 식객 맞느라 시달렸을 님에게 진심으로 미안해지더군.

그런데 완성한 원고를 출간하려고 출판사 여덟 곳과 접촉했으나 모두 모르쇠를 잡았지. 그대는 그때 쓸쓸해하기는커녕 원고 더미 맨 위에 '독일 이데올로기'라고 휘갈겨 쓴 뒤 사뭇 호쾌하게 말했어.

"괜찮아, 친구. 우리는 이미 자기 정화라는 중요한 목표를 달성했잖아? 그러니 원고를 쥐들이 갉아먹도록 흔쾌히 버려두세.* 앞으로 우리가 쓸 책이 더 중요할 거야."

우리 스스로 사상의 정화를 이룬 이 원고는 자네의 어지러운 책장 속으로 실종됐지. 이 글을 쓰는 지금은 내 책상 위에 색 바랜 채 놓여 있네.

출간하진 못했지만 우리의 자세를 가다듬어준 원고는 그 이후 자네와 내가 각각 집필한 책들 속에 갈피갈피 스며들어갔지. 철학적 다짐, 다짐의 철학으로.

18. 넘쳐흐르는 '사랑'에 참을 수 없는 구토

우리가 런던에서 돌아와 브뤼셀에 노동인 조직을 만들어가던

---

*   실제로 이 책은 두 저자가 살아있을 때 출간되지 못했다. 1932년이 되어서야 당시 소련공산당이 발간한 《맑스―엥겔스 총서》의 하나로 처음 공개됐다.

시각, 프로이센 정부는 벨기에와 접촉해 자네를 추방하려는 음모를 꾸미고 있었지. 자네는 용기 있게 결단을 내리더군. 프로이센 시민권을 포기하며 무국적을 선택했어.

예니가 둘째 딸 라우라를 출산한 직후였을 거야. '조국' 프로이센의 간섭으로부터 자신과 가족을 지키겠다며 정당성 없는 국가에 더는 속박될 수 없다고 선언했지. 내 친구다운 결정이었네. 맹목적인 애국심은 한낱 야만에 지나지 않거든. 자네는 말 그대로 인류의 성원이 된 셈이지. 아마도 해방감을 느꼈을 거야.

쥐들에게 상쾌히 건넨《독일 이데올로기》에서 공산주의 개념을 "현재 상태를 지양하는 현실적 운동"이라고 깔끔하게 정립한 우리는 브뤼셀에서 공들여온 노동인 조직의 이름을 '공산주의자통신위원회'*로 내걸었지. 공상주의자와 달리 우리에게 공산주의란 "현실이 따라야 할 이상"이 아니었어.

그러니까 공산주의자통신위원회는 현실을 바꾸는 운동에 나선 노동인들이 국경의 장벽을 넘어 서로 소식을 주고받으며 공동 대응할 수 있는 틀을 만든 걸세. 소식지는 신문이 아니었기

---

* 1840년대 초반까지 맑스와 엥겔스는 당시 관행대로 '공산주의자'와 '사회주의자'라는 단어를 명확히 구분하지 않고 사용했다. 브뤼셀에 통신위원회를 꾸릴 때부터 두 사람은 한동안 공산주의자를 자칭했다. 푸리에·생시몽·오언의 '공상적 사회주의'와 구분하기 위해서였다. 둘은 1870년대부터 다시 사회주의자를 자칭했다.

에 검열당할 이유가 없었고 그만큼 글쓰기도 자유로웠지.

조직원 수는 미미했지만 국제 조직의 시초였어. 유럽 전역에서 '노동인 교육의 강화'를 우리의 활동 목표로 삼고, 정치적 당면 과제로는 '민주주의 촉진'을 설정했지. 소식지에 명토 박았던 글이 생각나는군.

"오늘날 민주주의는 공산주의다. 민주주의는 노동인의 원칙, 대중의 원칙이 되었다."

우리는 민주주의가 궁극적으로 노동인의 정치 지배로, 나아가 사람이 다른 사람을 착취하지 않는 세상—그때 우리는 이를 '공산주의'로 표현했지—으로 귀결된다고 판단했어.* 사람이 자연과, 자신이 하는 일과, 자신과 하나됨을 느낌으로써 인간관계에서 소외되지 않는 사회** 말일세. 그래서 노동인의 투표권 쟁취 투쟁이 혁명적 의미가 크다고 보았지.

예니는 다른 이들은 해독하기 어려운 자네의 악필을 언제나 그랬듯이 찬찬한 필체로 정서하더군. 그 모습이 내가 보기에도 애틋했는데 하물며 자네는 어땠을까. 고마워서라도 열정을 다해 조직 일을 하고 집필도 했을 걸세. 그 시절 자네는 거의 아침이 되어서야 침대에 누울 때가 많았지. 하루 네 시간 남짓만 잠자며 국제조직을 일궈갔어. 위원회 명의로 재단사 빌헬름 바이틀링***을 초청한 것도 그 연장선이었네.

바이틀링은 의인동맹의 공동 설립자로 노동인 사이에서는 전설적 인물이었지. 그런데 그의 이념은 정말 공상적이더군. 예수를 가난한 여인의 사생아이자 공산주의자로 묘사했지. 가난한 독일 여성과 프랑스군 장교의 혼외 사랑으로 태어난 자신과 예수를 동일선상에 놓으려는 의도였어.

스스로 메시아를 자처한 바이틀링은 지배계급에 맞서 게릴라 전쟁을 하자고 부르댔지. 사만 명의 전과자로 군대를 만들면 무력으로 공산주의 체제를 수립할 수 있다고 했던가. 아담과 이브가 타락하기 이전의 낙원, 동료애와 사회적 조화가 어우러진 공동체를 곧장 구현할 수 있다고 장담했어.

* 우리는 여기서 맑스와 엥겔스의 공산주의가 소련의 스탈린주의와 다른 개념임을 새삼 확인할 수 있다. 맑스와 엥겔스에게 공산주의라는 말은 더 많은 민주주의, 민중의 자기 통치 개념과 가깝다.

** 이 대목을 맑스의 저서에 근거해 서술하면 소외를 네 가지로 나눌 수 있다. 첫째, 노동 생산물로부터의 소외다. 노동인의 노동 생산물이 그들의 욕구를 충족시키는 것이 아니라 그들에게는 낯선 독립적인 힘으로 노동인을 지배한다. 둘째, 생산 활동으로부터의 소외다. 맑스는 "노동인은 그의 노동 속에서 자신을 긍정하는 것이 아니라 부정하며, 행복을 느끼는 것이 아니라 불행을 느끼며, 자유로운 육체적·정신적 에너지를 발휘하는 것이 아니라 고행으로 그의 육체를 쇠약하게 만들고, 그의 정신을 파멸시킨다"고 날카롭게 진단했다. 셋째, 유적 존재로부터의 소외다. 인간을 다른 동물과 구별하는 노동이 단순히 생존을 위한 수단이 됨으로써 인간은 자신의 유적 본질을 잃어버린다. 넷째, 인간의 인간으로부터의 소외다. 자신만이 아니라 다른 사람도 똑같이 인간적 본질로부터 소외되고 서로가 서로에게서 소외된다.

*** 빌헬름 바이틀링Wilhelm Weitling, 1808~1871은 나폴레옹이 독일을 점령한 당시 프랑스 주둔병과 세탁 일을 하던 독일 여성 사이에서 태어났다. 14세

바이틀링은 잘 빗은 금발에 긴 외투를 걸치고 턱수염을 한껏 다듬은 모습으로 위원회에 나타났지. 개회 선언을 맡은 나는 노동인의 삶이 변화하기를 원하는 사람들이 그것을 어떻게 이룰지를 합의해야 하며, 믿을 만한 지침에 따라 변화를 일궈가야 옳다고 강조했어.

이윽고 바이틀링이 강연을 시작하자 자네는 초록색 탁자 한쪽 끝에 앉아 빈 종이와 연필을 앞에 놓고 경청에 나섰지. 하지만 이내 참기 힘들어하더군. 바이틀링이 말을 마치자 기다렸다는 듯이 말했어.

"무엇을 주장하는 건지 혼란스럽군요. 노동인에게 몽상적 희망을 불러일으키는 설교는 정직하지 않을 뿐만 아니라 무책임한 선동 아닙니까?"

바이틀링은 짐짓 의연하게 추상적인 말로 넘기려 했지. 자네

였던 1822년, 부인복 재봉사의 도제가 되어 노동을 시작했다. 1835년 파리로 이주하고 의인동맹에 가입했다. 프랑스의 계몽 사상과 사회주의 사상을 독학으로 학습해 1838년에《인류의 현실과 이상》을 집필하고 재산 공동체를 주창했다. 탄압을 피해 스위스 제네바로 옮겨가 활동하며 바쿠닌에 영향을 주었고, 소유권을 공격하라고 선동하고 다녀 스위스와 프로이센에서 잇따라 추방당했다. 영국을 거쳐 벨기에로 갔을 때 맑스와 만났으며, 맑스와 다툰 뒤 1846년부터 미국 뉴욕으로 건너가 활동했다. 노동인만이 역사를 창조한다고 본 그는 유럽에서는 비밀 결사와 하층 대중의 봉기로 정치권력을 탈취하자고 호소했으며, 미국에서는 노동인 교환 은행과 협동 기업의 창출로 합법적으로 경제 혁명을 이룰 수 있다고 주장했다.

는 작심하고 토론에 나섰어. 사람들이 스스로 비참하다고 느끼는 것만으로는 부족하다, 왜 그렇게 되었는지를 이해해야 한다, 확실한 계획이나 원칙을 제시하지 않고 노동인에게 무장봉기를 선동하는 것은 실패로 귀결될 뿐이라고 강조했어. 수많은 민중의 생사가 걸린 중요한 문제라고 판단했던 거야.

바이틀링은 성서의 이미지까지 들먹이며 얼렁뚱땅 답하더군. 바로 그 순간 자네의 모습이 지금도 생동생동하다네. 주먹을 불끈 쥔 자네는 등잔이 흔들릴 정도로 탁자를 쾅 내리치며 소리쳤지.

"무식이 무슨 자랑이란 말인가? 여태까지 그 누구에게도 무지*가 도움이 된 적은 없었소. 무슨 계시라도 받은 듯 예언자 행세를 하는 것은 멍청이 짓에 지나지 않는단 말이오!"

참석한 누군가가 나중에 적실하게 묘사했듯이 '대포알로 유리창을 박살 내는' 느낌이 들더군. 자네는 바이틀링을 추종하는 언론인이 의인동맹과 관련된 기사를 작성할 때 '사랑'이라는 단어를 서른다섯 번이나 쓴 사실을 지적해 참석자들을 쓴웃음 짓게 했지. 결론은 명료했어. 감상적 공상주의로 민중을 현혹하지 말라는 준엄한 논고였지.

---

* 　　무지는 '아는 것이 없고 지식이 결여됨'을 뜻한다. 철학자 맑스는 공식 서상에서 무지를 말할 때 유럽의 전통적 개념인 베이컨Francis Bacon의 지식론을 염두에 두었을 가능성이 높다. 베이컨은 '전통이나 관습에서 오는 선입견의 배제'를 지식의 고갱이로 보았다.

그 시절 우리는 사랑을 근거로 삼는, 사랑으로 넘쳐흐르는 공상적 공산주의에 참을 수 없는 구토를 느끼고 있었거든. '사랑하라'나 '고귀한 공동체 정신' 같은 모호한 미사여구로 세상이 변화할 수 있다면, 진즉에 낙원이 펼쳐졌을 거야.

우리가 독일과 프랑스에 널려 있는 숱한 '수줍은 사회주의자'에게 굳이 수모를 선사한 까닭이지. 수줍음은 현실의 궁핍과 불평등을 줄여 나갈 뜻이 없거나 능력 없는 사람들이 즐겨 쓰는 가면 아닌가.

수줍은 가면을 꿰뚫어 보는 우리 눈은 영국 여행에서 열렸지. 노동인의 참담한 삶이 망막에 꼬질꼬질 묻은 때를 씻어주었거든. 추상적 관념이라는 추악한 눈곱이 눈동자까지 가려 너무나 또렷한 현실을 보지 못하는 윤똑똑이들을 내내 인내로만 지켜볼 만큼 우리는 수줍을 수 없었던 걸세.

공상으로 그럴듯한 이상사회를 그려내는 먹물들의 요란한 전통에서 우리는 과감히 벗어났지. 노동인이 주체로 나서는 싸움의 성격과 조건을 짚고, 그에 근거해 목표를 설정해야 한다고 보았어.

새로운 사회가 그저 원한다고 이뤄지는 것은 아니잖은가. 무엇을 할 것인가를 노동인 스스로가 이해하고 있어야 가능하지. 바로 그래서야, 서로 사랑하라고 설교하거나 진정한 사회주의 따위를 들먹이는 '명망가'들의 정체를 우리가 가차 없이 폭로하고 나선 까닭은.

그들은 왕국을 하룻밤 사이에 공산주의 사회로 만들겠노라고 부르댔지. 현실적 조건에 맞춰 싸목싸목 정치적 실천을 해 나가야 목표를 이룰 수 있다는 사실을 망각한 걸세. 현재의 상태를 바꿔 나가는 현실적 운동엔 내내 모르쇠를 잡고 노상 박애와 보편적 사랑만 설교하더군. 그건 민중의 비참한 현실에 아무런 변화도 불러올 수 없는 미사여구에 지나지 않았어.

우리의 확신은 폴란드 봉기를 목격하며 더욱 굳어졌지. 폴란드 민중이 귀족 수백여 명을 살해하고 혁명을 선언했지만 결국 실패했거든. 무장봉기에 조직과 계획이 결여되어 있었기 때문이네. 혁명이 일어나고 지속하려면 그 상황에 이른 역사를 정확히 인식하고 낡은 체제를 대신할 새로운 사회의 청사진을 마련해야겠지.

공상적인 먹물들을 공개적으로 비판하고 나서자 우리를 미워하는 새로운 '신성가족'이 뭉치더군. 하지만 우리는 그들을 배려할 만큼 한가하지 않았지. 더구나 이미 강을 건넜잖은가.

현실 앞에 매우 수줍음을 타는 투사들은 자신들의 대표로 프루동*을 내세워 비난의 수위를 한껏 높였지. 그는 '정치적 절대

---

*   프루동Pierre Joseph Proudhon, 1809~1865은 가난하게 자라 생계 때문에 학업을 포기하고 독학한 사상가다. 사회적 불평등에 일찍 눈뜬 프루동은 부의 불공정한 분배가 사회악의 근원이라 주장하고, 노동으로 생긴 재산이 아닌 것은 비도덕적일뿐더러 노동하는 사람에 대한 도둑질이라고 주장했다. 하지만 혁

주의자'라는 죄명으로 우리를 준엄하게 심판했어. 마치 우리를 올바른 길로 인도라도 해주겠다는 듯이 자신이 쓴 책《빈곤의 철학》도 보내왔지.

내가 그 책을 읽으며 점점 분노하고 있을 때, 자네의 순발력은 이미 저만큼 앞서갔더군. '철학의 빈곤'이라는 제목으로《빈곤의 철학》에 대한 비판을 쓰고 있었어. 부와 빈곤이 별개가 아니라 부가 생산되는 관계 속에서 빈곤이 생산되고 있음을, 생산력이 발전하는 곳에 압제를 생산하는 힘도 존재함을, 상공업자의 경제력은 노동인을 점점 더 많이 생산해냄으로써 커지는 것임을 철학이 빈곤한 프루동에게 조목조목 타일러주었지.

자네의 책은 프루동과 견줄 수 없을 만큼 논리 정연하고 탁월했지만, 시장의 현실은 정반대였어.《빈곤의 철학》은 풍요롭게 독자들을 만났고 독일어로도 번역되었지만,《철학의 빈곤》은 출판사를 끝내 찾지 못해 '빈곤한 철학자'의 자비 출판으로 파리와 브뤼셀에서 총 팔백 부를 가까스로 인쇄했지.

당장의 상업적 판매에서 자네는 프루동에게 완패했어. 그때

명적 행동에 반대했고 노동운동과 파업 투쟁에도 회의적이었다. 힘 대신 정의를 가치의 척도로 삼아야 옳다며 인내심을 가지고 자본가의 양심과 인도주의에 호소하자고 주장했다. 프루동의 사회적 영향력이 컸기에 맑스는 분배만 강조하는 그의 소유론과 무정부주의적 실천을 줄기차게 비판했다. 프루동은 맑스가《자본》을 출간하기 전에 병사했다.

나는 그대에게 "역사는 두 책의 가치를 재평가할 게 틀림없다"고 말하며 이것은 결코 위로가 아니라고 했지. 그로부터 반세기도 안 되어 이미 그렇게 되었어. 아무튼 그 책을 쓰면서 자네는 정치경제 사상의 세계로 성큼 들어섰지.

수줍음의 거장 프루동을 정면으로 비판하자 삽시간에 자네의 악명이 퍼져가더군. 사상계의 신사들은 앞다투어 자네가 냉소적일뿐더러 신경질적이라는 비난을 이어갔지.

그들은 그대가 얼마나 웅숭깊은 정을 지닌 사람인지 전혀 몰라. 사실을 말하자면, 사랑과 증오를 두루 적절히 지닌 자네의 인간적 매력은 가식의 가면을 쓴 신사들 사이에서 언제나 돋보였다네.

그래, 내 친구 칼은 예지력과 창의력으로 가득 차 있으면서도 술잔을 놓고는 상스러운 말과 치기 어린 행동을 벗들과 주고받을 만큼 소탈했지. 새벽까지 술 마시며 지인들의 성적 취향으로 잡담을 나눌 때면 어느새 자네는 눈에 눈물이 고일 정도로 폭소를 터뜨렸어. 그 와중에도 나는 고급 포도주만 찾았지만, 자네는 주종을 불문하고 마시지 않았나. 자네의 인간적 품격은 언제나 나보다 한 수 위였다네, 친구.

19. 모든 인류는 형제라는 거짓말

1847년이 열리면서 우리는 혁명의 길로 한 걸음 더 내디뎠네. 브뤼셀의 통신위원회와 함께 의인동맹에 합류하며 새로운 사회 실현에 나섰지.

그간 의인동맹은 기존 공산주의자들을 공상적이라고 비판한 우리에게 거리를 두었지만, 유럽의 경제위기가 심화되면서 태도를 바꾸더군. 동맹에 들어오라는 제안을 받고 우리는 기꺼이 응했어.

본디 파리에 본부를 두고 있던 의인동맹은 프랑스 정부의 탄압이 커져가자 중앙위원회를 런던으로 옮겼지. 우리가 영국 여행 때 만났던 투사들은 런던이 본부가 되면서 고무됐을 걸세. 차티스트와 독일인 망명자의 동참이 늘어났지.

의인동맹이 본부를 옮기면서 나는 파리 지부로 건너가 활동했어. 파리에서 생활하다 보니 브뤼셀에서 묵묵히 일만 하는 자네가 안쓰럽더군. 기분을 전환하라며 파리로 초청하는 편지를 보냈지. 마침 돈을 보내겠다는 어머니의 편지를 받았기에 자신 있게 펜을 든 걸세.

"자네와 마음껏 즐겨보고 싶네. 잠시 화끈하게 놀아볼 수 있을 거야. 술집에서 돈을 전부 탕진해버리는 거지. 만약 어머니에게 오천 프랑이 온다면 글 쓰는 일과 함께 몸이 가루가 될 때까지 여자들과 즐기는 일 말고는 아무것도 하지 않을 셈이라네. 프랑스 여인이 없다면 인생도 살맛이 없지. 여자들만 있다면 모든 것이 좋아."

아무래도 자네가 유혹에 넘어가지 않을 듯해 슬쩍 덧붙였어.

"그런 것에 빠지는 사람도 때로는 무거운 주제로 토론을 해보고 싶은 거라네. 아무튼 인생을 즐기고 싶어. 그런데 주변 사람들과는 그 어떤 것도 가능하지가 않아. 자네가 여기 와야 할 이유라네."

예상대로 귀하는 오지 않더군. 언제나 서재에 파묻혀 있기를 좋아했지. 공개적인 정치 활동에는 늘 거리를 두었어. 다른 조직원과의 관계에서도 외교적 언사나 인내심 따위와는 일찌감치 결별했잖은가.

의인동맹이 그해 6월 조직을 재편하기 위해 런던에서 첫 대표자 회의를 열었을 때도 자네는 브뤼셀의 서재에서 나오지 않았어. 경제적 여건상 선뜻 올 수 없었겠지만, 그것이 결정적 문제는 아니었을 거야.

브뤼셀에선 '갈기 머리 사자' 대신 '상냥한 늑대' 루푸스*가

---

* 맑스와 엥겔스의 동지 빌헬름 볼프Wilhelm Wolff, 1809~1864의 별명. 볼프는 1846년 브뤼셀에서 맑스와 엥겔스를 만난 이후 평생 같은 길을 걸었다. 루푸스Lupus는 라틴어로 늑대(볼프)라는 뜻이다. 여기서 '갈기 머리 사자'는 맑스를 뜻한다. 상냥한 늑대는 농노 가문 출신으로 브뤼셀 통신위원회 위원, 공

대표로 왔고, 상냥하지 못한 나는 파리의 대표로 참석했지. 사자의 의중은 늑대와 나를 통해 회의에 반영될 수 있었어.

일주일 동안 열린 회의에서 의인동맹은 조직의 이름을 '공산주의자동맹'으로 바꿨고, 그에 맞춰 "모든 인류는 형제다"라는 몹시 사랑스러운 슬로건도 비로소 제대로 수정했지.

"모든 나라의 노동인이여, 단결하라."

노동인의 참다운 국제조직이 출범한 걸세. 회의는 새로운 사람을 조직에 끌어모으려면 강령이 필요하다는 결론을 내렸고 그 초안을 나와 헤스에게 의뢰했지. 참석 못 한 조직원에게 띄우는 회람문도 작성했어.

"형제들! 우리는 위대하고 경이로운 대의를 대표한다. 우리는 지금까지 세상에 선포되었던 모든 혁명 중 가장 위대한 혁명을 선포한다. 그것은 철저함과 결과의 풍요로움이라는 측면에서 전대미문의 혁명이다. 그 혁명의 과실을 누리는 것이 우리에게 얼마나 허락될지는 알 수 없다. 하지만 우리는 본다. 모든 곳, 독일을 비롯해 프랑스, 미국, 영국에서도 분노한 노동인들이 행동에 나서고 있으며, 아직은 종종 혼란스럽기도 하지만 점점 더 커져가는 선명한 목소리로 돈의 굴레, 상공업자의 지배로

산주의자동맹 회원으로 활동했으며 영국으로 망명한 뒤 엥겔스가 있는 맨체스터에서 가정교사로 일하며 독신으로 살았다. 이 원고의 후반부에서 맑스가 1867년《자본》을 출간했을 때 루푸스의 이름이 다시 나온다.

부터 자신의 해방을 요구하고 있음을.

우리는 본다. 상공업자는 갈수록 부유해지고 있지만, 민중의 고통과 부자의 사악함으로 언젠가 터지고 말 위대한 혁명으로 역사는 성큼성큼 나아가고 있음을."

프로이센 정부가 망명자들을 감시하려고 런던에 파견한 베를린 경찰 정보원은 대회 참석자들을 "고작 여든네 명의 과격분자"라고 얕잡아 보며 "생쥐가 포효하는 격"이라고 비웃는 보고서를 보냈더군. 그 어리보기 정보원은 나중에 생쥐가 커서 사자가 된 현실을 어떻게 받아들였을까.

공산주의자동맹의 브뤼셀 지부 구성원은 열여덟 명이었을 거야. 예니도 의연히 가입하더군. 나는 파리와 브뤼셀을 오가며 활동했지만 프랑스 경찰의 감시망이 삼엄해져 벨기에를 거점으로 삼을 수밖에 없었지. 자네와 더 자주 만나 내 사유를 다듬고 싶기도 했네.

우리는 동맹의 조직원이 되기를 부담스러워하는 노동인들을 교육하기 위해 '독일노동인조합'을 설립했어. 브뤼셀 도심 광장에 있는 '백조의 카페'에서 정말이지 순수한 '백조'들과 거의 매주 정기 모임을 가졌지. 독일 노동인과 망명자들에게 영어와 프랑스어를 가르치고 과학과 문화를 주제로 강연도 열었어.

강사 중에 으뜸은 단연 부익부 빈익빈의 비밀을 드러내며 역사적 유물론을 강의한 자네였지. 일요일에는 시 낭송과 연극 공연, 춤이 있는 가족 행사도 열었어. 고대 그리스의 여신 같은 트리어의 미인이 이따금 시 낭송에 나섰던 추억이 새롭군.

그 시절 우리는 정력적으로 활동했지. 다국적 전문직 종사자를 중심으로 결성된 국제민주주의연합*에도 들어가 귀하가 부의장을 맡았잖은가. 본디 내게 제안된 그 자리를 자네에게 양보했다고 기록하면 생색내기일지 모르겠지만 일단은 있는 그대로 적고 싶군.

자네는 《독일—브뤼셀 신문》에도 참여해 사실상 책임 편집을 맡았지. 세월이 흘러 당시 경찰 보고서도 입수되어 내 책상에 놓여 있네. 어린 사자를 생쥐로 본 독일의 멍청한 경찰과 달리 벨기에 경찰은 나름 직무에 충실했더군.

"그 해로운 신문이 교육받지 못한 대중에게 가장 타락한 영향력을 행사할 것은 의심의 여지가 없음. 부의 분배라는 매혹되기 쉬운 이론을 공장 노동인과 일용직 노동인에게 마치 천부적인 권리인 듯 제시하고 군주와 다른 공동체 구성원에 대한 격렬한 증오감을 심어주고 있음. 조직원 수가 며칠 만에 서른일곱 명에

---

* 1847년 11월 7일 브뤼셀에서 결성된 대중단체로 전 세계 우애 조직의 연합을 목적으로 삼았다. "모든 민중의 연합과 우애"를 위해 "나라, 직업, 신분에 관계없이" 누구라도 자유롭게 참가할 수 있었다. 연합은 비밀 결사가 아니라 벨기에 헌법에 근거한 결사임을 밝혔다. 11월 15일의 임원 선거에서 명예의장으로 프랑스인 멜리네 장군General Mellinet, 부의장으로 프로이센 국적은 상실했지만 독일계인 맑스를 선출했다. 협회는 통역을 두고 회의에서 복수의 언어를 사용했다. 스위스의 민주운동, 폴란드의 독립운동을 지원했다.

서 칠십 명에 이르게 된 상황은 주시할 필요가 있음."

자네 주선으로 국제민주주의연합에 들어온 바쿠닌은 바이틀링과 프루동을 존경한다고 떠벌리더니 기어코 우리를 공격했지. 아늑한 안락의자에 푹 파묻힌 모반꾼들이라 했던가. 프루동이 우리를 비난한 글도 퍼져갔다네.

"우리는 모든 수단을 다해 사회법칙을 발견하는 일에 힘을 모아야 한다. 하지만 모든 교조주의를 폐기한 우리가 사람들에게 또 다른 교조를 심어주어서는 안 된다. 새로운 불관용을 주도해서도, 새로운 종교의 사도로 자처해서도 안 된다. 그 종교가 아무리 논리의 종교이고 이성의 종교 그 자체라도 말이다."

당시 수줍은 프루동과 '진정한 사회주의자'들은 여기저기 활개 치고 나댔지. 그들은 노동인의 역사적 소명을 온전히 인식하지 못했으면서도 자못 열정적으로 나섰어. 더러는 '사랑의 종교'를 퍼뜨렸지.

하지만 그들은 자신들이 내세운 '협동사회'나 '공정사회'를 이루려면 풀어야 마땅한 경제적 조건과 정치 체제를 한사코 건드리지 않는 참 이상한 정열을 보유했지. 그런데도, 아니 그렇기에 인기는 높았어. 그 '사상'은 아무리 받아들여도 아무런 부담이 없거든.

대중의 환호로 허영과 오만이 풍선처럼 커진 바쿠닌은 말끝마다 '투쟁'이란 말을 즐겨 쓰더군. 바쿠닌의 '용기'를 따라 열정적으로 투쟁을 외치는 사람들도 늘어났지.

자네는 냉철하게 말했어. 패배가 거의 확실한 투쟁에서 무모한 용기란 진정한 싸움을 회피하는 사람의 심리적 자기 위안에 지나지 않는다고.

옳아, 혁명은 상상으로 그럴듯한 이상사회를 꾸며내는 일이 아니잖은가. 노동인이 주도하는 투쟁의 본질과 조건, 그에 따르는 목표를 꿰뚫어 볼 수 있어야겠지. 그저 원한다고 이뤄지는 일이 결단코 아닐세. 새로운 미래를 열어가려면 노동인 다수가 자신이 해내야 할 과업 또는 소명을 이해하고 있어야 하네.

공산주의자동맹이 11월 런던에서 다시 회의를 열었을 때는 자네도 여행 경비를 빌려 참석했어. 회의에서 폴란드 봉기를 기리는 행사를 열었을 때의 연설이 기억나는군.

"낡은 폴란드는 어쨌든 이미 사라졌고 우리는 절대로 그것의 복구를 원하지 않을 것입니다. 하지만 사라진 것은 낡은 폴란드뿐이 아닙니다. 낡은 독일, 낡은 프랑스, 낡은 영국, 모든 낡은 사회가 사라지고 있습니다. 낡은 사회의 상실은 그 사회에서 아무것도 잃을 것이 없었던 사람들에게는 결코 상실이 아닙니다. 현재 모든 국가에서 대다수를 차지하는 민중은 낡은 사회의 몰락에서 오히려 얻을 것이 훨씬 많습니다. 그것을 아는 것은 더는 계급 간의 적대에 기초하지 않는 새로운 사회 건설의 조건이 될 것입니다."

연설의 압권은 우리가 살고 있는 세상이 모든 국가의 노동인 앞에서—실은 꼭뒤 위에서—'모든 국가의 상공업자가 단결한 곳'임을 간파한 데 있었지.

"억압받는 자들 앞에서 억압하는 자들의 단결, 착취당하는 자들에 대한 착취하는 자들의 단결."

얼마나 간명한 진실인가. 노동인은 단결하지 못한 반면, 저들은 단결하고 있거든. 시장을 확보하려고 자기들끼리 경쟁은 하지만 노동인 앞에선 어김없이 단결한다는 사실을 다름 아닌 노동인만 모르고 있는 꼴이지.

자네는 비록 노동인들이 아직까지 단일한 전선을 갖지는 못했지만, 새로운 세상을 건설해 나갈 공통의 경험을 지녔음을 강조했어. 동맹에 나타나 단결을 호소한 자네의 첫 연설은 회의에 참여한 모든 사람의 심장을 파고들 만큼 강력했지. 런던에 거주하던 독일인 재단사가 회의장에서 본 귀하의 인상을 어떻게 기록했는지 자네 미처 몰랐을 거야.

"크지 않은 키, 넓은 어깨를 가진 다부진 체구로 행동에 활력이 넘쳤다. 머리카락은 칠흑같이 검고 풍성했으며 눈빛은 형형했다. 입매는 상대편이 두려워할 만한 냉소를 흘리고 있었다. 처음 만났지만 공산주의 사상의 기백을 대표하는 타고난 지도자로 보였다. 불필요한 말은 절대로 하지 않았으며 몽상가적 모습은 어디서도 찾아볼 수 없었다."

그 친구 안목이 있어. 첫인상에서 아주 정확하게 핵심을 찔렀잖은가. 다만 나에 대해서는 한 줄로 '재단'했더군.

"엥겔스는 날렵하고 민첩한 사람으로 학자라기보다는 젊고 영리한 장교 같았다."

이건 뭔가, 칭찬인가, 경멸인가. 둘 다 아니라면 안목은 있되 혜안은 없는 건가.

어쨌든 동맹은 대표자 회의에서 "재산 공동체 이론의 전파를 통한 인류 해방과 그것을 위한 가장 신속한 실천의 도입"이라는 종래의 규정을 "상공업자 체제의 전복, 노동인의 지배, 계급 간 적대에 기초한 낡은 상공업자 사회의 폐지, 계급이 없는 새로운 사회 건설"로 바꿨지. 이어 새로 가입할 사람들에게 강령을 설명할 문서가 필요하다며 자네와 내게 집필을 요청했어.

이미 지난 대회의 결정에 따라 나는 동맹의 강령을 최대한 대중적으로 소개하려고 '혁명의 교리문답'을 작성하고 있었다네.

문: 당신은 공산주의자입니까?

답: 네.

문: 공산주의자의 목표는 무엇입니까?

답: 모든 사회 구성원이 자신의 능력과 소양을 완전히 자유롭게 발현하고 활용하면서도 사회의 기본 조건을 해치지 않는 사회를 조직하는 것입니다.

문: 그럼 목표를 어떻게 이루려고 합니까?

답: 사적 소유를 철폐하고 소유 공동체를 건설하려고 합니다.

그렇게 22개조를 만들었거든. 나름대로 심사숙고하며 대중적인 신앙고백 방법을 빌린 것인데, 막상 초안을 작성해놓고 보니 자칫 종교적 열정에 호소한다는 느낌이 들더군. 더구나 '진정한 사회주의자'까지 끌어들이려고 "모든 개인은 행복을 위해 애쓴다. 개인의 행복은 만인의 행복과 분리할 수 없다" 따위처럼 모호하기 짝이 없는 문구까지 삽입했지.

우리가 지난 오 년 동안 발전시킨 역사와 사회에 대한 유물론적 해석을 담아냈다고 자부했지만 아무래도 어딘가 부족했어. 교리문답 초고를 자네에게 건네며 강령 작성 책임을 사실상 내맡긴 까닭이네.

"신앙고백 방식을 다시 생각해보면 좋겠어. 문답 형식을 버리고 그것을 '공산당선언'이라고 부르는 것이 어떨까 싶어."

내가 내민 초안을 밑절미로 재구성에 나선 자네는 겉으론 여유를 보이더군. 여전히《독일—브뤼셀 신문》에 글을 썼고 독일 노동인조합을 위해 경제학 강의도 준비했지.

국제민주주의연합의 사무를 처리하며 자유무역을 주제로 연설도 했어. 언제 어디서나 칼끝처럼 핵심을 찌르는 자네답게 자유무역이란 "자본이 노동인을 분쇄할 자유"를 의미할 뿐이라고 꿰뚫더군. 연설처럼 자유무역으로 산업은 번성했지만 그 결과 세상은 두 개의 뚜렷한 계급, 부유한 상공업자와 가난한 노동인으로 나뉘었지.

그러니까 자네를 통해 '자유' 개념은 폭이 크게 넓어졌어. 노동인을 옥죌 자유까지로 말일세.

20. 저 위대한 유령의 등장

그리운 친구, 젊은 시절 우리가 애송하던 시 기억하나? 우리의 벗 하이네가 쓴 절창 〈슐레지엔의 직조공〉 말일세.

침침한 눈에는 눈물도 마르고
베틀에 앉아 이빨을 간다
독일이여 우리는 짠다 너의 수의를
세 겹의 저주를 거기에 짜 넣는다
우리는 짠다 우리는 짠다

첫 번째 저주는 신에게
추위와 굶주림 속에서 우리는 기도했건만
희망도 기대도 허사가 되었다
신은 우리를 조롱하고 우롱하고 바보 취급을 했다
우리는 짠다 우리는 짠다

두 번째 저주는 왕에게 부자들의 왕에게
우리들의 비참을 덜어주기는커녕
마지막 한 푼마저 빼앗아 먹고 그는
우리들을 개처럼 쏘아 죽이라 했다

우리는 짠다 우리는 짠다

세 번째 저주는 그릇된 조국에게
오욕과 치욕만이 번창하고
꽃이란 꽃은 피기가 무섭게 꺾이고
부패와 타락 속에서 구더기가 살판을 만나는 곳
우리는 짠다 우리는 짠다

북이 날고 베틀이 덜거덩거리고
우리는 밤낮으로 부지런히 짠다
낡은 독일이여 우리는 짠다 너의 수의를
세 겹의 저주를 거기에 짜 넣는다
우리는 짠다 우리는 짠다*

나는 그 시가 너무 좋아 영어로 번역해 소식지에 실었지. 아마도 첫 영어 번역일 거야. 그런데 〈슐레지엔의 직조공〉보다 더 사랑하게 된 작품을 발견했다네. 하이네에게 미안하지만 어쩌겠는가, 사랑은 이성으로 통제할 수 없는 마음인 것을. 더구나 그 작품에 내 이름이 공동 작가로 올랐지 뭔가.

한사코 사양했지만, 자네는 내가 쓴 교리문답 초안이 없었다면 글을 작성할 수 없었을 거라며 공동 저작임을 강조했지. 숱한 술잔 앞의 대화가 있었기에 완성할 수 있었다는 말에 내 고집은 꺾였어. 아주 틀린 말은 아니기도 하고 나로선 더없는 영광이지만, 이참에 밝혀두고 싶네. 칠 할, 아니 그 이상이 자네의 창작임을. 브뤼셀의 작은 서재에서 작성하고 예니가 식탁에서 정서했지.

우리가 런던에 있는 독일인 인쇄업자에게 원고를 부친 것은 1848년 2월이었어. 짙은 초록색 표지의 《공산당선언》 팔백 부가 저자를 표기하지 않고 발간됐지. 차티스트였던 줄리언 하니는 "여태까지 세상에 출현한 것 중 가장 혁명적인 문서"라고 격찬했어. 교리문답식과 견주면 극적인 요소가 줄어든 건 사실이야. 하지만 내가 읽어도 훨씬 강력한 힘이 느껴지더군. 마치 법정에서 모두진술을 듣는 듯했지. 쓸데없는 군말은 하나도 없더군. 예리한 분석과 함께 이상과 열정이 가득했지.

나는 《공산당선언》이 하나의 문학이라고 생각하네. 그럼 주인공은?

"하나의 유령이 지금 유럽을 떠돌고 있다."

첫 문장이 선언하듯이 문학작품 《공산당선언》의 주인공은 유령이라네. 《공산당선언》은 전해 내려온 공산주의라는 유령에 비로소 피를 돌게 했지. 노동인이 정당을 만들어 전 세계에 공개적으로 자신의 견해와 목적을 발표할 가장 알맞은 시기가 왔다고 당당히 선포한 걸세.* 이어 무수한 사람이 심장에 새겼을 문장들로 밀물의 파도처럼 한 물결 한 물결 빠르게 나아갔지.

"지금까지 존재한 모든 사회의 역사는 계급투쟁의 역사다. 자유민과 노예, 귀족과 평민, 영주와 농노, 길드 장인과 직인, 한마디로 억압자와 피억압자는 언제나 서로 대립하면서 때로는 숨겨진, 때로는 공공연한 싸움을 벌였다. 그리고 각각의 싸움은 그때마다 대대적인 사회의 혁명적 재편 또는 경쟁하는 계급들의 공동 파멸로 끝났다."

친구, '계급'이나 '계급투쟁'이라는 말을 낯설게 여기는 사람이 지금도 여전히 적지 않다네.** 그들은 하늘을 날고 있는 매를

---

* 맑스와 엥겔스는 1848년을 '가장 알맞은 시기'라고 선언했지만,《공산당선언》출간 150주년이었던 1998년에도《뉴욕타임스》는 '맑스의 주가가 150년 만에 다시 치솟다'라는 표제 아래《공산당선언》이 "지칠 줄 모르고 부를 창조하는 자본주의의 힘을 그 누구보다 먼저 인식하고 자본주의가 세계를 정복할 것이라고 예언했으며 여러 나라의 경제와 문화가 세계화라는 불가피한 과정 속에서 엄청난 고통을 겪게 될 것이라고 경고했다"고 보도했다.

** 엥겔스가 이 글을 쓴 시공간은 1890년 중반의 영국이지만 그의 통찰은 21세기 한국을 비롯한 대다수 자본주의 국가에서 여전히 유효하다. 참고로 한국어 사전은 '계급'을 "사회적으로 동일한 조건이나 비슷한 수준 아래 놓여 공통된 이해관계와 행동 방식을 지니는 집단"으로 풀이한다. '계급투쟁'은 "서로 이해관계가 다른 계급 사이에 정치·경제·문화적인 권리와 특권, 기회를 얻기 위해 벌어지는 투쟁"이며 "중세의 귀족과 농노, 근대의 부르주아계급과 프롤레타리아계급 사이의 투쟁 등을 들 수 있다"고 설명한다.

보면 그저 머리를 땅에 박고는 매가 보이지 않는다고 자위하는 꿩과 다를 바 없어.

순수한, 아니 순진한 사람들이지. 다만, 결과는 결코 순진하지도 순수하지도 않아. 매는 가만히 머리 박고 있는 꿩을 한 발로 채면서 다른 발의 갈고리 발톱으로 맨 먼저 꿩의 눈알을 찌르지 않던가.

친구, 1848년에 그랬듯이 반세기가 넘은 오늘날에도 인류는 계급 적대를 없애지 못했고 사회는 상공업자(곧 자본계급)*와 노동인(곧 노동계급)이라는 두 적대적 진영으로—마주 선 양대 계급으로—점점 더 분열되고 있다네. 수줍은 민주주의자나 순진무구한 사람들만 모르고 있을 따름이지.

《공산당선언》을 읽어보지도 않았거나 대충 훑어본 매우 바쁜—발표되고 오십 년도 안 되어 이미 세계사적 고전으로 평가

---

* 　　원문은 '부르주아지bourgeoisie'이고 한국에서도 '부르주아지'라는 말 그대로 번역하는 흐름이지만 여기서는 문맥에 따라 '상공업자' 또는 '자본계급'으로 옮긴다. 부르주아지는 중세시대 '부르그', 곧 성 안에 사는 수공업자와 상인에서 시작한 상공업자들을 이르는 말이다. 한국어 사전은 '자본계급'을 "자본주의 사회에서, 생산수단을 소유하고 노동인을 고용하여 사업을 해서 이윤을 얻는 계급"으로 풀이한다. '프롤레타리아트'는 '노동인' 또는 '노동계급'으로 옮겼다. 한국어 사전에서 '노동계급'은 "자본주의 사회에서, 자본가에게 고용되어 임금을 받고 일하는 사람들로 이루어진 계급"이다. 자본계급을 '상공업자들'로, 노동계급을 '노동인들'로 문맥에 따라 번역하겠다는 뜻은 '수줍은 번역'의 변명일 수도 있다.

받고 있는 짧은 작품을 정독할 수 없을 만큼 일상이 분주한—사람들, 특히 자본계급과 그들을 대변하는 학자·기자들은 자네와 내가 상공업자를 매도했다고 주장하더군. 하지만 우리는 상공업자의 역사적 위상을 정확하게, 내가 보기엔 실체 이상으로 과대평가해서 자리매김해주었어. 《공산당선언》은 상공업자를 중세시대부터 이어져 내려온 모든 계급을 뒷전으로 밀어낸 긴 발전 과정의 산물로 규정한 뒤 이렇게 평가했지.

"상공업자는 자신의 생산물을 팔 수 있는 시장을 끊임없이 확장해야 하므로 지구상의 모든 골골샅샅을 누벼야 한다. 가는 곳마다 둥지 틀고 자리 잡으며 연고를 맺어야 한다. 자본계급이 세계시장을 착취하면서 각 나라의 생산과 소비도 범세계적인 성격을 갖게 되었다. 복고주의자에게는 매우 유감이겠으나 자본계급은 산업이 딛고 서 있는 일국적 기반을 발밑부터 빼앗았다. 기존에 확립된 모든 일국적 산업은 이미 파괴되었거나 나날이 파괴되어가고 있다. 모든 문명 민족이 생사를 걸고 도입하려는 새 산업, 이제 더는 토착 원료 자원을 가공하지 않고 먼 곳에서 온 원료 자원을 가공하면서도 그 생산물은 국내만이 아니라 지구상의 모든 구석구석에서 소비되는 새 산업이 낡은 산업을 몰아내고 있다. 한마디로 상공업자들은 자기 자신의 모습 그대로 세계를 창조하는 것이다."

자본계급은 농어촌을 도시의 지배 아래 두었어. 농어촌이 도시에 종속되었듯 '비문명국'은 '문명국'에, 농민의 나라는 상공업자의 나라에, 동양은 서양에 종속되었지. 그래서 《공산당선언》은 자본계급의 역사적 성취를 그 어떤 글보다 예찬한 걸세.

"자본계급은 백 년 남짓 자신이 지배하는 기간 동안 이전 모든 세대가 이루어낸 것을 모두 합친 것보다 더 거대하고 엄청난 생산력을 창출했다. 인간에 대한 자연력의 복속, 기계, 공업과 농업에서의 화학의 응용, 기선, 철도, 전기 통신, 경작을 위한 모든 토지의 개간, 운하 건설, 땅에서 솟아난 듯 거대한 인구─ 이전 세기에 그러한 생산력이 사회적 노동의 품속에 잠자고 있으리라고 예감이나마 할 수 있었겠는가?"

우리는 상공업자가 이룬 성과를 근거로 그들이 "대단히 혁명적인 역할을 담당했다"라고 정당하게 평가했어. 자본계급이 지배를 확립한 모든 곳에서 토지에 기반을 둔 신분제 질서를 종식시킨 것은 사실이잖은가. 하지만 우리는 사람을 타고난 상하관계에 묶어놓은 끈을 가차 없이 끊어버린 '혁명'을 정당하게 평가하면서도 그 안에 담긴 모순을 잊지 않았지.

자본계급은 모든 인간관계를 적나라한 이기심, 냉혹한 '현금 지불 관계'로 만들어놓았으니 말일세. 어찌 보면 인간만의 거룩한 종교적 정열, 기사도적 열정, 세속적 감상주의의 기쁨까지 모두 "자기중심적 타산이라는 얼음같이 차디찬 물속에 빠뜨려" 버린 것이 상공업자들 아닌가. 그래서 인류의 이름으로 비판한 걸세.

"개인의 존엄성을 교환가치로 용해시켜버렸으며, 결코 무효

화될 수 없이 공인된 무수한 자유 대신 저 자유무역이라는 단 하나의 파렴치한 자유를 세워놓았다. 상공업자는 지금까지 존경과 경건한 경외심으로 받들어졌던 모든 직업의 후광을 걷어냈다. 의사, 법률가, 성직자, 시인, 과학자를 자신이 보수를 주는 임금 노동인으로 전환해버린 것이다. 자본계급은 가족으로부터 그 감정의 장막을 찢어내고 가족관계를 단순한 돈의 관계로 만들었다.

자본계급은 이집트 피라미드나 로마의 수로, 고딕 성당을 훨씬 능가하는 기적을 이룩했다. 이전의 모든 민족 대이동이나 십자군 따위와 견주지도 못할 원정을 감행한 것이다. 그들은 끊임없이 생산도구를 혁명적으로 개조하고, 그럼으로써 생산관계를 개조하며, 또 그와 더불어 사회관계 전체를 변화시키지 않으면 존재할 수 없다. 끊임없는 생산의 혁명적 발전, 모든 사회적 조건의 부단한 교란, 끝 모를 불안과 동요는 자본계급 시대와 이전의 모든 시대를 구분 짓는 특징이다."

상공업자들이 역사적으로 성취한 '업적'에 대한 응당한 칭찬과 정당한 비판까지 모두 담은 명문이지. 자네가 아니라면 누가 이처럼 간략하게 정리할 수 있겠는가.

《공산당선언》이 간파했듯이 자본주의 체제에서 "모든 고정되고 꽁꽁 얼어붙은 관계들, 이와 더불어 고색창연한 편견과 견해들은 사라지고, 새로이 형성된 모든 것들은 골격을 갖추기도 전에 낡은 것이 되었다"네.

하지만 거룩한 모든 것이 더럽혀지면서, 비로소 인간도 냉정을 되찾고 자신의 실제 생활 조건과 인류의 미래를 성찰하지 않을 수 없게 되었지. 모든 상공업자가 더 많은 돈을 벌려고 앞다투어 생산하다 보니 과잉생산 문제가 주기적으로 불거질 수밖에 없고, 그때마다 사회는 고통을 겪게 되었거든.

다행히 상공업자의 성공에 비례해 노동인도 성장한다는 사실에 우리는 주목했지. 물론, 상공업자들은 지금도 '국민경제의 성장'을 부르대며 자신의 재산만 불려가고 있어. 노동인은 경쟁으로 내몰려 모래알처럼 흩어질 수 있지. 하지만 단결을 통해 혁명적 결합을 이룰 수도 있네.

노동인의 단결은 자신의 이익을 위한 운동인 동시에 사회를 구성하는 절대 다수의 자기 의식적이고 자주적인 운동이지. 객관적으로 보면 노동인은 자본계급, 자본 국가의 노예지만, 노동인이 현실을 주체적으로 인식하고 단결한다면 서로 밀집해서 살고 있기에 얼마든지 혁명을 일으킬 수 있을 걸세.

그래서 힘차게 선언한 거라네, 저들 상공업자들, 자본계급은 '자기 자신의 무덤을 파는 자'라고, 자본계급의 몰락과 노동계급의 승리는 불가피하다고.

물론 전제는 있지. 노동인이 하나의 계급으로 단결해야 가능한 일이네. 우리가 《공산당선언》을 쓸 때 대다수 노동인은 '모래알'이었고 서로 경쟁하느라 지리멸렬한 대중의 위치에 머물러 있었어.

상공업자들이 부추긴 경쟁으로 노동인은 하나의 계급으로 뭉치지 못했고, 정치권력을 장악할 정당을 만들지도 못했지. 바로 그렇기에《공산당선언》을 썼고 노동인의 단결을 호소한 걸세.

친구, 우리가《공산당선언》을 쓴 1840년대와 1890년대인 지금은 상황이 사뭇 다르다네. 유럽 여러 나라에서 노동인이 단결하고 정당을 결성해 국회에도 들어갔어. 여기까지 오는 데 자네의 지적 성취와 열정적 실천이 큰 무기가 되었네.

그럼에도, 아니 그래서일 거야. 우리를 감정적·자극적으로 매도하는 자들이 요즘도 수두룩하다네. 이를테면 우리가 가족 제도의 폐지를 주장한다고 말일세. 그런 오해는 사실 나의 언행 탓에 증폭된 감이 있네, 기꺼이 인정하지. 하지만 우리는《공산당선언》에서 선명히 밝히지 않았던가.

"오늘날의 가족, 자본제적 가족이 서 있는 토대는 무엇인가? 그것은 자본이며 사적 이익이다. 상공업자들은 '너희 공산주의자들은 여성 공유제를 도입하려는 게 아니냐'라고 악을 쓴다. 그들은 자기 아내도 단지 생산도구로만 보는 걸까, 그래서 생산도구는 공동으로 이용되어야 한다고 들었으므로 자연히 모든 것을 공유한다는 운명이 여성에게도 닥치리라는 결론에 이르지 않았겠는가.

하지만 우리가 진정으로 목적하는 바는 단순한 생산도구로서의 여성의 지위를 없애버리는 데 있다는 것을 그들은 생각조차 하지 않는다. 상공업자들은 공창은 물론 자기 아래에 있는 노동인의 아내와 딸을 마음대로 할 수 있는 데서 만족하지 않고 다른 자본가의 아내를 유혹하는 데서 커다란 쾌락을 느낀다.

자본제적 결혼은 사실상 부인 공유제다. 현 생산제도의 폐지와 더불어 이 제도에서 생겨난 여성 공유제, 곧 공창과 사창이 모두 폐지되리라는 것은 자명하다.

요컨대 공산주의자는 모든 곳에서 기존의 사회·정치적 질서를 반대하는 모든 혁명을 지지한다. 그 모든 혁명에서 공산주의자는 각국의 발전 정도와 관계없이 소유 문제를 핵심적인 문제로서 전면에 내세운다.

마지막으로 공산주의자는 어디서나 모든 나라 민주적 정당의 통일과 합의를 위해 노력한다. 모든 지배계급을 혁명 앞에 떨게 하라. 노동인이 잃을 것은 쇠사슬밖에 없으며 얻을 것은 온 세상이다. 모든 나라의 노동인이여, 단결하라!"

《공산당선언》은 출생 신고였어. 자네와 나 사이에서 아름다운 유령이 탄생한 걸세. 최종 원고를 받아 처음 읽을 때도 그랬듯이, 지금도 자신 있게 말할 수 있네.

"맑스는 천재였다. 나 같은 사람은 기껏 재능이 있는 정도였다. 그가 없었다면 이론은 오늘날과 같은 모습으로 발전하지 못했을 것이다."

그렇다네. 나는 기꺼이 제2바이올린을 자임했고 최선을 다해 연주하기로 다짐했네.

21. 대륙을 뒤흔든 파리 대지진

파리는 바다다.

발자크의 명언이라네. 초록 바다에 아무리 추를 던져도 끝에 가닿지 못하듯이, 파리를 샅샅이 살펴도 언제나 우리가 몰랐던 영역, 미지의 거대한 동굴, 꽃이며 진주, 괴물이 나타날 것이라고 썼어. 무엇보다 다음 문장, "그것은 문학가라는 잠수부들이 꿈도 꾸지 못했거나 놓치고 만 것들이다"가 가슴에 와닿더군. 현실은 언제나 문학보다 더 문학적이라는 뜻 아닐까. 마치 내 친구의 삶처럼 말일세.

우리가 《공산당선언》을 완성한 바로 그 시점에 마치 시나리오라도 짠 듯이 파리의 바다에서 정치적 대지진이 일어났지. 영국이 경제적 불평등을, 독일이 철학적 발전을 제공했다면 프랑스는 정치적 해일을 일으킨 셈이네.

'역사는 불만을 제거하지 않는다. 역사는 불만을 지뢰처럼 묻어놓을 뿐'이라고 했던가. 1848년 민중의 봄*은 자네와 나의 과학적 분석이 얼마나 정확하고 정당한가를 입증해주었지.

유럽의 낡은 정치제도는 급변하는 자본주의 생산양식과 맞지 않았어. 산업화하는 토대와 중세적 상부구조 사이의 불일치가

---

*　　　원고 원문은 'Springtime of the People.'

커짐에 따라 상공업자들이 주도하는 혁명이 올 것은 시간문제였지. 상공업이 발달하는 모든 지역, 유럽은 물론 앞으로 전 세계 모든 나라에서 일어날 필연적 경로일 걸세.

파리 지부를 대표하고 있던 나는 《노던스타》에 기고한 글에서 프랑스의 하층 상공업자 대다수가 반체제에 합류할 준비가 되어 있다고 썼지. 왕에게 충성하는 자들은 소수의 은행가, 주식 중매인, 철도 투자자, 대공장주, 지주와 광산업자 정도라고 결론 내렸어. 자신의 피와 땀과 은으로 세금을 납부한 사람들이 그 부를 사용하는 정부에 참여할 권리가 있다고 생각하는 것은 '북극성(노던스타)'이 북쪽을 가리키는 것만큼 당연하다고 썼지. 프랑스는 1789년 혁명을 경험했기에 더 그랬어.

1789년 혁명이 멈춘 곳에서 더 나아가려고 일어선 사람들은 바로 노동인이었네. 파리의 노동인들은 보통선거와 경제개혁을 요구하며 거리를 행진했어. 왕정이 야외 집회를 금지하고 국민방위군까지 동원했는데도 분노한 시위대는 수그러들지 않았지.

혁명이 재연될 가능성이 커지자 눈치 빠른 총리는 정치적 책임을 명분으로 사임했어. 왕은 크게 흔들렸지. 1789년 혁명으로 단두대의 시퍼런 칼날에 잘려 나간 루이 16세의 목이 눈앞에 아른거렸을 걸세.

겁에 질린 루이 필리프는 왕좌를 헌신짝처럼 버리고 변장한 채 재빨리 영국으로 줄행랑쳤지. 꼴에 '프랑스인이 피 흘리는 것을 원치 않는다'고 생색까지 냈더군. 아홉 살배기 손자에게 왕위를 물려주고 그 어머니가 섭정을 선포하며 수습에 나섰지만, 파리에서는 거리 투쟁이 이어졌고 두려움에 사로잡힌 병사들이 우발적으로 시위자들에게 총을 쏘는 사건이 일어났지.

총소리에 놀란 코흘리개 왕과 그 어머니까지 도망치면서 임시정부가 수립되었어. 기요틴의 위엄, 상상력의 승리라고나 할까.

우리는 19세기의 정치 수도라고 불리던 파리에서 일어난 2월 혁명 소식에 한껏 고무됐지. 국제민주주의연합을 통해 프랑스 민중이 쟁취한 성과가 유럽 전역에 퍼져갈 수 있도록 최대한 알리기 시작했어.

벨기에 정부는 자못 기민하게 대응하더군. 외국에서 들어온 독일인들이 폭력 사태를 일으킨다나? 터무니없는 여론 몰이에 속아 하룻밤 사이에 벨기에의 속물적 대중은 한목소리로 '독일인 반란자'들을 살천스레 비난하고 나섰지. 심지어 죽이겠다는 위협까지 서슴지 않았어.

독일인 노동인과 망명자들은 자신과 가족을 지키기 위해 스스로 무장할 수밖에 없었지. 공교롭다고 해야 할까. 그 시점에 어머니에게 유산을 일부 받은 귀하는 나를 다시 감동시켰지. 독촉 받던 빚을 청산하고 앞으로 살아가기 위해 비축해둬야 할 유산을 망명한 노동인들에게 권총과 단도로 무장하라며 한 푼도 남김없이 내놓더군. 사리사욕이라곤 없는 자네 부부에게 진심으로 경의를 표했다네.

이윽고 벨기에 정부는 우리에게 이십사 시간을 주고 떠나라는 최후 통첩을 보내왔어. 자네와 나는 추방 명령을 받은 다른 세 명과 함께 긴급 모임을 갖고 파리행을 결정했지.

그런데 새벽 한 시였나? 경찰이 집으로 들이닥쳤어. 이 층에서 잠옷을 걸치고 여행 가방을 챙기고 있던 자네를 끌고 갔지. 예니는 자칫 남편의 생명이 위험해질 수 있다고 판단해 곧장 브뤼셀 중심가를 가로질러 변호사를 찾아갔네. 그러다가 신분증 미소지자로 자신도 체포됐어. 부랑자로 취급받고 창녀 세 명과 함께 어두운 감방에 수감됐지. 귀족 가문 출신의 사교계 여왕이 말일세.

자네는 미친 사람과 한 감방에 있었다고 했던가. 다음 날 추방 시한을 몇 시간 남겨두고 석방될 때 귀하는 "내 아내에게 죄가 있다면 프로이센의 귀족이면서도 남편의 민주주의적 견해를 받아들였다는 것뿐"이라고 경찰에 쏘아붙였지.

예니는 "우리가 새롭게 떠오르는 혁명의 태양 아래보다 더욱 편안함을 느낄 수 있는 곳이 달리 어디 있겠어요?"라고 화답했더군. 미치광이보다 창녀들과의 하룻밤이 인간을 더 슬기롭게 성숙시키는 걸까.

자네와 가족이 다시 파리에 돌아온 날, 남성에게 보통선거권이 선포됐을 거야. 도심은 파괴의 흔적이 뚜렷했지만 생기가 넘쳤지. 마른 빵과 감자만 먹은 민중들이 큰길가에 '해방의 나무'를 심고 있었어. 바리케이드를 쌓으려고 벤 가로수를 대신해 심은 나무들이라네. 해가 지면 거리는 축하연과 노랫소리가 넘실 댔지.

신문 창간이 줄을 이어 한 달 사이에 파리에만 백일흔한 개가 생겨나더군. 임시정부 쪽에선 자네에게 자금을 댈 테니 신문을 만들어보라는 제안도 했지. 그런데 거절하더구먼. 어떤 정부로부터도, 설령 그것이 공화정이라고 하더라도 독립적으로 남고 싶다고 했지. 거기서도 자네를 재삼 존경하게 되었다네.

문제는 우리를 추방한 벨기에가 아니라 프로이센이었지. 나는 제발 프리드리히 빌헬름 4세가 똥고집을 꺾지 않기를 바랐어. 만일 그렇게만 되면 모든 걸 얻을 수 있고, 서너 달이면 독일 혁명을 이룰 수 있다고 전망했어.

다만 그 변덕스러운 정신병자가 어떻게 처신할지는 악마만이 알 터라고 우려했는데 유감스럽게도 불길한 예감이 현실로 나타나더군. 빌헬름 4세는 검열을 완화하겠다고 발표했을 뿐만 아니라 헌법 개혁안까지 제시했어.

민중 봉기의 칼끝을 피하려는 왕의 교활한 전략은 성과를 거뒀지. 양보안이 발표되자 베를린 지각으로 거세게 올라오던 용암은 거짓말처럼 식어버리더군. 우리의 착한 군중은 자비로운 군주라며 환호까지 했지.

그런데 군대의 과잉 충성파가 발포를 하면서 민중은 바리케이드를 치고 봉기에 나섰어. 독일의 3월 혁명이 시작된 걸세. 유혈 사태가 일어나 노동인을 비롯해 삼백여 명이 학살되고 군대에서도 백여 명의 사상자가 생겼어.

노회한 왕은 또다시 악마의 책략을 긴급히 도용하더군. 분노한 군중이 모인 곳에 돌연 나타나 희생자들을 둘러보는 시늉을 했어. 얼굴이 공포로 새하얗게 질린 채 왕 옆에 나타난 왕비는 군중을 둘러보다가 소곤거렸다던가, "그래도 기요틴은 없네"라고.

왕은 베를린에 투입한 군대를 철수하고 프로이센의 자유화와 입헌군주제를 약속하는 교서를 발표했지. 앞으로는 국회를 존중하겠다며 정치범과 국사범을 사면하고 망명자들의 귀국도 허락했어.

우리는 열린 공간을 최대한 활용키로 했지. 파리에 있던 독일의 사회주의자와 공산주의자 모두가 고국으로 돌아갈 방법을 모색했어.

우리의 요구는 단순하다 못해 소박했지. 자유화로 상공업자들이 보장받게 된 권리를 노동인도 마땅히 누려야 옳다는 주장이었어.

그런데 강경파가 전면에 나서더군. 헤르베크는 독일 여단을 만들어 남부 독일로 진군해 공화국을 쟁취하겠다고 큰소리쳤지. 수천 명의 자원자가 동참하겠다는 서명을 했어. 프랑스의 혁명 정부는 재정 지원까지 약속하더군.

자네와 나는 강경파 앞에 강경했지. 독일 연방으로 진군하겠다는 군대는 국경을 넘어서자마자 곧바로 패배할 것이 틀림없고, 게다가 독일인에게 프랑스가 침략했던 기억을 일깨움으로써 지배세력의 입지만 강화해줄 거라고 경고한 거야.

국제민주주의연합 회의에서 우리가 정면으로 반대하고 나서자 강경파는 자네와 나를 '겁쟁이에 반역자'라고 비난하더군. 그 말살에 쇠살에 동맹의 일부 조직원도 동조해 우리를 음산하게 만들었지.

물론, 우리는 겁쟁이가 아니었다네. 다만 반역자일 수는 있을 걸세. 아니, 기꺼이 반역자다운 반역자가 될 다짐이었어. 그렇기에 우리는 새로운 길을 통해 독일로 들어갈 준비를 철저히 다졌지.

22. 무장투쟁 반대, 신문을 무기로

우리가 연 새 길의 푯말은 무장이 아니었다네. 언론이었어. 행진곡 없이, 구호도 없이 개별적으로 조용히 들어가서 독일 연방 전역에 새로운 사회의 씨앗을 정성 들여 뿌릴 생각이었지.

우리 손에는 《공산당선언》은 물론, 자네와 내가 함께 작성한 전단, 〈독일에서 우리의 요구〉가 쥐어져 있었어. 전단은 노동권과 언론 자유의 보장, 독일 통일, 보통선거를 요구했고, 국회의

원 유급화도 주장했지. 부자 아닌 사람도 국회에서 일할 수 있게 한 거라네. 중세 영주들의 토지 국유화, 중앙은행 설립과 지폐 사용, 정치와 종교의 분리, 상속권 제한, 무상교육과 같은 요구를 담았어.

대망의 20세기를 앞둔 오늘날의 눈으로 보면 그리 급진적이지 않지만, 19세기 중엽 왕정 통치하의 유럽에서는 이단을 넘어 악마의 주장으로 여겨졌다네. 지난 반세기에 걸쳐 유럽의 민주주의가 그만큼 전진한 셈이지.

당시 자네와 나는 민주공화국을 세우는 일에 힘을 모으자고 주장했어. 4월에 파리를 떠나 자네가 신문을 만들던 쾰른으로 들어갔지.

그런데 쾰른에는 이미 팔천여 명의 회원을 거느린 노동단체가 활동하고 있더군. 그 단체는 당과 정치를 초월하는 인류애의 이상을 토대로 협동과 상호주의를 강조했어. 자네와 내가 기회 있을 때마다 공상적이고 순진한 생각이라 비판한 바로 그 노선이었지. 그들은 중세적 성격이 강한 왕정 체제에서 곧장 공산주의로 넘어가고자 했어.

혁명으로 가는 역사적 발전 과정을 외면하는 운동이었기에 우리는 동의할 수 없었지. 그들 또한 우리를 싸잡아 비난하고 나서더군. 단체의 지도자 고트샬크는 우리를 "프로이센의 두 먹물"이라고 지칭한 뒤 "두 사람에겐 노동인의 참상, 가난한 자의 배고픔도 그 잘난 과학 또는 원칙의 관심사일 뿐이다. 두 사람은 노동인의 봉기를 믿지 않는다. 노동인의 넘치는 피가 이미 자본의 파괴를 준비하고 있는 이 마당에도 혁명을 믿지 않는다. 아니, 심지어 혁명의 잠재력조차 믿지 않는다"라고 몰아쳤지. 선거로 입헌 정부를 세우자는 사람들에 대해서도 '자본계급의 이기적 소망'일 뿐이라고 내치며 총선을 거부했어.

우리는 가만히 있지 않았지. 그들과 별도의 노동인 조직으로 '민주주의회'를 창립해 대응했어. 헛소리를 너그럽게 보아줄 상황이 결코 아니었거든. 독일 연방은 발전 단계에서 뒤처졌던 만큼 선진적인 영국과 견주어 노동계급이 더 약했지.

노동인이 주체가 된 혁명이 성공할 조건을 갖추지 못했는데도 혁명을 부르대는 저 '진정한 공산주의자'들의 헛된 시도를 방관할 수 없었네. 쾰른에서 신문을 새로 만들어 무기로 삼자고 뜻을 모았지.

우리의 전략은 간명했잖은가. 《새라인신문》을 창간해 신문을 민주주의 운동의 기관차로 만들 생각이었어. 민주주의를 실현해가는 싸움이 장기적으로는 노동인의 각성을 촉진하고 상공업자에 맞설 정치적 수단을 마련하는 길이라고 본 걸세.

쾰른에서 노동인을 무장시키며 격정적으로 혁명을 선동하는 사람들에 맞서 자네는 호기롭게 발언했지.

"급진적 혁명, 보편적 인류 해방은 독일에서 공상적인 꿈이 결코 아니다. 참으로 공상적인 것은 부분적인 단순한 정치 '혁명', 서 있는 집의 기둥을 그대로 남겨놓은 '혁명'이다."

동시에 자네는 《새라인신문》을 통해 아무리 역사의 발전이 느리고 변화의 속도가 실망스러워도 새로운 사회는 선행 단계라는 역사적 과정을 거쳐야 한다고 주장했어.

그 시점에서 우리는 독일 연방에 노동계급은 거의 존재하지 않는다고 판단했지. 자신의 손으로 노동하는 사람 수는 많았지만, 아직 조직되지도 않고 자신의 힘을 자각하지도 못한 상태였거든. 우리는 신문을 통해 노동인을 일깨움으로써 프로이센 왕국, 궁극적으로는 독일 연방을 개혁의 길로 이끌 셈이었지.

자네는 브뤼셀과 파리에서 온 동맹의 조직원들로 신문사를 채워갔어. 공교롭게도 신문사 바로 옆에는 프로이센 정규군 팔천 명이 주둔하고 있었지. 언제 무슨 일이 벌어질지 몰라 우리는 장총 여덟 정과 탄창 이백오십 개를 곧바로 사용할 수 있도록 신문사에 비치해두어야 했어. 자네도 총을 지니고 있었지. 편집국은 명실상부한 우리의 요새였던 거야.

민주주의 기관지임을 자임한 《새라인신문》은 후진적인 독일을 민주주의가 더 발전한 나라들과 비교했지. 민중이 스스로 정치·사회적 진보의 다음 단계로 나아갈 수 있도록 보도하고 논평했어.

민중도 응답하더군. 《새라인신문》에 호응이 커지면서 발행부수가 크게 늘었어. 독일 연방의 서른아홉 개 공국에서 구독자가 가장 많은 신문이 되었지. 사람들이 커피숍이나 선술집에서 신문을 돌려 읽었기에 열독률은 발행 부수보다 훨씬 높았다네.

당연히 언론인 맑스가 누구인가에 관심이 쏠렸겠지. 미국《뉴욕데일리트리뷴》특파원은 기사에서 자네를 '용감한 정신의 정열적 불꽃'이라고 보도했어. 훗날 미국의 내무장관이 된 독일인 슈르츠는 "시원한 이마에 칠흑 같은 머리와 수염, 까맣게 반짝이는 눈동자를 지닌 땅딸막한 그 사람은 곧바로 대중의 관심을 끌었다"라고 회고했더군.

창간 초기에《새라인신문》의 편집 방향을 두고 신문사 내부에서 여러 논쟁이 불거졌지. 그때마다 자네가 이겼지만, 그 대가는 만만치 않았네. 신문의 논조를 자네가 최종 결정하게 되면서 재정 또한 자네가 책임져야 했어. 자본주의를 비판하는 '사업'으로 돈을 모으기란 쉬운 일이 아니었지. 더구나 돈에 관한 자네가 누구인가. 악필 못지않게 악명이 자자했지.

독자들의 호응은 폭발적이었지만, 재정은 그에 비례해서 늘어나지 않더군. 투자자를 안정적으로 확보하지 못해 형편이 점점 어려워져갔어. 처음에는 호의적이던 상공업자들도 서서히 우리를 미래의 적으로 보았지. 신문이라는 여론 형성의 무기를 언젠가 자기에게 들이대리라 예단한 게야.

재정이 어려워 나도 모금에 나섰던 일 기억하나? 집안사람들에게 투자를 권유했지만 성과는 참담했지. 하기야 삼촌이 반동적 관리이고, 동생 헤르만은 반혁명적 방위대 대장, 아버지는《새라인신문》은커녕 반동적인 신문조차도 불온한 선동의 온상으로 여길 만큼 신앙이 독실한 가문이었으니.

그런데 파리에서 다시 대지진이 일어날 조짐이 꿈틀대더군. 2월 혁명으로 들어선 정부가 실업자에게 일자리를 주고 노동인의 임금 수준을 높이려 실시한 국립 작업장제도*를 시행 석 달 만에 폐기하겠다고 발표해서였지.

국립 작업장제도를 통해 노동인들은 파리 일대의 작업장이면 원하는 곳에 지원할 수 있었어. 노동인을 고용하고 있던 상공업자들은 어쩔 수 없이 국립 작업장 수준으로 월급을 올려줘야 했지. 그러지 않으면 노동인들이 상공업자의 통제 아래 일할 이유가 없었거든.

국립 작업장 때문에 자신이 고용한 노동인의 임금을 올릴 수밖에 없었던 상공업자들은 틈을 노려 폐기를 주장하고 나섰어. 무위도식하는 사람과 기회주의자가 복지 혜택을 받으려고 파리로 몰려들어 '국가 위기'를 일으키고 있다는 명분을 내걸더군.

국립 작업장을 모두 폐쇄하려는 움직임에 노동인들은 세차게 반발했어. 노동인에게 국립 작업장은 실업 구제의 의미만 있는 것이 아니었거든.

노동인들은 각 작업장의 최고 책임자를 직접 선출했어. 왕정처럼 세습이 이뤄지는 상공업자들의 공장과 대조적이지. 노동

* 국립 작업장제도는 파리에 거주하는 남성 실업자에게 급여가 괜찮은 공공사업 형태의 일자리를 제공하거나 상당한 액수의 실업수당을 지급하는 것이 뼈대다.

인들은 국립 작업장을 통해 경제민주화의 첫발을 내디딘 걸세.

상공업자에게 혁명이란 자신의 참정권을 제한했던 왕정 체제를 보통선거에 토대를 둔 자유민주주의적 공화제로 전환하는 변혁을 의미했지. 하지만 그런 '변혁'만으로는 노동인과 민중의 삶을 나아지게 할 수 없잖은가. 혁명은 마땅히 사회경제적 변혁으로 이어져야 했어.

바로 그렇기에 국립 작업장의 운명이 중요했지. 국립 작업장의 노동인들은 노동시간을 줄여 사람들의 일할 권리를 보장해야 한다고 주장했어. 물론, 노동인들이 자기 이익만 추구한 것은 아니었네. 가령 국립 작업장 중 하나였던 재봉조합은 모든 노동인에게 기술 습득, 근면, 방정한 품행을 요구했지.

국립 작업장은 상공업자가 주도하는 공장과는 질적으로 달랐어. 노동인이 투표로 책임자를 뽑는 데 그치지 않았지. 고아와 병자, 홀로 된 여성을 돕기 위한 특별 기금도 마련했어. 이윤의 일부는 공유 자본을 축적하기 위해 적립했지.

국립 작업장 가운데 하나를 맡게 된 어느 늙은 노동인의 다짐은 아직도 내게 감동을 준다네.

"우리가 아직 태어나지 않았을 때, 고통 속에 죽어가는 노동인들을 못 본 체하는 냉정한 법률이 이미 제정되어 있었소. 우리가 이 땅에 태어났을 때는 이미 주위의 모든 것에 소유자가 정해져 있었소. 그래서 우리 대다수는 그걸 당연하게 여겨왔다오. 하지만 이제 산뜻한 시대가 열렸소. 나는 우리가 살아갈 집을 우리 스스로 세우려는 꿈을 지니고 있소. 모든 거주자를 위한 독서실과 학교, 목욕탕을 갖춘 커다란 아파트를 지을 계획이오. 나는 그 아름다운 집을 이루기 위해 밤낮으로 몸 던져 일하겠소."

하지만 노동인들의 그 착하고 소박한 꿈은 현실의 완강한 장벽과 마주쳐야 했지. 6월 들어 정부는 국립 작업장에서 일하고 있는 십이만 명에게 최후통첩을 보내더군. 결국 노동인들은 다시 가두 투쟁에 나섰고 바리케이드가 곳곳에 세워졌지.

23. 민중은 혁명으로 답할 권리가

"일자리가 아니면 죽음을 달라."

노동인들의 간절한 외침에 '국민의 정부'는 군 병력 오만 명 투입으로 답하더군. 폭풍이 장대비를 쏟아부은 6월 24일, 비가 그치는 순간 시작된 기병대의 돌격이 학살의 신호탄이었지. 포탄이 작달비처럼 여기저기 꽂히고 폭우에 젖은 포석 사이로 민중의 피가 개울처럼 흘렀네.

건물은 산산조각 나서 돌무더기로 쌓였지. 비에 흠씬 젖은 수만 명의 여성과 남성은 거리에 나서서 결코 뒷걸음질하지 않았다네. 여성이 장전하면 남성이 발사했어. 남성이 지치거나 전사하면 여성이 바리케이드에 올랐지. 그 여성이 지치거나 전사하면 아이들이 총을 장전하며 바리케이드에 섰어. 6월 26일 시가전이 끝났을 때 천오백여 명의 민중이 숨을 거뒀지.

어찌 보면 국민의 정부는 민중의 명령에 충실했던 걸까. 일자리가 아니면 죽음을 달라는 절박한 요구에 죽음을 주었으니 말일세.

나는 파리의 장중한 상황을 고대 로마의 대규모 노예 반란과 비교하여 신문에 기고했어. 수만 명의 민중이 참가한 6월 봉기는 "지금까지 일어난 가장 위대한 혁명, 곧 노동인과 상공업자가 대결하는 혁명으로 발전했다"라고 썼지. 자네는 더 간명하게 "노동과 자본이 맞붙은 전쟁"으로 압축했더군.

마지막 바리케이드가 무너진 뒤에도 정부군은 광기의 살육을 그칠 줄 몰랐어. 삼천여 명을 처형했네. 새로 도입했던 노동시간 제한도 철폐됐지. 더 나은 민주주의를 이루려는 노동인들의 실험이 비극을 맞은 거야.

《새라인신문》은 6월 26일 자 모든 지면에 파리의 피를 담았지. 자네의 의지였어. 친구, 나도 참을 수 없는 분노를 가까스로 억누르며 기사를 썼다네.

"파리는 피에 잠겼다. 봉기는 여태까지 일어났던 그 어떤 것보다 더 위대한 혁명으로 자라났다. 그것은 상공업자계급에 대항한 노동계급의 혁명이었다."

노동인들이 그 어떤 환상이나 열광 없이 생존을 위해 싸운 6월 혁명에는 이전의 혁명과는 다른 의미가 있었던 걸세. 나는 그것을 힘주어 썼네.

"노동인에게 조국은 모든 의미를 상실했다."

상공업자들이 내내 숨기려 애써왔고 노동인들이 완벽하게 이해하지 못했을 자본주의 체제의 진실을 6월의 학살이 적나라하게 까발려주더군. 자네가 명쾌하게 정리했듯이 프랑스가 두 개의 나라라는 사실, 상공업자와 노동인이 서로 다른 세상에 살고 있다는 사실이 드러난 거야.

2월 혁명 당시 선포되어 모든 감옥과 군대의 벽에 내걸어진 형제애라는 말은 한낱 사기에 지나지 않았어. '멋진 혁명'이나 '우애의 혁명' 따위의 미사여구로 포장은 했지. 그들에게 6월 혁명은 '추한 혁명'이고 '불쾌한 혁명'일까. 아무튼 미사여구는 현실에 자리를 내주었네.

자본과 노동 사이에 벌어진 전쟁의 희생자는 '노동인 최초의 결정적 전투에서 장렬하게 생명을 바친 순교자들'이었지. 우리는 물론이고 앞으로 노동인으로 살아갈 수많은 후손이 단 한 순간이라도 깜빡해서는 결단코 안 될.

《새라인신문》의 주주 대다수도 피의 강이 흐른 파리를 핏빛으로 보도했다는 이유로 마치 기다렸다는 듯이 훌훌 떠나더군.

프랑스 상공업자들이 부추긴 파리 학살은 민중의 봉기에 움츠러들었던 유럽의 여러 왕정에 자신감을 불어넣었어. 소나기는 지나갔다고 환호하더군. 프로이센의 반동 세력도 오므렸던 마각을 드러냈어. 숨겼던 발톱을 한껏 벌리고 자유주의적 요구마저 억압하고 나섰지.

동맹 지도부는 쾰른에 모여 행동 돌입을 준비했어. 하지만 비밀 조직으로는 아무것도 이루지 못하리라 확신한 자네는 신문 제작에 집중했지.

나는 시위하는 민중의 정당성을 밝히고 해방운동이 승리할 때까지 결코 무기를 놓아서는 안 된다고 주장하는 칼럼을 신문에 실었네. 집회에도 참여해 투쟁을 호소하자 쾰른 검찰총장이 곧장 반역 혐의로 내게 체포령을 내리더군.

"이마는 평범하고 입매가 반듯하며, 치열이 고르고 얼굴이 갸름하며 혈색이 좋고 몸매가 호리호리하다."

어머니가 아침 커피를 마시면서 신문을 보다가 바로 그 대목을 읽었다네. 내게 곧장 편지를 보내셨어.

"아, 이제 너는 아주 멀리 가버렸구나. 신문에서 내 아들의 체포영장 기사를 보고 벌벌 떨었다. 네가 아직 꼬마였을 때 옆에서 놀던 모습이 자꾸 생각난다. 나는 그때 정말 행복했단다. 너한테 얼마나 기대가 컸는데⋯. 사랑하는 프리드리히. 만약 이 보잘것없고 슬픔에 빠진 어미의 말이 네게 조금이라도 의미가 있다면, 제발 여태껏 해왔던 일을 모두 털어버려다오. 아버지의 충고에 따라 미국으로 가거라."

물론, 나는 미국으로 가지 않았지. 끝내 체포되어 프랑스로 추방당했어. 한편으론 고맙기도 하더군. 그렇지 않아도 피의 파리가 궁금했거든. 학살의 태풍이 지나간 파리에서 피의 냄새를 맡고 싶었고 살아남은 사람들을 만나고 싶었다네.

다만 이유가 그것만은 아니었다고 실토해야 정직하겠지. 프랑스 여자들이 있는 도시로 들어가곤 욕망도 살살 고개 들고 있었으니 말일세.

막상 파리로 들어서니 상상 이상이었어. 포탄이 파리의 활력까지 산산조각 낸 걸세. 총도 빵도 잃은 사람들이 속절없이 분노만 삼키고 있더군. 파리의 슬픈 거리를 상공업자들만 화장걸음 치며 다녔고 사이사이로 경찰 끄나풀이 활개를 쳤어.

심지어 무도장에도 극장에도 사람이 없었다네. 알 수 없는 들뜸과 열정으로 넘실대던 파리는 아무런 흔적도 없이 사라져버렸더군.

허망함을 느껴 어디로든 떠나고 싶었네. 무작정 스위스 쪽으로 방향을 잡았지. 지닌 돈이 다 떨어지자 두 발로 걸으면서 모든 걸 톺아보고 싶더군. 인생이란, 삶이란 대체 무엇인가부터 말일세.

그 적적한 길에서 농촌의 아름다움을 발견한 것은 큰 수확이었다네. 가장 프랑스적인 것을 느낄 수 있었거든. 부르고뉴 마을에 들어서선 포도주에 흠뻑 젖어 한동안 머물렀지.

더도 덜도 없이 털어놓을게. 포도 농가의 아가씨들과 더불어 포도를 따고 풀밭에 앉아 포도주를 마시며 수다를 떨었어. 그러다가 야트막한 산에 올라 꿈의 시간을 보냈지. 고운 머리칼은 정결하게 빗질했고 몸매도 날씬하더군. 맑고 푸른 눈을 마주하며 성애에 탐닉했네.

몽클몽클한 젖무덤, 우아하게 굴곡진 허리, 둘로 갈라진 뭉글뭉글한 엉덩이 살, 풍만하고 매끄러운 몸 한가운데 자리한 깊은 골짜기와 샘은 그 어떤 자연보다 더 아늑했어. 그 자연에 퇴폐니 문란 따위를 들먹이는 자들에게 화 있을진저. 창백한 파리의 참상 앞에 좌절했던 나는 그 자연에서 다시 삶의 의욕을 회복했다네.

정말이지 포도주의 '붉은 공화국'은 더할 나위 없이 순수했어. 정의롭지 못한 세상과 싸울 힘을 얻어 다시 길을 떠났지. 11월 초 제네바에 도착했을 때는 얼굴도 몸도 구릿빛이었어. 활력이 넘쳤지. 게다가 어머니가 아버지 몰래 돈을 부쳐주었거든.

내가 피의 파리와 핏빛 포도주에 잠겨 있던 내내 자네는 《새라인신문》을 지키는 데 사력을 다하고 있었지. 체포령으로 편집국에 빈자리가 많이 나 결국 예니가 신문사로 출근하며 일을 거들었다고 들었네.

자네는 유럽 여러 나라 권력자들의 무자비함에 치를 떨었고 그 잔인함을 눈감아주며 암묵적으로 동의한 상공업자들의 비겁과 비열에 분노했어. 정부와 상공업자 모두 "식인주의자"라고 비판했지. 파리의 참상을 목격한 나는 '식인주의자'라는 말이 정곡을 찔렀다는 생각이 들더군.

《새라인신문》의 논조도 전환했지. 독일의 3월 혁명을 그르친 상공업자들과 선을 긋고 독자적인 정치 노선을 전개해갔어. 노동인의 권력을 염두에 두기 시작한 거야. 이미 신문을 통해 노동인 대중에게 적잖은 영향력을 확보한 자네는 현실주의자로서 새 무기를 찾았지. 바로 세금이었어.

왕들은 민중이 정부에 의존하며 살 수밖에 없다는 관념을 오랜 세월에 걸쳐 퍼뜨려왔지만 자네는 그 생각을 정확하게 전복했지. 식량을 생산하고 공장을 돌리고 상점에 상품을 쌓고 배와 철로에 화물을 싣기 위해 정작 지배자들이 민중에 의존하며 살아가는 현실을 꿰뚫은 걸세.

자네는 민중이 일을 해서 번 돈을 세금으로 거둬 왕실과 군대, 국회를 운영한다는 진실을 신문 기사로 알려 나갔지. 세금은 바로 왕국의 존립을 위한 자금줄이었어. 그러므로 억압적 정부가 있는 왕국에서 민중은 자신을 옭아매라며 간수에게 돈까지 주는 꼴이라고 참 알기 쉽게 설파했지.

세금의 수도꼭지를 잠가버리면 왕국이 붕괴할 수 있다는 경제적 비밀을 민중이 알게 될 때, 전제군주의 태도가 바뀔 수 있다고 본 걸세. 군주들이 입헌 정부의 사도로 바뀌는 기적의 실체를 밝혀낸 셈이지. 《새라인신문》은 가을부터 1면에 줄기차게 "납세 거부!!!" 문구를 실었어.

제네바에서 숨을 고른 나는 1849년 새해를 맞으며 쾰른으로 돌아가 경찰 조사를 받자고 작심했지. 독일에서 체포된 사람들이 대부분 무죄 판결을 받았기에 약간의 기대도 있었어. 3월 혁명으로 얻은 자유주의적 성과가 다 사라지진 않았다고 판단했거든.

쾰른에 들어가 뚜벅뚜벅—약간의 도근댐을 감추고—경찰을 찾아갔지. 예상보다 더 간단한 조사만 하고 풀어주더군. 드디어 신문사 요새로 귀환할 수 있었네. 신문사에 복귀한 기념으로 기고한 칼럼에서 민중이 상공업자에 대해 너무 순진한 생각을 갖고 있었다고 썼어.

"프랑스와 독일에서 혁명이 일어난 이후에 민중은 상공업자들을 너무 너그럽게 배려해주었다. 왜 그랬던가. 상공업자들이 다시 고개를 쳐들고 우리를 배신하도록, 잔머리 굴리는 반혁명 세력이 무지막지한 군홧발로 우리 목을 찍어 누르게 내버려두려고 그랬던 것은 아니잖은가?"

국회는 소박한 수준의 입헌군주제를 도입하는 제국 헌법을 추진했지만, 유럽의 상황이 이미 바뀌었음을 감지한 프로이센 왕은 그조차 단호하게 거부하더군. 정치적 해결이 불가능해지면서 봉기 조짐이 다시 나타난 것은 필연이었어. 특히 독일 서부와 남부에서 혁명의 불길이 타오를 조짐이 보였지. 곳곳에서 사람들이 무장을 하고 중대를 편성해 지휘관을 뽑더군.

정부는 우리 신문의 꼭뒤를 노골적으로 짓누르기 시작했지. 검찰의 명예를 훼손하고 경찰을 중상했다는 이유로 법정에 설 수밖에 없었어. 자네는 언제나 그랬듯이 호기로웠네.

검찰총장의 본디 모습—두말할 나위 없이 민중의 반역자—을 그대로 보도했다면 혹시 유죄가 성립될 수도 있겠지만, 신문이 한 일은 그가 한 말—1848년 3월에 쟁취한 자유를 예전 상태로 되돌리겠다는 다짐—을 그대로 보도한 일밖에 없기 때문에 아무런 모욕이나 명예훼손도 없었다며 자유 언론의 의무를 강조했지.

"공적 감시자로서 언론은 권력자에 대한 지칠 줄 모르는 비판자이자 모든 곳을 살피는 눈이어야 하며 민중의 자유를 수호하기 위해 언제나 열려 있는 입이어야 한다."

문제가 된 기사는 신문이 비판자로서 본연의 의무에 충실했음을 보여줄 뿐이라고 스스로 변론한 뒤 되물었어.

"3월 혁명이 패배한 이유는 무엇인가? 그것은 혁명이 단지 최상층부의 정치구조만 개혁했지 그 구조를 떠받치고 있는 토대는 건드리지 않았기 때문이다. 낡은 관료주의, 낡은 군대, 낡은 검찰, 낡은 사법 체계는 절대군주에게 봉사하면서 발전했고 노쇠해갔다. 언론의 첫째 임무는 이제 기존 정치구조의 모든 토대를 허무는 일이다."

법정에서 사법 체계가 낡았다고 당당히 비판한 거야. 노동운동가를 체포하던 경찰 중 한 명이 술에 취한 상태였다는 보도에 대해선 내가 변호에 나섰지. 나는 우리가 그 술 취한 경찰의 이름을 언급하지 않았기 때문에 그 어떤 경찰도 중상당하지 않았다며 변론했어.

"만약 언론이 눈앞에서 벌어지고 있는 사건 보도조차 금지당한다면, 만약 언론이 모든 복잡한 사건에 유권해석이 내려질 때까지 마냥 기다려야 한다면, 만약 언론이 그 진실 여부와는 상관없이 사건과 관련해 장관에서부터 말단 경찰관까지 모든 공무원의 감정이나 명예가 상처를 입을지 먼저 일일이 물어봐야 한다면, 만약 언론이 사건을 변조하거나 완전히 모른 척 가만히 있는 것 두 가지 중 하나밖에 선택할 수 없다면, 그렇다면 신사 여러분, 언론의 자유는 끝난 것이다. 정녕 그것이 여러분이 원하는 것이라면 우리에게 유죄를 선고해달라."

배심원들은 나름 훌륭하더군. 자네와 내게 모두 무죄 평결을 내렸지. 그러자 당국은 자네를 다시 납세 거부를 선동한 반역 혐의로 법정에 세웠어. 자네는 1848년 3월 혁명 이후의 상황을 차분하게 설명했지.

"지난해 선출된 국회는 경제적 진보와 기초적 자유, 현대적인 사회를 이루기 위해 절대군주제와 귀족적 특권, 농부 노예화 따위의 철폐를 추진했다. 그런데 왕, 군대, 사회 기득권자들이 국회에 위협을 느껴 쿠데타를 일으켰다. 왕이 반혁명을 일으킨다면, 민중은 혁명으로 답할 권리가 있다."

자네는 미국의 독립 선언이 영국에 대항한 조세 반란에서 잉태했다며 "국회 또한 권리가 없다. 민중은 단지 국회에게 자신의 권리를 위임했을 뿐이다. 국회가 자신에게 부여된 사명을 다하지 못한다면 그 권한은 자연 소멸하는 것이다. 민중은 스스로 나서서 스스로의 권위로 행동할 수밖에 없다"고 연설했지.

배심원들은 또 무죄를 평결했어. 심지어 배심원장은 변론이 유익했다며 사적으로 감사까지 표하지 않았던가.

24. 핏빛 폐간호의 호소 "봉기하지 말라"

우리가 법정에서도 언론 자유를 어엿하게 주창하자 정부는 눈엣가시를 뽑기 위해 다른 방법을 선택하더군. 쾰른 시장이 경찰 감독관에게 우리를 추방시켜달라는 요청서를 공개적으로 보낸 걸세.

시장이 보낸 추방 '근거'는 정말 아무런 근거도 없어 가관이더군. 우리가 "독기 서린 입으로 모든 것을 헐뜯었다"고 우리를 헐뜯지 않나, "자유를 제멋대로 이해해 자기의 인기 있는 신문에서 헌법, 왕, 고위 공직자들을 모욕하는 데 자유를 이용하고 있다"며 정말이지 자유를 제멋대로 이해하고 우리를 모욕했어. "인기 있는 신문"이라는 말이 그나마 사실과 부합할까.

시장의 작심한 선동에 눈먼 대중은 날마다 신문사에 증오의 편지를 보내왔지. 쥐도 새도 모르게 죽여버리겠다는 협박도 받았어. 이윽고 두 명의 무장 군인이 자네 집으로 난입했지. 한 장교가 군 보급품을 빼돌리다가 유죄 판결을 받은 사실을 보도했다고 보복에 나선 거야.

두 군인은 기사를 쓴 기자의 이름을 대라며 "그렇지 않으면 더는 부하들을 말릴 수 없을 것"이라고 협박했어. 자네는 아무런 동요 없이 차분하게 그들이 법적으로 대응할 수 있는 방안을 설명해주며 협박으로는 아무것도 얻을 수 없을 것이라고 강조했지.

자네는 이어 앉은 자세를 비틀어 웃옷 속주머니 위로 삐져나온 권총 손잡이를 넌지시 보여주었어. 순간 정적이 흘렀지. 급박한 무장 대치의 긴장 국면이 한동안 이어지다가 가까스로 마무리되었어. 자네의 지적인 기개가 그들의 무지한 객기를 누른 걸세.

1849년 봄을 맞아 자네는 신문 요새를 잠시 떠났지. 내게 가족의 안전을 부탁하고 쾰른을 떠나 독일 연방의 여러 도시를 돌아다녔어. 노동인 단체들과 접촉하는 동시에 신문을 계속 발행할 자금 확보에 나선 거야. 독일 연방의 전체 상황을 냉정하게 관찰하겠다는 의지도 깔려 있었겠지.

출발하기 전날, 상공업자 단체들과의 관계를 모두 깨끗이 정리하더군. 나는 내심 반가웠다네. 그간 상공업자들과 실용적으로 연대해옴으로써 터무니없는 비난까지 감수했던 자네는 자유주의자들이 자신의 정치·경제적 이득을 위해 노동인에게 등 돌리는 작태를 되풀이하자 환멸을 느꼈지.

하지만 독일 전반의 상황이 어려워 자금 마련이 쉽지 않았을 걸세. 신문사에 돌아온 직후엔 눈 온 데 서리 내리는 격으로 프로이센을 떠나라는 추방 명령서가 도착했지.

내게도 다시 체포영장을 발부했어. 봉기 계획을 작성하고 군 보급창에서 무기를 꺼내 거리의 시위대에게 전달한 혐의라나? 공개 수배령을 보고 매제라는 녀석이 느닷없이 편지를 보냈더군.

"처남도 나처럼 가족을 염려한다면 감사할 줄 모르고 겁 많은 무뢰배 말썽쟁이들보다 사랑하는 이들과 함께할 때 이 짧은 인생에서 더 많은 것을 얻을 겁니다. 영원히 구제 불가능한 인류를 위해 희생하겠다는 헛된 생각을 여전히 하시는 것 같습니다. 사회의 그리스도가 되어 대의에 몸 바치겠다는 얘기지요?"

아버지의 가업에 눈독을 들이던 매제가 장남인 내게 던지는 공공연한 도전장으로 읽히더군. 노동인이 "겁 많은 무뢰배"다? 매제는 현실을 거꾸로 인식하는 상공업자의 전통을 어느새 고스란히 익힌 걸세. 겁이 많아서겠지. 나는 '무뢰한'의 시건방진 글에 실소를 머금고 말았다네. 짧은 인생 동안 제 안락만 추구하겠다는 불쌍한 사내에게 구태여 할 말이 있겠는가.

몸을 피하기 전에 《새라인신문》에 마지막 글을 썼지. 왕권에 맞선 결정적 전투를 호소하고, 설령 패배가 확실한 싸움이라 할지라도 싸워야 할 이유를 밝혔어. "자신들 뒤로, 생존자의 마음속에 정의로운 열망을 남길 것이며, 혁명의 시기에 그것은 정열적인 실천에 가장 강력한 동기가 될 것"이라고.

3월 혁명의 소나기가 쏟아질 때 짐짓 개혁을 들먹이던 왕이 '민주주의자들에게 유일한 약은 오직 군대뿐'이라고 언죽번죽 말하자 자네는 신문에서 왕을 "호엔촐레른 씨"로 표기했지.

　결국 《새라인신문》은 1849년 5월 19일 자로 폐간호를 내야 했어. 자네는 민중에게 봉기하지 말라고 조언했지. 정말 대단한 인내심이야. 그러면서도 "마지막 말은 언제 어디서나 늘 노동인의 해방!"이라고 선언했어.

　첫 지면의 첫 문장부터 맨 끝 지면의 마지막 줄까지 모두 붉은 잉크로 인쇄한 폐간호는 나오자마자 고전이 되었다네. 날개 돋친 듯 팔려 판매량은 평소 구독자 수의 세 배 이상이었고 일부는 원래 가격의 열 배에 팔렸어. 수집가가 선호하는 품목이 되어, 고급 액자에 끼워져 소장되기도 했다더군.

　그렇게 우리는 애면글면 일궈온 민주주의의 요새를 잃었네. 프로이센 왕정의 침략에 끝까지 맞서다가 마지막 붉은 호의 깃발을 휘날리며 퇴각한 거야. 폐간호가 쾰른의 도심을 들썩이고 있을 때 우리는 라인강의 바지선을 타고 그곳을 벗어났지. 추방명령을 받은 자네와 가족들은 프랑크푸르트에 도착하자마자 프랑스로 떠났어.

　체포령을 받은 나로서는 독일을 그냥 벗어나기가 못내 찜찜하더군. 독일 연방 중에 그래도 봉기 가능성이 남은 최후 지역으로 남서부의 바덴을 꼽았지. 마침 그곳에서 프로이센 장교 출신인 빌리히가 노동인과 대학생 자원병으로 팔백 명 규모의 부대를 조직했다는 정보를 입수했어.

　반가움에 곧장 바덴으로 달려갔지. 무장봉기에 가담하는 의미 못지않게 군사 교육을 생생하게 받고 싶었다네. 큰 칼을 구해 허리에 차고 빌리히 진영에 합류했어. 《공산당선언》의 공동 집필자라는 명성이 이미 퍼져 있어—친구인 자네 덕분이지—곧 바로 사령관 빌리히의 참모로 위촉됐네.

얼마 안 가 프로이센군이 1848년 혁명의 마지막 보루인 바덴을 포위하고 숨통을 조여오더군. 나는 실전에 나선다는 기대에 부풀어 모두 네 차례 전투에 참가했지.

포화 아래에서의 용기라고 우쭐댈 만한 것들은 사람이라면 누구나 지닐 수 있는 성품임을 깨달았네. 전장에 들어서자 총탄이 날아오는 소리쯤은 대수롭지 않았어. 내가 본 사람 중에 전투에서 겁먹은 '투사'는 손가락으로 꼽을 정도에 지나지 않았네.

우리는 무기 없는 민중까지 더해도 만 삼천여 명이었지만, 상대해야 할 프로이센의 군 병력은 육만 대군이었어. 자네의 밉살스러운 예견대로 패배할 수밖에 없었지. 자네와 나를 동맹으로 끌어들인 동지 요제프 몰은 안타깝게도 전투에서 장렬하게 전사했다네.

빌리히와 나는 마지막 저항을 시도했어. 하지만 민중은 이미 기진맥진하고 굶주린 상태여서 명령을 따르는 것조차 버거워하더군. 노동인과 대학생을 주축으로 구성한 봉기군의 군사적 한계는 또렷했지.

병참도 없고 지휘조차 제대로 이뤄지지 않아 하릴없이 국경을 넘어 스위스로 후퇴했다네. 이미 만여 명이 도피한 뒤였어. 하지만 나는 중요한 목표 하나를 달성했지. 전투에 참여해 피 흘리는 전장을 경험한 걸세. 그때 자네가 파리에서 편지를 보내왔지.

"자네가 실전에 참여하지 않았으면 우린 그 사안에 의견을 내기도 쑥스러웠을 것"이라며, 혁명 전쟁의 과정을 가능한 빨리 글로 쓰라고 재촉했어. 어서 글을 쓰라는 재촉은 내가 자네에게 노상 해온 말인데 처지가 바뀌어 저절로 미소 그리게 되더군. 추방당한 상황에서도 농담을 잃지 않았지. "그 정도면 제법 팔려서 돈도 될 것"이라고.

누구의 명령이라고 내 감히 거역하겠는가. 단기간에 〈독일 제국 헌법 쟁취 투쟁〉을 집필했지. 총알이 빗발치는 전장에서 영웅적으로 싸웠다는 과한 평가를 받으면서 나는 1848년 혁명 실패의 원인이 누구에게 있느냐는 논란에 주도권을 쥘 수 있었다네. 왜 자네가 서둘러 글을 쓰라고 했는지 이해되더군.

나 또한 민주주의 혁명을 허사로 만든 빌어먹을 악당의 정체를 낱낱이 밝히고 싶었어. 그 악당들은 노동인을 꼬드겨 봉기에 나서게 한 다음 반혁명이 고개를 처들자 곧바로 모르쇠를 잡았지. 바로 상공업자들이라네. "사소한 위험이라도 다가오면 덜컥 겁을 집어먹고 제 살 궁리만 하는 비겁한 무리이며, 자신들이 촉발한 운동을 다른 계급이 눈여겨만 보아도 우왕좌왕하는 자들"이지.

실상 그렇지 않은가. 급진적 민주주의나 혁명주의자, 노동인은 아무 잘못이 없었어. 민주주의 혁명을 배신한 상공업자에게

등을 찔렀을 뿐이지. 사태가 무정부 상태로 빠질 기미가 조금이라도 보일라 치면—이때야말로 결정적인 투쟁에 나설 순간인데—저들은 벌써 벌벌 떨며 꽁무니 빠지게 달아나더군.

유럽이 대전환에 실패한 이후 자네와 나는 민주주의의 2단계 모델—상공업자의 자유주의 혁명을 거친 뒤 노동인이 새로운 사회를 만든다는 전략—을 전면 재검토하기로 결론 내렸어.

1848년 혁명, 그 민중의 봄으로 귀하는 유럽에서 악명을 떨치기 시작했지. 그 이전까지 칼 맑스라는 이름은 유럽의 진보 동아리 밖에서는 생경했어. 철학자이자 언론인 칼을 아는 민중은 그리 많지 않았거든. 대학에 적을 두지 못한 철학박사였고, 평판이 좋지 않은 떠돌이 언론인쯤으로 치부되었지.

그 떠돌이 철학자이자 언론인과 역사의 주체인 민중 사이에 다리를 마련해준 것은 참으로 고맙게도 프로이센 정부 아니던가. 간편하게 써먹을 수 있는 이념 공세의 수단으로 자네를 악마로 몰아간 걸세.

프로이센을 비롯한 유럽의 정부들은 1848년 민중의 봄을 순전히 언론 탓으로 돌리려 했지. 언론이 사회 불만을 조장하고 준법 시민을 혼란에 빠뜨렸다고 주장했어.

특히 프로이센 정부는 모든 폭력 사태의 배후로 귀하를 지목했으니 참으로 '영광'아닌가. 1848년 혁명 과정에서 가장 급진적이었던 세력과 자네가 만든 신문을 연결시킨 거야. 문제는 당시 언론이었지. 상공업자가 만들고 운영하는 대다수 언론은 프

로이센 정부의 발표를 앵무새처럼 옮기더군.[*]

내 친구가 '붉은 악마'로 데뷔한 시절을 톺아보며 그 화려한 무대의 하부구조를 빼놓는다면 사상적 자기 배반을 저지르는 거겠지. 다름 아닌 자네의 삶을 기록하며 경제적 기반을 무시하는 것은 옳지 않을 거야.

그 무렵 자네는 앞서 받은 유산을 모두 망명자들 무장에 썼고, 다시 받은 유산도 신문 제작에 쏟아부어 완전 무일푼이었지. 자네가 악마라면 '착한 악마' 또는 '순진한 악마'랄까.

추방된 맑스는 책이 곧 출간될 예정이니 수입이 생길 것이라며 생활비를 빌려달라는 편지를 여기저기 써야 했어. 내게 보낸 편지에서 상황이 "형언할 수 없을 정도로 짜증스럽게" 돌아가고 있으며 "공개적인 구걸보다는 차라리 굶어 죽는 것이 낫다"

---

[*]　　프로이센 정부의 발표를 앵무새처럼 옮기는 언론인 또한 소외되어 있다. 맑스가 네 가지 범주로 나눈 노동 소외는 21세기에도 깊은 성찰을 준다. 노동 소외론에 근거해 한국의 한 언론사에서 활동하는 기자를 상정해보자. 그가 작성한 뉴스가 '데스크'에 의해 첨삭되어 애초의 기사와 달리 보도된다면 명백한 노동 생산물로부터의 소외다. 그가 뉴스를 만드는 과정에서 자신이 몸담고 있는 언론사의 편집 방침에 아무런 이의도 제기하지 못하고 따라야 한다면 생산 활동으로부터의 소외다. 부당한 통제에 맞서 언론 자유를 주장하려다가도 해직당할까 우려되어 침묵한다면 그때 뉴스 생산은 먹고살기 위한 수단으로 전락한다. 유적 존재로부터의 소외다. 그렇게 보도된 뉴스가 많은 사람의 현실 인식을 왜곡하거나 정의롭지 못한 권력을 대변할 때, 또 그로 인해 당사자로부터 거센 비판을 받을 때 그것은 인간으로부터의 소외다.

고 쓴 대목에선 가슴이 먹먹해오더군.

게다가 낯익은 경찰 반장이 집으로 찾아와 일방적으로 추방을 통보했어. 이십사 시간 안에 파리를 떠나라고 했지. 임신 상태의 예니는 충격을 받았어. 사 년 사이에 네 차례나 다른 나라로 추방당했으니 더 말할 게 뭔가. 스위스 여권 요청도 거절당해 결국 발급받을 수 있는 여행 증명서는 오직 한 곳, 바다 건너 영국이었지.

자네는 스위스에 있는 내게 편지를 보내 프랑스를 떠나 런던으로 간다며 영국에서 독일어 신문을 창간할 자금을 약속받았으니 같이 만들자고 제안했어.

"스위스도 위험하다네. 런던에서 우리 사업을 시작할 수 있을 걸세. 자네가 나를 어려움 속에 혼자 내버려두지 않으리라 확신하네."

내게 저술 활동과 경제적 사업도 권했지. 무엇보다 "어떤 경우라도 안전이 제일이네. 프로이센으로선 자네를 두 번 잡아 죽여도 시원치 않을 거야"라고 한 대목에선 코끝이 찡하더군. 나를 걱정해주는 친구의 진심이 전해졌기 때문일세.

자네는 1849년 8월 26일 영국 해협을 건넜어. 가족들은 보름이 더 지나 9월 15일에 뒤따랐지. 그 시점에 쓴 예니의 기록이 남아 있다네.

"가난한 사람과 핍박받는 사람의 세상을 위해 칼과 펜을 들고 싸운 사람들은 외국에서 밥벌이할 수 있다는 것만으로도 다행으로 여겨야 한다."

임신 칠 개월이었던 에니는 지쳐 있었지. 나도 편지를 받고 곧장 영국으로 가고 싶었어. 하지만 지명수배자가 반혁명이 퍼져가던 시기에 포연이 가시지 않은 유럽을 벗어나기란 생각보다 쉽지 않더군. 프랑스 국경도 봉쇄되어 도리 없이 이탈리아 쪽으로 내려가 영국으로 가는 배를 탔지.

자네도 나도 어느새 유럽 대륙의 모든 곳에서 악마로 낙인찍혀 있더군. 에니의 밀어를 빌리자면, 아름다운 그녀가 전적으로 의지한 랍비가 실은 '붉은 악마'였던 셈이네.

세계 자본주의의 수도인 런던으로 들어갈 때 우리가 신사의 나라에서 평생 악마로 살리라곤 아무도 예상할 수 없었지. 물론 앞 문장에서 '악마'와 '신사'가 들어갈 자리가 살짝 뒤바뀌었지만 말일세.

더구나 그 땅에서 벗어나지 못한 채 묻히리라고는 전혀 예상하지 못했지. 하물며 그 붉은 악마—저 신사들은 자네의 글씨를 두고도 '수많은 악마가 빙글빙글 돌면서 춤을 추고 있는 글씨'라고 주장했지. 정말이지 진정한 악마들 아닌가—가 런던의 공동묘지에서 부활하리라고는 누가 감히 상상이라도 했겠는가.

25. 거룩한 공간, 거북한 곳간

유럽 대륙에서 추방당해 바다를 건넌 사람들에게 영국이 건
네는 첫 인사는 언제나 짙은 안개였네. 게다가 자네와 가족들은
해조차 안개에 가리는 계절에 도착했잖은가.

한낮에도 이방인은 길 찾기가 불가능할 정도였지. 찻길을 밝
히는 노동에 고용된 소년들이 등불이나 가스등을 높이 치켜들
었지만 효과는 그리 크지 않았어.

악수를 하면서도 상대 얼굴을 알아볼 수 없을 정도로 답답한
대기에 악취까지 더해지면 질식할 듯 숨 쉬기도 힘겨웠지. 수
천 마리 말이 오가며 날마다 수백 톤의 배설물을 쏟아내 빈민가
에는 늘 질병이 돌았어. 다들 먹고살기 위해 아등바등할 수밖에
없었지.

영국의 사회운동가 줄리언 하니가 망명자들의 자유로운 슬픔
을 족집게처럼 콕 집어낸 말이 있잖은가. "자유롭게 우리 해안
가에 상륙할 수 있고 자유롭게 혹독한 하늘 아래 굶어 죽을 수
있다."

누구보다 자네, 아니 예니가 실감했을 거야. 유럽 전역에 타
올랐던 혁명의 불씨를 다시 살려내려는 뜻을 품고 영국에 들어
간 자네 부부에게도 굶어 죽을 자유는 다른 망명자들과 공평하
게 다가왔지.

1848년의 유럽 혁명으로 상공업자들은 귀족의 통제를 온전히 벗어나 자유로운 활동을 보장받았어. 이른바 '중산층'을 자처하는 소상공업자 또한 눈곱만큼이나마 정치적 권리를 얻었지. 그런데 그 작은 눈곱 때문에 그들은 삶의 질이 되레 악화된 노동인들을 보지 못하더군. 아니, 보지 '못한다'라기보다는 '않는다'가 더 적실한 표현일까.

하루의 대부분을 바쳐 공장에서 상품을 만들어내면서도 겨우 먹고살기 급급한 노동인들은 정치적 힘도 없었지. 그러다 보니 사회에서 거의 눈에 띄지 않는 존재가 되더군. 그들에게 관심을 갖는 사람조차 경계와 의심의 대상이 됐지.

그럼에도, 아니 그래서겠지. 자네는 영국 런던의 허름한 선술집 이 층에서 대중 강연을 열었어. 독일노동인교육연합이 주최하는 형식이었지. 그해 11월이었을 거야. 나도 런던으로 들어와 자네가 머물던 소호에 거처를 마련했지.

선술집 강연과 귀하의 외모는 그리 썩 어울리지 않더군. 그렇지 않아도 지적 분위기가 물씬 풍겼는데, 무릎까지 내려오는 외투를 걸치고 텁수룩한 수염을 기른 채 이따금 외알 안경을 쓰고 청중을 둘러볼 때는 누구나 압도당할 수밖에 없었지. 그 때문만은 아니었겠지만 자네가 독재자적 야망을 지녔다고 평생 비난받은 데는 그 심상치 않은 분위기도 톡톡히 한몫했을 걸세.

실제는 정반대였지. 자네는 어떤 나라에서든 수장이 되고 싶었던 적이 한 번도 없었잖은가. 다수의 대중에게 찬사를 받는 것도 원치 않았어. 자신의 상황을 이해하며 깨어 있는 민중과 그렇지 못한 대중을 늘 별개로 생각했지.

자네에게 대중은 '생각과 감정을 지배계급에게 제공받는 두뇌 없는 무리'였어. 내놓고 경멸하진 않았으나 그들을 믿지는 않았지. 다만 노동 대중이 자기 눈으로 세상을 볼 수 있도록, 그래서 민중으로 거듭나도록 돕고 싶어 했어. 대중이 지식으로 무장해 깨어 있으면 다수의 힘을 무기로 지배계급을 이길 수 있다고 확신한 거야.

강연장에서 힘이 뚝뚝 묻어나는 목소리로 청중에게 들려준 말이 그리운 목소리 그대로 떠오르네.

"우리의 목표는 생산수단의 사적 소유를 조금 바꾸는 것이 아닙니다. 없애는 것입니다. 계급 간의 적대를 완화시키는 것이 아닙니다. 계급 자체를 폐지하는 것입니다. 기존 사회의 개선이 아닙니다. 새로운 사회의 기초를 마련하는 것이지요."

공평하고 정의로운 체제, 바로 그것이 우리가 '공산주의'라고 부른 체제였지. 1848년을 거치며 우리는 상공업자들에게 더는 환상을 갖지 않았어. 갖지 말자고 몇 차례나 우리 자신을 세뇌하기도 했지.

하지만 사업에 관한 일일 때는 거리낌 없이 손잡으려 했네. 런던에서 신문 창간에 필요한 오백 파운드를 모으려고 상공업자든 누구든 기꺼이 만나려 했잖은가.

"정치에서 사람은 악마와도 손잡을 수 있다. 단 악마에게 속지 않고 자신이 악마를 속이고 있음을 확신해야 한다."

변명 삼아 자네가 강조한 말이지만, 노동인들이 두고두고 곱씹어야 할 경구일세.

우리는 《새라인신문: 정치경제학 비평》을 월간으로 창간한다는 광고도 냈지. 다시 유럽에 몰아칠 격변을 준비하자고 선전했지만, 창간 자금 마련은 어려웠어. 도무지 돈이 모이지 않아 조직원을 미국으로 보내 모금 운동을 벌일 계획도 했지. 하지만 미국으로 건너갈 자금조차 마련하지 못했어.

갖은 산고 끝에 1850년 3월 《새라인신문: 정치경제학 비평》을 창간할 수 있었지. 앞으로 얻을 수익에서 출판사에 더 많은 지분을 제공하기로 타협했기에 가능했어.

자네는 월간지에 연재한 〈프랑스에서의 계급투쟁〉에서 6월에 일어난 노동인 봉기를 평가하며 처음 '노동계급 독재'라는 표현을 사용했지. '상공업자의 계급 독재' 현실에 맞서 노동인이 실질적인 민주주의를 이뤄내자는 제안이었네. 엄연히 계급이 현실로 존재하는 사회의 변혁, 계급이 의존하는 생산관계에 조응하는 모든 사회적 관계의 철폐로 나아가려면 노동인의 조직된 힘이 필요하겠지.

생산의 현실적 관계를 중시한 우리의 사상은 유감스럽게도 월간지 발행에 어김없이 관철되더군. 자금난을 견디지 못해 결국 6호까지 발간하고 접을 수밖에 없었어.

자네는 자본 부족과 당국의 탄압을 실패 원인으로 보았고, 예니는 프로이센 정부가 월간지 배포를 계약한 서점들을 매수해 판매를 방해했다고 분석했어. 그래서 경찰의 감시망을 피해 영국의 호젓한 시골로 이주하는 것도 한때 검토했지. 세상에서 잊혀 지내고 싶은 마음도 있었다는 말을 예니로부터 들었네. 하지만 그조차 돈이 없어 포기했지. 지금 생각으로는 그때 자네에게 이주할 돈조차 없었던 '불행'이 얼마나 다행인가 싶다네.

프로이센 정부의 모략, 아니 '도움'으로 귀하의 악마적 명성이 높아가면서 대중과의 거리도 가까워졌지. 그러다 보니 우리 안에서도 '악마'를 질시하는 못난이들이 나타나더군. 그들은 자네가 "모든 것을 알고 언제나 현명한 달라이 라마*"라며 내놓고 비아냥댔네.

그따위 비난에 자넨 초연했지. 주변 사람에게 호감을 사는 것 따위의 '상공업자식 정치' 또는 '인기 영합주의'를 내내 경멸했잖은가. 자신의 그런 소신이 사랑하는 사람들의 삶에 어떤 불편을 끼칠지 헤아리지도 않았지. 오해 없도록 덧붙여야겠군. 가

---

* 달라이 라마는 불교의 한 종파인 티베트 라마교의 지도자를 이른다. 1578년에 처음 라마교 지도자에게 붙은 명칭으로 '큰 바다와 같은 스승'이란 뜻이다. 19세기 후반 영국 탐험가들은 라마교를 '신도들에게 복종만 요구하는 정신적 테러'라고 혹평했다. 따라서 이 시기에 맑스를 '달라이 라마'라 부른 데는 다분히 비판적인 의미가 있다. 하지만 맑스의 청년헤겔학파 동료 쾨펜이 상징하듯 불교 연구는 그 뒤로 유럽에서 꾸준히 이뤄져 21세기 현재 독일의 불교학은 세계적인 수준이 되었다.

족을 소중히 여기지 않아서가 아니었어. 더 높은 차원의 활동에 온 정신을 쏟아서였다네.

영국에 온 지 일 년 만인 1850년 6월, 자네는 운명의 공간을 만났지. 생각을 숙성할 발효실을 발견한 거야. 대영박물관을 방문해 도서관 열람실 직원—그들 또한 두말할 나위 없이 노동인이지—에게 자네 연구의 중요성을 집요하게 설득해 열람권을 얻어냈더군.

사방 벽이 천장까지 책으로 가득 찬 열람실은 귀하에게 아마 성당의 성소와 같은 곳이었을 거야. 그 뒤 그곳은 자네에게 평생의 안식처가 되었지.

내가 런던에서 자네와 머물고 있다는 사실을 안 어머니는 가족의 이름으로 내게 "보헤미안 친구들과 절연하라"는 편지를 보냈다네. 특히 자네가 내 정신을 망치고 있다며 "돈을 부쳐주면 지내기는 좀 낫겠지"만 죄악이라고밖에 할 수 없는 사상을 퍼뜨리고 다니는 아들에게 재정 지원을 해야 옳은지 의문이라더군. 아버지는 내게 동인도회사가 목화 대량 수출로 활황을 누리는 인도 캘커타로 가라 했지. 미국 뉴욕으로 가는 방안도 제시됐어.

오랜 숙고 끝에 내가 내린 결론을 결코 후회하지는 않는다네. 아니, 내 인생에 가장 탁월한 선택이었어. 자네를 도와 우리 두 사람이 추구하는 대의를 이루는 유일한 길은 내가 아버지와 화해하고 가업으로 복귀하는 것이라 판단했지.

나는 자네가 노동인을 교육해가며 그들이 혁명에 나서는 데 강력한 무기가 될 책을 내리라고 확신했어. 자네에게 필요한 것, 그리고 내가 실질적으로 도울 수 있는 것은 오직 하나, 돈이었지. 내 친구가 돈 걱정 없이 집필에 전념하도록 돕는 일이 가장 중요하다고 생각한 거야. 자네의 절망적인 경제 상황을 더는 좌시할 수 없었거든. 우리의 논리대로라면 기꺼이 자네의 하부구조를 자임한 거라네.

누이가 부모와의 화해를 주선해주었어. 에르멘앤드엥겔스 사로 들어가며 내 인생에서 많은 것—철학적 탐구, 정치 활동, 연구할 시간, 자네와의 공동 집필, 인간적 명예—을 접었다네. 후회하지는 않지만 당시 망설임이 없었다면 거짓이겠지.

적어도 그 시점까지는 우리 두 사람 가운데 누가 명망이 더 높은지 판단하기 어려운 상황이었어. 하지만 누구보다 나 자신이 확신하고 있었지. 나보다 귀하의 능력이 단연 뛰어나다는 걸.

지금 와서 하는 이야기지만, 대영박물관의 도서관이 자네의 거룩한 공간이었다면, 에르멘앤드엥겔스 사의 맨체스터 공장은 내게 거북한 곳간이었다네. 아니지, 내가 그곳에 똬리 튼 뜻을 음미한다면, 그 거북한 곳간이 곧 거룩한 공간이었다고 할 수 있을까. 여기까지 쓰고 나니 내가 정말 달라이 라마라도 된 기분이 드는구먼.

정말 자네에 대한 질시가 없었느냐고 마치 진실을 캐겠다는 듯 내게 따져 묻는 먹물 너부렁이들이 요새도 적지 않다네. 같잖은 질문을 되풀이해 굳이 답하지 않았더니 더러는 시기를 시인했다는 소문을 멋대로 퍼뜨리더군. 내가 시퍼렇게 살아 있는데도 그러니 앞으로 우리 우정에 어떤 먹물을 뿌려댈지 모르겠어. 기록으로 똑똑히 밝힌 까닭일세.

친구, 나도 인간이기에 번민 혹은 시기가 한 점도 없었다고 할 수는 없을 거야. 질투는 인간의 권리 아닌가.

하지만 부끄럼 없이 증언하거니와 질투는커녕 자네와 인생을 함께해서, 아니 자네 같은 인간이 지상에 걸어 다녀서 내가 인간으로 존재하는 쓸쓸함을 이겨낼 수 있었다네. 친구에게 고마울 따름이지.

어느새 첫 만남부터 영국으로 건너와 각각 런던과 맨체스터에서 거룩하고 거북스레 둥지를 튼 이야기까지 기록했네. 지금 톺아보면 인생의 전반전을 마친 셈이지. 왕과 상공업자가 지배하는 세상에서 태어난 우리는 억압받는 노동인을 주체로 내세워 인류 역사상 가장 혁명적인 혁명의 개념을 제시했네.

이제 우리에겐—체제를 반대하는 구호와 무장봉기 선동만으로 혁명을 이루겠다는 사람들과 부대끼며—낡은 사회의 문제를 과학적으로 분석하고 새로운 사회에 대한 실천적 전망을 내놓아야 할 임무가 주어진 걸세. 그대는 정확히 그 지점에서 인생 후반전으로 들어섰지. 트리어에서 런던까지 삼십삼 년째 살고 있던 자네는 그때부터 다시 삼십삼 년을 그 분석과 전망으로 살았잖은가.

친구, 아무래도 여기서 쉬어야 할까 봐. 그만 쓰고 포도주 한 병 비워야겠네. 칼, 용서하게나. 혼자 마신다고 너무 나무라지는 마시게. 엄정히 말해 혼자가 아니니 말일세.

우리 모두 기득권 세력이 된 기독교를 비판한 무신론자지만, 예수가 포도주를 '나의 피'로 상징화*하며 '모두 내 피를 마시라' 한 대목에선 십분 공감하지 않았던가.

오늘 밤 내 앞에 놓일 잔의 새붉은 포도주, 자네의 피일세.

* "또 잔을 들어서 감사 기도를 드리신 다음에, 그들에게 주시고 말씀하셨다. '모두 돌려가며 이 잔을 마셔라. 이것은 죄를 사하여주려고 많은 사람을 위하여 흘리는 나의 피, 곧 언약의 피다.'"(마태오 26:27~28)

2부
—
알려지지 않은 걸작

1. 몹시 생산적인 강력한 엉덩이

우리가 함께 좋아한 시인은 일찍이 노래했지, '어찌하여 나의 눈동자는 흐리는가'를. 자네는 하이네에게 이제 서정시는 그만 쓰라고 권했지만, 지금 내 가슴엔 그 시가 사무쳐 메아리치네. 서사 못지않은 서정의 힘일 걸세.

무슨 일일까, 내 외로운 눈물은
눈물이 괴어 볼 수가 없네
예부터 내 눈에 스몄던 정이
사라지지 않고 괴어 눈물이 되네

그래, 친구, '장군'인 나도 늙었다네. 청승을 떤다고 핀잔 들어도 좋으이. 담담하게 있는 그대로를 적어가겠네. 자네가 즐기던 보르도 포도주를 따르자니 눈물로 검붉은 잔이 굴절하는군.

서재 가득 퍼지던 자네의 너털웃음도 속절없이 빈 가슴만 울리고 있구먼. 지금은 잃어버린 자네의 건장한 육체를 떠올리자니 몹시 육감적인 말을 못내 서글픈 몸짓으로 던진 순간이 떠오르네.

런던에 거처를 잡은 이듬해, 그러니까 1850년 스산했던 가을 어느 날이던가, 돌연 "나는 일보다 성에 더 생산적인 강력한 엉덩이를 가진 가장"이라 했던 말 기억하나?

예니가 또 임신했다는 소식을 전하는 자네의 얼굴은 기쁨과 불안이 뒤섞였더군. 사실 그럴 수밖에 없었을 거야. 이미 딸 둘, 아들 둘에 님까지 있었으니 식솔이 적은 것은 아니었어.

예니는 예니헨과 라우라에 이어 1847년에 아들 에드가를 출산했고, 런던으로 들어온 직후인 1849년 11월에 포크시를 낳았지. 넷째는 태어날 때부터 몸이 아팠어. 어느덧 삼십 대 후반의 예니는 아이가 모유를 통해 "많은 걱정과 말할 수 없는 슬픔"을 빨아들인 탓이라고 자책했지.

"고통을 받아서인지 아기가 너무 심하게 젖을 빨아 제 가슴이 온통 헐었어요. 갈라져서 피가 나기 때문에 가끔 아이의 가녀린 입속으로 피가 흘러들기도 해요."

그 시점에 예니가 쓴 편지의 섬뜩한 대목이네. 하루는 젖을 물리고 있는데 집주인이 찾아와 빚진 오 파운드를 내놓으라 윽

박지르고, 집행관이 두 명이나 집으로 마구 들어와 아기 요람과 장난감에까지 압류 딱지를 붙였다지? 어린 두 딸이 화들짝 놀라 울었다고 들었네.

집주인은 단호하더군. 밀린 집세와 아기 울음을 명분 삼아 자네 가족을 아예 쫓아낼 태세였어. 거리로 나앉을 위기는 예니어머니의 도움으로 가까스로 벗어났지. 그때 딘스트리트 64번가에 방 두 개인 집을 얻었을 거야. 작은 방은 사실 커다란 옷장에 불과했지. 그 상황에서 다섯 번째 임신을 했으니 나로서도 자네의 '생산적인 엉덩이'를 넉넉히 실감할 수 있더군. 하긴 시퍼런 삼십 대 아니었던가.

생계는 갈수록 암담했지. 오죽하면 예니가 임신한 몸으로 이미 자본가의 반열에 들어선 자네 외숙부 집을 찾아갔겠나. 바다까지 건너 네덜란드로 갔지만 한껏 모욕만 당하고 빈손으로 돌아온 기록이 남아 있네. 자본가에겐 귀족 가문 출신의 조카며느리라도 가난하면 눈에 들어오지 않았던가 보이.

예니가 자본주의 세상의 차가움을 뼈저리게 느꼈을 그 시점에 첫돌을 갓 넘긴 넷째 아들이 끝내 폐렴으로 숨졌어. 예니의 슬픔, 자네의 참담함을 십분 공감할 수 있었네. 예니 오빠가 반동적인 프로이센 정부의 내무장관으로 '출세'했지만, 그 반동 중의 반동에게는 혁명가 중의 혁명가인 처남 가족을 도울 생각이 털끝만큼도 없었지.

그나마 그해 12월 내가 아버지의 공장으로 들어가면서 자네의 생산적인 엉덩이를 부분적이나마 지원해줄 수 있어 다행이었지. 당시 방직 산업 내에서 경쟁이 치열해지고 있었기에 아버지는 가족 중 누군가가 맨체스터에 상주하면서 영국 동업자를 감시하길 원했던 참이었네. 연봉 이백 파운드에 판공비도 받기로 했어. 은행 노동인의 연봉이 칠십 파운드*였던 시절이니 첫 연봉으로 적은 돈은 아니었지.

내 연봉을 자네는 물론, 노동운동 사업에 기꺼이 사용하는 것으로 양심의 가책을 달래고 싶었네. 방직 사업에 발을 담글 때 스스로 약속했듯이 자네 가족의 생계를 돕고 맨체스터의 번스 가족을 돌보는 일도 잊지 않았어.

하지만 맨체스터는 아무래도 자네가 살던 런던과는 거리가 있었기에 그때그때 정확한 경제 사정을 몰랐지. 요즘 톺아보면 그 시절 내가 돈을 더 많이 보냈어야 옳았다는 후회가 든다네. 그럴 때면 자네는 물론, 예니와 님, 자녀들에게도 두루 미안할 따름이지.

변명은 아니네만, 맨체스터 방직 공장에서 정식으로 경영자의 일원이 된 초기에는 업무를 익히고 내 역할을 수행하느라 분주하기도 했어. 사업과 관련된 모든 클럽에 얼굴을 내비치고 호

---

* 엥겔스의 연봉은 점차 높아져 1860년대에는 1,000파운드에 육박했다. 현대적 가치로 환산하면 15만 달러(환율을 1달러 1,200원으로 치면 1억 8,000만 원).

감을 얻어야 했지. 자네가 어떻게 볼지 모르겠지만 수영이나 펜싱을 했고, 때로는 말을 몰며 사냥을 다녔다네. 본디 운동을 좋아하기도 했지만 필요할 때 곧장 군대로 달려갈 수 있도록 체력을 단련해두자는 목적도 있었지.

그렇지만 내 진정한 벗들은 클럽의 거드름 피우는 이들이 당장 단두대로 보내고 싶어 안달인 민중이라는 사실을 잊지 않았다네. 종종 예니는 나를 '위대한 목화 제왕'이라 놀렸지만, 내 가슴은 언제나 혁명을 품고 있었어.

자네 곁을 떠났다가 다시 런던으로 돌아온 1870년까지 이십 년 내내 우리는 거의 날마다 편지를 교환했지.* 그 편지가 없었다면 거북한 곳간에서 나는 아마 사과 상자 안에서 한 알 한 알 썩어가는 사과 신세였을 거야.

아, 물론 자네만 내게 힘을 준 것은 아니었어. 예니가 우리 우정의 방해물이 아니었듯이, 내게도 사랑하는 메리가 있었잖은가. 고심하다 집을 두 채 구했네. 하나는 맨체스터 사업가들이 모여 사는 동네에 있는 동료 접대에 어울리는 고급 아파트, 다른 하나는 교외에 있는 독채로 메리와 그녀의 여동생 리지가 그

* 　영국은 1840년 5월 1일 세계 최초의 우표를 발행했고 우체국과 우체통을 고안해 우정 혁명을 이뤘다. 맑스와 엥겔스가 편지를 주고받던 시기에 맨체스터에서 밤 12시 전에 편지를 부치면 다음날 오후 1시까지는 런던의 맑스에게 배달됐다. 오전 9시까지 부치면 당일 오후 6시까지 편지가 도착했다.

곳에서 함께 살았지. 클럽 사람들에겐 절대 비밀이었지만 그 집은 아일랜드 급진주의자들에게 은밀히 열려 있었다네. '대영 제국'과 맞서 싸우는 아일랜드 혁명가들의 아지트였던 셈이지.

우리는 이듬해 5월 런던 하이드파크에서 개막한 만국박람회에서 다시 만났지. 빅토리아 여왕이 남편 앨버트 공을 '세계 평화와 단결의 기수'로 자랑스럽게 선포하는 풍경은 보기 딱할 만큼 민망하더군.

과대망상에 빠진 상공업자들이 박람회에서 자유무역의 장점으로 치켜세운 것들 중에서도 우리는 특히 국가 사이의 경계를 허무는 일이 심각한 금융위기를 불러오리라고 보았어. 그렇다고 더러 오해하듯이 우리가 산업이나 기술에 거부감이 있었던 건 아니지. 인류의 새로운 역사는 산업과 기술 발전을 토대로 건설해야 옳잖은가.

그런데 인류가 경이롭게 일궈낸 성취물이 많은 사람을 이롭게 할 수 있음에도 왜 극소수만을 부유하게 만드는지, 그 과실이 어떻게 소수 상공업자의 손아귀에 떨어지는지, 요컨대 부익부 빈익빈 체제를 논리적으로 해명하고 동시대인에게 알리는 과제가 온전히 자네의 몫이었던 거야.

낡은 체제가 새로운 사회로 바뀌려면 대중의 자각이 있어야겠지. 노동조합을 통해서든 언론과 집회의 자유를 통해서든 민중이 사회정치적 과정에 더 많이 참여해야 한다고 자네는 늘 강조했어.

더구나 노동인이 계급 없는 사회를 이루려면 역사적 과정을 거쳐야 한다고 보았지. 바로 그 지점에서 빌리히나 무장봉기론 자들은 칼 맑스가 안전한 이론적 영역에 머물며 혁명의 현장을 팽개쳤다고 비판했어. 그들은 즉시 권력을 장악해야 한다, 그렇지 않으면 차라리 잠이나 자는 것이 낫다고 부르대더군.

갈등이 심화될 전망이 보이자 자네는 동맹의 본부를 쾰른으로 옮기고, 런던에 있는 동맹은 차라리 지부를 두 개로 나누자는 파격적 제안을 내놓았지. 각각 본부에 보고하며 서로 간섭하지 않는 방향으로 일하자는 뜻이었어.

사실 갈등의 뿌리에는 혁명의 전망에 대한 견해 차이가 깔려 있었지. 지부를 둘로 나눌 때 자네는 우리 쪽은 열두 명만 있으면 충분하다고 말했어. 다른 지부가 대다수 조직원을 데려가도 좋다는 신호였네.

뜻대로 됐지. 자네는 운동의 명망가 누구와도 더는 손잡고 일할 생각이 없었어. 이른바 명망가들은 젊은이들에게 일을 전부 떠맡기면서 영예는 물론 돈까지 은근슬쩍 챙기는 노련한 사기꾼 아닌가.

사실상 동맹을 둘로 나눈 직후에 자네가 보내온 편지를 다시 읽어보네.

"이제 공식적으로 우리만의 완전한 고립을 얻은 걸세. 체면 치례 따위로 서로 양보하거나 용인했던 방편들, 멍청이들과 당에 함께 있었기에 하릴없이 감내할 수밖에 없었던 조롱, 그 모든 것과 결별한 거라네. 우리가 원하는 것을 추구해볼 수 있는 시간을 온전히 갖게 되어 참으로 기쁘다네."

지금도 자네의 과감한 결단이 존경스러워. 당시에도 전적으로 동감한다는 답장을 보냈지. 영국에 들어온 망명자들과 이민자 단체들이 적잖은 사람을 학습이라곤 하지 않는 바보로 만들고 있지 않나 싶었거든.

"온갖 풍문과 광기의 학교인 망명자 단체에선 가장 뒤처진 당나귀도 최선두에서 달리는 구국의 선봉을 자부하더군. 그 조국의 구원자들로부터 완전히 벗어나지 못한다면, 이른바 '혁명적 당'을 주도하고 싶어 하는 자들에게 신경 쓰지 않는 독립된 저술가로 만족하지 못한다면, 결국 자네도 바보 멍청이가 될 수밖에 없을 걸세."

이제부터 우리는 오직 우리 자신에게만 대답하자며 고독이 불가피하다고 덧붙였지. 실제 독일에서 전투에 참여했던 나는 여전히 무장봉기를 떠벌리는 자들의 과격한 언사에 울뚝밸마저 치밀고 있었거든.

맨체스터에 머무는 나도 그러하거늘 그 '혁명의 선봉자'들에 보대끼며 런던에서 함께 살았던 자네는 고독이 무장 깊었을 거야. 그래서 나는 얼굴을 맞대고 말하듯이 정성을 다해 편지지에 꾹꾹 눌러 썼지.

"망명자 모두가 아무리 자네에 대해 찢고 까불어대도 그것이 무슨 가치가 있겠는가? 자네가 정치경제학으로 답해버리면 그

만일세.”

편지를 부치면서 나는 ‘몹시 생산적인 강력한 엉덩이’가 이제는 의자에 밀착해서 정치경제학 책을 부디 탈고하길 간절히 빌었다네. 예상보다 더 많은 세월이 흐른 뒤였지만 자네는 결국 그 소망을 이뤄주었어. 부스럼이라는 기마 부대가 몸 곳곳을 침략해 성벽을 쌓을 만큼 내내 의자에 앉아서 줄기차게 연구했잖은가. 결국 걸작을 출산했으니 정말이지 얼마나 생산적인가, 귀하의 엉덩이는.

2. 님이 낳은 아들의 아버지

친구, 자네는 아이들을 퍽이나 좋아했어. 집에서 종종 열렸던 우리 모임에서도 아이들을 결코 배제하지 않았지. 처음에 나는 아이들이 어른에게 무언가 배울 게 있으리라는 교육 차원에서 그러는 줄 알았다네.

하지만 아니더군. 오히려 어른이 아이들에게 배울 것이 있으리라 믿어서였지. 자네가 즐겨 썼던 말을 적어보네.

“아이들은 자신의 부모를 키워야 한다.”

그래, 내 친구 칼은 아이들에게 권위적으로 명령하지 않았어.

언제나 제안이라는 방식을 썼지. 아이들과 더불어 있을 때, 붉은 악마는 여자 가정교사마저 부러워했을 정도로 상냥했다네.

기억하나? 나는 '미녀와 야수' 사이에서 태어난 귀염둥이들에게 '천사'라고 불렀다네. 실제 품격은 천사와는 완연히 달랐지만 말일세.

그럼에도 내가 천사로 불린 비밀을 털어놓아도 되겠지? 어차피 알려진 사실이기도 하니 말일세. 편지를 보낼 때 종종 일 파운드를 동봉했잖은가. 당시 은행 노동인 월급이 평균 육 파운드 정도였을 거야.

자네 딸의 분홍빛 추억에 따르면 하루 중 최고의 순간이 "군인 같은 빨간 프록코트 제복을 입고 금테 모자를 쓴 우체부가 올 때"였다고 하더군. 막대기로 문을 똑똑 두드리는 소리가 경쾌하게 들릴라 치면 나는 듯이 계단을 뛰어 내려갔다며? 엥겔스 삼촌에게서 온 편지가 아빠와 엄마에게 어떤 행복을 선사할지 잘 알고 있어서였다고 회상하더군. 봉투 속에는 편지뿐만 아니라 가족에게 간절했던 돈이 들어 있었다면서.

귀염둥이들은 이미 재치가 번득였더군. 세상에, 나 말고 또 다른 삼촌이 있었다며? 처음 그 소릴 들었을 때는 서운했지. 내가 유일무이한 삼촌인 줄 알고 늘 우쭐해 있었지 않은가. 그 섭섭함은 다른 삼촌의 이름을 듣고 개운히 가셨지. 삼촌의 이름이 '전당포'였다지? 아이들의 발랄함이란, 누굴 닮은 걸까.

집세가 밀렸다는 편지를 받고 나는 이참에 집을 옮기라고 권했지. 포크시가 숨을 거둔 곳에서 떠나는 게 자네와 예니에게 좋다고 생각했어.

소호의 딘스트리트 28번지, 조금 더 좋은 곳으로 옮겼지. 사층 꼭대기에 온전한 방이 둘이었어. 상수도는 삼 층까지만 올라왔기에 아래층에서 물을 길어 써야 했지.

지금 기록하다 곰곰 헤아려보니 자네 집안 여성들이 공용 화장실을 이용하기가 얼마나 불편했을까 싶어 미안해지는군. 고개 숙여 사과하고 싶을 정도일세.

그래도 높은 곳에 자리해 창밖 전망은 일품이었다는 말로 나 자신을 위로하려네. 리프크네히트는 그 집을 '수많은 보헤미안 도망자 망명자가 들락거리는 비둘기 집'이라고 묘사했더군. 그 비둘기 집은 망명자들이 런던에서 쫓겨나지 않게 해주는 가장 안정된 거처였어. 물론 무덤을 제외하면 말일세.

예니는 1851년 봄에 다섯째 아이, 딸을 순산했지. 그런데 출산의 기쁨도 잠시, 곧 생애 최대의 위기를 맞았어. 완곡하게 그때 심경을 기록했더군.

"1851년 초여름, 여기서 더는 언급하고 싶지 않은 일이 일어났다. 비록 사적인 것을 포함해 여러모로 우리의 근심을 키우는 데 크게 기여한 사건이라 할지라도 말이다."

그 무렵 자네도 간곡한 편지를 보내왔지. 속히 런던으로 와달라는 심상찮은 편지에 긴장했다네.

"집에 있으면 모든 것이 노상 괴롭다네. 밤마다 신경이 날카로워지고 어느 순간엔 왈칵 눈물을 쏟곤 하이. 당연히 일도 거의 못 했어. 아내에게 미안하네. 그녀가 가장 힘겨워하고, 원칙적으로 그녀가 옳아. 섹스보다 일이 우선이어야지. 그럼에도 내가 천성적으로 참을성이 별로 없고 적잖이 격한 면까지 있기에 가끔 평정심을 잃는다는 사실을 상기해주었으면 싶군."

가장 이상적인 결혼 모델로 보이던 부부에게 위기가 닥쳤다는 것을 직감했지. 어디서 위기가 비롯되었을지는 어림도 하지 못한 채 런던행을 서둘렀네.

'위기의 집'으로 들어가 보름 넘도록 머물렀지. 자네 가족에게 안정을 되찾아주는 과업이 내게 주어졌지만, 정직하게 말하자면 그 과제를 온전히 수행했는지 자신이 없다네.

아무튼 내가 다시 맨체스터로 돌아가고 일주일 뒤 우리의 님이 사내아이를 출산했지. 미혼인 님이 낳은 아이의 이름은 '프레디'로 지었어.

나는 아직도 자네와 님, 예니 사이에 정확히 어떤 사건이 벌어졌는지 세세한 진실을 알진 못하네. 다만, 최근에서야 님이 남긴 글을 뒤늦게 발견했어. 그 기록에서 진실의 다른 쪽을 발견했을 때 당혹감이 들더군. 내가 알고 있던 친구의 모습과 사뭇 달라서였지.

하지만 님의 기록을 되새겨 읽어보니 그쪽이 내 친구의 품성과 더, 아니 썩 잘 어울리더군. 톺아보니 '생산적인 엉덩이'를 운운하던 자네 얼굴에서 서글픈 성취감이 묻어났을 때가 바로 그 무렵이 아닐까 싶어.

　그럼에도 진실을 온새미로 증언할 수 있을지 자신이 없어 일단 상세한 언급은 미루겠네. 다만 그때 서재에서 며칠 밤낮에 걸쳐 대책을 논의하고 내린 결론만 기록해두지.

　'합의'에 따라 나는 프레디의 생물학적 아버지가 되었어. 세상에! 님의 살갗조차 만져보지 못한 채 그녀와 나 사이에 아들이 생긴 셈이라니.

　귀하는 아마 몰랐을 거야, 오래전부터 내가 님에게 연정을 품고 있었던 사실을. 님의 임신, 프레디의 출생이 예니 못지않게 내게도 적잖은 충격을 준 까닭이라네.

　솔직히 그 생게망게한 합의를 언죽번죽 제시한 사내가 줄곧 존경해온 친구가 아니었다면, 곧바로 그 무책임한 녀석의 눈퉁이를 주먹으로 갈겼을 거야.

　그때 서재에서 더없이 가여운 표정으로 자네는 독백하듯 말했지.

　"예니가 내 사랑을 의심하네, 자기를 더는 사랑하지 않는다고 하더군. 그렇지 않다는 나의 하소연은 듣지도 않은 채 덧붙였지. 자신은 그 까닭을 알고 있다고. 내가 의아스레 바라보자 예니는 또박또박 말했어. 우리 사이에 님이 있기 때문이라고. 나는 벌컥 화를 냈지. 그러자 예니는 확증을 잡았다는 듯이 쏘아붙이더군. 당신이 그렇게 화를 내는 것이 내 말이 진실임을 입증한다고. 아, 정말이지, 미치겠어."

"미치겠다니? 그럼 자네는 예니의 말을 다 부정하는 건가?"

내 어조가 싸늘해 그 말을 뱉은 순간 스스로 놀랐다네. 자네도 흠칫했지. 나를 물끄러미 바라보기만 하더군. 나는 수습하듯 눙쳤어.

"내 경험으로는 사랑의 감정은 독점이 가능하지 않더군. 물론 정도의 차이는 있겠지. 하지만 그 정도라는 것도 상황 따라 달라. 그게 우리 인간일세. 우리 터놓고 말하자고, 님도 예니 못지않게 매력적인 여성 아닌가."

웃으며 시작한 말이지만 말을 마치는 대목에선 목소리가 갈라졌을 거야. 그게 느껴지자 곤혹스럽더군. 때마침 자네가 싸구려 시가를 꺼내 물기에 잠깐 나갔다 오겠다며 일어났지.

두 주먹을 쥐고 숨을 골라야 했어. 막연하게나마 가슴 한편에 연정을 품어온 님과 자네가 몸을 뒤섞은 풍경이 떠올라 몸서리치기도 했네. 이런, 상세한 언급은 하지 않겠다고 다짐했으면서 시시콜콜 다 적고 있구먼. 미안하이.

얼마나 흘렀을까. 다시 서재로 돌아온 나는 결국 우리의 우정을 위하여, 궁극적으로는 새로운 사회를 위하여 기꺼이 자네의 제안을 받아들였네. 그렇지 않아도 1848년 혁명의 배후 조종자, 붉은 악마라고 내 친구를 헐뜯는 저들 앞에서, 이미 바람둥이로 소문난 내가 만신창이가 되자고 작심했지.

나는 그 과업을 희생적이고 성공적으로 수행했다고 자부했네. 훗날, 님의 기록을 보기 전까지는 말일세. 여기서는 님과 예니, 자네 세 사람 사이가 프레디의 탄생으로 파국을 맞기에는 서로 너무나도 많이 의존했었다는 덕담으로 일단 넘어가세.

더 쓸 자신도 지금으로선 없네. 그렇지 않아도 채 두 달도 안 된 아기를 런던 변두리의 제빵사 가족에게 맡겨버린 결정—그 게 누구 결정인지 모르겠어. 그 또한 세 사람의 합의였나?—에 님이 얼마나 서러웠을까 하는 생각은 종종 들었거든.

예니와 파경의 위기를 맞고 전전긍긍하던 시점에 우환이 겹 쳤지. 런던에서 발행되던 독일어 주간지에서 자네가 프로이센 내무장관인 처남 페르디난트를 위해 일하는 간첩이라고 보도한 걸세. 격분한 자네는 신문사를 찾아가 결투를 신청했지.

나는 님에게서 결투 소식을 듣고 간담이 서늘했다네. 다행히 기사를 쓴 기자는 산적 두령의 분위기를 풍기는 자네에게 위압 감을 느낀 탓일까, 결투 신청을 받아들이지 않았지. 사실을 말 하자면, 외모와 총구는 별개의 문제인데 말일세.

결투 신청을 가장 강력하게 비판한 사람이 님인지 예니인지 분간할 수 없을 만큼, 자네는 두 여인에게 거센 지탄을 받았어. 어쩌면 미수에 그친 결투로 귀하는 예니의 살가운 이해와 님의 서러운 양해를 얻었는지도 모르겠네. 자살을 각오할 만큼 자네 가 괴롭다는 사실을 드러냈으니 말일세. 님도 예니도 자네를 죽 음이라는 제삼의 여인에게 뺏기고 싶진 않았을 테지.

앞장 선 두 여자 때문에 가까스로 참았지만, 나 또한 애먼 내 가슴을 주먹으로 두들겼다네. 저기 거룩한 공간을 바라보며 여기 거북한 곳간을 지키고 있는 내가 한낱 쓰레기 기사 때문에 목숨을 건 도박에 뛰어든 자네를 어떻게 용서할 수 있겠는가.

가슴속 폭풍을 잠재우며 마른 침을 무시로 삼켰다네. 귀하를 여전히 사랑하는 예니와 님에게 경의와 애도를 표하면서 말일세.

참담한 상황에 그나마 위안거리가 생기더군. 혹시 런던 현지의 통신원이 필요하지 않느냐며 자네가 미국의 여러 신문사에 띄운 편지에 답장이 왔지. '악마'가 미국 쪽으로 친 거미줄에 뜻밖에도 《뉴욕데일리트리뷴》—당시 그 신문은 판매 부수가 세계 정상급이었어*—이 걸려든 셈일까. 알고 보니 편집국장 찰스 다나가 《새라인신문》 편집국에서 자네를 만났을 때 깊은 인상을 받았더군.

언젠가 혁명으로 손 맞잡을 미국의 노동인에게 격동하는 유럽이라는 신선한 소재로 우리의 생각을 그때그때 알릴 수 있는 좋은 기회였지. 본디 신문은 자네의 무기 아닌가. 영어가 다소

---

* 1841년 뉴욕에서 창간된 《뉴욕데일리트리뷴》은 당시 영국 최대 일간지였던 《타임스》의 발행 부수와 비슷한 7만 부를 발행했다. 이 신문은 미국 공화당을 지지하며 흑인 노예제에 반대했다. 맑스는 1851년 8월부터 유럽 상황을 분석하는 기사를 일주일에 두 차례 보냈고, 기사를 쓰려고 영국을 비롯해 유럽 나라들의 신문을 살펴보아야 했다. 비정규직 기자로 일한 셈이다. 맑스의 논조와 신문사의 논조 사이에 차이가 커지면서 1862년 3월 기고를 중단했다. 신문은 1924년 합병되어 《뉴욕헤럴드트리뷴》이 되었다.

서툰 자네의 기사 작성에 내가 기꺼이 도움을 주기로 약속한 이유라네. 경제적 고통을 조금이라도 덜어줄 수 있으리란 현실적 고려도 없진 않았지.

다만, 기사 작성하느라 정치경제학 책을 미뤄선 안 된다는 조건을 달았을 거야. 그 조건을 단 대가도 톡톡히 치렀지만 말일세. 책 집필로 바쁜 자네 대신 내가 쓴 기사가 얼마나 많았던가. 딴에는 기사 작성이 일시적이나마 거북한 곳간에서의 탈출구이긴 했지. 비록 내 이름으로 나가는 기사는 아니었지만, 그게 어디 대수로운 문제인가.

그 무렵 우리가 두고 온 추억의 파리는 다시 엉뚱한 격동에 휩싸였지. 1851년 12월, 집권자 루이 나폴레옹*이 친위 쿠데타를 일으켜 임기 없는 종신 대통령이 되었어. 사실상 공화국이 붕괴

---

* 　　루이 나폴레옹Louis Napoléon은 1848년 6월 파리 민중이 학살당한 그해 연말에 열린 대통령 선거에서 공화주의 후보자들을 물리치고 대통령에 당선됐다. 당시 선거에서 빅토르 위고Victor Hugo의 선택이 화제가 되었다. 위고는 문단의 선배이자 저명한 공화주의자 라마르틴Alphonse de Lamartine 후보를 외면하고 나폴레옹의 조카를 자처한 루이 나폴레옹이 '자유와 정의의 지지자'로 빈곤 퇴치에 나설 것이라며 자신이 발행하는 일간지를 통해 전폭 지지했다. 나폴레옹 황제가 몰락한 뒤 유럽을 떠돌던 루이 나폴레옹은 그렇게 결국 초대 대통령에 당선됐다. 그랬던 그가 1851년 친위 쿠데타를 일으킨 것이다. 맑스는 일찌감치 위고를 '공상적 민주주의자이자 명성에 목마른 부르주아'라고 비판했다.

된 걸세.

민중이 거리로 쏟아져 나왔지만 이틀에 걸친 전투에서 오백여 명이 죽고 삼만 명 남짓 체포되며 시위는 막을 내렸어. 자네가 그랬듯이 나도 허탈감과 투지가 동시에 밀려들더군. 맨체스터의 내 거처가 정말 참을 수 없이 거북해졌지. 크리스마스를 핑계 삼아 런던의 자네 집으로 간 이유라네. 루이 나폴레옹에게 축배를 들며 코가 비뚤어지도록 마실 깜냥이었어. 포도주와 식료품을 최대한 풍족하게 들고 가 님이 정갈하게 차린 요리를 안주로 밤새도록 마셨지.

후과는 컸네. 자네는 보름 남짓 "고통과 후회 속에 침대에 누워" 지내야 했어. 맨체스터로 돌아온 나는 예니에게 정중히 사과 편지를 썼네. 귀족의 향수가 은은히 풍기는 답장을 받았지.

"어떻게 작은 술자리 때문에 제가 화났으리라고 상상할 수 있으신지요? 게다가 그런 기분 전환은 건강에도 참 좋잖아요. 다만 이번에 맑스 랍비님은 야밤에 '대제사장의 조카'와 철학적 산책을 나갔다가 심한 감기에 걸려버린 듯싶군요."

대제사장의 조카는 나를 빗댄 것이지. 예니의 랍비님은 이십 일 만에 집필에 복귀했지만 치질 때문에 의자에 앉을 수 없었어. 과음의 후과였을 치질을 내게 털어놓는 자네 편지를 보고 가가대소할 수밖에 없었네.

"치질이 프랑스 혁명보다도 더 심하게 나를 괴롭히는군."

뒤늦게 변명하자면, 그 모든 게 술이나 나 때문이 아니라 루이 나폴레옹 때문이 아니던가. 1848년 혁명을 물거품으로 만든 그 불한당을 역사의 법정에 정죄할 사람은 자네 말고는 없었지.

집 안에 단 하나뿐인 탁자에서 〈루이 보나파르트의 브뤼메르 18일〉 원고를 써 내려갈 때, 공주와 왕자들은 자네 등 뒤에 의자를 나란히 놓고 역마차 놀이를 즐겼다고 들었네. 집필하던 자네는 그 개구쟁이들의 역마차를 끄는 말이었어.

온갖 명령을 시끄럽게 내리는 손님들을 끌고 가다가 종종 채찍을 맞으며 원고를 썼지. 실로 자네는 세월의 채찍을 맞는 말이지 않았나, 인류의 후손을 이끌어갈.

집중해서 집필할 때는 조용한 밤에 작업했다고 들었네. 추운 방에서 촛불을 켜고 값싼—그래서 아주 독한—시가를 피워가며 새벽까지 몰두했고, 아침이 되어서야 가까스로 소파에 쓰러져 잠들면 그 주위로 가족들이 바쁘게 오갔지. 그렇게 〈루이 보나파르트의 브뤼메르 18일〉이라는 명쾌한 원고가 완성되었어.

하지만 출판사를 찾지 못했지. 그 빛나는 원고가 빚더미 위에서 탈고된 사실을 헤아리면, 출판사를 만나지 못했을 때의 심경이 또 얼마나 참담했을지 짐작이 가는구면.

힘겹게 역마차를 끌며 눈까지 충혈된 가여운 말에 나는 채찍질을 보태지 않았지만, 고통을 호소하는 자네 편지를 받았지. 외투를 전당포에 맡겨 외출도 못 하고 신용도 없어 초식만 하는 아주 흥미로운 상황에 도달했다며 참담하게 토로했어.

"이런 편지를 자네한테 쓰느니 차라리 손가락을 잘라버리고

싶군. 명색이 가장인데 처자식조차 책임지지 못하고 남한테 의
지하며 살아가는 건 정신이 피폐해지는 일이네."

쇠뭉치가 들어선 듯 가슴이 무거워오더군. 돈을 보내고 몇 주
가 지나자 우울한 자네를 대신해 쓴다며 에니가 편지를 보냈어.

"돈 얘기를 쓰는 건 정말 하기 싫은 일입니다. 벌써 그렇게 많
이 우리를 도와주셨으니 말이에요. 하지만 이번에는 달리 수가
없어서요."

엎친 데 덮친 격일까. 첫돌이 지난 딸 프란치스카가 중증 기
관지염을 앓다가 숨졌지. 처음이 아니었기에 슬픔은 오히려 컸
어. 관을 마련할 돈조차 없어 더 그랬을 거야.

"세상에 올 때도 요람이 없었던 아기는 마지막 안식처도 오랫
동안 가질 수 없었어요."

아기의 싸늘한 몸을 품에 안았을 에니의 편지를 읽자니 콧잔
등이 시큰해지더군. 자네 편지도 곧 도착했어.

"얼마나 끔찍한 시간을 보냈는지 상상도 못 할 걸세. 인정사
정없는 영국인 무리에게 돈을 지불하려고 하릴없이 프랑스인
이웃들에게 사정할 수밖에 없었네. 천성적으로 강하다고 자부
해온 나도 이번에는 참으로 견디기 힘들 만큼 난타를 당했지.
아내의 고통과 내 무능력을 생각할 때마다 차라리 사탄에게 내
영혼을 맡기고 싶은 생각마저 들었다네."

그렇게 딸을 가슴에 묻었지만 경제 형편은 그대로였지.

"가족이 다 아픈데도 의사 부를 돈이 없네. 열흘 내내 가족에

게 빵과 감자만 먹었다네. 오늘은 그마저도 구할 수 있을지 의문이군. 사방팔방에서 폭풍이 몰아치고 있으니 말이야."

편지를 읽노라니 빵집 주인, 채소상, 정육점 주인이 몰려와 외상 빚을 내놓으라는 아우성이 들리는 듯했어.

"자네는 편지를 읽으며 언제나 내가 곤경에 처해 있고 빚 갚으라는 소리를 면전에서 들으면서도 철저한 무관심으로 버텨내며 집필하고 있다는 것을 알 수 있을 걸세. 어쩌겠나? 우리 집은 병원이 되었고 위기는 너무 심각해서 다른 일에 신경 쓰기가 점점 어려워질 정도라네. 어떻게 해야 옳겠는가?"

내 딴에는 적어도 생활할 수 있는 돈을 간간이 보냈다고 생각했지. 그런데 귀족 출신인 예니가 돈이 들어오면 쪼개서 아껴 쓰기보다 그때그때 다 써버린다는 사실까지 파악하진 못했네. 그래도 다시 사과를 전하고 싶군.

집안의 '마지막 보물'까지 전당포에 잡히는 상황도 맞았다며? 예니 가문의 아가일 문장이 새겨진 은식기를 들고 귀하는 사람들 눈을 피해 밤늦게 전당포를 찾았을 거야. 털북숭이 사내를 관찰하던 전당포 노파는 아주 현명하게도 경찰에 신고했어.

경찰이 곧장 달려와 은식기 절도범으로 자네를 체포했지. 드디어 '산적 두령'이 잡혔다는 전설이 망명자들 사이에 회자되었다네. 도적 혐의로 철창에서 하룻밤을 보낸 것은 귀족 가문 사위에게 어수선한 희극이었을 거야. 날이 밝자마자 예니가 찾아와 자신이 아가일 가문의 후예임을 입증하고 철창 속 도적이 자신의 랍비임을 밝힌 후에야 겨우 풀려났다던가.

런던에서 출판사를 끝내 찾지 못한 〈루이 보나파르트의 브뤼메르 18일〉은 결국 뉴욕에서 인쇄했어. 하지만 인쇄업자의 자금 사정으로 배포가 안 되는 참사를 겪었지.

그런 가운데 프루동이 루이 나폴레옹을 비판하는 책으로 십만 프랑이 넘는 돈을 벌었다는 소식이 들려오더군. 예니의 랍비로선 더욱 힘들었을 거야. 몇 수 아래라고 낮추보았던 프루동의 책이 나올 때마다 베스트셀러가 되었으니 말일세.

더구나 우리는 노동운동 내부에서도 공격을 받았지.

"맑스와 엥겔스는 절대로 혁명가가 아닙니다. 그들은 런던의 노동인들이 술집 바깥으로 내던진 먹물일 뿐입니다."

그 말을 퍼뜨리는 자들에게 자네는 항의 편지를 보내며 예민하게 반응했어. 나는 만류했지. 자네가 가르쳐준 단테의 경구를 인용했을 걸세.

'사람들이 떠들도록 내버려두라, 네 갈 길을 가라.'

꼭 그래서는 아니었겠지만 자네는 1852년에 동맹을 공식적으로 해체하자고 제안했지. 반동적 정서가 뒤덮인 유럽에서 성찰과 연구에 한결 더 매진할 생각이었을 거야.

루이 나폴레옹은 종신 대통령도 성에 안 찼던 걸까. 그나마 남아 있던 공화국의 껍데기까지 내던져버리고 손수 '황제'로 등극했지. '나폴레옹 3세'를 보고 환호하는 눈먼 대중을 보노라니 참으로 착잡해지더군.

3. 가장 부드러운 개구쟁이 남자

공산주의자동맹의 틀을 벗어나 연구에 몰입했지만, 새로운 사회를 열망하는 동지들과의 징검다리까지 끊지는 않았지. 소박하게나마 뜻이 같은 망명자들과 부드러운 만남을 이어갔어. 가령 런던 외곽에서 비공식적인 야외 가족 모임을 종종 가졌지.

그거 아나? 그때 모인 아이들에게 가장 좋은 놀이 상대는 바로 자네였어. 모든 아이가 친구와 놀듯이 자네의 무시무시한 이름을 부르며 따라다니더군.

노동인 가족 모임이 아니더라도 자네는 자녀들에게 사랑을 듬뿍 받았어. 그만큼 사랑을 쏟아서였겠지. 아빠 칼 맑스는 평일에는 채찍을 맞고 역마차를 몰면서도 연구와 집필에 몰입했지만, 일요일은 그마저도 못 하고 종일 아이들과 놀아야 했어. 아이들은 그것이 정당한 요구라고 주장했지. 사실 예니와 님의 전략이기도 했다네. 늘 과로에 시달리던 자네에게 그렇게 해서라도 휴식이 절실했으니까.

이따금 런던의 대기가 산뜻하게 맑을 때면 집 가까운 녹색 언덕으로 소풍을 갔지. 님은 바구니에 정성 들여 점심을 챙기고 가는 길에 언제나 자네가 참 좋아했던 간식—맥주, 동아시아의 선승들은 그걸 '곡차'라는 우아한 말로 부른다더군. 우리가 즐겨 쓴 '간식'이라는 표현보다 훨씬 아취가 풍기는 말일세—을 구입했어. 자넨 그 모습을 흐뭇하게 바라보며 그 순간부터 이미 목말라했네.

어른들은 식사 후에 꾸벅꾸벅 졸거나 신문을 들춰 보게 마련이지. 하지만 곡차를 걸친 자네는 아이들과 어울려 함께 놀았지. 밤을 떨어뜨리려고 너무 열성적으로 밤나무를 흔들어 일주일 넘도록 오른팔을 쓰지 못했던 적도 있었어. '집요한 개구쟁이 맑스'라고나 할까.

말놀이를 하다가 진짜 당나귀를 타기도 했지. 당나귀에 오른 귀하의 우스꽝스러운 모습은 내 눈에도 아름다웠네. 저 옛날 남루한 옷을 걸치고 성문으로 들어간 혁명가 예수의 모습도 저랬을까 싶었지.

하지만 수상한 예수였어. 자네는 천국 가까이에 있는 아이들과 놀면서도 짬짬이 주머니에 넣어둔 수첩을 꺼내 떠오르는 착상을 살금살금 적바림했지.

소풍에서 돌아올 때면 단테의 《신곡》을 암송하거나 괴테의 《파우스트》에 나오는 메피스토를 연기했어. 나름 최선을 다했겠지만—그렇게 단정 지을 수는 없다고 기록하는 것이 그나마 자네의 명예를 조금은 지켜주는 길이겠군—악마 연기가 지나치게 과장되어 그리 훌륭하진 못했다네. 유럽의 신문들이 앞을 다퉈 악마라 치켜세워주니 어깨에 너무 힘이 들어간 탓이라고 이해했지. 심각한 오해 또는 이해일지도 모르지만 말일세.

악마는 집에서도 아이들에게 틈날 때마다 문학과 언어를 가르쳐주었지. 그 자리의 단골은 단테, 세르반테스, 발자크였어. 이런, 가장 소중한 손님을 빼놓았군. 바로 셰익스피어지.

자네, 연기는 시답잖았으나 연출은 그런대로 쓸 만했어(연출은 에니와 함께했다는 사실도 빠뜨리면 안 되겠지). 비좁은 다락방을 셰익스피어 작품에 나오는 다채로운 시공간으로 뒤바꿔놓았고, 그 과정에서 아이들도 모든 구절을 암송할 수 있었으니 정신적으로는 깨나 풍요로웠을 거야.

그 시절의 자네에 대해 프로이센 정탐원은 다음과 같이 보고했더군.

"말 그대로 보헤미안의 삶을 살고 있음. 씻고 꾸미거나 이불보를 가는 일 따위는 거의 하지 않음. 술에 취하기를 즐김. 잠을 자거나 일어나는 시간도 불규칙적으로 제 멋대로 생활함."

"런던에서 최악의, 따라서 가장 값싼 숙소에 거주함. 방이 두 개인데 다 둘러보아도 깨끗하고 제대로 된 가구는 없음. 거실 한가운데 있는 커다란 낡은 탁자 위에는 그의 원고, 책, 신문과 함께 장난감, 바느질 바구니와 그 속의 헝겊 쪼가리, 이가 빠진 여러 개의 컵, 포크, 잉크병 따위가 어질러져 있음."

적대감으로 과장된 험담이지. 가령 내 친구는 술에 취하기를 즐기지 않았거든. 술을 즐겼을 따름이지. 거칠고 성급한 성격이라 쓴 것도 사실과 달라. 정탐원이 본 풍경에도 암시되어 있지만 우리 모두는 칼 맑스가 남편과 아버지로서 온화하고 부드러운 남자였다는 진실을 공유해왔으니까.

생기와 재치가 넘실대는 아이들을 부양하는 가장으로서 자네의 유일한 수입원은 고정적이지 않은 언론 노동이었어. 미국 신문에 기고한 칼럼들—그중에는 내가 쓴 글도 많지만—은 자못 두터운 독자층을 확보했지.*

자유주의적인 《뉴욕데일리트리뷴》의 독자들은 유럽의 정치·사회적 불평등에 대한 기자 맑스의 비판, 노예제와 자본주의적 차별에 소리 높여 항의하는 칼럼에 공감했을 거야. 편집자들은 종종 자네 칼럼을 사설로 채택했지.

하지만 가끔은 칼럼이 너무 부드럽게 수정되어 자네의 격분을 샀어. 그래도 런던의 통신원을 호의적으로 소개하는 글을 이따금 칼럼 뒤에 붙이더군.

"맑스는 자기 의견이 강한 기자이고 어떤 견해는 우리가 동의할 수 없는 것이지만, 그의 기사를 읽지 않는 독자는 현재 유럽 정치의 중요한 사안에 대해 가장 유익한 정보의 원천을 놓치게 될 것이다."

런던 통신원으로 일하던 초기에 자네 건강이 비끗했을 거야. 1853년 봄에 발병한 간 질환은 평생 자네를 괴롭혔고 이듬해는

---

* 21세기 언어로 말하면 맑스의 유일한 직업은 비정규직 언론 노동인이었다. 그는 41세까지 언론 노동을 하며 가족을 부양했다. 물론, 비정규직 기자 임금으로는 생활이 가능하지 않았기에 부자 친구인 엥겔스의 지원은 큰 도움일 수밖에 없었다.

류머티즘과 인중에 난 혹으로 스무 날 내내 아무 일도 못 했잖은 가. 혹이 너무 커서 말하거나 웃을 수도 없었어.

의료비, 약비로 경제적 어려움이 가중되었어. 나는 "빚쟁이와 궁핍"이 자네를 "아주 멍청한 개로 만들었다"라는 편지를 받거나 "가족이 없는 자에게 복이 있나니" 운운하는 글을 읽을 때마다 수중에 있는 돈을 황급히 부쳤다네.

이래저래 술잔을 기울일 때가 적지 않았을 거야. 거북한 곳간에 있던 나도 틈만 나면 런던으로 달려가 회포를 풀었지. 톺아 보면 그런 술자리들이 자네의 건강을 더 악화시켰다는 생각이 들어 후회가 되지만, 우리가 광적인 술잔치로 삶의 사기를 높였던 것도 엄연한 사실 아닌가.

예니가 고향으로 간 틈을 타 자네와 리프크네히트, 바우어와 함께 작심하고 술을 마셨던 어느 날 밤의 기억이 아련하군. 정말이지 이런 일급 기밀을 내가 누설해도 좋을지 모르겠으나 — 자칫 배신자가 되지 않을까 싶은 거라네—옥스퍼드 거리와 햄프스테드 거리 사이의 이 킬로미터 남짓한 길을 걸으며 눈에 띄는 모든 술집에서 술을 마셔보자고 했던 일 기억하나. 그 무지막지한 제안을 누가 먼저 했는지는 기억이 나지 않는다고 해 두세.

어쨌든 우리는 자신만만하게 나섰어. 술기가 오르면서 삼십대 중반의 객기도 꿈틀거렸을 거야. 세 번째로 들른 주점에서인가 우리 "망할 외국 놈들"은 "영국 속물들"과 말싸움을 벌였고, 이윽고 폭력으로 번질 기미가 보이자 리프크네히트가 나서서 다음 주점으로 옮겨갔지.

시쳇말로 젊은 아이들과 술집에서 싸우기엔 우리의 '사회적 지위'가 달랐잖은가. 조직운동을 줄기차게 해온 리프크네히트의 지혜로운 지도였지.

하지만 집으로 돌아오는 길에 지도자의 슬기는 죄다 증발했어. "망할 외국 놈들" 가운데 하나가 도로 포장용 석재를 발견했거든. 우리는 각자 돌을 집어 들어 가로등에 던지기 시작했지. 네다섯 개의 가로등을 명중시켰던가.

새벽 두 시였네. 동네 사람들이 가로등 터지는 소리에 놀라 신고했더군. 경찰이 출동하자 우리는 줄행랑을 놓았지. 쫓아오는 경찰을 따돌리며 골목길 사이를 누비던 그 시절이 너무나 아름답게 떠오르는군.

그날 우리는 자네 얼굴에서 좀처럼 발견할 수 없었던 생기를 보았다네. 가까스로 집에 돌아온 런던의 돈키호테는 하루 종일 침대에 누워 있었지. 아니, 숨어 있었다고 고백해야 더 정직한 걸까.

다음 날 라우라가 바다 건너 친정에 머물고 있는 엄마에게 띄운 편지가 있더군. 뭐, 우리에 대해선 라우라답게 간단히 썼어. "그 전날 술을 아주 많이 마셨대요"라고. 그렇게만 써도 예니가 손금 보듯 죄다 파악할 수 있었을 테니 그랬겠지.

나와 메리는 크리스마스마다 자네 가족과 만났어. 메리는 특히 아이들을 귀여워했지. 메리와 나는 자식을 갖지 않았기에 더 그랬을 거야. 우리는 아이들에게 줄 인형, 총을 비롯한 선물을 손에 들 수 있는 한 많이 사갔네. 자네와 나의 소중한 장난감, 포도주도 빼놓을 수 없었지.

아이들이 크리스마스의 기원을 물어보면 자네는 진지하게 답했어. 예수는 부자들에게 살해당한 가난한 목수였노라고. 기독교에 가치를 부여하지 않았지만 "우리에게 아이들을 떠받들라고 가르친 점 때문에 기독교를 용서해줄 수도 있다"고 했지.

천진한 아이들을 사랑해서일까. 생산적인 엉덩이는 다시 예니의 몸에 새 생명을 잉태시켰어.

1855년 1월 17일, 다락방에서 갓난아기 울음소리가 들려왔지. 바로 막내딸 투시였어. 하지만 이미 그때 자네 가슴에 대못을 쾅쾅 박을 검은 옷의 제사장이 한 발 한 발 다가서고 있었네.

4. 마담, 머리에서 발끝까지 입 맞추오

두 딸에 이어 세 번째 출산에서 아들을 얻어서일까. 예니는 셋째 에드가에게 한결 사랑을 쏟았지. 늘 '천사'라 불렀어. 그 뒤로 아기 둘을 잃은 예니는 자녀가 조금만 아파도 예민하게 반응했네. 앞선 아이 두 명의 죽음이 모두 잘 먹이지 못한 자신의 탓이라고 자책하고 있었기에 더 그랬을 걸세.

예니의 귀여운 천사는 아빠와도 정이 도타웠어. 자네가 갈무리해둔 에드가의 편지들을 뒤늦게 읽어보았네. 천사는 "나의 사랑하는 악마"로 아빠에게 보내는 편지를 시작해서 끝에 "친구 무슈 대령"이라고 서명할 만큼 다정다감했더군. 종종 만나는 내게도 언제나 씩씩했어. 나는 무슈 대령에게 다음 새해를 맞을 때 장군으로 승진시켜주겠노라고 약속도 했다네.

그런데 무슈의 여덟 살 몸에 비겁하게도 장티푸스가 침략했지. 그 전갈에 나조차 충격을 받았으니 오죽했겠는가. 예니는 병석의 천사에게 눈물을 보이지 않으려고 옆방에 머물 때가 많았어. 천사는 간호하는 누나들에게 당부했더군.

"엄마가 내 침대로 오려고 하면 누나가 얼른 내 팔을 덮어줘야 해. 팔이 마른 모습을 보지 않도록. 알았지?"

그 대목에서 울컥했다네. 자네 편지도 절절했어.

"아내의 가슴이 그 어느 때보다 극심한 아픔을 겪고 있네. 내 가슴에서도 피가 철철 흐르네. 머리에선 불길이 일렁이지만 평정을 잃어서는 안 되겠지. 그 아이는 줄곧 아팠을 텐데 단 한 차례도 짜증 내지 않고 의젓했어."

얼마나 심각한 상황인지 잘 판단이 서지 않아 섣불리 입에 발린 답장을 못 하고 있을 때 다시 편지가 도착했네. 다행히 회복의 전기라도 맞은 걸까 기대감으로 봉투를 뜯었지. 하지만 상상조차 할 수 없었던 내용이 한 줄로 적혀 있더군.

"가여운 무슈는 이제 더는 없다네. 오늘 다섯 시에서 여섯 시 사이에 내 품에서 잠들었네."

용수철처럼 자리에서 일어났지. 동업자에게 상황을 간단히 설명하고 곧장 런던으로 출발했네. 조문 온 사람들 앞에서도 자네는 마음을 진정하지 못하고 있더구먼. 조의를 모두 거절하고 있었어.

눈이 퉁퉁 부어오른 자네에게 다가가 조심스레 껴안았지. 내 포옹에도 응하지 않더군. 옆에 있던 예니는 창백한 얼굴로 마치 저승사자처럼 또박또박 말했지.

"우리는 아들을 잃지 않았습니다. 빼앗겼을 따름이지요. 내 아들을 빼앗아간 도둑이 누구인지 아시나요. 우리 아들의 의학적 사인은 장결핵입니다. 하지만 나는 그렇게 생각하지 않아요. 영양결핍과 비위생적인 환경이 병을 일으키고 악화시켰으니까요. 이이와 내가 선택한 혁명가의 삶이 우리 천진난만한 아이를 죽인 겁니다."

평소에 자네 집을 찾은 망명자들로부터 예니와 눈이 마주치면 얼어붙게 되더라는 말을 많이 들었지. 나는 그들과는 다른 의미에서 그날 비로소 실감했다네. 슬픔이 넘실대는 예니의 눈은 마치 나를 추궁하는 듯했어.

오해였겠지. 하지만 내가 좀 더 도와주지 못했다는 자괴감이 들더군. 진심으로 말했어.

"죄송합니다."

더는 어떤 말도 할 수 없더군. '천사'는 자네 부부를 떠난 세 번째 아이였지만, 앞선 두 아기와 달리 여덟 살까지 내내 귀여움을 받으며 살아왔으니 아픔도 추억도 가장 클 수밖에 없었어.

훗날 자신의 죽음을 앞두고 예니는 아들의 눈이 영원히 감기던 날이 인생에서 가장 끔찍한 순간이었다고, 그동안의 모든 고통과 힘겨움을 더한 것보다 더 견디기 어려웠다고 씁쓸히 술회했네.

자네는 내게 아무 말도 건네지 않았지만, 슬픔의 깊이는 머리카락이 웅변해주었지. 드문드문 새치만 있던 검은 머리카락이 장례를 치르는 과정에서 거의 새하얗게 변했어. 서른일곱 한창 나이의 백발이 예리한 송곳이 되어 내 심장에 파고들더군.

옆면이 유리로 된 영구차가 에드가를 포크시와 프란치스카가 묻힌 공동묘지로 옮기는 내내 자네는 두 손으로 흰머리를 감싸고 넋 나간 표정을 하고 있었어. 리프크네히트가 자네의 침울한 얼굴을 살살 살피다가 살갑게 어깨를 다독여주었지. 그리고 사랑하는 가족과 친구들을 상기하라며 지그시 위로하자 자네는 버럭 소리를 질렀어.

"자네도 내 아들을 돌려주진 못하잖아!"

고통에 잠긴 신음이 모두에게 낮고 깊게 들려왔지. 그래도 리프크네히트였어. 에드가의 관을 땅속으로 내릴 때 친구가 뛰어들까 봐 바투 다가서서 막아주더군.

나는 침묵할 수밖에 없었네. 장례를 마치고 말없이 자네를 가볍게 안은 뒤 맨체스터로 돌아오는데 까닭 모를 슬픔이 밀려오더군. 아이를 낳지 않기를 정말 잘했다는 생각도 슬며시 깃들었지. 사흘 뒤였던가. 자네에게서 반가운 편지가 왔네.

"사랑스러운 아들의 기억이 우리를 고문하고 있다네. 순간순간마다 우리가 얼마나 아들을 그리워하는지 자네는 모를 걸세. 모든 악운을 겪어보니 이제야 진정한 행복이 무엇인지 알겠더군. 나는 완전히 부서진 느낌이야. 장례식 이후 머리가 쪼개지는 두통을 앓고 있는데 그게 얼마나 행운인지 모르겠어. 아무것도 생각나지도 듣지도 보지도 못하니 말일세. 내가 최근 견뎌야 했던 무서운 고통들 속에서도, 자네와의 우정에 대한 생각이 아직 이 세상에서 우리가 무엇인가 함께해볼 만한 일이 있다는 희망과 함께 나를 지탱해주는 힘이 돼주었네."

예니는 열한 살 예니헨이 내게 보낸 편지에서 묘사했듯이 "아주 작은 양초처럼 여위었고, 말린 청어처럼 푸석푸석"했지. 이 대목에서 이렇게 쓰는 게 적절할지 모르겠지만, 자네의 여신 예니는 정말 문학적이더군.

"고통이 가슴의 가장 고요한 부분에 깊고 단단히 뿌리를 박고 절대로 늙거나 출혈을 멈추지 않는 무자비한 정주자가 되었어요."

미안하이, 친구. 나는 그 와중에서도 예니가 자네의 악필 원고를 정서하느라 인생을 탕진하기보다 직접 소설을 써보면 어떨까 싶었어. 물론, 권하지 않았지. 아니 못 했어. 귀하의 원고를 출판하는 일이 우리에게 주어진 가장 중요한 시대적 과업이라고 확신하고 있었거든.

나는 자네 부부의 슬픔을 조금이라도 덜어주려고 맨체스터로 초청했지. 곳곳에 천사의 추억이 묻어나는 집을 떠나 있는 게 유익하다고 보았네. 이십여 일 머물다가 런던으로 돌아간 예니에게 삼촌이 숨지면서 유산을 남겼다는 전갈이 왔지.

예니는 "유산이 조금만 일찍 왔다면 무슈를 구하기 위해 무엇인가 할 수 있었을 텐데"라고 아쉬움을 써 보냈더군.

이듬해 봄이 되자 예니는 딸들과 님을 데리고 서너 달 일정으로 친정 트리어에 갔어. 어머니가 아파서이기도 했고 아이들도 집을 떠나고 싶어 했다지.

나는 메리와 함께 그녀의 고향 아일랜드를 여행했다네. 기근으로 황폐화된 땅을 둘러보며 이른바 영국 시민의 자유가 식민지에 기반을 두고 있음을 깨달았지.

맨체스터로 돌아온 나는 아일랜드의 몰락한 귀족 사이에서 유행하는 커다란 콧수염을 기르기 시작했어. 연대의 표시였지. 날마다 매끈하게 면도하고 다니는 영국의 상거래 동료들 앞에서 보란 듯이 턱수염까지 풍성하게 길렀네.

예니가 친정에 가 있을 때 자네가 예니에게 보낸 편지들도 읽어보았지. 예니가 잘 보관해둘 만하더군.

"당신과 멀리 떨어져 있는 것만으로도 나는 곧바로 해와 비가 식물에게 하듯 시간이 우리 사랑에 무엇을 해놓았는지 알게 되었소. 성장시켰던 것이오. 당신을 향한 내 사랑은 당신이 떠나자마자 거인처럼 모습을 드러냈다오."

"내 사랑, 다시 당신에게 편지를 쓰오. 당신은 현실보다 생생하게 내 앞에 서 있소. 나는 그대로 안아 올려 머리에서 발끝까지 입 맞추고 당신 앞에 무릎 꿇고 앉아 울음을 터뜨리오. '마담, 나는 당신을 사랑하오.' 정말 당신을 사랑하오. 당신은 웃으며 '왜 갑자기 이런 호들갑이실까?' 하겠지. 그렇지만 당신의 달콤하고 하얀 가슴에 몸을 맞댈 수 있는 나는…(이 대목은 편집자로서 남우세스러워 줄이겠네). 세상에는 정말로 여인이 많고 그중 몇몇은 아름답기도 하지만 모든 생김새와 주름에서 내 생의 가장 위대하고 달콤했던 순간을 떠오르게 하는 얼굴을 어디서 찾아볼 수 있겠소? 당신의 달콤한 얼굴에 키스할 때 나는 슬픔을 날려버리오. 그녀 품에 파묻혀 그녀의 키스로 생기를 되찾으리라. 그러니까 당신 품속에서 당신의 키스로."

총애하던 아들을 잃은 슬픔을 아내에게 사랑을 고백하며 이겨내려는 안간힘이 읽혀지네. 다만, 이 글을 쓰려고 약간 유치한 그 편지를 재차 정독하면서—자네와 예니의 사랑에 잔잔한 감동까지 느끼면서도, 아니 바로 그렇기에 더더욱—내내 고개 숙이고 있던 오래된 의문이 세차게 머리를 들더군.

정말이지, 귀하에게 님은 무엇이었나? 아들 무슈의 죽음 앞에서 시커먼 머리가 하얗게 변할 만큼 오열하던 그대의 슬픔을 십

분 이해하면서도 그 순간 가만히 떠올랐던 의문과 같은 맥락이지. 대체 자네에게 프레디는 무엇이었나?

무슈의 장례식 이후 자네가 삶의 의욕을 잃은 모습을 볼 때, 내가 다 님을 바라보기가 안쓰러웠다네. 지금 이 글을 쓰면서 불현듯 떠오른 생각이지만, 어쩌면 그 절망의 늪에서 자네가 다시 삶에 의지를 갖도록 한 존재가 프레디는 아니었을까 싶네. 톺아볼수록 그랬을 가능성이 무장 짙어지는구면. 물론, 어디까지나 내 추론일세.

5. 선보인 회심작에 싸늘한 반응

런던 북부의 한적한 곳에 삼 층 벽돌집을 구했다는 편지를 예니에게 받았을 때 축하하는 마음에 앞서 안도감이 들었네. 박물관 도서실에 거룩한 공간이 있었지만, 그곳은 자료를 찾아 공책에 갈무리하는 데나 적합했을 걸세. 비둘기 집의 서재랄 수도 없는 서재에서 집필하는 모습을 볼 때면 늘 가슴이 아팠다네.

새 집은 방이 여덟 개로 예전 집보다 네 배나 넓었지. 그만큼 월세도 두 배나 올랐어. 하지만 예니 어머니의 죽음으로 받은 유산이 있다기에 안심할 수 있었네. 유산 규모가 제법 되리라 어림짐작했을 뿐, '공짜 재산'이 얼마나 생겼나 물어볼 수는 없는 일 아닌가.

그 무렵 세계적인 금융위기가 터졌어. 먼저 미국 뉴욕의 은행가에서 지진이 일어났지. 우리는 상공업자가 주도해온 지배 체제의 위기를 오래 기다렸고 그만큼 반겼네. 다만 현실을 감내해야 했어. 뉴욕의 신문사까지 휘청거려 런던 통신원으로서 자네가 받던 원고료 지급도 미뤄졌지. 그렇다고는 해도 그해 연말의 편지는 정녕 뜻밖이었네.

"월세를 내지 못하면 나는 완전히 신용을 잃게 될 걸세. 이게 내 처지라네. 어떤 전망도 없고…. 변변찮지만 가진 돈 모두를 쏟아부은 이 집에 완전히 고립되어 있는 걸세. 도대체 어떻게 해야 할지 모르겠구먼. 오 년 전보다 더 절망적인 상황에 처한 것 같아. 인생의 가장 쓴맛을 보고 있는 듯하네. 아니지! 정말 최악인 것은 이게 단순히 일시적 위기가 아니라는 거야. 도대체 나 자신을 어떻게 구해내야 할지 모르겠네."

급박하게 답장을 쓰면서도, "살아 있는 미코버"라는 자네의 또 다른 별명이 떠오르더군. 처음 들을 때도 그랬지만 적절하지 않다고 생각하네. 디킨스 소설에 나오는 미코버는 아무 일도 하지 않고 빈둥거리면서도 언젠가 행운이 찾아오리라 믿고 사는 낙천적 인물 아닌가. 어디 감히 그를 자네와 견줄 수 있나. 다만, 유산이든 뭐든 큰돈이 생기면 장기적인 계획 없이 곧바로 집 평수부터 덜컥 늘려 월세로 돈을 탕진하는 귀족 예니와 그것을 방관하는 자네가 갑갑했던 걸세.

"청천벽력 같은 소리였네. 자네가 비로소 제대로 된 집에 거처를 잡았기에 이제 모든 일이 술술 풀리고 있다고 생각했지. 그런데 모든 게 불투명한 상태라니…. 자네가 보름만 일찍 알려주었어도 좋았을 것. 우리 노인장이 크리스마스 선물로 말 한 필을 구입할 돈을 줬는데, 괜찮은 녀석이 보이기에 사버렸지 뭔가…. 자네 가족은 런던에서 고통을 겪고 있는데, 나는 이곳에서 말에 돈을 들인다는 사실이 너무나 짜증이 나는군."

마침 자네가 어느 공식 자리에서 "엥겔스는 나의 또 다른 자아"라고 밝혀 감동을 받은 참이었거든. 우리는 정치적으로나 지적으로 그 어느 때보다 가까웠지만, 경제 수준의 차이가 극명하다는 사실을 다시 확인하며 괴로웠다네. 불현듯 에드가의 장례식 날 예니의 젖은 눈망울이 떠올라 더 그랬어.

답장을 쓰며 자네에게 정기적으로 보내는 돈의 액수를 늘리겠다고 약속했지. 언제든 필요하면 기탄없이 더 요구하라는 말도 덧붙였어. 그 시점에 아버지는 나를 타고난 사업가로 인정하기 시작했거든. '철없는 아들'의 정치적 견해를 더는 걱정하지 않을 정도였네. 어찌 보면 가면극이 완벽하게 성공한 셈이지. 공동 경영자로서 이익도 배당받기 시작했네.

그 사이에 또 임신한 예니는 아들을 분만했지만 아기가 태어나자마자 숨져 고통이 더 커졌지.* 자네는 꼬리를 무는 슬픔과 절망을 넘어서기 위해서라도 집필에 전념했으리라 짐작하네.

낮에는 거룩한 공간을 찾아 《뉴욕데일리트리뷴》 칼럼과 의뢰받은 백과사전 원고를 쓰고, 밤에는 새벽 네 시까지 다량의 레모네이드와 담배에 의지해 정치경제학 책을 진전시켜갔지.

경제위기로 《뉴욕데일리트리뷴》의 원고료가 줄어들고 식료품을 구입하려 전당포를 들락거리는 처지에서도 자네 부부는 "다행히도 외부 세계의 상황이 지금 많은 위안을 주고 있다"며 "개인적으로 상상할 수 있는 가장 힘겨운 삶"을 잘 이겨내더군.

다만 "큰 포부를 지닌 사람에게 결혼하는 일보다 더 어리석은 것이 있을 수 있을까? 그렇게 해서 스스로를 가정과 개인적 삶의 작은 불행 속으로 몰아넣는 것 말이다"라는 대목에선 고통과 공감을 함께 느꼈네. 사실, 결혼이란 '큰 포부를 지닌 사람'이 아니어도 어리석은 선택이 되기 십상 아닌가.**

예니는 가난 속에서도 딸들만은 잘 키우려고 최선을 다했어. 교양 있는 남편—예니에겐 영국인이나 독일인—을 만나 경제적으로나 정치적으로 근심 없이 가정을 꾸릴 수 있도록 가르치려 했지. 딸들이 정치에는 모르쇠를 잡고 살기를 바랄 때가 가끔 있다고 이웃에 털어놓기도 했어.

---

* 맑스 자신의 표현을 빌리면 생산적인 엉덩이는 예니와의 사랑으로 딸 넷, 아들 셋을 불러왔다. 하지만 아들 셋과 딸 하나는 모두 10세를 넘기지 못하고 숨졌다.

** 엥겔스는 메리와 동거 형태로 살았을 뿐 결혼하지 않았다.

하지만 자네처럼 예니도 언제나 정치를 가장 중요한 문제로 생각했네. 다만 그 정치가 딸들의 인생까지 짓누르는 불상사만은 어떻게 해서든 막으려 했겠지.

귀하는 거룩한 공간이 가장 아늑했을 거야. 날마다 그곳을 찾아 연구에 몰입했지. 대영박물관 도서실의 아름다운 책상이 사반세기 동안 자네의 생산적인 엉덩이를 붙잡아둔 셈이네. 벽돌집 서재의 낡은 의자는 낮 내내 도서실에 붙어 있는 엉덩이가 돌아오기를 기다렸을 걸세.

마침내 1858년 봄 정치경제학 원고를 탈고했지. 얼마나 기다렸던 노작인가. 자네 원고를 받았을 때 정말로 감개무량했다네.

그런데 거북한 공간에 갇혀 내 머리가 서서히 죽어버린 걸까. 원고를 읽어도 도무지 이해하기 어렵더군. 정치경제학을 모든 각도에서 온새미로 서술하려는 노력이 원고 가득 묻어나지만 너무 어렵노라고 느낀 대로 답장을 보냈어. 자네는 한 달 가까운 침묵 끝에 답장을 보내왔지.

"내 오랜 침묵은 간단히 설명할 수 있네. 도저히 편지를 쓸 수 없었어. 현재도 온전히 회복된 것은 아니네. 《뉴욕데일리트리뷴》에 써야 하는 칼럼을 아내에게 구술했는데 강력한 자극제를 먹은 다음에야 가능했지. 간이 이렇게 나빴던 적이 없었거든. 혹 간경화증이 아닌지 두려움까지 밀려드네. 우리의 태평한 의사는 내게 모든 일을 멈추고 놀러 다니라 권하더군."

곧장 쓴 답장에서 당장 맨체스터로 오라고 강권했지. 교통비를 대줄 테니 일등칸 기차표를 끊으라 했고, 자네가 없는 동안 예니에게 필요한 비용을 모두 보내겠다고 했어. 구체적으로 이야기해야 진정성이 전해질 수 있잖은가.

예상대로 자네 건강은 맨체스터에서 휴식하며 빠르게 좋아지더군. 가족들이 감탄할 정도로 말이야. 해법은 간단했어. 빚과 글의 굴레에서 해방되도록 도왔을 따름이지. 망가진 몸은 무겁고 활기 없는 문체와 직결되거든.

내가 줄 수 있는 가장 좋은 음식과 훌륭한 포도주를 내고 두 시간씩 승마를 권했지. 칼이 승마를 꽤 좋아한다고 예니에게 편지를 썼어.

자네가 상쾌한 기분으로 런던으로 돌아갈 때는 내 마음도 맑음이었네. 며칠이 지나서 다시 편지를 받았지.

"여러 상황이 아내의 신경을 피폐하게 만들었네. 의사는 아내가 해변 휴양지에서 장기간 요양하지 않으면 뇌염 같은 병이 발병할 수 있다고 강력하게 충고하는군."

나는 조금도 머뭇거림 없이 다시 돈을 보냈어. '곳간'에서 수입이 늘어나면서 내 생각은 더 확고해졌거든. 내게 들어오는 돈은 본디 방직 공장 노동인에게 갈 몫이었다는 판단이 들었지. 우리 공장에서 노동하는 개개인에게 내 돈을 직접 돌려줄 수는 없지만 최소한 노동계급을 위해 써야 옳은 걸세. 그러므로 내 수입은 내 돈만인 것이 아니라 모든 동지의 돈인 셈이네.

무엇보다 내 친구는 인류가 마음 놓고 사랑하며 노동하는 사회를 목표로 노동인의 단결을 불러올 책을 집필하고 있잖은가. 내게 들어온 돈을 건네받을 자격이 충분하다 못해 넘치지. 탈고가 계속 늦어지거나 작업 결과가 만족스럽지 못해 더러 실망하기도 했지만 그것이 어디 자금을 끊거나 줄일 이유가 되나.

원고를 수정해 드디어 1859년 1월 《정치경제학 비판》의 최종 원고를 출판사에 넘겼다는 편지를 받았지. 애오라지 세 줄만 쓴 간단한 편지였지만 내게는 서른 줄, 아니 삼백 줄이었다네. 우리는 그 책이 베를린에서 성공할 경우 영어판을 위해 런던의 출판업자와 접촉하는 문제까지 상의했지.

이윽고 책이 출간됐을 때 조바심 속에서도 기대감에 부풀었던 우리 모두는 적잖이 당황했어. 거의 모든 신문이 자네의 역작에 모르쇠를 잡더군.

예니는 '침묵의 음모'라고 단언했네. 예니의 표현을 빌리면 "저열하고 비겁하고 부패한 언론"이 자네의 정신이 낳은 아들을 죽인 셈이지.

하지만 가족 사이에서도 소리 없이 실망감이 퍼져갔고 무엇보다 살림이 다시 위기를 맞았을 걸세. 자네는 병까지 얻어 계속 토해댔어. 정말이지, 친구, 너무 안쓰러웠다네.

예니는 편지를 보내 자네가 쓰고 있는 "정치경제학 두 번째 원고가 저 거들먹거리는 게으름뱅이들을 깜짝 놀라게 만들어 우리 모두를 무력감에서 벗어나게 해줄 것"이라고 전망했어.

같은 해에 영국에서 무명의 저자가 과학책을 출간해 단숨에 명성을 떨친 사건이 일어났기에 예니의 심경은 더 착잡했지. 바로 찰스 다윈일세. 무명이었던 그가 가을에 출간한 《종의 기원》이 영국 사회를 뒤흔들었어. 자연 도태에 근거한 진화론으로 기독교인의 오래된 목적론을 허수아비 베듯 단칼에 동강 낸 역작이지.

홍분한 나와 달리 자네는 다윈이 자연의 역사적 전개 과정을 규명했다며 책의 의의를 평가하면서도 진화론에 담긴 사회적 의미를 냉철하게 직시하더군. 나중에 다윈이 이른바 '미개 민족'에 대한 영국의 제국주의적 침략 정책을 두남두는 연설을 할 때까지 나는 자네가 왜 다윈을 비판적으로 보는지 이해할 수 없었다네. 더 정직히 말하자면 세상의 눈길을 한 몸에 받은 다윈에게 질투심을 느낀 게 아닐까 싶더군. 속절없지만 지금이라도 그대 인격을 잠깐이나마 의심해 미안하다는 말을 전하고 싶네.

가까스로 심신을 회복한 그해 연말에 자네는 채무 불이행으로 지방법원에 소환됐어. 이래저래 얼마나 힘들었을지 알겠네.

예니는 그 모든 어려움을 정치경제학 후속 원고로 날려버리길 기대했지. 정작 자네는 엉뚱하게도 한낱 가십거리에 지나지 않을 독일의 삼류 지식인 포크트와 논쟁을 벌이더군. 게다가 그를 비판하는 작업에 일 년 내내 매달려 모두를 실망시켰네.

독일인 포크트가 프랑스 왕에게 매수되어 글을 쓴다는 말을 자네가 사석에서 전하며 일이 꼬이기 시작했지. 그 말이 퍼져 신문에도 보도됐거든. 포크트는 복수심에 책을 써서 "노동인의 이름으로 폭력적인 음모를 추진하며 협박, 강탈, 위조 등을 일삼는 악당들의 우두머리"라고 자네를 비난했어. 자네의 진정한 충성심은 귀족 처남에게 있다고 주장한 그 책은 삼천 권 초판이 다 팔리고 재판 인쇄에 들어갔지. 게다가 베를린의 신문들까지 그 허접한 책을 발췌해 보도했어. 틈날 때마다 악마를 사냥하자는 속셈이었겠지.

자네 성격을 잘 알기에 간곡히 편지를 썼어. 포크트를 비롯한 어중이떠중이의 갖가지 비난을 잠재울 유일한 길은 책의 다음 편을 완성하는 것뿐이라고 강조했지. 포크트와의 논쟁으로 정작 중요한 집필을 멈추지 않기를 바라서였네.

뜻대로 안 되더군. 결국 시간을 탕진하며 자네는 포크트를 비판하는 글을 탈고했지. 막상 원고를 받아보니 정치경제학 책과 달리 문장에 재기가 넘쳤어. 그래서 자네의 논쟁적인 글 중 최고라고 평가해주었지. 비아냥댈 생각은 없었어. 다만 친구의 헛된 노고를 위로할 겸 넌지시 성찰을 바라는 말이었네. 역사는 그 책을 조금도 평가하지 않으리라고 진즉 확신했거든.

정력만 헤프게 낭비한 그 책은 경제적 도움은커녕 손실만 안겼지. 출판사가 파산해 인쇄업자로부터 이십 파운드 소송마저 당했잖은가. 애당초 출판사가 자네에게 선불을 요구할 때 내가 말했지? 그런 출판사는 믿을 수 없다고. 하지만 자네가 내 말을 듣지 않고 고집한 결과였어. 그 소송 경비 또한 내가 책임지게 되자 은근히 화마저 치밀더군. 마흔이 넘은 천재의 순진함을 애써 이해하며 쓴웃음으로 넘겼다네.

그로부터 십 년이 지난 1870년에 프랑스 정부의 기록 보관소에서 나폴레옹 3세가 포크트에게 돈을 지불한 증거가 나왔지. 진실이 드디어 밝혀졌다는 의미를 부여하기엔 천재의 시간이 너무 아까웠다네. 자네가 유령이 된 지금은 더욱 그 지상의 시간이 슬프도록 가슴 시리네.

6. 검은 눈의 위험스런 매력

"저의 오른팔은 전당포 주인이지요."

귀하도 익히 들었을 예니의 슬픈 해학이라네. 그러니까 동네 전당포 주인은 아이들의 삼촌이자 예니의 심복이었던 셈일세.

셰익스피어의 작품이 무대에 오르면 자네 온 가족이 관람하고 싶어 했지. 하지만 좌석을 살 돈이 없어 서서 관람한다는 이야기를 듣고 급히 돈을 보냈어. 자넬 위해서가 아닐세. 나를 위해서였지. 돈을 보낼 때마다 거북한 곳간에 조금만 더 머물자고 다짐할 수 있었거든.

그런데 1860년 내게 생명과 재산을 주신 아버지가 갑자기 돌아가셨어. 프로이센 정부의 허가를 받고 오랜만에 '조국'을 방문해 장례식에 참석했지. 어머니와 사랑을 나누던 아버지의 건강한 모습이 떠올라 눈시울을 적셨다네.

맨체스터로 돌아와 자네에게 다시 백 파운드를 보내며 예니에게 책 출간을 촉구했지. 앞으로 이 년 안에 책을 완성하지 못하면 아무리 대단한 작품을 만들어낸다고 한들 적절한 시기를 놓칠 것이라고 '협박'했어.

자네 책이 성공하면 곳간지기 복무에서 바로 제대하고 싶다는 간절한 이유도 깔려 있었지. 아버지가 돌아가셨기에 그걸 막을 사람은 이제 아무도 없었거든.

그 무렵, 귀하의 소문난 악필을 언제나 착한 필체로 옮겨온 여신의 몸에 이상이 생겼어. 열이 높아 고통스러워했지. 그럼에도 경제적 여건 때문에 의사 부르기를 머뭇거리다가 도저히 어쩔 수 없어 의사를 부른 거야.

왕진 온 의사는 예니를 진찰하더니 얼굴이 하얗게 질렸지. 곧장 아이들을 집 밖으로 내보낸 뒤 떨며 말했어, 천연두라고.

집 안 모두 시커먼 공포에 잠겼을 거야. 치사율이 높아 이미 영국에서 수천 명의 목숨을 거둬간 병이지. 식민주의자들이 아메리카 대륙을 점령했을 때 그곳에서 자자손손 살아온 민중을 상대로 비열하게 사용한 무기이기도 하다네.

자네는 모든 작업을 중단하고 간병에 매달렸어. "마음을 안정시킬 수 있는 유일한 일은 수학"이라거나 "극심한 치통이 고마울 정도일세. 그 때문에 아내 걱정을 잊을 수 있어서야"라고 적은 편지에서 애써 여유를 찾으려는 몸부림이 전해지더군.

정성 들인 간병은 보답받았지. 예니는 건강을 되찾았어. 몹쓸 천연두는 항복했지만 트리어의 소문난 미인 얼굴에 얽은 자국을 남기더군. 그래서일까. 예니가 신경질적으로 짜증 내는 일이 부쩍 늘어 자네가 힘들었을 거야. 더구나 사자 갈기 "머리털을 모조리 곤두서게 한" 의사의 청구서를 받았지.

그 시절, 그나마 예니에게 위안이 있었어. 모스크바 대학의 한 교수가 자네의 《정치경제학 비판》을 교재로 강의한다는 복음이 들려왔거든. 예니의 살짝 얽은 얼굴에 퍼져가던 환희를 보며 나까지 안도감이 들더군. 그 뒤 자네는 사이사이 러시아어를 익혔어.

언어는 삶의 전장에서 필요한 무기이고, 사상이라는 머리는 언제나 민중이라는 몸통과 이어져야겠지. 러시아 민중의 상황을 파악하려고 러시아어를 익혔는데 금세 대화도 가능한 수준이 되더군.

프로이센 정국에도 작은 변화가 있었어. 1861년 1월 빌헬름 1세가 왕좌에 오르며 자신이 마치 전임자와 다른 계몽 군주라도 되는 듯 유화 정책을 썼지. 망명자 사면도 추진하겠다고 떠벌리더군. 베를린의 라살레*는 자네에게 《새라인신문》의 복간을 제

---

* 페르디난트 라살레Ferdinand Lassalle, 1825~1864는 부유한 유대인 상인의 아들로 태어났지만 대학 시절 헤겔 좌파로 활동하며 사회주의자가 되었고 맑

안했어. 하츠펠트 백작 부인에게 자금을 지원받을 수도 있다고
밝혔지.

자네는 직접 베를린으로 들어가서 상황을 판단할 필요가 있
다고 생각했어. 조금 고무되어서일까. 여느 때보다 숨김없는 편
지를 내게 보냈지. 매주 빵집, 정육점, 청과상에 돈을 지불해야
한다고. 예니가 포도주를 퍽 좋아한다며 아이들까지 "술을 좋
아하는 아빠의 취향을 물려받은 것 같다"라고 썼어.

조금 민망했던가 봐. "굳이 말로 표현하지 않더라도 내게
베풀어준 훌륭한 우정의 증거를 얼마나 고맙게 여기는지 잘 알
고 있을 걸세"라는 대목에서 하릴없이 웃음이 나왔다네.

자네는 베를린으로 가는 길목에서 네덜란드의 외숙부를 찾았
지. 예전에 임신한 몸으로 찾아온 예니를 빈손으로 돌려보낸 외
숙은 고집스럽고 인색한 노인*이었어. 당연히 조카의 방문도 좋

스의 《새라인신문》에도 참여했다. 명문 귀족 하츠펠트 백작 부인의 이혼 소송
에 적극 개입했다. 맑스 사상에 공감하면서도 헤겔의 국가관을 견지함으로써
국가사회주의자로 불렸다. 줄곧 독일에서 활동한 그는 노동운동이 국가를 적
극 활용해야 한다며 1863년 독일 사민당의 전신인 독일노동인동맹을 조직하
고 초대 총재를 맡았다. 훗날 독일 사민당은 '맑스의 사상을 아버지로, 라살레
의 전술을 어머니로 탄생했다'는 말이 회자될 정도로 독일 노동운동과 사회주
의 운동에 큰 영향을 끼쳤다.

*   그 '인색한 노인'이 창업한 기업은 21세기 현재 다국적 기업인 필립
스전자philips electronics의 모태다.

아할 리 없었지.

나름대로 자네도 전략을 세웠더군. 신문 창업을 제안하는 라살레의 편지를 일부러 외숙이 보도록 흘렸어. 더구나 외숙 집에 머문 나날이 불편하진 않았지. 스물네 살의 나네트가 사촌 오빠를 흠모하고 있었으니 말일세.

자네는 그녀가 매력적이고 재치 있으며 "위험스럽게 검은 눈을 가졌다"라고 표현했지. 그 눈의 정열에 저항할 수 없었다는 대목에선 잠시 편지 읽기를 멈췄다네. 이것은 은유일까. 천하의 바람둥이인 나도 판단이 서지 않더군.

한 손을 턱에 괴고 지그시 눈을 반쯤 감으며 헤아려보았네. 포크트와의 지저분한 논쟁과 예니의 간병으로 지쳤을 귀하에게 스물네 살의 미인이 어떻게 다가왔을까. 결혼을 하지 않은 나라면 온전히 감정의 흐름에 맡겼겠지만, 이미 오래전에 용기 있게 결혼한 자네라면 진중하리라 생각했어.

그런데 편지를 읽어가노라니 는개에 잠기게 되더군. 귀하가 그 위험스럽게 검은 눈과 애틋한 포도주를 나눌 때, 나는 애잔한 마음으로 런던에 포도주를 보냈다네. 님이 병에 걸려 다리가 부어오르고 정신이 혼미하다는 예니의 편지를 받았거든. 진료비를 비롯해 여러 식료품을 포도주와 함께 부쳤어. 언제나 정중한 예니의 편지가 왔지.

"수년에 걸쳐 사랑과 헌신으로 우리를 슬픔과 고난에서 구해준 배려에 어떻게 고마움을 표해야 할까요. 제가 원한 것보다

다섯 배는 될 법한 선물을 보고 너무나 기뻤답니다. 그 사실을 인정하지 않는다면 위선이겠지요. 하지만 저의 기쁨은 우리의 님에 견줄 바가 아닙니다! 내가 계단을 뛰어 올라가 '엥겔스 씨가 네 회복을 위해 오 파운드를 보냈어'라고 알려주자, 생기 하나 없던 님의 눈에서 갑자기 불빛이 반짝이더군요.”

예니의 편지는 나의 이타심이 가족을 경제적 재앙으로부터 지켜주었다는 말도 잊지 않을 만큼 귀족적이었어. 하지만 무엇보다 '불빛이 반짝이는' 님의 눈이 떠올라 한동안 싱숭생숭했지. 뒤숭숭한 가슴 어딘가에서 뭔가가 울컥 치밀어 오르기도 했다네.

자네가 베를린에서 라살레와 함께 있다고 대단히 짧은 편지를 내게 부친 날, 나네트에겐 연정을 듬뿍 담아 긴 편지를 보냈더군. 전기를 쓰려고 자료를 모으다 발견했네. 이해하네, 친구. 나는 생전의 자네가 편지로 적은 것보다 더 기쁜 시간을 그 위험한 눈과 싱둥싱둥 나눴기를 바라네.

그런데 베를린에 가서 또 다른 여인과 친밀하게 지냈더군. 다름 아닌 라살레가 말한 백작 부인이었지. 쉰여섯 살의 그녀는 자네 표현에 따르면 '강렬한 눈매의 푸른 눈동자와 뒤로 가다듬어 묶은 금발이 아름다운 여성'이었지. '좋은 말벗'을 만났다며, 그녀는 활달해서 따분하지 않고 혁명에도 관심이 많다고 편지에 썼어. 그나마 내게 보낸 편지에선 자제했더군. 프로이센의 한 동료에겐 자신이 '사교계의 인기 인물'이 되었노라고 농반진

반을 건넸더군.

친구, 나는 자네가 《새라인신문》 복간을 목표로 백작 부인에게 접근했고 프로이센에서 활동하는 동료에게도 그런 목적이 있었을 거라고 판단하네.

그런데 나네트에게 보낸 편지는 점점 길고 친밀해지더군. "나의 귀여운 작은 사촌"이란 말은 그런대로 무난하지. 다만 "나의 작은 매력덩어리"나 "나의 잔인한 작은 마녀"는 뭔가. 작은 매력덩어리에게 쓴 장문의 편지에는 자네를 베를린에 붙잡아두고 싶어 하는 백작 부인과 나눈 대화를 그대로 옮겨놓기도 했어.

그녀: 그럼 용무를 마치는 대로 베를린을 떠나겠다는 말이 우리가 당신에게 보여준 우의에 대한 감사의 표시란 뜻인가요?

나: 아닙니다. 그 반대지요. 저는 예정보다 너무 오래 이곳에 머물렀던 겁니다. 당신의 상냥함이 저를 이 사하라에 옭아맸으니까요.

그녀: 그렇다면 저는 더욱 상냥해지겠어요.

나: 그렇다면 저는 도망치는 수밖에 없겠군요. 그렇지 않다면 의무가 저를 부르는 런던으로 절대 돌아갈 수 없을 테니까요.

그녀: 한 여인의 친절이 당신을 도망치게 만든다니 숙녀에 대한 극도의 칭찬이시군요.

나: 당신은 베를린이 아닙니다. 상냥함의 진실성을 제게 증명

해 보이고 싶으시다면 저랑 함께 도망칩시다.

귀하는 매력덩어리의 질투를 유발하는 편지 끝에 '당신의 편력 기사'라고 서명했지. 나네트는 나의 친구 칼을 '함장'이라 부르며 화답했더군. 거 참, 언제 또 '함장'이 되었나?

그 시기에 편력 기사, 아니 함장의 아내 예니는 그녀의 오른 팔인 전당포에 기대어 돈을 마련하느라 분투했다네. 어느 때는 자신을 '신발동맹의 진보당' 당원으로 묘사했더군. 아이들과 먹고살기 위해 날마다 오후 몇 시간은 시내를 누비며 돈을 빌려야 했던 걸세.

신발동맹의 뛰어난 진보당원은 자신이 본능적으로 싫어하는 라살레에게도 편지를 보냈어. 그녀의 "군주이자 주인"인 남편을 환대해준 것에 정중하게 감사를 표하며, 남편을 너무 오래 붙잡지 말아달라고 썼지. "그 점이 제가 소유욕이 강해지고 이기적인 질투심을 갖게 되는 지점"이라고 편지 분위기를 부드럽게 한 뒤 자네보다 명석하게 썼더군. "정치적으로 제 가슴속을 샅샅이 뒤져보았지만 조국을 발견할 수 없었기 때문"에 자신은 베를린으로 가는 것은 싫다고.

아마 런던의 예니가 프로이센의 상황을 자네보다 더 정확하게 인식하고 있었던 모양일세. 베를린에 한 달이나 머물렀지만 결국 예니의 어수룩한 랍비는 《새라인신문》 복간은 물론, 시민권 회복에도 아무런 성과를 거두지 못했지.

그래도 프로이센 방문의 열매가 있었다고 해야 할까. 베를린을 떠나 트리어의 노모를 찾았을 때 어머니는 아들에게 받은 차용증서를 찢어주었지. 탕아로 돌아온 아들에게 건넬 가장 포근한 손길이 무엇인지 파악한 거야.

자네는 런던으로 돌아오는 길에 다시 네덜란드의 외숙부 집을 들렀어. 베를린과 빈, 뉴욕까지 진출할 전망이 있다며 백육십 파운드를 받아냈지. 이건 결코 비꼼이 아닌데 말일세, 자네정말 대단한 전략가야. 자본가로부터 자본가를 함락할 군자금을 확보한 셈 아닌가. 그나저나 다시 나네트를 만났더군. 검은눈이 참으로 위험했던 걸까.

몸이 아팠던 두 여인은 두 달 만에 귀가한 가장을 진심으로 반겼지. 손에 백육십 파운드가 없었어도 반겨 맞았을 거야. 검은눈이 과연 얼마나 위험했는지는 모르겠네. 눈어림은 가지만 그것만으로 기록하는 것은 옳지 않겠지. 어쨌든 자네는 돌아오지않았나. 예니에게 또는 님에게, 아니면 둘 다에게.

7. 친구의 참을 수 없는 차가움

링컨.* 우리 일이 잘 풀리지 않던 그 시절 상큼하게 다가온 정치인이었네. 대서양 건너 미국에서 남북전쟁이 일어난 1861년에 우리는 노예 해방을 적극 지지했지. 미국에서 민주주의가 한 단계 더 진전하면 유럽에도 긍정적 영향을 줄 것이 틀림없을 테니 말일세.

자네는 노예 해방 선언이 미국 건국 이래 가장 중요한 문서라며 대통령 링컨에게 경의를 표했어. 하지만 미국의 내전은 우리 생활에 직접적 충격을 주었네. 목화값이 치솟으면서 방직 공장의 수익이 곤두박질쳐 내 연 수입은 백 파운드로 급감했어. 나는 가능한 빨리 자네에게 나의 금전 상황을 설명했지.

"내가 '황금 똥'을 누는 기술을 발견하지 못하는 한 자네가 어떤 식으로든 친지로부터 무엇인가 얻어내는 것 외에는 아무런 방법이 없을 것으로 보이네. 내 말 잘 새겨듣게."

그 시절 그나마 이어오던 자네의 언론 노동도 마침표를 찍어야 했어. 미국 내전 탓도 있지만 이미 오래전부터 신문사 논조와 자네 칼럼 사이에 틈이 생겼잖은가. 큰딸 예니헨이 더는 부모에 의존해서는 안 된다는 생각으로 연극배우로 무대에 오르려 했을 때, 뒤늦게 그 사실을 안 자네는 편지를 보냈지.

* 에이브러햄 링컨Abraham Lincoln, 1809~1865. 미국 16대 대통령으로 남북전쟁에서 북군을 지도해 노예 해방을 이루었다. 대통령에 재선되었으나 이듬해 암살당했다. 게티즈버그에서 한 연설 중 '민중의, 민중을 위한, 민중에 의한 정부'라는 대목이 지금까지도 민주주의의 대표적 정의로 꼽힌다.

"그 모든 것을 고려해봤을 때 이런 개 같은 삶을 사는 것은 아무런 가치도 없는 일이야."

내 친구의 '개 같은 삶'이 가슴 아팠지만 그 시점에선 나도 어쩔 수 없었어. 돈 대신 포도주 창고를 뒤져 보르도산 여덟 병, 라인산 네 병을 우정의 징표로 보낼 수밖에 없었네.

나 자신도 생활비를 줄이려고 메리와 집을 합쳤지. 물론, 자네는 더 힘들 수밖에 없었을 거야. 님의 신발까지 '예니의 오른팔'에게 건네고, 집을 나설 때면 빚쟁이들을 피해 변장까지 했다고 들었네. 상황이 답답했던 나는 책을 출간하면 인세로 칠십 파운드 정도는 벌 수 있을 것이라며 서둘러 탈고를 권했지.

편지에서 '화약통 위에 앉은 사내'를 자임했던 자네가 철도 회사 사무직에 이력서를 냈다며 곧 일하게 될 것 같다는 소식을 전했을 때는 하릴없이 눈을 슴벅였네.

다행히 자네의 악필이 좋은 일을 했지. 필체가 너무 엉망이라 취업을 거부당했으니 말일세. 님이 철도 회사가 보내온 글을 보관하고 있었더군.

"맑스 박사님. 귀하께서 우리 회사에 일자리를 요청하시다니 영광입니다. 지금까지 우리 회사에서 철학박사님이 사무원으로 일한 적이 없습니다. 그런데 그 자리는 알아보기 쉬운 필체가 요구되어 안타깝게도 정중히 거절할 수밖에 없습니다."

철도 회사 간부가 조롱한 일쯤이야 뭐 애교로 넘겼겠지.

그런데 불행과 슬픔이 내게도 기습하듯 찾아오더군. 결혼식만 올리지 않았을 뿐, 스무 해에 걸쳐 사실상 부부처럼 동거해온 메리가 아무런 예고도 없이 나를 영영 떠났다네.

처제 리지가 곁에서 위로해주었지만, 슬픔을 나눌 친구가 절실해서 눈물을 삼키며 편지지에 끼적였지.

"지난 밤 메리가 일찍 잠자리에 들었거든. 그런데 자정이 다가올 무렵 리지가 자러 갔을 때 이미 숨을 거둔 뒤였어. 황당하게도 심장마비나 뇌졸중이라는군. 내 슬픔은 이루 형언할 수 없어. 그 가여운 천사는 진심으로 나를 사랑했다네."

기대대로 바로 다음 날 답장이 오더군. 친구로부터 조금이라도 살아갈 힘을 얻고 싶어 서둘러 봉투를 열었다네.

메리의 죽음에 놀람과 슬픔을 표시한 대목은 정확히 처음 두 줄이었지. 다음 서른한 줄은 돈이 없다는 이야기였어. 1863년 1월에 내게 일어난 참사일세. 청춘을 쏟은 사랑에 이어 우정마저 사라졌다는 절망감이 엄습했어.

친구, 그 순간 나는 그 어떤 그리스 비극보다도 슬펐다네. 있는 그대로 적자면, 머릿속이 하얗게 비어가다가 세상이 두루 창백하게 채색되더군. 심장이 퍼들퍼들 뛰며 나도 모르게 입술 사이로 신음이 흘러나왔지.

"이런 빌어먹을 놈 때문에 내가 하고 싶은 일을 여태 접고 있었던가."

하염없이 허공만 바라보다가 편지를 다시 읽었네. 그 유명한 악필이 맞더군. 정말 악필이었지.

친구, 나는 그해 정월, 자살의 문턱까지 발을 디뎠다네. 메리는 내가 사랑해온 여인이자, 자네의 첫 영국 여행 때 우리를 친절하게 안내해준 이래 우리의 동지로 활동해오지 않았던가.

가까스로 나를 추스르며 귀하에게 마지막 기회를 주자고 정리했지. 일주일 만인가, 답장을 보냈어.

"나의 불행과 그에 대한 친구의 차가운 시선 때문에 좀 더 빨리 답장하는 것이 절대적으로 불가능했다는 사실은 자네에게도 지극히 이치에 닿는 말일 걸세. 속물인 지인까지 포함해 모든 동료가 나를 깊은 충격으로 몰아넣은 사태에 대해 기대했던 것보다 훨씬 더 큰 위로와 우정을 표시해주었지. 자네는 나의 불행을 자네의 '냉철한 마음'의 우월성을 주장하는 최적의 기회로 생각했더군. 그렇다면 그렇게 하게나!"

답장이 빨리 오리라고 생각하진 않았네. 일상적으로 그랬듯이 다음 날 답장이 도착했다면, 아마 읽지도 않고 찢어버리거나 벽난로에 던졌을지 몰라. 열하루가 지나 답장이 왔지.

자네의 차가운 태도를 예니 탓으로 돌린 첫 문장을 읽는 순간 그만 접고 싶었어. 그럼에도 인내심을 갖고 읽어갔지.

메리의 비보를 접한 날, 집으로 빚쟁이들이 들이닥쳤고, 딸들도 학교에 가지 못했는데 학비를 내지 못한 데다 입고 갈 만한 옷도 없어서였다고 주절주절 썼더군. 예니는 엄혹한 사정을 나에게 전해달라고 했지만, 자신은 편지를 부치자마자 곧바로 후회했노라고 사과했어.

사과를 받아들일까 망설이는데 바로 이어 자네도 모르는 사이에 예니가 생필품 구매를 위해 루푸스에게 일 파운드를 부탁했고, 그가 이 파운드를 송금해주었다며 "내게 이 사실은 불쾌하지만 사실은 사실이네"라고 첨언했더군. 마치 가난한 루푸스와 부유한 엥겔스의 선행을 비교하는 것처럼 느껴졌지. 오해 또는 곡해일지도 모르겠지만 당시는 그랬다네.

심장이 곧 부서질 듯이 뻐근해왔어. 애써 깊은 숨을 거푸 내쉬었지. 인생을 끝내고 싶은 생각이 다시 엄습해오더군. 서랍에서 권총을 꺼내 총알을 장전했네. 집게손가락을 방아쇠에 걸칠 때 문득 이게 브뤼셀에서 자네가 선물한 권총이라는 사실이 떠오르더군. 받은 유산을 몽땅 털어 노동인을 무장시키며 내게도 말했지. 혁명을 위해서라도 자네 몸을 지키라고.

권총을 든 채 긴 시간 고통스런 사색에 잠겼네. 결국 난 자살이라는 사탄의 유혹 또는 악마의 저주에서 스스로를 구원했어.

내 친구도 결함 많은 인간이라는 사실, 친구의 결점도 인간이라면 누구나 가지고 있을 미성숙 가운데 하나라는 사실에 주목하자 악마의 저주가 시나브로 풀리더군. 우정은 사랑을 받는 곳이 아니라 주는 곳에 있다지 않은가. 상공업자들이 즐겨 쓰는 "친구를 불신하는 짓은 친구에게 속는 것보다 더 수치스러운 일"이라는 금언마저 떠올랐네.

용서하자 다짐했지. 그것이 친구로서의 도리라고 말일세. 하물며 내 친구가 누구인가. 인류의 내일을 열어갈 친구의 일상에 경제적 그늘이 짙게 드리워질 사태를 명색이 친구인 내가 불러올 수는 없잖은가. 고통받고 있는 노동인과 인류의 미래에 삶을 바치겠다는 큰 뜻을 친구도 나도 바꾸지 않았다면, 사소한 갈등은 덮어야 마땅하지.

생각을 바꿔보니 친구의 참을 수 없는 차가움도 정작 그 친구와 내가 함께 개척한 사상으로 얼마든지, 아니 정확히 설명할 수 있더군. 경제적 요인이 의식을 결정한다고, 경제적 현실을 외면한 사랑의 설교는 공상일 뿐이라고 자네와 내가 이미 선언하지 않았던가.

그렇게 메리에 이어 자네마저 잃어버리기 직전에 우정을 되찾았네. 얽힌 매듭을 끊지 않고 풀어가는 과정에서 처제 리지의 위로도 톡톡히 한몫했지. 내게 힘을 준 리지의 한마디를 기록하고 싶군.

"돈에 미친 세상을 바꾸겠다는 뜻을 형부가 접는다면, 언니는 저 세상에서 정말 슬퍼할 거예요."

리지의 깨끗한 눈빛이 무척 고마웠다네. 정결히 상황을 정리하고 편지지를 꺼내 정성껏 적었지. 내 사랑의 죽음에 귀하가 보인 냉담을 완전히 잊을 수는 없겠지만 그 일은 이제 제쳐두기를 바란다고.

"오랫동안 사랑하며 살아온 사람의 죽음으로 겪는 큰 아픔은 피할 수 없는 일이네. 나는 그녀와 함께 내 젊음의 마지막 흔적을 묻어버렸어. 사랑을 잃었지만 나의 가장 오랜 친구와의 우정까지 잃지는 않아 기쁘다네."

편지에 백 파운드를 동봉했을 걸세. 그렇게 내 '의무'를 다하며 서글픔을 마물렀지. 슬픔을 달래려고 애써 러시아어를 익혔는데도 메리를 잃은 공허감은 쉽게 가시지 않더군.

그래도 그 깊은 허무의 강으로 삶의 물결도 흘러가고 있었지. 리지와 자네 가족과의 일상도 내게 조금씩 힘을 주었네. 그런 것이 가족의 힘이라는 걸까.

귀하는 쾌히 인정하지 않겠지만, 사실 자네 가족―당연히 님도 포함한―은 내 가족이나 다름없지 않은가. 적어도 내 마음은 그랬다네.

예니는 덕분에 딸들이 다시 학교에 갈 수 있었다고 감사의 편지를 보내왔다. 자네는 도서관을 오가며 연구와 저술 작업에 전념하느라 뺨과 등에 종기가 돋아났어. 등에 난 부스럼은 무장커져 주먹 크기만 한 옹이 되었더군. 의사는 몸이 쇠약해진 데다 위생 상태도 안 좋아 종기가 발생한 것이라 진단했고, 예니는 자네가 몇 달 내내 몸을 혹사해서라고 확신했어.

"평소보다 담배를 두 배나 더 피우고 여러 약을 세 배나 더 복용해왔답니다. 그 원망스런 원고는 절대로 막을 내리지 않을 것 같군요. 우리 모두를 악령처럼 지배하고 있어요. 그 리바이어던이 세상에 나오기만 한다면 얼마나 좋을까요."

끝내 앓아누웠지. 의사는 두 시간마다 찜질을 하고 억지로라도 많이 먹어 영양을 섭취하라고 처방했지만, 정작 자네는 고통

을 줄인다며 보름 내내 날마다 1.5리터의 흑맥주와 포도주 반
병을 마셨다고 들었네. 예니는 밤새 침대를 지키며 바닥에서 잤
다지. 님은 온갖 뒤치다꺼리로 인한 피로와 걱정으로 몸살이 나
앓아눕고 말일세.

가까스로 몸이 회복될 즈음에 트리어에서 어머니의 부음이
전해졌을 거야. 아직 성하지 않은 몸으로 고향에 가야 했어. 장
례에 참석한 자네가 예니에게 사랑을 전하는 편지가 내 앞에 놓
여 있네.

"사랑하는 나의 예니…. 내가 당신에게 오랫동안 글을 쓰지
않았다면 그것은 절대로 당신을 잊었기 때문이 아니오. 오히려
그 반대라오. 나는 과거의 베스트팔렌 저택을 날마다 순례하고
있소. 그곳은 그 어떤 로마 유적*보다도 나의 관심을 끄는 곳이
오. 어린 시절의 가장 행복했던 나날을 떠올려주고 내 위대한
보물을 간직한 곳이기 때문이오. 더구나 말이오. 어디를 가더라
도 '트리어 최고의 미인'이자 '무도회 여왕'에 대해 질문을 받는
다오. 자기 아내가 마을 사람들 모두의 마음에 '잠자는 숲속의
미녀'로 자리 잡고 있다는 사실은 남자에게는 참으로 황홀한 일
이라오."

아마도 그 편지는 자네가 유산으로 가져온 천 파운드보다 더

*   트리어는 기원전 15년 전후에 로마 제국의 아우구스투스Augustus 황제
가 건설한 고대 도시로 독일에서 가장 역사가 깊다.

값졌겠지. 그런데 자네 부부는 다시 큰 집으로 이사하는 데 뭉칫돈을 쓰더군.

넓은 공원 옆에 자리한 삼 층 저택이었지. 현관 옆에 온실이 있고, 막내딸 투시는 개 두 마리, 고양이 세 마리, 새 두 마리를 키웠어. 자네는—아니, 예니의 결정이겠지—공원이 내다보이는 방을 서재로 삼았지. 지난 교훈을 무시하고 연 육십오 파운드라는 엄청난 집세로 삼 년 임대 계약을 한 거야.

메리를 잃은 충격에서 내가 아직 벗어나지 못했을 때 우리의 오랜 친구 루푸스가 세상을 떴지. 1844년 브뤼셀에서 뜻을 함께한 뒤부터 거의 이십 년 동안 함께한 동지였어. 자네가 애도했듯이 그를 잃음으로써 우리는 '가장 성실한 친구'와 '그 누구도 대신할 수 없는 투사'를 동시에 잃은 걸세.

루푸스는 맨체스터에서 가정교사로 일했기에 나와는 거의 날마다 만났어. 상공업자가 주도한 산업문명의 쓰레기장에서 함께 투쟁 의지를 다진 동지였다. 독신으로 살아서일까. 유서에 자신이 저축한 천 파운드 가운데 나와 주치의, 맨체스터의 독일인사회문화클럽에 각각 백 파운드를, 자네와 예니에게 칠백 파운드를 남겼지. 책, 유품과 함께.

자네는 슬픔에 잠긴 나를 맨체스터에 혼자 둘 수 없다며 런던으로 초대했지. 이십 년 만에 처음으로 자네 가족이 나를 보살펴준 시간이었어. 그 따뜻한 해방구에서 다시 살아갈 힘을 얻을 수 있었다네. 고마워, 친구. 예니도, 그리고 님도.

8. 노동인들의 첫 국제 연대

유럽의 정치를 사실상 독과점한 각국의 상공업자들은 지구의 드넓은 대륙, 아프리카·아메리카·아시아를 경쟁적으로 침략해갔네.

상공업자와 금융업자가 내건 시장주의와 자유방임 정책은 중세 체제보다도 더 비인간적인 체제를 지구 곳곳에 세우더군. 마치 자네 몸을 침략한 종기처럼 말일세.

토지에 기반을 두었던 중세시대엔 어렴풋이나마 잔존했던 공동체 의식이 가뭇없이 사라졌어. 노골적인 이기주의에 기초한 자본주의 사회는 '자유'라는 미명 아래 극빈자와 노약자를 방치했지.

상공업자가 내세운 자유와 법적 권리는 그것을 이용할 수 있는 물적 수단을 가지고 있을 때만 의미가 있음을 민중은 싸목싸목 깨달아갔어. 자본의 힘이 세계적으로 커져가면서 자네와 내가 공언했듯이 노동의 힘도 나날이 자라난 거야. 양적으로 크게 늘어난 유럽의 노동계급은 결속력을 점점 높여갔지.

1864년 여름, 어머니와 루푸스의 유산 상속으로 궁핍에서 자유로워진 자네는 집필에 몰두했고, 예니와 세 딸, 님은 새로 장만한 집과 자기 방을 가꾸기 바빴어.

나는 미국 내전이 끝나면서 다시 호황을 맞은 에르멘앤드엥겔스 사의 공동 경영자로 그에 따른 부를 향유하며 리지와 더 큰 집으로 이사했지.

언니 메리를 따라 십 대 시절부터 나와 함께 살았던 리지는 어느새 서른일곱 살이 되었어. 리지의 자태에서 언니를 느낀 것은 우리 집을 드나들던 아일랜드 독립운동가들만이 아니었네. 메리를 잃은 슬픔을 공유하던 우리 사이에 어느새 사랑이 싹텄나 보이. 나로선 리지의 깨끗한 사랑에 감사할 따름이지. 언니에게 다 못 준 사랑을 듬뿍 쏟고 싶은 마음뿐이라네.

그런데 인생은 정말 예측할 수 없더군. 자네를 베를린으로 초청했던 라살레는 그 뒤 독일 전역에서 전국 규모의 노동동맹을 조직하고 사회주의 운동의 지도자를 자처했었잖나. 그렇게 야심차게 일하던 라살레가 돌연 횡사한 걸세.

열아홉 살 여성과 사랑에 빠진 라살레는 그녀의 약혼자인 루마니아 귀족 청년과의 결투에서 총상을 입고 죽었어. 자네 편지에 전적으로 공감했다네.

"라살레의 비극이 머릿속을 내내 떠나지 않는구먼. 사람들이 뭐라 하든 그렇게 죽기에는 아까운 인물 아닌가. 그토록 분주하고 저돌적이던 사람이 갑작스럽게 숨을 거둬 영구히 입을 다물게 되었다는 사실이 믿어지지 않으이. 우리 시대 사람들은 하나둘 사라져가는데 새로운 증원군은 보이지 않으니 이를 어쩌면 좋겠는가."

그로부터 보름 뒤였을 거야. 독일의 노동단체들이 자네에게 편지를 보내 9월 28일 런던에서 열릴 예정인 노동인의 국제회의에 독일을 대표해 참석해달라고 제안했지. 만일 라살레가 비명횡사하지 않았다면, 베를린에서 일 년 전에 노동동맹을 창립하고 총재로 활동해온 자신이 독일 노동인의 대표가 되어야 한다고 주장했을 걸세. 라살레가 독일 대표로 런던 회의에 참석할 가능성이 높았던 거야. 하지만 독일노동동맹의 총재가 스무 살 연하인 십 대 여성과의 낭만적인 사랑으로 서른아홉 살 나이에 죽으리라고는 아무도 예상할 수 없었지.

영국 노동조합 지도자들과 프랑스 노동인 대표들이 주도해 소집한 첫 국제회의의 참석자들은 유럽과 미국의 노동운동이 힘을 모으려면 상설 조직이 필요하다는 데 모두 공감했어. '국제노동인연합'*이 탄생하는 역사적 회의였지. 본부를 런던에 두기로 합의하고, 연합의 강령과 규약을 작성할 위원들을 선정했어. 《공산당선언》의 집필자로 이미 권위를 지닌 자네는 당연히 위촉되었지.

마치니**가 초안을 작성해 회의에 제출했을 때, 자네는 상투

---

* 흔히 '인터내셔널'이라고 불린 국제노동인연합International Working Men's Association은 노동인의 국제적 연대가 필요하다는 인식이 퍼져가던 1864년 9월 28일 런던에서 영국과 프랑스 노동단체 대표들의 제안으로 처음 열렸다. 맑스는 독일 대표로 대회에 참석했다. 맑스는 창설 위원도 회장도 아니었지만 창립 선언과 규약을 제정하는 과정에서 연합의 정신적 지주가 되었다. 창립 선언과 규약은 부가 자본가에게만 축적되고 노동인은 점점 궁핍해지는 현실을

적인 표현이 너무 많고 애매모호해서 실천에 아무런 도움도 줄
수 없다고 정당하게 지적했어. 이어 자네 집—다른 참석자들과
달리 런던에 거주하고 있었을뿐더러 때마침 넓은 집으로 이사
한 상태였지—에서 열린 강령 작성 위원회 모임에서 긴 시간 토
론을 주도했지.

자연스럽게 위원들은 자네에게 초안을 다시 작성해보라고 권
했네. 회의가 잠시 쉬는 시간을 가졌을 때, 자네는 서재에 홀로
앉아 〈노동인들에게 드리는 담화〉를 작성했어. 절제미가 돋보
이는 걸작이었지.

〈담화〉는 1848년 이후 유럽의 여러 나라가 유례없이 이룬 경
제성장의 과실이 철저히 상공업자에게만 돌아간 것은 참으로
'참을 수 없는 일'이라고 공감대부터 넓혔더군. 이어 패배 속에
서도 노동계급은 새로운 힘으로 일어서고 있다며, 열 시간 노동

비판하고 노동인의 해방은 노동인 자신의 손으로 이뤄야 한다고 밝혔다. 모든
계급 지배의 철폐를 목적으로 하는 노동인의 투쟁 과정에서 공동 행동을 주장
했다.

**   마치니Giuseppe Mazzini, 1805~1872는 이탈리아 통일운동에 나선 혁명가이
자 사상가로 청년당과 피억압 민족의 국제 연대를 지향하는 '청년 유럽'을 결
성해 활동했다. 런던을 거점으로 만년까지 이탈리아인 노동인과 망명자 자제
들을 위한 민족 교육 활동을 이어갔다. 1864년 국제노동인연합에 동참했지만
맑스파와 대립해 탈퇴했다. 만년의 마치니는 계급 대립에 기반을 둔 혁명론보
다 협동과 우애를 중심에 둔 교육론을 전개하며 우애를 기르는 가정교육과 모
성을 강조했다.

제를 성취한 영국 노동인에게 찬사를 보냈어. 상공업자의 정치경제학이 공개적으로 노동인의 정치경제학에 굴복한 첫 사례라는 긍정적 평가도 반짝였네.

그렇지만 각국의 노동인이 서로 연대해 해방—오직 노동인만이 성취할 수 있다—을 위한 공동 투쟁에 힘을 모아야 성공적으로 지배계급에 맞설 수 있으며 노동의 열매를 누릴 권리도 지킬 수 있다고 강조했지. 〈담화〉는 그런 믿음이 바로 국제노동인연합의 설립 동기이며 연합은 노동인의 권리를 선전할 뿐만 아니라 외교 정책에도 관여해야 옳다고 주장했어.

한 나라의 노동인은 다른 나라의 노동인을 적으로 보아서는 안 된다고, 전쟁에서 그들과 싸우다 죽는 것은 상공업자의 금고만 채워주는 꼴이 된다고 경고한 〈담화〉는 《공산당선언》의 그 힘찬 호소로 매듭지었어.

"모든 나라의 노동인이여, 단결하라!"

국제노동인연합을 세운다고 했을 때 당대 유럽과 미국의 대다수 사람들은 무관심했지. 기껏해야 시큰둥했어. 하지만 자네가 쓴 〈담화〉는 파도처럼 퍼져갔다네. 호소력 있는 명문, 반짝이는 언어와 논리가 전 세계 노동인에게 가야 할 길을 제시해준 걸세. 유럽의 모든 지역과 미국의 반체제 신문들이 〈담화〉를 싣기까지는 단 몇 주밖에 걸리지 않았지.

국제노동인연합이 창립하고 노동인 사이에 〈담화〉가 빠르게 퍼져가자 런던의 자네 집은 노동인과 망명자의 성지, 말 그대로 거룩한 공간이 되더군. 젊은 세대, 무정부주의자, 니힐리스트 사이에서 신화적 존재로 불리던 바쿠닌도 다시 찾아왔지.

국제노동인연합은 마침 미국 대통령에 재선된 링컨에게 축하 편지를 보내자는 결의안을 채택하고, 그 일을 자네에게 위임했어. 자네는 "노예제에 죽음을!"이라는 구호로 재선한 링컨에게 진심을 담아 편지를 써 보내더군.

"미국의 위대한 투쟁이 시작된 그 순간부터 유럽의 노동인들은 성조기가 자신의 운명을 담지하고 있음을 본능적으로 깨달았습니다. 유럽은 미국의 독립전쟁으로 상공업자가 떠오르는 새로운 시대가 열렸듯이, 미국의 노예 해방 전쟁으로 노동인이 떠오르는 새로운 시대가 열리리라고 확신합니다. 유럽의 노동인들은, 노동계급의 신실한 아들인 에이브러햄 링컨이 쇠사슬에 묶여 있던 인종을 구해내고 사회를 재건하는 위대한 투쟁을 통해 자신의 조국을 이끌 운명을 짊어지게 되었다는 사실을 다가올 시대의 전조로 간주하고 있습니다."

링컨은 영국 대사를 통해 답장을 전달해왔어.

"기대를 저버리지 않기 위해 노심초사하고 있습니다. 국가들은 고립적으로 존재하지 않고 서로 호혜적인 관계를 통해 인류의 복지와 행복을 높여갑니다. 이런 관계 속에서 미국은 노예제를 존속시키려는 반란 사태에 대한 우리의 대응을 인간 본성을 위한 대의로 간주하며, 우리의 태도가 각성된 사람들의 지지와 호응을 받고 있다는 유럽 노동인의 증언에서 시련을 이겨낼 새로운 용기를 얻습니다."

링컨의 답장에 흐뭇해하던 자네 표정이 떠오르는군. 링컨은 추정했던 것보다 더 생각 있는 정치인 같다고 평가했지.

국제노동인연합 활동을 시작하면서 자네 얼굴은 생기가 돌았어. 집필하던 원고도 단순히 정치경제학 책의 속편 차원이 아니었지. 《자본》이라는 제목으로 불릴 걸작이 자네 몸에서 힘차게 태동하고 있었던 거야.

같은 시기, 프랑스에서는 새로운 세대가 커가고 있었네. 파리의 혁명 전통은 1848년의 패배와 왕정의 부활 이후에도 결코 죽지 않았더군. 아니 죽을 수 없었던 게지. 어찌 그 눈부신 투쟁이 속절없이 사라지겠는가.

1860년대 중반에 이십 대가 된 젊은이들은 온몸을 던져 투쟁에 나섰던 앞 세대를 영웅으로 기꺼이 존경하더군. 그들은 런던을 여행할 때마다 마치 순례자처럼 국제노동인연합을 찾아왔어. 연합은 어느새 망명자뿐만 아니라 순수한 젊은이들의 성지가 되었다네.

그 젊은 친구들 가운데 특히 두 사람이 자네와 인연을 맺게 되었지. 먼저 샤를 롱게. 훤칠하고 마른 몸에 수염을 기른 샤를 롱게는 "이 세상에서 가장 완벽한 보헤미안의 표본"이라 불렸어. 노르망디의 부유한 집안에서 태어나 파리에서 법학과 저널리즘에 관심을 둔 그는 사회주의 신문을 만들어 운영하던 중에 〈담화〉를 프랑스어로 번역해 게재했지. 그 뒤 런던에 왔을 때가 스물여섯 살이었어.

같은 시기 폴 라파르그라는 스물세 살의 쿠바 태생 프랑스인도 찾아왔지. 대대로 쿠바에서 농장을 해와서일까. 흑인, 유대인의 피가 모두 섞였더군. 그의 아버지는 프랑스로 돌아와 보르도에 정착해 포도 농장을 일구며 아들을 파리로 보내 의학 공부를 시켰지. 하지만 아들은 사람 몸이 아닌 사회를 수술하겠다고 나선 셈이네.

거룩한 공간을 찾아온 젊은 친구들을 자네는 언제나 따뜻하게 맞아주었어. 라파르그가 전한 말이 자네의 뜻을 온전히 담고 있지.

"나는 내 뒤를 이어 새로운 사회를 선전해갈 사람들을 훈련시켜야 한다네."

9. 링컨과 맑스 그리고 붓다

"사랑하는 프리드리히."

어느 숙녀가 가지런한 필체로 내게 보낸 편지의 첫 문장일세. 남자라면 나이가 들어도 가슴 설렐 말 아닌가. 더구나 그 숙녀가 '붉은 포도주'를 원한다면 어쩌겠는가.

포도주 이야기에 이미 건너짚었을 듯싶네. 그래 맞아, 그 숙녀의 이름은 투시, 열 살배기였지. 1865년 2월 13일, 자네 막내딸은 편지에서 두 언니와 함께 엄마의 쉰한 살 생일 파티를 준비하고 있다며 내게 포도주 몇 병을 보내줄 수 있는지 묻더군.

나는 포도주 한 상자를 보냈지. 정말 사족이지만, 사업은 그렇게 하는 거라네. 감동을 주어야 상대가 잊지 않게 되지. 내 영리한 상혼은 포도주 상자 속에 자네 앞으로 편지를 넣는 상술도 잊지 않았다네. 기분 상하지 않게 원고를 독촉할 절호의 기회를 놓칠 수 없었지.

"어서 서두르게. 역작을 낼 시기가 농익었네. 때를 놓치지 마시게나. 출간 시기에 따라 파급효과에 엄청난 차이가 생길 수 있거든."

하지만 국제노동인연합 일은 자네가 집필에 전념할 수 있도록 가만두지 않았어. 유럽 전역에 연락을 주고받을 일이 가파르게 늘어났지. 검은 머리칼을 가진 이지적 여성이었던 성숙한 맏딸 예니헨이 연합 비서로 아버지를 도와야 했고, 긴 금발의 날렵한 라우라도 보조 연구원이 되어 대영박물관 열람실을 거의 날마다 오가느라 숱한 책상물림들을 설레게 했지.

말이 나온 참에 적고 싶군. 자네는—엄밀히 말하자면 자네 부부, 더 엄격히 말하자면 자네 부부와 님이라고 해야 옳을까—딸들을 참으로 훌륭히 키웠어. 자네 딸들은 현관문을 일상적으로 두드리는 빚쟁이들에 굴욕을 느끼고 아버지의 고통을 지켜보면서도 곱게 자라더군.

어느 해던가. 예니헨은 학교 전체에서 최우수상을, 라우라는 이등상을 탔지. 두 딸 모두 영어·독어·프랑스어를 자유롭게 구사했고, 스페인어로 돈키호테를 읽었어. 막내 투시는 어렸을 때부터 종종 아빠와 논쟁을 벌였지.

피아노를 치고 초상화도 잘 그린 세 딸에게 예술적 감각을 키워준 것은 예니였어. 언제나 단정했던 머리 모양과 청순한 옷차림은 모두 님의 빼어난 솜씨였지.

두 딸의 도움을 받으며 연합 일과 저작 활동에 한창일 때, 미국 대통령에 재선된 링컨이 암살됐다는 비보가 들려왔네. 자네는 미국 남부 백인이 저지를 수 있는 "가장 멍청한 행동"이라고 격분했어.

책상 위에 놓여 있는 것을 전부 치우고 국제노동인연합을 대표해 링컨의 후임 앤드류 존슨에게 편지를 썼지. 연합이 경의를 표했던 사람에 대한 아름다운 추모의 글이었어.

"겸손한 자세로 어려운 과업을 묵묵히 추진해 나가던 한 사람을 잃은 슬픔으로 인해 두 세상, 유럽과 미국은 비통에 잠겨 있습니다. 그는 어두운 곳을 온화한 미소와 열정으로 밝히고 선함을 잃지 않으면서도 위대해질 수 있었던 보기 드문 인물이었습니다."

후임 대통령이었던 존슨은 여러모로 다르더군. 얼마 가지 않아 연합은 존슨을 "노예 소유주들의 더러운 앞잡이"라 비판하고 나서야 했어.

그 시절 자네 건강이 다시 악화되었지. 내게는 탈고를 위해 "말처럼 일한다"고 편지를 보냈지만, 예니는 남편이 고통으로 보름 내내 잠을 제대로 이루지 못했다고 알려주더군. 병의 원인으로 집필 몰입과 함께 링컨 암살의 충격, 또다시 찾아온 경제적 고통을 들었지. 맨 마지막 요인은 이해하기가 어려웠는데 곧이어 도착한 자네 편지가 궁금증을 풀어주었다네. 어머니와 루푸스에게 상속받은 돈이 한 푼도 남아 있지 않다고 실토했어.

"지난 두 달 나는 완전히 전당포에 의지해 생활했네. 그 말은 빚쟁이들이 날마다 우리 집 문을 두드리고 그 성화가 갈수록 심해지고 있다는 뜻이지. 새 집이 우리 분수에 맞지 않고, 예전에 비해 우리가 풍족한 한 해를 산 것도 사실이네. 그렇지만 아이들이 그동안 겪었던 고생을 모두 잊고 최소한 잠시라도 약간의 보상을 누리며 장래에 대비해 스스로를 가다듬을 기회를 가지려면 그 방법이 유일했었네. 만약 내 아내와 나 단 둘뿐이었다면, 아니 딸들이 아니라 아들이기만 했어도 상관없었겠지만 말일세."

자네는 "우리 두 사람이 동반자 관계를 맺었고 그 속에서 나는 이론적인 것과 당적인 일을 맡았다는 생각"까지 편지에 밝혔더군. 어쩌겠나, 돈을 보내며 다소 답답한 생각이 들 때는 자기 돈을 전부 신문 발행에 쏟아붓던 언론인, 빚에 시달리면서도 기꺼이 망명자들과 먹을 것을 나누던 비자본주의적 지성인을 떠올렸다네.

돈을 보낸 대가는 결코 아니었지만 원고 독촉도 잊지 않았지. 자네 반응이 못내 반가웠네. 고통을 겪고 있는 노동인들의 단결을 위해 더는 책 탈고를 미룰 수 없다며 당분간 런던을 떠나 집필에 몰입하겠노라고 국제노동인연합에 통보했더군. 이어 내게도 편지를 보냈어.

"이론적 부분을 완성하려면 아직 세 장을 더 써야 하네. 그리고 역사·문학적 부분은 아직 쓰지 않았다네. 내 앞에 전체가 완성될 때까지는 어떤 것도 내보낼 수 없네. 단점도 있겠지만 내 글의 장점은 그것이 예술적 총체라는 점일세. 그것은 완전한 모습을 갖출 때까지 절대로 인쇄에 넘기지 않음으로써 성취할 수 있다네."

런던을 떠난다고 연합에 말했지만, 실은 서재에 스스로를 가둔 거였어. 무더운 런던의 여름 내내 책을 쓰느라 오른팔과 어깨에 류머티즘이 왔지. 구역질도 종종 했다고 들었네.

그럼에도 탈고 의지를 보이며 "그 물건이 악몽처럼 나를 짓누르고 있다"라는 편지를 보냈을 때 내가 쓴 답장 기억하나? "책을 탈고하는 날 나는 왕국의 실현을 자축할 것"이라며 자네와 인사불성이 되도록 퍼마실 거라고 썼지.

원고에 매달리던 자네는 독감에 걸렸고 그래서 "천문학 같은 관련 없는 서적만 뒤적이며" 며칠을 누워 있을 수밖에 없었어. 1866년 1월 자네는 천이백 쪽까지 썼고 여전히 하루에 열두 시간씩 집필하고 있다고 알려왔지. 곧이은 편지에선 벽난로 옆에 앉아 원고를 정리하며 문체를 다듬고 있다고 썼네.

"길고 긴 산통을 겪은 아기를 깨끗이 핥아주던" 자네는 다시 부스럼으로 고통을 받더군. "모든 종류의 종기 후손들"이 꼬리를 물고 나타나 도무지 않아서 글을 쓸 수 없었고 진통제를 날마다 투약했기에 생각이 모아지지 않았지.

의사들은 과도한 밤샘 작업을 병의 원인으로 지목했다고 들었네. 그럼에도 자본주의 현실의 모든 변화를 최대한 책에 담아내려고 최선을 다했지.

예니는 자네가 거의 잠을 못 자고 기껏 잠든 뒤에도 잠꼬대처럼 "마음속에 떠도는 책의 여러 장들을 끊임없이 중얼거린다"고 가여워했네. 편지를 받자 덜컥 겁이 나더군. 탈고가 석 달 정도 늦춰지더라도 모든 지적인 작업을 당장 중단하고 바닷가로 가서 건강을 돌보라고 강권했어.

"나와 자네 가족을 위해서라도 제발 건강을 되찾아주게. 만약 무슨 일이 생기면 자네가 추구해왔고 어차피 그대가 마무리할 수밖에 없는 원고는 물론 전체 운동은 어떻게 되겠는가?"

하지만 귀하를 쉴 수 없게 하는 사건이 종기처럼 불거지더군. 자네가 병과 집필로 연합에 나가지 못한 틈을 타 반란이 일어났지 뭔가. 뜻밖에도 마치니가 선봉에 섰더군. 국제조직에 독일인의 영향력이 너무 크다는 지적에서 시작된 반란은 자네를 "파괴적인 영혼"에 "비상하게 간교한 자"이자 "앙심이 깊은 자"이며

"무자비한 자"로 몰아세우기에 이르렀지.

마치니의 살천스런 비난을 자네가 그냥 넘길 수 없었던 이유는 과도한 인신공격 때문이 아니었어. 마치니가 노동인을 대표하기엔 무능했고 과학을 이해할 수 없을 만큼 새로운 운동에 무지했기 때문이었네. 결국 연합의 중앙위원들과 접촉한 뒤 열린 공식 회의에서 자네의 날카롭고 정확한 비판으로 마치니는 힘을 잃었지.

연합의 '반란'을 잠재운 자네는 건강을 위해 정말로 런던을 탈출해야 했어. 무슨 까닭인지 혼자 바다를 찾아 떠나더군. 마게이트*로 가서 바다가 보이는 곳에 숙소를 잡았어. 하루에 몇 킬로미터씩 걷고 일광욕을 하며 심신을 치료했지.

스스로를 "걷기만 하는 자"라고 칭하면서 "하루 종일 길을 오르내리며 내 마음은 불교에서 열반의 경지로 여기는 무의 상태를 유지했다"라는 편지를 보내왔지.

뜻밖이었다네. 불교, 열반, 무. 당시 내겐 생소한 개념이었거든. 청년헤겔학파 가운데 자네를 각별히 존중했던 쾨펜이 불교와 그 창시자인 붓다를 평생 연구해서 출간한 책을 자네와 내게 보내왔었지.

나는 그 책을 서재 한구석에 꽂아놓고 먼지만 쌓이게 했지만,

---

* 　　마게이트Margate는 영국 남동부의 도시로 18세기 중엽부터 해안 휴양지로 유명했다.

자네는 어느새 다 읽었나 싶더군. 이미 삶을 떠난 쾨펜의 책을 찾아 뒤늦게 읽어보았지. 자네 마음이 이르렀다는 '열반과 무의 상태'는 바로 붓다의 경지더군.

자네가 박사학위 논문에서 "최고의 신성으로서 인간의 자기 의식"을 강조한 대목이 떠올랐네. 쾨펜에게 자네는 오래전부터 붓다의 본디 뜻 그대로 '깨달은 사람', 세상을 이해한 현인이었을 걸세.

10. 죽는 날까지 사타구니 뾰루지를 기억하길

바닷가를 거닐며 붓다를 만나 청안했던 귀하와 달리 국제노동인연합 회의에 참석한 어느 프랑스 청년은 도저히 휴식할 수 없었다네. 까닭은 사랑이라네.

천성이 자유분방했던 라파르그는 자청해서 자네 집안일을 거들며 라우라의 "풍성하게 굽이치는 머릿결이 석양빛을 낚아챈 듯 황금빛으로 이글거린다"고 읊어댔지.

오래전 트리어의 두 청춘이 나눈 열정적 사랑이 런던과 파리를 오가는 다음 세대에서 바야흐로 꽃을 피우고 있던 걸세. 그들의 사랑은 부모를 넘어설까, 나는 지켜보는 것만으로도 훗훗

했어. 그때 이미 늙어가고 있었던 걸까.

자네는 성숙한 두 딸에게 다가온 청년들에게 결코 무심할 수 없었지. 특히 저돌적인 라파르그가 자네 심기를 불편하게 한 것은 필연이었어. 내게 보낸 편지에서 라파르그를 "잘생기고 이지적이고 활력이 넘치는 운동선수 같은 체격의 청년"이라 소개했을 때 든든하게 여기는 마음 어딘가에 거리를 두는 듯했지. 그 '선수'가 라우라에게 절제되지 못한 행동을 보이자 곧장 딸을 둔 아버지의 조바심이 튀어나오더군.

"만약 자네가 내 딸과의 관계를 계속 유지하고 싶다면 지금 같은 방식의 '구애 행위'는 버려야 할 걸세. 두 연인이 현실적 필요에 의해 오랫동안 한 장소에 살며 시련과 고난을 견뎌내야 하므로 과도한 친밀감은 금물이네."

과년한 딸을 둔 아비 칼의 경고는 "한 주 동안 하루가 다르게 변해가는 모습을 걱정스럽게 지켜본" 결과였지. 자네는 진정한 사랑을 타이르듯 설명했어.

"진정한 사랑이란 삼감과 절제, 심지어 존경의 대상에 대한 수줍음 속에서 스스로를 드러내는 것이지, 열정을 마음껏 발산하고 성급하게 친밀함을 과시하는 것으로 나타나는 것은 분명 아니네."

자네는 이어 "만약 런던의 위도에 걸맞은 방식으로 사랑을 표현할 수 없다면 딸을 먼 거리에 두고 사랑해야 할 것"이라며 "말뜻을 제대로 이해했으리라 믿네"라고 못 박았지.

며칠이 지나서는 결혼을 승낙하기 전에 라파르그의 경제 상황을 알아야겠다고 말한 뒤 허탈한 말투로 덧붙였어.

"자네는 내가 혁명운동을 위해 인생을 전부 희생했다는 것을 알 걸세. 나는 후회하지 않아. 오히려 그 반대지. 만약 삶을 다시 살게 된다 하더라도 나는 똑같은 일을 할 거라네. 그렇지만 결혼만은 하지 않을 거야. 능력만 닿는다면 내 딸들만은 그 아이들의 어머니가 좌초했던 풍랑에서 구해주고 싶네. 그러니까 자네는 결혼을 생각하기 전에 먼저 인생에서 무엇인가를 성취해야 할 거야."

혁명운동에 대해서도 라파르그의 열정에 한 수 가르쳐주었지. 프로이센과 오스트리아 사이에 전쟁이 벌어지고 국제노동인연합이 중앙협의회를 소집했을 때었어. 대표자들 사이에서 민족주의적 편견이 표면으로 떠올랐지. '노동인은 다른 나라 노동인과 싸우지 않는다'가 국제노동인연합의 확고한 노선이었음에도 그랬어.

라파르그는 단상에 올라가 어떤 식으로든 민족과 국가를 말하는 것은 반동적이고, 국가는 더 이상 존재해서는 안 되며 해체되어 자치 공동체로 대체되어야 한다고 역설했지. 세계는 프랑스가 그런 혁명의 최선두에 서기를 기다리고 있다며, 혁명은 세계적인 것이 될 수밖에 없으므로 민족은 철폐해야 옳다고 부르댔어.

그런데 자네가 청중 속에서 큰 소리로 웃음을 터뜨리며 은근히 라파르그를 나무라더군. 라파르그식의 민족 부정은 민족 국가가 모두 프랑스에 흡수되는 상황을 암시하는 것 같다고 넌지시 지적해주었지. 무안을 주며 웃은 것은 예비 사위를 향한 의도적 사랑의 표현이었을 거야.

그렇게 딸과 예비 사위를 감독해가며 밤새 원고를 집필해서 일까. 자네 편지의 표현을 빌리면 "성기 근처에 뾰루지가 생길" 정도였어.

그래도 몹시 생산적인 엉덩이는 성기의 뾰루지까지 이겨내고 끝내 탈고를 했지. 자네는 1866년 11월에 원고 앞 대목부터 내게 보내왔어. 얼마나 반가웠던가. 바로 답장을 썼지.

"자네 건강을 위해 특별히 큰 잔으로 건배해야겠군. 내 친구의 몸을 해치는 데 크게 기여해온 짐을 내려놓았으니 자네는 완전히 다른 사람이 될 수 있을 걸세."

예니는 크리스마스 축하 겸 편지를 보냈더군.

"원고가 깨끗이 정서되어서 높다랗게 쌓인 모습을 보는 게 즐거웠어요. 이제 한시름 덜었네요. 우리는 그것 말고도 숱한 문제와 걱정거리가 있는데…. 나도 다른 사람들처럼 모든 것을 장밋빛으로 보고 싶지만 너무 오랜 세월 걱정만 하다 보니 신경이 예민해졌나 봅니다. 긍정적인 생각을 지닌 사람들에게는 미래가 온통 장밋빛으로 보일 때도 저한테는 캄캄했어요. 이건 우리끼리만 하는 얘기예요."

자네는 원고를 다시 수정하느라 최종 탈고할 때까지 더욱더

불면증에 시달렸고 더 많은 부스럼이 엉덩이를 괴롭혔지. 《자본》을 쓴 저자가 마지막 탈고 때 내게 던진 말을 역사에 기록해두네.

"자본가들이 죽는 날까지 내 부스럼을 기억해주기를 바라네."

사실 자네를 공격한 것은 부스럼만이 아니었어. 생산적인 엉덩이로 진득하게 집필해가는 과정에서 치통, 토사병, 류머티즘 따위가 주기적으로 덮쳐와 때로는 아편 치료를 받아야 했지. 경제적 어려움과 거기에서 오는 심리적 고통도 무시할 수 없었네. 이듬해엔 시계는 물론 옷까지 죄다 전당포에 맡겨 원고의 뒷부분을 예정대로 함부르크에 가져갈 수 없다는 편지를 내게 보낼 정도였어.

어쨌든 지겹게 끌어오던 그 '망할 책'에서 자네가 해방된 걸세. 나로서도 더없이 고마운 일이었지. 내가 기뻤던 것은 무엇보다 《자본》이라는 명작이 탄생해서였지만, 내 황량한 유배지에도 비로소 서광이 비쳐왔기 때문이기도 하다네.

자네가 《자본》을 탈고했으니 나도 이제 내 길을 걸어가야 옳지 않겠는가. 오래전부터 그 책이 출간되면 거북한 곳간을 정리할 생각이었다네. 탈고가 임박했다는 확신이 들 때부터 에르멘 앤드엥겔스 사와 작별할 채비를 했지. 마음처럼 곧장 정리할 수는 없는 일이거든. 그만두더라도 생활 기반은 마련해야 옳지 않은가.

"내가 이 사악한 상거래에서 놓여나는 것만큼 간절히 바라는 것도 없네. 시간을 허비할 뿐만 아니라 내 사기를 완전히 꺾어왔거든. 곳간에 몸담고 있는 동안은 나는 아무짝에도 쓸모없는 존재였어. 하고 싶은 일을 하나도 할 수 없었네. 만약 내 계획대로 일이 잘 풀려간다면 사직으로 인한 급격한 수입 감소에 잘 대비할 수 있을 거야. 혁명이 일어나지 않고 모든 자금줄이 막히더라도 말일세. 그 모든 게 뜻대로 안 되더라도 나는 가벼운 책이나 쓰며 해방을 즐길 나름의 비책을 가지고 있네."*

내가 임박한 해방에 들떠 있던 시각에 자네는 뉴욕의 지인에게 쓴 편지에서 이제 첫 책을 출간했을 뿐이라며 앞으로 일 년 안에 세 권을 완성하는 데 모든 시간을 쏟겠다고 결기를 세웠더군. "그 책을 위해 건강, 행복, 가족까지 희생했다"라고 솔직히 밝히기도 했어.

내게 쓴 편지에서 밝힌 포부는 훨씬 '건강'했지. "책이 출간되면 세상이 놀라리라 희망하고 또 그러리라 확신하고 있네. 내 경제적 문제도 근본적으로 뜯어고칠 수 있을 것이고 기필코 자

---

* 엥겔스는 친구 맑스에게 "가벼운 책이나 쓰며"라고 했지만 '은퇴한 상공업자' 엥겔스가 쓴 책은 《반뒤링론》과 그 책에서 3개 장을 뽑아 출간한 《공상에서 과학으로의 사회주의의 발전》을 비롯해 《가족, 사유재산 및 국가의 기원》, 《포이에르바하와 독일 고전철학의 종말》까지 모두 역사적 무게가 실린 명작이다. 어쩌면 그 책들을 집필하는 일이 엥겔스에겐 "해방을 즐기는 비책"이었을 수도 있다.

립하게 될 걸세."

자네는 책 출판을 위해 직접 함부르크로 가면서 하노버에 거주하는 열혈 동지의 집에 머물렀지. 산부인과 의사인 쿠겔만 박사는 자네가 쓴 책을 한 권도 빠짐없이 서재에 소장했더군. 거기서 자네는 쿠겔만을 찾아온 서른세 살 여성에게 과도할 만큼 관심을 보였지. 부유한 지주의 아내였다던가. 자네가 맏딸에게 보낸 편지를 읽어보았지.

"참으로 상냥하고 진솔하고 천진난만한, 정말 고귀한 성격을 가진 여성이란다. 그럼에도 잘난 체하는 속물근성이라곤 없어. 영어, 프랑스어, 이탈리어를 완벽하게 구사해. 무신론자이고 아직 많이 아는 것은 아니지만 사회주의 쪽으로 기울었단다. 무엇보다 그녀를 특별하게 만드는 것은 자연스러운 친절과 가식이 없다는 점이지."

심지어 사진도 보냈다며? 찬찬한 예니헨은 슬기롭게도 어머니에겐 편지를 보이지 않았네. 답장도 쓰지 않았어. 열정이 풍부한 라우라가 편지를 썼더군.

"지긋지긋한 가족으로부터 일시적으로 탈출한 것만으로도 어떤 즐거움을 느끼게 된 것이 틀림없다고 저는 생각해요. 아버지가 속한 국제노동인연합은 말할 것도 없고요. 아버지 편지의 상당 부분은 어떤 여자에 대한 것으로 보이는군요. 젊은 여자인가요? 재치 있어요? 예뻐요? 아버지가 그 여자를 유혹한 건가요? 아니면 그 여자가 아버지에게 꼬리 치고 있는 건가요? 아버지는 그 여자에게 꽤나 빠져 있어 보이네요. 그것이 단지 일방적인 사건이라고 여긴다면 제가 지나치게 순진한 것이겠지요? 제가 어머니라면 굉장히 질투가 났을 거예요."

자료를 찾아보니 4월 10일 런던을 떠난 자네는 한 달이 더 지나 5월 19일 돌아왔더군. 영국으로 오는 증기선에선 젊은 독일 여성을 만났고, 도착한 뒤에도 곧바로 가족이 기다리는 집으로 향하지 않았어. 처음 만난 여자와 함께 공원을 거닐다가 아이스크림 가게에 앉아 대화를 나눴다며? 영국에서 다른 곳으로 가야 하는 그녀를 기차역에서 떠나보내고 집으로 왔을 거야.

어떤가. 하노버의 그 상냥하고 친절한 여성과 헤어진 공허감 때문이었나? 나와 오래 사귀면서 나에게 배운 걸까, 아니면 뒤늦은 본성의 발현인가. 아마도 거의 평생 공들인 작품을 출판사에 넘긴 뒤 밀려온 어떤 허탈감쯤으로 이해해야 옳겠지.

11. 칼을 괴롭힌 언론인들의 모르쇠

'알려지지 않은 걸작.'

책이 언제 출간될 예정인지 묻는 내 편지에 자네가 읽어보았느냐고 반문한 발자크의 짧은 소설*이지. 사람들에게 큰 기대

를 받으며 수년에 걸쳐 마침내 걸작을 그려냈는데 정작 자신 말
고는 그 그림을 아무도 볼 수도 이해할 수도 없었다는 내용이더
군. 내가 자네 글을 너무 까다롭게 비평해왔나 성찰하며 그 말
뜻을 새겨보았던 기억이 나네.

함부르크에서 돌아온 자네는 런던의 집에서 사흘 머물다가
교정지를 들고 맨체스터에 왔지. 원고는 술술 읽혔어. 앞서 낸
《정치경제학 비판》에 비해 변증법이 더 날카롭게 전개되더군.
더러 어렵게 다가오는 대목에선 아마도 자네의 부스럼이 그 문
단에 더 강한 발자국을 남긴 모양이라고 생각했지.

탈고를 해서일까. 모처럼 호기롭더군. 《자본》을 출간할 영국
출판업자를 찾으면 리지에게 런던에서 옷을 사주는 것으로 한
턱내겠다고 약속했지. 자네 못지않게 나도 리지에게 그런 영광
이 곧 오리라 믿었다네.

그대가 런던으로 돌아간 뒤 우리는 편지를 주고받으며 진절
머리 나는 교정 작업을 마흔여덟 차례나 진행했지. 자네는 이틀

---

* 　　《알려지지 않은 걸작》에 등장하는 그림에는 꾸불꾸불한 선과 얼룩이
덧칠되어 뒤엉켜 있을 뿐이다. 20세기 후반에 《문학과 예술의 사회사》를 쓴
하우저Arnold Hauser는 이 작품이 19세기 예술의 운명을 탁월하게 묘사했다고
평가했다. 생활과 대중으로부터 예술이 소외된 결과를, 예술을 위협하는 심미
주의와 허무주의의 위험을 정확하게 파악했다는 것이다. 그것은 프랑스 공화
정의 붕괴라는 현실과 이어져 있다. 이 작품이 20세기 미술의 새로운 흐름을
예고했다는 평가도 있다.

뒤 새벽 두 시에 마흔아홉 번째이자 마지막 교정지를 마무리했다며 편지를 보냈어.

"이제야 1권이 끝났구먼. 이 일이 가능했던 것은 온전히 자네 덕분일세. 나를 위한 희생이 없었다면 나는 이 책에 필요한 엄청난 작업을 해낼 수 없었을 거야. 감사의 마음으로 자네를 포옹하고 싶네! 그리고 진심으로 하는 말인데 자네가 그 힘찬 열정을 낭비하고 한낱 돈 버는 일로 자신을 썩히는 것을 보면서 내 가슴은 언제나 저렸다네. 그게 대부분 나를 위한 것 아니었나. 더구나 사소한 불행들마저 늘 함께해야 했으니 더 말할 나위 없네."*

친구, 정말 고맙더군. 자네의 그 편지로 거북한 곳간에서 지내온 세월을 모두 보상받았다네. 그래서 말인데, 자네가 책을 루푸스에게 헌정했을 때 한순간 당혹스러웠어.**

물론, 루푸스는 언제나 충실하고 너그러운 친구였기에 이해할 수는 있었어. 더구나 자네가 쓰기로 한 루푸스의 전기를 내가 쓰던 중이었잖은가. 그럼에도 내가 평생을 바친—'사권'이라

---

* 한 연구자에 따르면 엥겔스가 회사 일을 했던 20년간 맑스에게 보낸 총액은 3,000~4,000파운드로 요즘 화폐 가치로 환산하면 45만~60만 달러 수준이다. 이 금액은 한화로 5억 4,000만~7억 2,000만 원이다.
** 루푸스는 사망하면서 전 재산의 대부분인 약 700파운드(1억 3,000만 원 정도)를 친구 맑스에게 물려주었다.

고 써야 옳을 것 같아 지우려다가 그냥 쓰네―친구의 내면 어딘 가에 나를 여우 사냥과 여자를 즐기는 상공업자 중 하나로 바라 보는 시각이 똬리 틀고 있지는 않을까 싶기도 했지.

친구, 내가 그 의구심을 넘어설 수 있었던 것은 그대가 나를 자신의 또 다른 자아라고 칭했던 추억을 상기해서였네. 저자가 자신의 또 다른 자아에게 책을 헌정할 수야 없지 않겠는가.

더구나 자네의 모든 악필을 정서해준 예니에게도 책을 헌정 하지 않았잖은가. 반면에 루푸스는 빈농 출신으로 자네의 희망 인 노동인의 전형적인 상징이 될 수 있었겠지. "용기 있고 성실 하며 고결한 프롤레타리아트의 선구자" 빌헬름 볼프. 맞아, 헌 정 대상, 참 잘 고른 걸세.

드디어 상공업자들의 머리에 폭탄을 던질 《자본》의 초판 천 부가 인쇄되어 세상에 나왔지. 이미 쓰라린 경험을 통해 신간이 신속히 관심을 끌지 못하면 실패한다고 판단한 나는 라파르그 와 라우라에게 책 소개 자료를 프랑스어로 작성해 보내라 했고 예니와 예니헨에게는 독일, 스위스, 벨기에, 미국에 있는 모든 지인들에게 편지를 보내 서평을 부탁하도록 했지.

나는 유럽과 미국에서 발행되는 독일어와 영어 신문에 서로 내용이 다른 일곱 편의 서평을 보냈네. 더러는 논쟁을 유발하고 흥미를 끌기 위해 비판도 곁들였지. 신문을 만드는 신사 나리들 이 완벽한 침묵을 지키지 못하도록 최선을 다했어.

심지어 가장 좋은 방법은 책이 고발당하는 것이라는 생각마저 했지. 책이 자꾸 입에 오르내리는 것이 중요하다며 자네 가족과 지인들을 부추기고 다그쳤어.

"칼은 이해 당사자여서, 더욱이 수줍어해서 그 일은 온전히 우리에게 달렸소. '예수 그리스도'의 세상에서 우리는 비둘기처럼 순수하면서도 뱀처럼 지혜로워야 하오."

그렇게 했음에도 언론의 침묵이라는 저 무지막지한 철벽을 넘어설 수 없었네. 자네, 비참한 느낌이 들었을 거야. 출간하고 한 달이 지나도 반응이 없자 자네는 불면증에 시달렸고, 가까스로 아물어가던 부스럼은 다시 야금야금 번져갔어.

상공업자들의 머리에서 폭탄이 터지기는커녕 아무런 인상조차 남기지 못하는 듯해서일까. 숨김없이 감정을 드러냈지.

"책에 대한 침묵이 나를 미치게 만드는군."

인내심은 러시아 외교의 핵심이자 러시아인의 성공 비결이지만, 우리같이 유한한 존재는 그런 날을 보지 못할 것 같다고도 했어. 해가 바뀌어도 침묵은 이어졌고, 자네가 보낸 새해 편지의 주제는 '침울'이더군.

"그렇게 오랫동안 누워만 있다가 겨우 사흘 전부터 앉아 있기 시작했네. 병이 아주 심했어. 내가 삼 주 동안이나 담배를 끊었다는 것만으로도 상태가 어느 정도였는지 넘겨짚을 수 있을 거야. 아직도 머리가 어질어질하네."

나는 위로 편지를 써야 했지. 노동인을 교육하고 그들이 권력을 잡을 수 있도록 준비하는 일은 수십 년이 걸릴 수 있다고 여러 차례 말해왔음에도 우리가 《자본》이라는 책 출간으로 세상이 곧바로 변화하기를 바란 것은 아닌지 반문한 이유일세.

친구, 당시 언론의 침묵에 내가 전혀 낙담하지 않았다면 거짓말일 거야. 하지만 나는 그 누구도 부정할 수 없는 예리한 논리로 자본을 고발한 《자본》의 가치를 확신했네. 철학과 수학이 녹아들어 있는 데다 금방 읽을 수 없는 두께 때문에 제대로 평가받기까지 어느 정도 시간이 걸릴 뿐이라고 판단했어.

자네의 걸작은 표제 그대로 자본에 거울을 들이댔고, 착취자나 피착취자나 공히 자기들 관계의 무서운 진실을 있는 그대로 직면케 해주었네. 자료를 모으다 보니 한 영국 사회주의자가 노동운동 내부의 초기 반응을 정직하게 묘사한 글이 있더군.

"가느다란 칼끝에 커다란 단추를 단 펜싱에 익숙해져 있던 우리는 진짜 칼을 들고 적들을 향해 무지막지하게 달려드는 칼 맑스의 무서운 공격이 너무나 얼토당토않다고 생각했다. 우리의 신사적인 가짜 싸움꾼과 머리만 운동가인 사람들은 자본과 자본주의에 무자비하고 분노에 찬 공격을 퍼붓는 그 논쟁가를 우리 시대의 참으로 심오한 사상가로 받아들이기가 불가능했다."

정확히 그랬다네. 자본가는 예전의 왕이 그랬듯이 자신의 힘이 신성한 것이 아님을 민중이 알아차릴 수 없도록 온갖 장식으로 꾸며왔거든. 그런데 《자본》이 낱낱이 정체를 밝힌 거야. '보이지 않는 손' 운운하는 시장에 아무런 신비도 없다는 사실을.

신비 아닌 신비는 하얀 면사포만 벗기면 추한 몰골이 고스란히 드러나지 않던가. 상공업자가 상품을 팔아 돈을 불려가는 짓을 사뭇 고귀한 일이라도 되는 듯 세뇌해온 사회에서 노동인은 오직 한 가지 상품만 지니고 있지. 노동인은 바로 자기 자신을 팔아야 살아갈 수 있음을, 인간이 인간에게 사고파는 상품이 되고 있음을 자네는 꿰뚫어 본 걸세.

상공업자, 곧 자본가는 일정 시간 노동력을 구매해 생산수단을 제공하고 상품을 만들도록 통제하지. 노동인이 만든 상품은 모두 자본가의 소유가 되고, 자본가는 그 상품을 판매해 돈을 벌어 그 일부를 다시 노동력을 구매하는 데 쓰는 거야. 《자본》은 그 진실을 명쾌하게 서술했어.

"자본가가 노동력의 하루치를 그 가치대로 지불했다고 가정해보자. 그렇다면 다른 모든 상품처럼 그 노동력의 하루 사용권은 자본가의 것이 되는 것이다. 그것은 하루 동안 말을 임차한 것과 동일하다…. 노동 과정은 자본가가 구매한 것과 그의 재산(생산수단) 사이에서 발생하는 과정이다. 그러므로 그 과정의 생산물도 당연히 그의 소유가 되며 그것은 마치 그의 지하실에서 발효 과정이 끝난 포도주가 그의 소유인 것과 같은 이치다."

자네는 생산수단을 사적으로 소유하고 노동인에게 임금을 지불한 자본가가 이윤을 챙기는 '비책'을 '잉여가치'라는 독창적 개념으로 밝혀냈어. 잉여가치는 '상공업자가 노동인에게 지불하는 임금 이상으로 노동인이 생산하는 가치'지. 그러니까 상공업자, 자본가는 노동인을 고용해서 그들이 생산한 만큼 임금을 지급하지 않는 거야. 노동인들은 자신이 받는 임금보다 더 많은 노동을 하거든.

자본가 손에 들어간 잉여가치는 자본가가 사치를 부리는 데 쓰든, 부동산이나 증권에 투자하든, 신용이나 이자와 같은 금융 제도를 통해 자기들끼리 공유하든, 오직 자본가들 내부에서 돌아다녀. 하지만 그 모든 것은 근본적으로 노동인에게 지불하지 않은 노동(부불노동)이 물질화한 것이지.

"한편에서 생산 과정은 끊임없이 더 많은 부를 생산해 자본가를 기쁘게 해줄 수단으로 전환한다. 다른 한편에서 노동인은 생산 과정이 끝나면 그 과정에 참여하기 전의 모습, 곧 부의 원천이지만 그 부를 자신의 것으로 만들 수 있는 모든 수단을 박탈당한 존재로 되돌아간다. 그러므로 노동인은 끝없이 물질, 곧 객관적 부를 생산하지만 자본의 형태로 자신을 지배하고 착취할 외적 힘을 만들어내고 있는 셈이다."

결국 고대 노예제가 그랬듯이 자본주의 사회에서 상공인, 곧 자본가의 여가 시간은 노동인의 평생을 노동시간으로 바꿈으로써 얻어지는 것이라네. 자본가의 탐욕은 무한정 커지지.

"상품의 단순한 유통은 필요를 충족하는 수단이다. 반면에 돈이 자본으로 유통되는 것은 그 자체가 목적이 된다. 자본의 유통에는 한계가 없다. 자본가의 주머니가 돈이 출발해서 다시 돌아오는 지점이다. 더 많은 부를 얻는 것이 활동의 유일한 동기가 되는 한 자본가로선 무절제하고 끝없는 이윤 추구만이 목표가 된다."

《자본》을 읽어보지도 않고 비난하는 자들의 주장과 달리, 자네는 자본가의 권리도 인정했어. 자본가는 공장과 설비를 마련하고 그것을 노동인에게 제공해 상품을 생산할 수 있게 해주었다고 정당하게 평가했지. 《자본》은 가상의 공장주를 내세워 사뭇 거세게 항의하더군.

"사회의 상당 부분이 게으름뱅이들로 구성되어 있기 때문에 내가 생산도구, 목화, 방적기로 막대한 봉사를 한 것이다. 그럼에도 나는 아무런 보상을 받지 못한단 말인가?"

바로 내가 머물렀던 맨체스터의 '동업자'들이 종종 흥분해서 뱉은 말이네.

하지만 자네는 상공업자든 누구든 자신의 노동이나 경제적 지출에 대해 보상받는 것을 결코 시기하지 않았어. 다만, 그것이 다른 사람의 손실에서 나와서는 안 된다는 정의로운 원칙을 세운 거야.

불공평은 자본주의 자체에 내재해 있지. 생산수단의 사적 소유에 기초한 체제가 탐욕으로 추동되기 때문이네. 이윤은 그것을 생산한 노동인과 공유될 수 없어. 자본가는 더 많은 돈을 벌기 위해 지속적으로 비용을 줄이려고만 하지. 비용을 줄이는 데 가장 손쉽고 성과를 크게 낼 수 있는 곳은 저들이 말하는 '인건비' 아닌가.

그래, 상공업자도 경쟁을 하고 몰락도 해. 하지만 그 과정도 자본계급에게 유리한 결과를 낳게 되거든. 살아남은 자본가는 광범한 실업자를 활용할 수 있어. 자네는 그들을 '산업 예비군'이라고 불렀네.

실업자는 절망적인 상황에서 더 적은 월급으로도 기꺼이 일하려 들겠지. 결국 자본가와 노동인 사이의 격차는 무장 커질 수밖에 없는 거야. 《자본》은 그 진실을 말끔하게 드러냈지.

"자신이 갖는 것보다 더 많은 부를 생산하는 유일한 사회계급이 있다. 그들에게 돌아가야 할 몫을 자연 자원·기계·운송 수단·금융적 신용 따위의 생산수단을 독점적으로 소유한 사람들이 가져간다. 노동인은 생산수단이 없으면 아무것도 창조할 수 없어 무력해지지만, 생산수단을 가진 사람은 그것에 대한 통제력으로 전략적 지위를 갖는다. 그로 인해 인류의 나머지가 굶어 죽거나 아니면 자신의 조건에 굴복하도록 만들 수 있는 힘까지 지닌다."

하지만 자본주의의 진실을 있는 그대로 보여준 걸작은 20세기를 몇 년 앞둔 지금도 많은 이들에게 알려지지 않았다네. 신비의 베일을 한사코 벗지 않으려는 저 괴물의 농간 때문이지.

12. 뱀파이어와 늑대인간의 야합이 낳은 괴물

걸작 《자본》은 소포클레스와 셰익스피어까지 녹여냈어. 일찍이 그리스 비극 시인은 《안티고네》에서 "세상에서 행세하는 것 중에 황금처럼 고약한 것도 없다. 폭리로 돈을 벌게 해주고 국가를 뒤집어 폐허로 만들며 사람들을 파산하게" 할 뿐만 아니라 '나쁜 물'로 사람들을 유혹한다고 고발했지. 올바른 사람까지 죄의 수렁에 빠지게 하며 "죽을 운명의 그 육체에서 사악에 이르는 길을 가르쳐주어 저주받을 일을 하도록 만든다"라는 경고가 이어지더군.

셰익스피어에게 돈은 "인류가 공유하는 창녀"였네. 소포클레스와 셰익스피어를 읽으며 그 대목을 적어둔 검은 머리의 자네, 다시 그걸 적절하게 인용하는 희끗희끗한 자네 모습이 모두 아름답게 떠오르네.

자네는 비단 문학을 인용하는 데 그치지 않았어. 곳곳이 자네의 독창적인 문학적 비유로 반짝이더군. 가령 정치경제학의 치밀한 분석을 바탕으로 자본을 정의한 대목은 여느 문호의 언어보다도 적확했어.

"자본은 죽은 노동이다. 그것은 뱀파이어처럼 살아 있는 노동을 빨아들이는 것으로 살아가고 더 많이 살수록 더 많은 노동을 빨아들인다."

자본의 본질을 이 문장보다 더 잘 드러낸 비유가 있을까. 셰익스피어의 유령이 자신의 모든 작품을 아이들에게 틈틈이 들려준 아비에게 그 보답으로 문학적 감수성을 선물했는지도 모르겠네.

"자본은 눈멀고 주체할 수 없는 열정으로, 잉여 노동에 대한 늑대인간과 같은 게걸스러움으로 도덕뿐만 아니라 심지어 노동시간의 육체적 한계를 뛰어넘어 버린다. 몸이 성장하거나 건강을 유지하는 데 필요한 시간까지 앗아간다. 신선한 공기를 마시고 햇볕을 쬘 시간도 훔쳐가며… 원기를 회복하고 휴식하는 데 필요한 달콤한 수면도, 절대적으로 소모된 체력과 신체 기관을 재가동하는 데 필수적인 단 몇 시간 동안만의 마비 상태로 단축한다."

《자본》은 그 괴물, 뱀파이어와 늑대인간의 교배물인 자본이 "머리부터 발끝까지 모든 땀구멍에서 피와 오물을 흘리며 출생"했다고 고발했지.

독자들 가운데 더러는 너무 지나친 매도라고 생각할 수 있을걸세. 하지만 그 마음이 너그러움일까. 아니라네. 진실을 마주볼 용기가 아직 없어서라네. 찬찬히 짚어보면 한 점 과장 없이 적실한 표현이거든.

아메리카에서 금과 은의 채굴 과정에 발생한 원주민 학살*과 노예화, 아프리카 흑인을 겨냥한 상업적 사냥 따위가 "자본주의적 생산의 장밋빛 새벽을 알리는 신호"였다는 사실을 누가 감히 부정할 수 있단 말인가. 하여, 자본이 "모든 땀구멍에서 피와 오물을 흘리며 출생"한 것이 아니라면 뭔가.

《자본》은 단지 그 출생의 비밀을 드러내주었을 뿐이지. 그뿐인가. 자본은 16세기 이래 이윤이라는 이름으로 무절제한 탐욕을 충족하려고 사람과 환경을 잡아먹는 산업·군사적 괴물로 불쑥불쑥 성장했어.

괴물은 시장이라는 장막 뒤에 능글맞게 숨어 자신을 수수께끼로 만들고 출생의 비밀은 물론 성장 원리도 신비화했지. 금융 주술사들까지 동원해 대중이 노예처럼 따르도록 했어.

하지만 면사포가 벗겨지면 모든 것이 달라진다네. 괴물과 맞서는 사람들이 하나둘 뭉치거든. 자본주의는 생산의 성격 자체가 저항의 온상이지.

노동인들은 자본과의 관계에서 적대성을 깨닫고 단결의 힘을 깨우쳐간다네. 미사여구에 그쳤던 '인간의 권리' 목록에 노동시간 제한이 자리 잡고, 노동계급은 자본가들이 마음대로 부릴 수

---

* 서양 백인들이 '영웅'으로 칭송하는 콜럼버스Christopher Columbus는 '신대륙'에 도착해 금을 찾지 못하자 원주민 개개인에게 금 할당량을 주고 기한 내에 가져오지 못하면 손목과 발목을 잘라 사냥개에게 던져주었다. 그 만행을 저지른 콜럼버스는 지금도 스페인 성당의 축복을 받고 있다. 비단 콜럼버스만이 아니다. 유럽 백인들의 학살로 숨진 아메리카 원주민이 수천만 명에 이른다는 연구 결과도 있다.

없는 강력한 존재로 거듭나겠지.

새로운 사회경제적 혁명은 자본주의의 탄생보다 훨씬 적은 유혈을 수반하며 일어날 걸세. 중세사회가 자본주의 사적 소유 체제로 전화된 과정은 다수가 소수의 찬탈자에게 재산을 박탈 당했기에 시간도 오래 걸리고 폭력적이었지만, 사실상 이미 사회화된 생산에 의존하고 있는 자본주의 사회가 사회화된 소유 체제로 넘어가는 과정은 소수의 찬탈자가 다수의 민중에게 재산을 박탈당하는 일 아닌가.

그해 연말, 자네가 함부르크에 있는 출판사를 방문했을 때 환대해주었던 하노버의 쿠겔만이 크리스마스 선물을 보내왔더군. 《자본》의 저자에게 보내는 경의의 표시라며 커다란 제우스 흉상을 헌정했어. 딸들이 환성을 질렀지. 뜬금없는 선물이었지만 자네도 기분이 그리 나쁘진 않았을 거야.

자네는 제우스보다 프로메테우스를 더 좋아하긴 했지. 어쨌거나 그건 젊은 시절의 이야기 아닌가. 인류 역사에 새로운 획을 그었기에 쿠겔만이 자네를 제우스에 비유한 것도 적합하다고 나는 생각하네. 진심일세. 바람둥이 제우스는 또 얼마나 정직한 신인가.

쿠겔만은 흉상을 선물했을 뿐만 아니라 독일 신문에 서평이 실리도록 애써주었기에 그가 숭배하는 제우스의 아내에게 감사 편지를 받았지.

"독일인들이 좋아하는 찬사의 방법은 완전한 침묵으로 보이는군요. 쿠겔만 박사님, 저는 이보다 더 어려운 환경에서 쓰인 책은 없을 것이며, 그 숨겨진 사연들로 제가 책을 쓴다면 극한의 어려움과 끝 모를 불안, 고통에 관한 이야기가 되리라고 단언할 수 있습니다. 만약 노동인들이 이 작품이 나오기까지의 희생을 조금이라도 안다면, 이 책이 오직 그들만을 위해 쓰였고 그들의 이익을 위해 완성되었다는 사실을 안다면 조금이라도 더 관심을 보일 텐데요…. 그런데 당신은 왜 저를 그리 깍듯한 호칭으로 부르시는 거지요. 심지어 '우아한'이라는 수식어까지 붙이다니요. 저는 다만 늙은 운동가이고 운동에서 머리가 허옇게 센 동료일 뿐입니다. 우아하지도 않고 신의 은총도 받지 않은 예니 맑스."

쿠겔만은 진심으로 자네를 존경했지만, 제우스는 점점 그에게 염증을 느낄 수밖에 없었지. 올림포스 산정의 제우스처럼 범접할 수 없는 위엄 있는 자세를 취하라고 주문하거나, 달라이 라마처럼 평범한 사람과는 만나지 말라는 쿠겔만의 권고들을 그대가 인내하긴 어려웠을 거야.

제우스의 일상은 지나치게 인간적이었잖은가. 1868년 새해 들어 자네가 처음 내게 보낸 편지를 다시 읽어보네.

"나는 지금 벌거벗은 채 알코올 습포를 붙이고 편지를 쓰네. 그저께 처음으로 다시 도서관에 나갔어. 하지만 집필은 아직도 못 하고 있네. 어제 왼쪽 가슴에 또 부스럼이 생겼거든."

우리의 제우스는 《자본》이 출간된 뒤 넉 달 넘도록 내내 아팠어. 걸작을 알아주지 않는 차가운 현실에 직면한 자네 몸의 정직한 반응일 거야. 사타구니엔 뾰루지, 팔 밑엔 부스럼의 시든 싹, 왼쪽 어깻죽지엔 괴물이 생겼다며 한탄의 글을 보냈지.

"이 망할 것들은 끝이 없군."

부스럼뿐만 아니라 격심한 두통에도 시달렸어.

"내 몸속 깊은 곳을 예리한 칼날이 베어내는 것 같아.* 그래, 피가 문제야."

건강하려면 "나처럼 교회의 생쥐마냥 가난에 찌들어서는 안 되고 돈이 있어야 한다"라는 결론이 저절로 나오더라고 했지. 그 말이 《자본》의 저자가 뱉은 토로가 아니었다면 스산한 역설이 아니었을 거야. 그 클클함은 편지 끝자락에서도 배어나더군.

"어머니 말씀이 정말 옳았어. 자본에 대해 글을 쓰기보다 자본 만드는 일을 했어야 옳았다고 말하셨거든."

예니는 더 큰 무력감에 젖어들더군. 빚쟁이들과 경찰에게 온갖 수모를 당하면서도 귀족의 영애는 언젠가 남편이 걸작을 낼 것이고 그 작품이 독일은 물론 세상을 바꾸어 인류의 삶을 더 나아지게 하리라 굳게 믿어왔지.

그런데 남편이 모든 걸 쏟아부은 책을 출판했는데 거의 반응이 없으니 충격이 얼마나 컸을지 누구든 어림할 수 있을 거야.

* 　　맑스는 여러 병을 앓았다. 하지만 맑스가 보낸 편지의 이 대목을 보면 대상포진에 걸린 게 거의 확실해 보인다.

자신이 걸어온 인생 전체를 톺아보지 않았을까.

자신이 커온 친정과는 견줄 수 없을 만큼 비루한 집에서 남편의 악필을 정서하며 궁핍하게 걸어온 삶에 무슨 의미가 있는지 조금도 회의가 들지 않는다면, 그것이야말로 비인간적이겠지.

예니는 그 시절 "인생을 헤쳐 나가는 데 신념과 용기를 많이 잃었어요"라고 훌훌 털어놓았다네. 그렇게 해서라도 위안을 받고 싶었을 거야. 우울한 날이 많아졌고 세 딸은 물론 남편에게도 괜스레 짜증을 부리는 날이 늘어났어. 스스로 까다로운 사람이 되고 있다는 자각이 들 때면 더 괴로워했지.

그럼에도 국제노동인연합의 친구들에겐 여전히 '안주인'으로서 임무를 완수하더군. 다만 언제나 수호천사처럼 악마 곁을 지켰던 과거와 달리 혼자 여행도 하고 전에는 속물이라 여겼을 사람들과도 무람없이 어울렸어. 그편이 자네도 더 편했을 거야.

당시 우리 모두는 각국 신문을 샅샅이 뒤지며 《자본》을 다룬 기사를 찾는 것이 일과가 되었지. 런던의 《토요평론》에서 작은 기사를 발견했을 때 되게 기뻐했던 기억이 나는군. 기사는 "저자의 견해는 우리가 예상한 것처럼 매우 해로운 것일 수 있다"면서도 "그렇지만 설득력 있는 논리, 활기찬 표현, 정치경제학이라는 딱딱한 주제에 그가 부여해놓은 매력은 부인할 수 없는 장점"이라 논평했지.

나는 자본의 악몽에 더한 《자본》의 흉몽에서 자네를 자유롭게 해주려고 아일랜드* 독립운동에 관심을 기울여달라는 편지를 보냈지. 내 사랑 리지는 이미 독립운동에 깊숙이 개입하고 있었거든. 나의 제안은 우울해하던 자네의 마음을 끄는 데 성공했어.

기어이 자네다운 명제가 나오더군. "현재의 강제적 연방, 곧 아일랜드의 노예화를 가능하면 동등하고 자유로운 동맹으로 바꾸는 것 또는 필요하다면 완전한 분리까지 추진하는 것은 국제 정의를 떠나서 영국의 노동계급 해방을 위해서도 필수적인 전제조건"이라는 자네 글에 리지는 감동했다네. 고마워, 친구.

아일랜드의 독립 열기도 높아갔어. 삼만 명 남짓 런던에 모여 사형을 언도받은 독립운동가들의 사면을 청원했지. 그런데 이틀 뒤 저 자비로운 영국 여왕은 보란 듯이 세 명에게 교수형을

---

* '한국은 아시아의 아일랜드'라는 말은 일본 도쿄대 총장 야나이하라 타다오矢内原忠雄의 '조선은 우리의 아일랜드'라는 주장에서 비롯했다. 영국인이 '하얀 검둥이', '하얀 침팬지'라는 이미지로 아일랜드인을 덧칠했듯이 일본인은 조선인을 '옷을 잘 입은 아이누', '두 발로 서서 걷는 원숭이'라고 비하했다. 아일랜드는 1840년대 감자 기근으로 100만 명이 죽었고 100만 명이 이민에 나서 한때 인구가 300만 명을 밑돌기도 했다. 1840년대의 대기근 시절에도 아일랜드는 식량 수입은커녕 부유한 영국에 식량을 수출해야 했다. 영국인 지주에 맞선 아일랜드인 소작농의 투쟁과 민족주의적 저항은 19세기에 고조되었다. 800년간 영국의 지배를 받은 아일랜드는 20세기 들어 독립운동의 주축인 남쪽과 영국과의 '분리'에 동의하지 않는 북쪽 일부 지역으로 갈라졌다. 남쪽은 자치국을 거쳐 1949년 완전히 독립해 공화국을 세웠다. 북아일랜드는 영국 연방의 일부로 남아 있다.

집행했어.

나는 아일랜드인이 독립운동에 일떠서는 데 결여됐던 한 가지를 여왕이 제공했다고 보았지. 바로 순교자일세. 이제 그 교수형은 아일랜드는 말할 나위 없고 영국과 미국의 모든 아일랜드 아기의 요람에서 노래될 거야. 자네도 내 사랑 메리와 리지를 옆에서 지켜보아 공감하겠지만, 모든 아일랜드인이 어김없이 그렇게 하리라 나는 믿었고 지금도 그렇게 생각하네.

그런 가운데 자네 집안에 경사가 생겼지. 둘째 딸 라우라의 결혼식 날짜가 잡혔거든. 다만, 자네의 가식 없는 열정은 조금도 나이가 들지 않더군. 딸을 빼앗아가는 라파르그에게 시기심을 느낀다 했던가.

아마도 몸이 아파 그랬을 거야. 《자본》 제2권을 써야 한다는 압박감에 돈 문제까지 겹쳤고 허벅지에는 걸음이 어려울 정도로 큰 부스럼이 생겼지. 눈앞에 검은 장막이 드리워진 듯한 끔찍한 두통과 가슴 압박감도 호소했어. 결혼식 날 자네는 마치 전장에 나가는 기사처럼 부스럼에 붕대를 싸매고 비소까지 삼킨 뒤 검은 프록코트 정장을 걸쳤지.

시기심의 연장이었을까. 프랑스로 신혼여행을 떠나는 라우라에게 최소한 다섯 명을 만나 《자본》에 대해 토론하고 파리 근방의 도서관을 방문해 카탈로그를 수집해줄 것을 요청했지. 신혼여행을 훼방놓으려는 심술을 의식해서일까. 썩 그럴듯한 말로 라우라를 어르고 달랬더라고.

"부적절한 시기에 너를 성가시게 하는 것을 보고, 너는 내가 정말로 책을 좋아하는구나 하고 상상할 것이 틀림없다. 그렇지만 네가 틀렸다. 나는 그것을 집어삼켜 변화된 형태로 역사의 거름더미에 집어던져야 하는 저주받은 기계일 따름이다."

라우라가 귀하의 그 '검은 속셈'을 몰랐을까. 아닐세, 투명하게 들여다보았으리라고 나는 장담하네.

곧이어 나는 쉰 살을 맞는 자네 생일에 편지를 썼지.

"어쨌든 반세기를 산 것을 축하하네. 어쩌다 보니 나도 이제 그날이 멀지 않았군. 이십오 년 전 패기만만한 청년이었던 우리는 이때쯤이면 벌써 목이 달아나 있을 것이라고 생각했는데 용케 아직도 붙어 있네."

라우라가 결혼할 무렵에 첫째 딸 에니헨은 스코틀랜드 집안의 가정교사 자리를 얻었지. 자네는 반대하다가 마음을 바꾼 이유를 편지로 써서 보냈어.

"에니헨이 어떤 직업을 갖고 특히 이 답답한 집을 빠져나가 새 출발을 할 수만 있다면 그 또한 나쁘지 않을 것이라고 판단했네. 최근 몇 년간 아내는 평정을 잃고 있고—상황을 고려하면 이해하지 못할 것도 아니지만 그렇다고 기분이 나아지지는 않네—그녀의 끝없는 불평과 잔소리, 비꼬는 말 때문에 아이들도 시달리고 있어. 물론 우리 아이들처럼 싫은 내색도 없이 그것을 기꺼이 받아넘길 만한 아이들은 이 세상에 또 없겠지만 말일세. 그렇지만 그것도 한계가 있는 법이거든."

막내딸 투시는 어렸음에도 이미 내게 아일랜드 독립운동에 대해 문의하는 편지를 썼지. 해가 바뀌어 1869년 1월 1일이 되자 자네는 짐짓 자랑하는 편지를 보내왔어.

"새해 복 많이 받게. 동봉한 라파르그의 편지를 보면 내가 기막힌 새해 선물을 받았다는 것을 알게 될 걸세. 할아버지가 된 거야."

기대했던 반응은 다시 러시아에서 오더군.《자본》을 러시아어로 번역하겠다는 소식을 듣고 자네는 "줄기차게 싸워왔던 러시아가 늘 나의 지지자였다는 사실은 운명의 장난"이라고 말했지. 프루동을 비판한 책도, 상공업자들의 정치경제학을 해부한 책도 러시아에서 가장 많이 팔린 이유를 설명해주었어. 러시아 귀족들이 프랑스나 독일에서 유학하며 늘 서유럽의 동향에 목말라해서라고 본 걸세. 그런 러시아인들이 귀국해서 정부에 들어가면 곧바로 악당으로 변한다는 말도 덧붙였지.

나는 그때 자네에게《자본》이 다른 언어로 번역되기 시작한 것은 매우 고무적인 일이라고 말했어. 내 성격 잘 알지 않은가. 그 말은 위로하기 위해서가 아니라 진심으로 그렇게 확신해서 한 말이었네.

러시아어 번역은 걸작이 이윽고 정당한 평가를 받기 시작한다는 신호였어. 물론, 아직까지는 그 진정한 걸작이 모든 나라의 노동인에게 충분히 알려지지 않았지. 하지만 나는 시간문제라고 생각하네.

알려지지 않은 걸작의 그림은 민중과 유리되어 그려졌지만, 《자본》은 민중의 가슴과 이어져 있지 않은가. 내기를 해도 좋아. 대망의 20세기엔 내 예언이 적중한다는 데 내 모든 걸 걸겠네.

13. 혁명의 문학, 문학의 혁명

읽으면 읽을수록 《자본》 자체가 문학의 새로운 지평을 연 문학이라는 확신이 들더군. 정복자와 정복당한 자의 서사시랄까, 아니 장편소설이 더 적실하겠어. 혁명을 다룬 문학이자 문학의 혁명을 이룬 소설이지.

소설의 주인공은 그 괴물, 늑대인간과 뱀파이어의 야합물이지. 주인공의 형상화도 훌륭하지만 그 괴물에게 피를 빨리는 노동인이 스스로를 해방한다는 주제의식에서도 문학적 성취가 빼어나다네.

직업적 소설가들은 내 해석에 거개가 동의하지 않을 거야. 하지만 소설이란, 문학이란 무릇 무엇인가. 무엇보다 본령은 인간의 진실을 담아내는 그릇 아닌가. 언제나 신선한 실험이 가능한 장르가 바로 소설이라면, 《자본》은 혁명의 문학이고, 그 문학이 혁명의 무기라는 점에서 문학의 혁명이라 할 수 있네. 사회의 인간화를 추구한 문학이지.

《자본》 출간으로 자네가 인생의 중요한 매듭을 짓고—비록 그것이 우리의 기대와 달리 발간 즉시 세상에 큰 충격을 준 것은 아니었더라도—책이 러시아어로 번역되는 상황은 내 결단을 앞당겼다네. 나도 인생의 매듭을 짓고 싶었던 거야. 나름대로 거북한 곳간에 머무는 의무를 다했다고 판단했지. 나도 이제 내 문학을 하고 싶다는 강렬한 욕망이 가슴에서 꿈틀대더군.

최근 몇 년에 걸쳐 내가 소유한 지분을 동업자가 모두 사들이고 싶어 하도록 자못 공들여왔다네. 이제 물밑 공작을 수면 위로 꺼낼 때가 온 거지. 기쁘고 설레는 마음으로 자네에게 편지부터 썼어.

"친구, 아래 질문에 대해 고민해보고 아주 정확한 답변을 보내주게. 첫째, 자네의 빚을 다 갚고 새로 출발하는 데 얼마나 필요한가? 둘째, 일 년에 삼백오십 파운드 정도면 생활을 감당할 수 있겠나?(병이라든가 돌발 사건 같은 추가 비용은 배제). 그렇지 않다면 필요한 총액을 알려주게."

자네는 내 제안에 감지덕지해 "놀라서 뒤로 넘어질 지경"이라 했지. 경제적 측면에서도 회심작이었던 《자본》이 출간된 지일 년 반이 지났지만 책 제작비도 못 건지고 있었기에 더 그랬을 거야.

내가 삼백오십 파운드를 제안한 것은 당시 그 액수가 영국 중간계급의 일 년 생활비 수준이었기 때문이지. 그걸 바탕으로 자네의 인세—비록 기대만큼은 아니더라도—가 더해진다면 나름대로 안락한 삶이 가능하리라고 보았지.

자네는 현재 빚이 이백십 파운드라 했고 고정수입 삼백오십 파운드라면 "처음으로 엄격한 가계를 꾸릴 수 있을 것"이라고 답했어. 기다렸던 말이지.

1869년 6월 30일 아침, 승마용 신발을 신으면서 리지에게 떨리는 목소리로 말했다네.

"오늘이 마지막이야."

출근해서 만 이천오백 파운드*를 받고 에르멘앤드엥겔스 사를 정리했어. 사무실을 나올 때 아버지가 떠오르지 않았다면 나는 정말로 후레자식이겠지. 물려준 가업을 청산하는 모습을 당신이 보지 않아 얼마나 다행인가 싶었다네.

하지만 당신도 아들이 바라는 삶을 축복해주시리라 마음을 추슬렀지. 정산을 마치고 집으로 돌아오는 길에 나도 모르게 어깨가 들썩들썩하더군. 콧노래를 부르며 지팡이를 허공에 흔들고 춤을 추듯 걸었다네.

멀리 보이는 집 앞에 리지가 나와 기다리고 있더군. 내가 뛰어가자 리지도 달려왔다네. 리지를 품에 안고 빙글빙글 돌았지. 집으로 들어서자 식탁에 샴페인을 준비해놓았더군. 행복이란

---

*   오늘날 금액으로 약 240만 달러. 한화로는 28억 8,000만 원 정도다.

이런 걸까 싶었어.

자네는 성경의 모세를 인용해 내가 '이집트인의 압제에서 탈출한 날'이라 표현했던가. 맞아, 자유로운 내 정신의 꼭뒤를 누르고 있던 '황금 송아지'로부터 벗어난 걸세. 오래도록 리지와 자축의 산책을 즐겼다네. 다음 날은 홀가분한 마음으로 어머니에게 편지를 썼지.

"오늘 아침 저는 우울한 도시로 들어가는 대신 화창한 날씨를 즐기며 몇 시간 내내 산책했답니다. 안락하게 꾸며진 제 방에서, 공장 연기가 날아 들어와 사방을 온통 새까맣게 만들어놓지는 않을까 걱정할 필요도 없이, 창문을 활짝 열어놓고 창턱 너머 집 앞의 꽃과 나무를 보며 책상에서 일을 할 수도 있습니다. 칙칙한 사무실과는 아주 다르지요."

나는 그렇게 사랑하는 리지와 새 삶을 시작했네. 마침 리지가 애써온 아일랜드 해방운동도 성과를 거두고 있더군. 아일랜드 민중이 검은 상복을 입고 영국이 감옥에 가둔 운동가들의 사면을 요구하는 시위를 벌였지.

아일랜드 유권자들은 옥중에 있는 운동가를 영국 하원의 지역구 의원으로 선출하는 운동에 나섰어. 자네는 그 길이 음모적 방법보다 더 효과적이고 혁명적이며 합법적이기도 하다고 평가했지.

우리는 아일랜드가 영국의 가장 약한 지점이라고 판단했어. 아일랜드가 독립하면 대영제국도 흔들리고 지금은 만성적 휴면 상태인 영국의 계급 전쟁도 치열한 양상을 띠게 되리라 본 걸세. 세계에서 가장 산업화된 나라의 노동인들이 자유로워진다면 나머지 유럽도 뒤를 따르지 않을까 생각했어.

그 시절 자네는 맏딸이 듬직했을 거야. 예니헨은 낮에는 가정교사로 일하며 밤에는 아일랜드 수감자들을 위해 글을 써서 '제이 윌리엄스'라는 필명으로 신문에 기고했지. 신문사는 투고받은 글이 좋아 계속 글을 써달라 요청했고, 예니헨 또한 자신이 쓴 글로 세상을 나아지게 할 수 있다는 사실에 기뻐했어.

예니헨의 기사는 영국 국회가 아일랜드인 수감자의 처우에 대한 전면적인 조사를 요구하도록 만들었고 정부는 받아들일 수밖에 없었지. 자네는 예니헨을 "우리의 유명한 윌리엄스"라고 부르며 뿌듯해하더군.

하지만 결혼한 둘째 딸 남편은 기어이 걱정을 끼쳤지. 본디 자네 부부가 결혼을 승낙한 이유는 라파르그가 의사로서 안정적 직업을 가지리라 판단해서가 아니었나.

그런데 사위가 의사의 길을 접고 큰 재능도 없으면서 '장인이 추구해온 길'을 걷겠다고 나섰을 때, 라우라는 그것이 무엇을 뜻하는지 잘 알았지. 어머니의 고통을 내내 지켜보며 자랐으니까. 라우라는 언니에게 보낸 편지에 착잡한 심경을 썼더군. "새 감옥에 갇혀버렸다"라고.

그렇다고 귀하가 내놓고 사위를 나무랄 수도 없는 일 아닌가. 어쨌든 새로운 사회를 이루려는 우리 운동에 자네의 딸과 사위를 비롯해 참신한 세대가 들어오는 것은 반길 일이었어.

어느새 귀하와 나는 원로가 된 셈이네. 이미 저 세상으로 간 동지도 한두 명이 아니었어. 자네의 검은 수염도 새하얗게 변해갔어. 언제나 역설의 언어를 즐겨 구사하던 자네는 부쩍 '악마(올드닉 Old Nick)'를 자칭하더군.

바로 그 무렵 프랑스에서 이십여 년 만에 1848년 혁명의 불씨가 되살아나고 있었네. 나폴레옹 3세 치하에서 상공업자들은 부를 눈덩이처럼 축적해간 반면에 노동인의 임금은 언제나 물가 상승률을 밑돌았지. 이십여 년 내내 그 체제가 이어지면서 노동인을 비롯해 민중의 인내심이 한계에 다다른 거야. 긴 시간 노동에 시달리던 노동인들은 가족의 생계와 건강을 지키기 위해 거리로 나올 수밖에 없었지.

그러자 황제는 가증스럽게도 내부의 위기를 외부와의 전쟁으로 해결하려 했어. 나폴레옹의 조카라는 후광을 톡톡히 누려오면서 스스로를 '군사 천재'로 착각하게 된 황제는 '위대한 군사적 승리'를 거둬 내부의 저항세력에게 자신이 누구인가를 입증해 보일 셈이었지.

1870년 7월, 프로이센에 기어이 선전 포고를 하며 전쟁을 걸더군. 애먼 두 나라의 젊은이들—대부분 민중의 아들이지—에게 서로 죽이라고 부추기는 야만적 범죄가 일어난 걸세. 우리는 날로 강성해가던 프로이센이 이기리라 전망하며, 유럽 노동운동의 관점에서 프랑스·독일 전쟁을 짚었지.

국제노동인연합은 곧장 두 전쟁 당사국을 비롯해 모든 나라의 노동인에게 담화문을 발표했어. 자네가 쓴 그 글은 요즘 읽어도 신선할 정도라네. 특히 결론이 압권이었어.

"프랑스와 독일 정부가 노동인들을 형제 살육의 전쟁에 몰아넣고 있는 때에 프랑스와 독일의 노동인들은 서로 평화와 호의의 메시지를 교환하고 있다는 바로 이 사실, 과거 역사에서 유래를 찾아볼 수 없는 이 위대한 사실은 미래에 대한 밝은 전망을 활짝 펼쳐 보이고 있다. 그것은 경제적 빈곤과 정치적 광기로 얼룩진 낡은 사회와 반대되는 새로운 사회, 곧 평화를 국제적 원칙으로 하는 사회가 탄생할 것임을 입증해주고 있다. 이 새로운 사회의 모든 나라에서는 노동이라는 동일한 원칙이 지배자가 될 것이기 때문이다. 국제노동인연합은 그 새로운 사회의 개척자다."

지배계급 간의 전쟁에서 노동인은 서로 싸우지 않는다는 명제를 국제노동인연합은 창립할 때 일찌감치 천명했지. 연합이 낸 담화문에 먼저 전쟁을 시작한 프랑스의 노동인들이 호응하고 나서더군. 왕들이 벌이는 그 어떤 전쟁도 노동인의 눈에는 범죄적 부조리일 뿐임을 명백히 밝히며 "독일의 형제들이여, 우리의 분열은 라인강 양안에서 전제주의의 완전한 승리만 가져올 것이 분명하다. 국경이라는 것을 알지 못하는 국제노동인연합의 회원인 우리는 그대들에게 변함없는 연대의 맹세로서 프랑스 노동인들의 선의와 경의를 보낸다"라고 했어.

독일 노동인들도 "모든 나라의 노동인이 우리의 친구이며 모든 나라의 군주가 우리의 적"이라고 화답했지. 독일의 신문과 프랑스의 반체제 신문을 통해서는 "진군 나팔 소리도 포성도 승리도 패배도 모든 나라 노동인의 단결을 향한 공동 작업에서 우리를 떼어놓지 못할 것임을 엄숙히 밝힌다"라고 선언했어.

과거와 달리 독일 노동인들이 성숙했다는 증거라네. 프랑스 노동인들이 프루동주의에 갇혀 주춤거릴 때 사상과 조직이 두루 진전을 이룬 거야. 우리는 전쟁을 계기로 프랑스 노동인들이 환상에서 벗어나 현실을 직시하리라고 기대했지.

전단지로 인쇄해 배포한 국제노동인연합의 담화문은 큰 파장을 일으켰어. 영국 신문도 그 글을 게재했지. 자네 담화에 얌전한 신사, 존 스튜어트 밀까지 갈채를 보내더군. 퀘이커 평화주의자 모임에서도 전단지를 더 인쇄해 배포하라고 연합에 기부금을 보냈어. 그 돈으로 프랑스와 독일에서 삼만 부를 찍어 배포했지.

국제노동인연합을 대표해서 쓴 담화의 고갱이—모든 나라의 노동인이 단결하면 궁극적으로 전쟁을 종식시킬 수 있다—가 유럽의 지식인에게 깊은 울림을 준 거라네.

마침 나는 거북한 곳간의 도시 맨체스터와 미련 없이 작별을 고하고, 런던의 거룩한 집 옆에 거처를 마련했어. 이웃을 잘 만나야 한다고 하지 않던가. 명실상부한 자네의 이웃, 더 나아가 가족의 일원이고 싶었던 걸세. 물론 '아일랜드 아지트'도 더불어 옮겨왔네.

예니는 과거에 메리를 은근히 낮추보던 시절—그때 내가 서운하지 않았다면 거짓일 거야. 귀족 가문에서 자란 한계라고 이해하고 마음에 두지 않았으니 앙상한 관용이라고 해야 더 적실할까—에 비해 인간적으로 훨씬 성숙했더군. 리지를 진정으로 존중해주어 나도 기뻤다네.

바로 다음 날부터 날마다 오후에 자네의 서재를 찾아 토론하는 일이 중요한 일과가 되었어. 나는 프랑스와 독일의 전쟁을 분석해 신문에 기고했지. 반응이 좋고 예측 또한 정확했기에—자화자찬 같아 민망하군—이어서 신문에 필명 또는 무기명으로 실린 칼럼이 육십여 편에 이르더군.

영국에서 발행되는 거의 모든 신문이 전쟁을 분석한 내 기사를 표절했어. 심지어 《타임스》까지 내 칼럼을 사설로 게재했지. 독일에서 실제 전투에 참여했던 경험과 평소 읽어두었던 전쟁 책들이 기사의 밑절미가 되었네.

전쟁을 분석하고 예측하는 내 기사를 가장 꼼꼼하게 읽은 독자는 뜻밖에도 예니더군. 자네처럼 예니도 내 별명을 참 적실하게 붙였지. 나를 '장군'이라고 부르기 시작했으니 말일세. 딸들과 님까지 나를 그렇게 부르고 자네 집을 찾아온 동지들 사이에도 그 별명이 퍼져가 나는 도리 없이—실은 기다렸다는 듯이 우쭐해서—장군이 되었다네. 더구나 귀족이 내려준 기사의 '공식 이름' 아닌가.

장군으로서 내가 명심한 것은 자네가 정갈하게 정리한 명제였지. 기나긴 인류 역사에서 끊임없이 일어나 애먼 사람들을 무수히 파괴해온 전쟁에 마침표를 찍는 길은 단 하나, 국경을 넘은 노동인들의 단결이라는 명제 말일세. 그 명제는 그대로 장군 엥겔스의 다짐이 되었다네.

14. 민중의 정부와 순교자들의 증언

우리의 예상대로 프랑스군은 1870년 9월 2일 결전에서 대패했어. 자칭 '군사 천재' 나폴레옹 3세는 프랑스군 십만 명과 함께 포로가 되었지.

전쟁으로 자기가 누구인지를 알려주고 싶었던 거라면 성공했다고 평가해야 할까. 아무튼 제 무덤을 판 걸세. 스스로 묘비명까지 새기더군. 프로이센 왕에게 쓴 편지에서 "폐하께 나의 칼을 바친다"며 비굴하게 목숨을 구걸했으니 말일세.

파리의 민중이 들고일어났지. 곧바로 나폴레옹 3세를 폐위하고 다시 공화정을 선포했어. 재빠르게 혁명의 물결에 올라탄 상공업자들은 민중과 더불어 '국가방위 임시정부'를 수립했지. 프랑스가 1789년, 1830년, 1848년에 이어 다시 혁명적 상황을 맞은 걸세.

국제노동인연합은 영국 정부에게 프랑스 임시정부를 즉각 승인하라고 요구했어. 런던은 물론, 유럽 곳곳의 연합 조직원들이 속속 파리로 들어갔지. 임시정부 지도부에 들어갈 계획이었어. 자네는 임시정부를 곧바로 노동인의 혁명 정부로 전환하는 것은 현 단계에서 바람직하지 않다고 말했지만, 파리로 들어가는 사람들을 막지는 않았지. 막을 수도 없었을 걸세.

이윽고 프랑스 민중이 주축이 된 공화국 군대와 프로이센 정규군 사이의 첫 전투가 파리 성벽에서 벌어졌어. 이백만 파리 민중과 수천 명의 군인이 포위당한 채 용감하게 항전했지.

그런데 임시정부는 민중의 군대로 프로이센 정규군을 이길 수 없다는 현실론을 펴며 휴전 협상에 나서려 하더군. 노동인을 비롯한 민중 사이에 임시정부에 대한 불신과 혁명적 여론이 빠르게 퍼져갔어.

런던에서 우리는 파리의 급박한 상황을 주시했지. 여러 나라 말을 자유롭게 구사하는 예니헨이 도서관에서 백여 종의 신문을 읽고 간추려온 정보들이 사태 분석에 큰 도움이 되더군.

자네는 새벽 세 시까지 분석에 몰두했어. 건강을 걱정하는 예니에게 "중요한 역사적 사건이 벌어지고 있는 시기에 사소한 문제에는 신경 쓸 겨를이 없다"고 말했지. 건강이 어디 사소한 문제인가. 하지만 자네 심경을 십분 헤아릴 수 있었지. 나도 그랬으니까.

파리의 민중은 시청 앞에 모여 휴전 협상에 반대하며 임시정부가 자신들의 뜻을 따라야 한다고 주장했지. 민중의 민주적 요구에 임시정부는 매파를 전면 배치하며 맞서더군.

이미 상공업자들은 외국의 적보다 자국의 노동인들을 더 두려워하기 시작한 걸세. 민중이 정국을 주도하면 기득권을 빼앗길까 우려했던 게지. 프로이센 군대가 파리를 줄곧 포위하고 있었고 곧 혹독한 겨울이 들이닥치는데도 임시정부가 식량 확보에 적극 나서지 않은 까닭도 거기에 있었어. 민중은 굶주린 나머지 개를 잡아먹고 심지어 고양이, 쥐에 이어 동물원의 동물까지 먹으며 악전고투했지.

임시정부는 의도대로 착착 수순을 밟아갔어. 외무장관이 휴전 협상에 나서 이듬해 초에 예비 협정을 맺었고, 프로이센군의 포위 아래 '국민의회' 선거를 실시했지. 이어 반동적인 티에르*를 '공화국 행정수반'으로 선출하더군.

프로이센과의 휴전 합의에 따라 3월 1일 파리에 프로이센군이 입성했네. 프로이센은 파리 민중의 분위기가 심상치 않자 개선문까지 행진을 마친 뒤에 살그머니 철수하더군. 휴전 협상으

---

*   티에르Louis Adolphe Thiers, 1797~1877는 신문 기자와 역사학자를 거쳐 정치에 입문했다. 1851년 루이 나폴레옹의 쿠데타로 정계를 떠났다가 프로이센과의 전쟁에서 프랑스가 패배한 뒤 복귀했다. 1871년 프랑스 공화국 행정수반으로서 파리공동체를 무자비하게 진압한 뒤 그해 8월 대통령에 취임했다.

로 철과 석탄이 풍부한 알자스와 로렌 지역을 양도받고 배상금 오십억 프랑을 비롯해 챙길 것은 다 챙겼으니 굳이 민심을 자극할 필요가 없다고 판단했겠지.

프로이센 앞에선 똥 마려운 강아지처럼 굴던 행정수반 티에르는 민중 앞에선 사나운 사냥개로 돌변하더군. 전쟁이 끝났으니 무장을 전부 해제하라고 명령했지. 그렇지 않아도 굴욕적인 합의에 분노하고 있던 파리 민중은 반발했고 자신들을 무장 해제하려고 나선 프랑스 정부군과 정면으로 맞섰어.

정부군은 노동인들이 모금운동을 벌여 마련한 대포를 몰래 탈취하려 했지. 화약고에 불을 붙인 격이었네. 소식을 들은 민중은 격분했어. 장을 보거나 물을 길러 나온 주부들까지 달려왔고 파리의 푸른 하늘에 위급한 상황을 알리는 종소리가 울려 퍼졌지. 파리 민중은 대포를 빼앗아가려던 정부군을 저지했을 뿐만 아니라 작전을 지휘하던 장군까지 체포해 처형했어.

민중이 주도하는 혁명의 물살이 거세지자 티에르는 파리에서 군대를 철수하며 정부를 파리 외곽의 베르사유로 긴급히 옮겼지. 파리의 민중은 3월 26일 선거를 통해 새로운 정부를 구성하고 '파리공동체(파리코뮌)'*를 선포했어. 만세를 연호하며 모자

* 파리공동체는 흔히 '파리코뮌'이라고 불린다. 코뮌Commune은 본디 12세기 프랑스의 주민자치 제도를 뜻했다. 중세의 혼란 속에서 서로 평화를 서약한 주민들의 공동체로서, 서약을 깨뜨린 사람은 추방되었다. 중세 말기에

를 하늘로 던져 올리고 손수건을 꺼내 흔들어 도심 전체가 물결쳤더군.

파리공동체는 민중의 권력을 구현했어. 모든 공직을 선출직으로 바꾸고 언제든 소환할 수 있게 했지. 선출된 공직자의 월급은 노동인의 평균 월급으로 결정했네. 징병제, 상비군, 경찰을 폐지하고 무장한 노동인들이 그 일을 맡았어. 야간 노동을 폐지하고, 상공업자들이 문 닫은 공장은 노동인이 접수해 협동조합으로 전환해서 운영했지.

파리공동체의 정의로운 정책에 민중은 환호했어. 다만 민중 사이에 사상적 일치는 없었지. 여러 생각이 충돌해 종종 혼란이 빚어지면서 혁명가들은 민중을 단결시킬 당, 과학에 근거한 행동 강령을 가진 당이 얼마나 절실한가를 절절히 깨달았지. 문제는 대다수 민중이 아직 그걸 자각하지 못했다는 데 있었다네.

왕권의 간섭이 강화되면서 쇠퇴해갔으나 민중의 자기통치 개념이 1871년 파리에서 되살아났다. 코뮌의 적절한 번역어를 찾지 못한 한국에선 원어 그대로 '파리코뮌'으로 옮겨왔지만, 이 원고에선 '공동체'로 옮겼다. 코뮌이라는 단어가 '함께com'와 '선물munis'의 결합이듯이 상생하는 삶을 실현하려는 의미를 담고 있다면 그렇게 번역해도 무방하다고 보았다. 일각에서는 코뮌이 자유로운 개인들의 연합체라는 점에서 공동체와 다르다고 한다. 또 공동체는 외부에 배타적이지만 코뮌은 그렇지 않다고 주장한다. 하지만 '공동체'라는 말이 반드시 구성원을 개인으로서 존중하지 않는다고 볼 수 없고, 외부에 열려 있는 공동체도 얼마든지 가능하다. 이 원고는 '코뮌'을 '공동체'로 번역하면서 때에 따라서는 원어 '코뮌'으로 옮겼다.

그러다 보니 힘이 모아질 수 없었지.

베르사유로 도망친 티에르는 파리공동체의 허점을 노리며 전열을 정비해갔어. 파리를 무력으로 진압하려는 정부에 군인들, 특히 장교 아닌 병사들은 당연히 머뭇거렸지.

그러자 티에르를 중심으로 한 상공업자의 정부는 병사들에게 파리 민중이 외국의 선동가에게 놀아나고 있다고 대대적인 기만극을 펼치더군. 파리 진격은 동포를 상대로 싸우는 것이 아니라 외국의 간첩을 무찌르는 숭고한 임무라고 호도했지. 그 외국 간첩의 우두머리로 지목된 악마가 바로 내 친구, 칼 맑스였어.

언제나 그렇듯이 티에르의 선동에 언론이 용춤 추며 나서더군. 한 프랑스 신문은 '국제노동인연합의 위대한 수장'이라는 표제 아래 "모든 사람이 알다시피 그는 독일인이다. 더욱이 프로이센인이다"라고 보도했어. 심지어 베를린에 살고 있다고 썼지. 자네가 파리의 조직원들에게 보낸 '지령'을 경찰이 입수했다는 보도까지 나왔어. 프랑스뿐만 아니라 독일과 영국의 언론도 칼 맑스가 배후에서 사태를 조종하고 있다고 보도했지.

자네는 그 따위 기사가 동맹을 유지하고 있는 프랑스와 독일의 노동인을 갈라놓지 않는다면 크게 우려할 일은 아니라고 하면서도, 자신의 '지령'이라고 주장된 편지는 국제노동인연합을 폭력 조직으로 덧칠하려는 의도로 경찰이 조작한 것이라고 밝혔어.

사실대로 해명했음에도 비스름한 보도가 이어지더군. 도대체 기자들이란! 라우라가 보내온 한 프랑스 신문 기사는 "국제노동인연합의 가장 영향력 있는 지도자인 칼 맑스가 1857년에 비스마르크 백작의 개인 비서로 일했으며 그 이후로도 줄곧 백작과 접촉해왔음을 보여주는 공식적인 증거가 입수되었다"라고 보도했어.

참으로 대단한 위인들 아닌가. 저들 신문에 따르면 자네는 공산주의자들의 수령인 동시에 반동 세력의 최측근인 셈이야.

굳이 진실을 밝히자면, 파리에 임시정부가 세워진 시점부터 자네와 나는 노동인들이 봉기하려는 움직임에 성급하다며 반대했지. 객관적인 힘의 관계로 판단컨대 혁명이 실패할 수밖에 없으리라고 보았기 때문이었어.

하지만 파리공동체가 선포된 이후에는 문제가 달라졌어. 우리가 처음부터 찬성한 것은 아니지만, 그렇다고 이미 민중이 주체가 되어 만들어가고 있는 공동체를 반대하는 것은 옳지 않다고 판단한 걸세. 패배할 때 패배하더라도 그 역사적 의미를 오롯이 살려내야 했어. 우리가 "이 얼마나 끈질긴 생명력이고 대담한 역사적 행위이며 숭고한 희생인가! 외부의 적 아닌 내부의 배신으로 인해 여섯 달에 걸친 굶주림과 피폐함을 딛고 마침내 그들은 일어섰다"라고 적극 평가한 이유였네. 국제노동인연합을 통해서는 여러 나라의 노동인에게 파리 민중을 지지하는 연대 시위를 벌이자는 편지를 수백 통이나 보냈지.

파리를 포위하고 있던 정부군은 기어이 침탈에 나섰어. 민중은 저항했지만 곧 자네 가족에게도 비보가 전해졌지. 코뮌의 군사위원 플루랑스*가 비참하게 살해당했더군. 누군가의 밀고로 급습당해 포로가 되었고, 곧바로 헌병이 칼을 높이 들어 머리를 내리쳤어. 그 비보는 누구보다 에니헨을 충격에 빠뜨렸지.

플루랑스가 런던에 머물 때 에니헨과 사랑이 싹트지 않았던가. 자네 집을 찾은 숱한 청년이 에니헨에게 다가갔지만, 오직 플루랑스만 다사로운 눈길을 받았지. 그가 자네 집을 찾을 때면 에니헨은 문 앞에 마중 나가고 함께 산책도 하더군. 자네도 훌륭한 외모에 풍부한 지성을 갖춘 플루랑스를 남달리 아꼈지.

서재에서 마주 앉은 플루랑스가 "인류의 대다수가 배우지 못하는 것을 보면서 나 혼자만 지식을 쌓아 올릴 수는 없어 혁명의 길로 나섰다"라고 말할 때, 젊은 시절의 귀하를 보는 듯했다네. 자네도 그를 미더운 사윗감으로 생각했을 거야.

모든 사람이 평등한 공화국에서 평범한 민중으로 사는 것이 자신의 행복이라던 젊은 혁명가의 참혹한 죽음에 우린 비통해

* 귀스타브 플루랑스Gustave Flourens, 1838~1871. 생리학을 개척한 피에르 플루랑스Pierre Flourens의 아들로, 촉망받는 과학자로서 20대에 교수가 되어 과학서를 집필했다. 하지만 정치적으로 확고한 민주주의자였기에 대학에서 해임되었다. 진보 언론《라마르세예즈》에 글을 쓰고 정치적 실천에 적극 참여해 수감됐다. 1871년 3월 파리코뮌이 봉기를 일으켰을 때 석방되어 곧장 혁명운동에 가담했고 코뮌의 군 지도부를 주도하며 전쟁위원회에서 일했으나 전사했다.

했어. 그의 시신이 베르사유에 전시되었다는 소식이 알려져 더욱 그랬지. 플루랑스가 살해당한 뒤 파리 곳곳에 게시된 벽보는 비장하더군.

"당신이 무관심으로 일관하며 비참한 삶 속에서 뒹구는 데 질려버렸다면, 당신의 아이들이 어른이 되었을 때 그들이 노동의 과실을 누리기를 원하지 작업장과 전쟁터에 길들여진 단순한 동물이 되기를 바라는 것이 아니라면, 제대로 교육시켜줄 수도 없었고 원하는 만큼 돌봐줄 수도 없었던 당신의 딸들이 돈 많은 귀족의 품에서 노리개로 전락하는 것을 원하지 않는다면, 기어코 정의가 실현되는 것을 보고 싶다면 노동인들이여, 현명하라, 궐기하라!"

파리의 민중은 싸우다가 바리케이드에서 최후를 맞이하는 삶을 이미 1789년 혁명부터 세대를 이어 학습해왔지. 이른바 '프랑스 정부군'은 파리공동체를 목숨 바쳐 지키려는 민중을 그 어느 때보다 처참하게 학살했어.

저 뱀파이어 군단은 파리를 점령*한 뒤에도 피의 학살을 멈추

---

*   1871년 4월 2일 티에르 정부는 40만의 군대를 확보하고 파리 압박에 나섰다. 하지만 코뮌 의회는 자코뱅파, 블랑키파, 인터내셔널파의 대립으로 명령 계통이 혼란스러웠고 군대 또한 무질서했다. 5월 21일 정부군이 파리로 돌입하며 무차별 학살을 자행했고 '피의 주간'이 5월 28일까지 이어졌다. 즉결 재판만으로 2만 명이 숨졌고 피의 주간 이후로도 학살은 계속됐다.

지 않았지. 하루 평균 오백 명씩 처형했어. 그래, 살인마들이지. 파리공동체에서 일했던 한 공직자가 처형 순간에 절규하듯 부르짖었더군.

"민중 만세! 인류애 만세!"

처형 과정을 지휘하던 장교가 발사를 명령하며 내뱉었어.

"인류애? 개나 줘버려!"

그 투사는 벌집이 되어 쓰러졌지. 심장에서 흘러나온 피가 대지에 붉은 깃발을 그리며 퍼져갔어. 처형의 공포 때문에 체포되기 전에 스스로 목숨을 끊는 사람도 늘어났지. 젊은 여성들은 거리에서 권총을 난사하며 자신을 처형할 군인들에게 명령하듯 소리쳤다네.

"어서 쏴! 쏘란 말이야!"

영국의 한 신문 기자는 "코뮌의 태양은 말 그대로 피바다 속에 졌다"라는 기사를 썼어. 언제 어디서든 쓰레기 더미 속이라도 해맑은 기자가 한 명쯤은 있는 법이지.

상공업자를 비롯한 지배세력은 여성 가담자를 모두 창녀로 낙인찍더군. 심지어는 파리공동체의 여성 가운데 미인은 없다는 보도까지 나왔지. 프랑스 신문은 우아하게 차려입은 숙녀가 체포되어 사슬에 묶인 여성을 양산으로 찌르는 삽화까지 무람없이 실었어. 이만 칠천여 명이 살해되었고 감옥에서 삼천여 명이 더 학살당했어. 만 사천여 명이 종신형을 선고받았고, 칠만 명의 아이들이 부모가 죽거나 투옥되어 거리로 나앉았지.

그 모든 재앙의 원인 또는 책임이 붉은 악마, 자네에게 돌려졌네. 파리의 노동인이 기관총 세례를 받으며 쓰러져간다는 소식을 들었을 때 우리는 뼈저리게 실감했지. 노동인과 민중이 자신의 권리를 찾기 위해 분연히 일어서는 순간 지배계급이 얼마나 잔혹해질 수 있는지를. 악마는 내 친구가 아니라 바로 저들임을. 학살당한 삼만여 명의 민중은 그 진실을 검붉은 피의 강으로 증언해주었어.

자네는 피눈물로 썼지. "평범한 노동인들이 감히 최초로 '자연적 우월자'인 정부의 특권을 침해"했을 때 "낡은 세상은 시청 위에 나부끼는 공화국의 상징인 붉은 깃발을 보면서 분노에 치를 떨며 괴로워했다"라고.

현대사회가 바로 계급투쟁이 자라나는 토양임을 자네는 꿰뚫고 있었어. 계급투쟁을 없애려면 노동에 대한 자본의 독재를 없애야 한다며 강조했지.

"노동인들의 파리는 코뮌(파리공동체)과 함께 새로운 사회의 영광스러운 선구자로 영원히 기억될 것이다. 순교자들은 노동인의 위대한 가슴속에 소중히 간직될 것이다. 탄압자들의 역사는 이미 그들의 사제가 어떤 기도를 해도 구원해줄 수 없는 영원의 형틀에 못 박혀버렸다."

15. 손수 간식 내온 자상한 악마

파리공동체가 선포되었을 때 위원 아흔두 명 가운데 열일곱 명이 국제노동인연합 회원이었어. 그날 런던에서 열린 회의는 다시 자네에게 '프랑스 내전에 대한 국제노동인연합 담화문'을 작성하는 임무를 주었지. 자네가 쓴 담화문을 연합이 승인한 바로 그날, 파리의 민중은 학살당하고 있었지. 자네는 파리공동체를 뜨거운 가슴, 차가운 이성으로 살려냈어.

"파리공동체는 본질적으로 노동인의 정부고, 착취계급에 대한 생산계급의 투쟁이 낳은 소산이며, 노동의 경제적 해방을 완수하기 위해 마침내 발견된 정치 형태였다. 노동하고 생각하고 투쟁하고 피 흘리는 파리는 새로운 사회를 가슴에 품은 채, 적들이 바로 문 앞에 와 있다는 사실조차 잊은 채, 역사를 창조하려는 열망으로 빛나고 있었다."

파리공동체는 마지막 바리케이드까지 함락되었지만 런던에서 서른다섯 쪽의 영문 팸플릿으로 발행된 자네의 담화문은 곧바로 2쇄를 찍을 정도로 퍼져갔지. 이어 프랑스어, 독일어, 러시아어, 이탈리아어, 스페인어, 네덜란드어로 번역됐어.

자네의 담화문을 통해 비로소 우리 모두는 냉철하게 현실을 인식할 수 있었다네. 상공업자들의 국가는 노동인의 사회적 노예화를 위해 조직된 공적 폭력이자 계급 독재의 도구에 지나지 않음을.

그 결과였어. 칼 맑스의 악명이 유령처럼 퍼져갔지. 유럽 대륙과 달리 영국에서는 거의 알려지지 않았던 자네 이름이 파리 공동체의 '사악한 설계자'이자 혁명의 '아버지'라며 런던 신문에 오르내렸어. 악마를 죽이겠다고 협박하는 편지도 이어졌지. 그나마 "유럽에는 불행하게도 기존의 어떤 것보다도 더 무시무시한 새로운 혁명 정당이 만들어졌다"라는 보도가 한 줄기 진실을 담고 있었네. 물론, 그것이 '불행'은 결코 아니지만.

자네는 제우스 형상을 보낸 쿠겔만에게 "런던에서 가장 무섭고 가장 욕을 많이 먹는 사람이라는 영광을 누리고 있다"며 이십여 년 동안 뒷전에 밀려나 지루한 시간을 보낸 뒤인지라 이것도 그다지 나쁘지는 않다고 편지를 썼더군. 그 문장을 쓸 때 자네가 지었을 잔잔한 미소가 그립네.

프랑스에선 '빨갱이 사냥'이 무장 극심해져 딸 라우라와 사위도 급히 피신해야 했지. 다행히 자네의 정열적인 사위는 인심을 잃지 않았더군. 피신 중에 라파르그가 머물던 방에 한 남자가 찾아와 말했다지.

"저는 경찰이지만 공화주의자입니다. 당신을 체포하라는 명령이 내려왔습니다. 당신은 보르도 지역과 파리공동체 사이에서 연락을 담당했다는 혐의를 받고 있습니다. 한 시간 안에 국경을 넘어야 합니다."

파리공동체에서 공직을 맡았던 롱게도 한 군의관이 숨겨주어

무사히 탈출해왔더군. 영국으로 망명 또는 피신한 사람들은 거의 런던으로 와 그대 집을 찾았지.

집을 가득 메운 피신자들에게 예니는 우아한 우정의 손길을 내밀었어. 천사처럼 보였을 게야. 갈 곳 없는 노동인들을 마치 귀족이나 왕족처럼 대접했지. 노동인들은 자신을 다정하게 맞아주고 식탁을 차려준 천사가 공작의 후손이라는 사실, 그녀의 오빠가 프로이센 왕이 총애한 내무장관이었다는 사실을 알았을 때 충격까지 받더군.

물론, 그녀의 아름다운 처신을 뒷받침하며 온갖 궂은일을 한 것은 님이었어. 님은 예니와 달리 친절하지 않았지. 아니, 친절할 수 없었다고 해야 옳을 걸세. 망명자와 피신자가 몰려드는 틈을 타 찾아오는 경찰 끄나풀이나 쓰레기 같은 기자들에게서 자네를 지키려고 최선을 다했기 때문이라네.

상공업자들이 만든 신문에서 일하는 기자들의 왜곡 보도는 줄기차게 이어졌어. 심지어 어느 미국 기자는 기를 쓰고 찾아와서는 국제노동인연합의 '수수께끼'에 대해 '확실한 해명'을 요구하더군.

"국제노동인연합이 두 얼굴을 가진 야누스라고들 합니다. 성실하고 선량한 노동인의 미소를 띠고 있지만 또 하나의 얼굴은 사악한 음모가의 냉소를 띠고 있다는 것이죠. 국제노동인연합의 미스터리를 밝혀주었으면 합니다."

자네, 정말 시원하게 대꾸했지.

"미스터리 따위는 없소. 우리 연합은 공개적으로 활동하고 있고 관심 있는 사람들을 위해 그 활동을 상세히 설명한 보고서도 출판했소. 읽고 싶은 사람은 누구나 그것을 읽을 수 있다는 사실을 고집스럽게 무시하는 사람들의 우둔함이 우리에겐 정말 미스터리일 뿐이오."

왜곡 보도는 점입가경이었어. 심지어 프랑스 신문에는 자네가 사망했다는 기사까지 나왔지. 그 기사를 사실로 안 국제노동인연합의 미국 지부는 결의문까지 발표하지 않았던가.

"칼 맑스는 억압받고 있는 모든 계급과 민중의 가장 성실하고 대담하며 헌신적인 수호자 중 한 사람이었다. 그가 줄기차게 주장해온 모든 권리를 쟁취하기 위해 한층 더 분투하자."

죽었을 때 세상의 반응을 살아서 만끽한 셈 아닌가. 님은 '살아 있는데 장례식이 치러진 사람은 오래오래 잘 산다'는 옛말이 있다고 위로했어. 미국 지부의 결의문을 다시 읽으며 하얀 수염 사이로 미소를 그리던 자네 얼굴이 떠오르네.

가장 고약한 기사는 독일 신문에 실렸지. "국제노동인연합의 열성 추종자가 된 노동인들은 어렵게 돈을 벌어 연합의 임원들이 런던에서 풍족한 삶을 누리도록 갖다 바치고 있다"고 썼어. 여러 신문이 그 기사를 받아 자네가 노동인들을 등쳐 먹으며 살고 있다고 보도하더군. 분노할 순간에 자네는 웃으며 잔잔하게 말했어.

"여태까지 난 로마 제국 시기에 아직 인쇄술이 개발되지 않았기 때문에 예수의 신화가 탄생할 수 있었다고 생각했네. 하지만 정반대임을 깨달았어. 순식간에 자신의 창작을 온 세계에 퍼뜨릴 수 있는 일간지와 전신들은 과거 한 세기에 걸쳐 만들어진 것보다 더 많은 신화를 단 하루 만에 꾸며내고 있구먼."

그대를 악마로 몰아세운 신문 기사를 프로이센에서 본 일흔네 살의 노모가 다시 편지를 보내 친구 때문에 내가 나쁜 길로 빠졌다고 걱정이 태산이었어. 순진한 아들을 자네가 끌고 들어갔다는 믿음이 확고한 어머니에게 있는 그대로 답장을 썼다네.

"기억나는 재미난 일이 하나 있는데 오래전에 맑스 집안에서는 제가 그 친구를 망쳐놨다고 주장했답니다."

다행히 편지 말미엔 어머니의 건강을 우려하는 애틋한 글도 썼어. 이듬해 어머니가 돌아가셨지. 그 뒤로는 그나마 희미하게라도 이어져왔던 가족과의 모든 인연이 끊어졌네. 인생이 다 그런 거 아닌가.

자네도 가족들과 비슷한 경험을 했으니 잘 알 거야. 여동생이 바다 건너 자네를 방문했을 때였지. 나도 함께한 저녁 식탁에서 정색을 하고 말하더군.

"오빠는 존경받는 랍비 가문 출신이고 아버지는 유명한 법조인이셨죠. 트리어에 가면 우리가 훌륭하고 넉넉한 가정에서 자랐다는 이야기를 요즘도 들을 수 있어요. 그런데 사회주의자들의 우두머리 노릇이나 할 줄 누가 상상이나 할 수 있었겠어요."

자네가 어찌 대응할까 문득 걱정스러웠는데 세월이 내 친구를 많이 다듬어주었더군. 묵묵히 듣고 있다가 한바탕 크게 웃음을 터뜨렸지. 호탕함을 가장한 허탈과 외로움을 낸들 왜 모르겠는가.

그래도 자네는 딸이 셋이나 있어 삶에 적잖은 위로가 되었을 걸세. 더러는 자식이 있어 인생이 더 씁쓸한 법이라는 말도 하지만, 그건 아이를 갖지 않은 내게 보내는 위안이겠지.

그 무렵 만딸에게 좋은 일이 생겼어. 물론, 인생사가 늘 그렇듯 그 앞엔 시련이 있었지. 첫사랑이던 플루랑스의 죽음에 이어, 삼 년 내내 가정교사로 일했던 집에서 "사악한 선동가의 딸"이라는 이유로 해고당했으니 말일세.

예니헨은 역경을 잘 이겨냈어. 가정교사 일에서 자유로워진 예니헨은 망명자들을 위한 일자리와 기금 마련에 나서며 열정적으로 활동했거든. 그 과정에서 롱게를 자주 만났지. 두 사람의 심상치 않은 관계를 주변 사람들이 눈치 챌 즈음에 롱게가 용기를 내어 청혼했고, 예니헨은 하루 고심한 뒤 받아들이더군. 그 모든 것이 플루랑스를 잊고 새 출발을 하려는 몸부림이었을지도 모르겠네.

예니는 만딸과 롱게가 신념이 같기에 행복하게 잘 살 수 있으리라 기대했어. 그러면서도 딸의 운명이 자신과 비슷해지지 않을까 우려했지. 불행히도 그 걱정이 적중하리라곤 자네도 나도 몰랐네.

막내딸 투시는 어느새 열여섯 살이 되었지. 칠흑 같은 머리칼과 짙은 눈썹 아래 눈빛이 초롱초롱했고 활기찬 웃음은 어느새 관능적이기까지 했네. 투시는 자네의 통신원을 자처해 러시아와 프랑스의 급진주의자들과 편지를 주고받는 과정에서 정치적 식견을 높여갔을 걸세.

우리는 파리공동체가 무너진 뒤 처음 열리는 국제노동인연합 정기대회를 착실히 준비했지. 대회에 참석하려고 런던에 도착한 대표단은 자연스레 자네 집을 먼저 방문했어. 개중에는 신문이나 공문으로만 들어왔던 '악마'를 처음 만난다며 설레는 사람도 있었나 봐. 한 스페인 동지가 무어라 회고했는지 들려줄까.

"우리는 집 앞에 멈춰 섰다. 문가에 자상해 보이는 노인이 모습을 드러냈다. 나는 공손히 그 사람에 다가가서 연합의 스페인 대표라고 내 소개를 했다. 그는 나를 품에 안고 이마에 키스하더니 다정하게 스페인어로 집 안으로 들어오라고 말했다. 그 사람이 바로 칼 맑스였다. 가족들이 모두 잠자리에 들었는지 그가 친절하게 손수 간식을 내왔다."

파리공동체 사태 이후 처음 열린 대회에서 자네는 노동인들이 스스로 정당을 만들어야 하나의 계급으로서 행동할 수 있다며 그것은 "사회적 혁명의 승리와 그 최종적 목표, 곧 계급의 철폐를 보증하기 위해 필수 불가결한 단계"라고 밝혔어. 국제노동인연합은 노동인의 정당 결성을 결의하며 각국 정부에 권고 겸 경고를 보냈지.

"우리는 평화적인 반대가 가능한 곳에서는 당신들에게 평화적으로 반대할 것이다."

국제노동인연합은 대회를 성공적으로 마치는 날, 창립 7주년 만찬을 열었어. 나는 연합이 그래도 여기까지 올 수 있었던 것은 자네 덕이라는 연설을 했지. 더러 비난을 자초하는 자네의 집요함과 세심함이 연합을 이끈 숨은 비결이었다고 말했어. 지난 칠 년 내내 조직이 경로를 이탈하는 걸 좌시하지 않았지.

만찬 탁자에는 음식과 함께 포도주와 맥주가 풍성했어. 밤새도록 동지들의 연설이 이어졌지. 자네는 그날 연합이 받는 박해를 초기 기독교인들이 받은 박해와 비교해 눈길을 끌었네. 야만적인 탄압이 로마를 구할 수 없었듯 현대의 노동운동 탄압도 자본주의 국가를 구하지 못할 것이라고 단언했어. 반동의 거센 바람 앞에 서 있던 노동인들의 심금을 울리는 연설이었네.

대회를 마무리하고 자네와 나는 예니, 리지와 함께 해변으로 갔지. 닷새 내내 네 사람이 같이 움직이며 벼룻길을 산책하고 해수욕과 일광욕을 즐겼어. 인형극도 관람했지. 맛있는 식사와 포도주는 기본이었네. 내가 그날 작심하고 돈을 쓰기로 했거든. 우리 덧없이 늙어가는 사람들을 위해서 말이야.

예니는 어느새 쉰일곱 살, 리지는 마흔네 살이었네. 하지만 리지는 어릴 때부터 공장 노동을 해서인지 겉모습은 예니와 어금지금했지. 예니는 자네와 결혼한 이후 인생을 즐길 기회를 거의 박탈당해서일까, 해변에서 나이에 걸맞지 않게 명랑하더군. 자네 부부도 혁명 사업에 치였던 시간에서 그만 벗어날 필요가 있었지. 마침 끝없이 영혼을 갉아먹었던 가난에서도 벗어났잖은가.

그날 나는 자네와 예니를 보며 함께 늙어가는 부부의 아름다움을 느꼈네. 흐뭇했지. 다만, 귀하 집에 홀로 남겨두고 온 님이 자꾸 눈에 밟힌 것은 어쩔 수 없었다네. 이 마지막 말을 덧붙여 기록하는 것은 내게 주어진 최소한의 의무이자 최대한의 권리일세.

16. 노예 생활은 이제 끝내고 싶어

"가을이 정말로 기다려진다네. 다음 대회는 내 노예 생활의 마침표가 될 걸세. 친구, 나는 다시 자유인이고 싶어. 다시는 관리직을 맡지 않을 생각이라네."

1872년 5월, 자네는 그해 가을에 열릴 국제노동인연합 정기대회에서 물러나겠다고 밝혔지. 넉 달을 앞두고 미리 의사를 밝힌 것은 최종 결정하기 전에 그 문제를 나와 상의하고 싶어서였을 거야.

나는 처음엔 반대하다가 관망했고, 끝내 적극 찬성으로 돌아섰지. 반대했던 이유는 창립 때부터 내내 조직을 키워온 자네의

노고 때문이었네. 국제노동인연합이라면 곧 칼 맑스를 떠올릴
만큼 자네의 위상이 확고해졌기에 더 그랬지.

얼마나 마음고생 심했던가. 심지어 우리와 정치 노선을 함께
한 동지들 사이에서도 자네의 '독선'을 들먹이는 겸양주의자들
이 나타났고, 칼 맑스의 진정한 목표는 오직 '자기 과시'라며 매
도하는 만용주의자들까지 등장했잖은가.

그래서 관망으로 돌아섰지. 그대가 더는 상처받지 않았으면
싶어서였어. 우리가 그 문제에 매듭을 짓지 못하고 있던 어느
날 서재로 들어온 예니가 내게 또박또박 말했지.

"남편 이름이 상대적으로 덜 알려졌던 시기에는 속물들이 외
면해 조용했어요. 그러다가 적들이 이 사람을 콕 집어 명성이
높아가자, 대중이 수군거리고 경찰과 민주주의자들이 한목소리
로 '독재'니 '권위 중독자'니 '야심'이니 떠들어대고 있네요. 이
이가 투쟁하는 사람들을 위한 사상을 차분히 발전시킬 수 있다
면 얼마나 좋을까요."

할 말이 없더군. 진심으로 사퇴에 동의한 까닭이네. 당시 《자
본》제1권의 독일어 초판이 사 년 만에 모두 판매되어 재판을 찍
는다는 기쁜 소식도 들려왔지. 재판 출간을 서둘러야 했어.

국제노동인연합 창립 이래 《자본》 출간과 파리공동체 담화까
지 자네는 쉼 없이 민주주의의 적들을 비판하고 새로운 사회를
제시하는 글을 써왔지. 노동인에게는 자본주의 지배계급에 정
치적으로 맞설 정당을 만들라고 권고해왔어.

파리공동체가 무너진 뒤 몇 달 사이에 국제노동인연합을 보는 각국 정부의 눈은 도끼눈이 되었지만, 노동인들은 여러 나라에서 연합의 지부를 만들었지. 기존의 프랑스, 독일, 영국, 이탈리아 지부에 이어 덴마크, 포르투갈, 헝가리, 아일랜드, 네덜란드, 오스트리아, 미국에서도 자발적으로 조직이 만들어지더군.

국제노동인연합을 통해 공동 행동의 중요성을 줄곧 강조해온 우리는 지부를 형성한 나라가 크게 늘어나면서 자칫 중앙 조직이 각국의 상황을 모른 채 노선을 잘못 제시하거나 분열상을 드러낸다면 차라리 없느니만 못할 수 있다는 생각이 들기 시작했지. 그런 우려가 짙어지는 데 가장 큰 공헌을 한 자가 바로 바쿠닌이었네.

우리, 특히 자네가 바쿠닌에게 처음부터 거리를 둔 것은 아니었어. 내가 분명히 증언할 수 있지. 1864년 그가 자네 집을 방문했을 때 얼마나 환대했던가.

그럼에도 바쿠닌은 연합에서 주도권을 쥐겠다는 개인적 열망 하나만으로 음침한 곳들만 찾아 음모를 꾸미더군. 가령 1868년에는 무정부주의자 단체를 꾸린 뒤 국제노동인연합과 일대일로 합치자고 제안했지. 하지만 그는 엄연히 존재하는 국제노동인연합의 규칙을 따라야 했어. 규칙은 구성원의 사조직을 허용하지 않았으므로 바쿠닌은 조직을 해산해야 옳았거든. 바쿠닌도 더는 고집할 명분이 없었기에 해산하겠다고 밝히긴 했지. 겉으로는 그렇게 말하고 조직을 비밀로 유지하더니 점점 이성을 잃어가더군.

1869년 제네바에서 네차예프라는 스물두 살의 러시아 니힐리스트와 만난 뒤 출간한 책 《혁명가의 교리문답》으로 바쿠닌은 돌아올 수 없는 강을 건넌 셈이네. 바쿠닌은 "목적이 수단을 정당화한다"와 "나빠질수록 좋은 것이다"라는 '원칙'을 사뭇 늠름하게 제시하더군.

혁명을 촉진하는 모든 것은 용인될 수 있으며 혁명을 방해하는 모든 것은 범죄라는 바쿠닌의 신념은 개인적 신앙으로 그친다면야 아무 문제가 없어. 하지만 그 '원칙'이 국제 노동운동에 영향을 끼친다면 결단코 좌시할 수 없는 문제 아닌가.

어두운 밤을 가스등으로 밝히는 것은 충분치 않다며 도시 전체가 불타올라야 옳다는 투로 선동하는 바쿠닌을 보자 어쩔 수 없이 '네로'가 떠오르더구먼.

혁명에는 오직 하나의 과학, 곧 파괴의 과학밖에 없다고 부르대는 바쿠닌에게 많은 나약한 '혁명가'들이 환호했지. 이해할 수는 있어. 파리공동체의 비극적 결말이 사람들의 피를 끓어오르게 했거든. 그러니 감성으로야 자네도 나도 얼마든지 공감할 수 있었지. 파리공동체의 희생자들을 떠올리면 공감 정도가 아니라 아마 그대가 가장 분노했을 거야.

하지만 분노나 복수의 감정만으로는 역사가 앞으로 나아갈 수 없다는 확고한 인식과 실천이야말로 칼 맑스의 가장 큰 장점 아닌가.

바쿠닌은 노동인들이 정치 투쟁을 벌여야 한다거나 정당을 만들어야 한다는 생각도 거부했어. 노동인이 권리를 얻으려면 폭력으로 힘을 과시해야 옳다고 주장했지. 사실 자네는 이미 1849년부터 그런 사고방식과 줄기차게 싸워왔잖은가.

바쿠닌에게도 나름의 장점은 있다고 판단해 그동안은 개의치 않았지만 파리공동체의 비극을 겪으며 이제 더는 좌시할 수 없었을 걸세. 자네는 명백한 불의를 경험한 사람들이 '파괴의 과학'을 내세우는 감성적 선동에 기울기 십상임을 꿰뚫고 있었지.

무릇 모든 모험주의에는 자신의 나약함을 감추려는 의도가 담겨 있네. 조급주의와 모험주의는 나약함과 동전의 양면 같은 사이 아닌가.

파리공동체의 피바다 앞에서 바쿠닌을 비롯한 적잖은 사람들이 파괴를 선동하고 다닐 때 자네는 정반대로 나약한 모험주의와는 선명히 선을 그어야 옳다고 다짐했어.

바쿠닌은 자본주의 국가의 권위를 즉각 폐기하는 운동을 전개하더군. 듣기엔 솔깃하지. 하지만 국가는 즉각 폐기를 주장한다고 폐기되지 않지. 사회 혁명의 결과로 비로소 소멸할 수 있지 않은가. 그때 공공 기능은 권력의 성격을 상실하고 사회의 이해관계를 돌보는 단순한 행정 기능으로 변모하겠지.

바쿠닌은 물질적·사회경제적 조건이 무르익지 않은 상태에서 무장봉기만 마구 부르댔어. 자기 의견에 동의하지 않으면 곧장 비겁한 사람으로 몰아세웠지. 그러면서도 인간의 자유를 절대적으로 주창해 앞뒤가 맞지 않는 주장을 펼쳤지만 화려한 선동 탓일까, 열렬한 추종자들이 생기더군.

우리는 감성적 선동을 일삼는 바쿠닌이 국제노동인연합에서 끊임없이 말썽을 일으키거나 심지어 연합의 지도부를 장악한다면 어떤 일이 벌어질지 냉철히 짚어보지 않을 수 없었어. 이제는 각국 노동인 조직의 지도자들이 나라별 상황에 맞춰 새로운 사회를 일궈갈 국면이라는 생각이 점점 짙어진 까닭이지.

바쿠닌의 '자유'는 기어코 슬라브족이 단결해 자유 연방을 만들자는 인종적 주장으로 전개되더군. 공공연한 분열 책동을 더는 좌시할 수 없었지. 자네도 알다시피 내가 이탈리아 신문《공화연감》에 〈권위에 관하여〉를 기고한 까닭일세.

모든 권위를 부정하는 무정부주의자들을 겨냥해 정면으로 문제를 제기했지. "명백히 혁명은 존재하는 가장 권위적인 것이다. 그것은 인구의 일부가 다른 일부에게 자신들의 의지를 강요하는 행위다"라고.

이어 정말 궁금하다며 물었어, 철도청에서 만든 승차 규정의 '권위'를 인정하지 않으면 기차를 탈 수 없는데, 바쿠닌은 규정을 무시할 것이냐고. 바다를 항해하는 배에서 모든 권위를 폐기해보라, 그것도 선원들의 자발적 동의를 받아 그렇게 해보라고도 했지.

파리공동체가 저들의 침탈로 무너진 원인을 우리는 노동인 정당이 없다는 사실에서 찾았어. 파리공동체가 "동원 가능한 모든 수단을 사용해 방어를 해야 할 마당에 일부 몽상가들—바쿠닌을 비롯한 무정부주의자들—은 시시각각 투쟁이 요구하는 바에 맞게 조직을 갖추지는 못할망정 미래 사회에 관해 노동인들에게 모호한 얘기나 떠들고" 있었던 게 사실이거든.

나는 자네보다 직설적이었어. 바쿠닌을 러시아 테러리스트와 손잡은 선동가이며 '노동인 운동을 방해하려는 정치적 음모 세력의 일원'이라고 격렬히 비판했지.

물론, 자네와 나는 혁명이 피를 부를 수 있다는 사실을 모르지 않았어. 계급투쟁을 주창한 우리가 역사 발전의 기본 동력을 모른다면 그거야말로 난센스 아닌가.

다만 우리는—특히 나보다 자네는—그렇다고 폭력이 최우선 방법은 아니라고 생각했어. 아직도 계급투쟁을 곧 폭력 투쟁으로 오해하는 사람들이 있더군. 폭력 투쟁 못지않은, 아니 어쩌면 이미 더 중요해졌고 앞으로는 더욱 중요할 투쟁 방법이 있음에도 말일세.

결국 우리는 가을에 네덜란드에서 열린 국제노동인연합 정기 대회에 함께 참석했지. 자네가 런던이 아닌 곳에서 열린 대회에 참석한 것은 처음이었어. 신문들은 연합이 다음 테러 행위를 결의하리라는 소문이 무성하다고 보도했지. 실은 자기들이 소문을 작문해서 퍼뜨려놓고 말일세. 유럽과 미국의 거의 모든 언론이 헤이그로 몰려들어 우리가 '폭력적 급진주의자'라며 사냥하더군.

헤이그는 초기 고딕 양식의 적갈색 벽돌 건물들이 큰 창문마다 빨강, 노랑, 파랑의 원색이 싱싱한 꽃들을 보여주며 늘어서 있었어. 하지만 고즈넉한 정경과 달리 거리에는 마녀 사냥꾼이 득실댔지. 특히 자네에게 몰려들었어.

붉은 악마를 자기 눈으로 직접 보고 싶어 찾아온 기자부터 연합의 음침한 계획을 특종으로 보도하겠다는 기개로 충만한 언론인까지 갖가지더군. 헤이그에서 발행되는 신문이 대회가 열리는 동안 부인과 딸들은 외출을 삼가고 보석상은 상점 문을 닫으라고 시민들에게 권고하는 기사를 실었을 때 우리는 실소할 수밖에 없었지.

언론과 경찰은 크게 실망했을 거야. 국제노동인연합에 참석한 각국 노동인들이 질서 정연했을 뿐만 아니라 자신들을 쉽게 알아볼 수 있게 파란 완장을 착용하고 다녔으니 말일세.

열다섯 개 나라에서 예순다섯 명의 대표자들이 참석한 제5차 정기대회는 헤이그의 노동계급 지구에 있는 한 교도소 옆의 무도장에서 9월 2일 막이 올랐어. 평소와 달리 긴장할 수밖에 없었지. 우리의 결단을 실행에 옮겨야 했으니 말일세.

소임을 다하겠다는 다짐으로 내가 가장 먼저 일어섰지. 일부러 시가를 손에 들고 일상적인 말투로 시작했을 거야. 가끔 이마에 흘러내린 머리카락을 쓸어 올리며 말이지.

나는 분위기를 부드럽게 만든 뒤 국제노동인연합의 본부를 런던에서 뉴욕으로 옮기자고 전격 제안했어. 예상 득표수를 사전에 계산해본 결과 통과를 확신했잖은가. 바쿠닌 추종자들도 본부를 옮기면 연합의 기존 권위를 박탈할 수 있다고 판단해 찬성하리라 내다봤고 예측은 적중했지.

'악마 비난'을 직업으로 삼은 윤똑똑이들은 자네가 바쿠닌과의 논쟁에서 이길 자신이 없기 때문에 본부 이전 따위의 비열한 술수를 부렸다는 분석을 내놓더군. 하지만 우리는 결코 바쿠닌을 피해가지 않았네. 대회 폐막을 하루 앞두고 자네는 네차예프를 거론하며 바쿠닌과 무정부주의자들의 무모한 노선을 정면으로 비판했어. 나 또한 대회에 제출한 보고서에서 그들의 문제점을 적시했지.

"노동인들의 투쟁 역사상 처음으로 우리는 노동계급 내부에서 꾸며진 음모, 현존하는 착취제도가 아니라 그 제도와 가장 정력적으로 싸우고 있는 국제노동인연합 자체를 뒤엎으려는 음모를 만났다."

연합은 마침내 바쿠닌과 무정부주의자들을 제명했지. 자네는 지도부에서 물러나며 회원들에게 마치 다짐하듯 강조하더군.

"비록 연합을 떠나지만 앞으로도 제 평생은 과거에 제가 기울였던 노력처럼 언젠가 노동인의 세계 지배가 실현될 수밖에 없는 사회적 이상의 승리를 위해 바쳐질 것입니다."

17. 후손들은 더 나은 세상에서 살기를

"언젠가 노동인은 새로운 노동 조직을 설립하기 위해 정치적 지배권을 잡아야 할 것입니다. 정치를 무시하고 경멸했던 과거에서 벗어나 낡은 제도를 지탱하고 있는 낡은 정치를 전복해야 합니다. 그렇지만 우리는 그 목적을 이루는 수단이 모든 곳에서 동일하다고 주장하는 것은 아닙니다. 우리는 각기 다른 나라의 제도와 관습, 전통을 고려해야 옳습니다. 우리는 미국, 영국 그리고 만약 제가 당신들의 제도를 좀 더 잘 안다면 포함시킬지도 모를 네덜란드와 같이 노동인이 평화적인 수단으로 목적을 달성할 수 있는 나라도 있다는 사실을 부정하지 않습니다."

국제노동인연합 정기대회의 마지막 날 자네가 노예 생활을 마치며 마지막으로 한 공개 연설이었지. 익히 알고 있었지만 새삼스레 친구가 더없이 멋있더군.*

연합 지도부에서 물러나면서 바쿠닌을 내보내고 본부를 미국

* 엥겔스가 인용한 맑스의 연설 바로 다음 대목은 "또한 대륙 대부분의 나라에서는 폭력이 우리 혁명의 지렛대가 되어야 함을 인정할 수밖에 없는 것도 사실입니다. 노동인의 지배를 달성하기 위해 당분간 의지해야 할 것은 바로 폭력입니다"이다. 엥겔스가 이 대목까지 인용하지 않은 것은 이 글을 쓸 때인 1890년대 중반의 상황을 반영했기 때문이라고 추정할 수 있다. 맑스 사후 독일 사민당을 비롯해 노동인 정당의 국회 진출이 활발해진 것이다.

으로 옮겨 중앙의 힘을 약화시킨 자네는 곧바로 가족과 함께 휴식하며 해방감을 만끽했지. 자네는 그동안 무슨 일이든 쉬엄쉬엄하지 않았지만 이미 오십 대 중반인 자네에게 휴식은 절대적으로 필요했어. 파리 학살의 아픔에서도 벗어나야 했잖은가.

조직에 얽매인 '노예 생활'에서 벗어나 사상가로서, 그리고 남편과 아버지로서, 그러니까 자유인으로서 새 삶을 시작한 거야. 자네는 충분히 그럴 자격이 있었지.

예니를 위해서도 자네의 휴양은 절실했네. 당시 예니가 밝힌 심경을 읽어보면 나까지 스산해진다네.

"모든 투쟁에서 우리 여성들은 더 힘든 일을 견뎌내야 하더군요. 더 약하니까요. 남자들은 바깥세상과 투쟁하는 과정에서 힘을 끌어내고 대규모의 적을 직접 눈으로 보면서 더 힘을 냅니다. 그러나 우리는 집 안에 앉아 양말을 깁지요. 그런 일은 인생에 맞설 용기를 야금야금 갉아먹는 걱정과 일상의 자잘한 불행들을 잊을 수 없게 합니다. 지난 삼십 년의 경험으로 보건대 제가 쉽게 용기를 잃는 사람은 정말 아니잖아요? 그런데 이제 희망을 갖기에는 너무 늦었나 봅니다. 마지막 불행한 사건, 파리 공동체의 붕괴가 저를 완전히 흔들어놓았습니다. 저는 더 나아진 세상을 볼 수 없을 것 같아요. 다만, 우리 아이들이나 조금이라도 더 나은 세상에서 살게 되기를 희망해봅니다."

예니의 그 서늘함은 파리의 민중 학살에 이어 라우라의 네 살된 아기가 숨을 멎어 더 심해졌을 거야. 낳은 아기 셋을 모두 죽음의 여신에게 빼앗긴 라우라의 비극은 예니에게 잊고 싶었던 기억들을 선명하게 되살려주었을 걸세.

그래도 인생은 이어진다고 해야 할까. 연합 일을 마무리하고 한 달이 지났을 때 예니헨이 롱게와 결혼식을 올렸지. 라우라는 결혼하고 프랑스로 건너가 살았지만 예니헨 부부는 런던에 남았어.

두 딸은 곧 같은 문제에 직면했지. 바로 경제적 불안정일세. 라우라의 남편 라파르그는 아버지에게 물려받은 유산이 많았지만 얼마 안 가 대부분 탕진하더군. 차녀 부부가 누구를 닮았는지는 굳이 이야기할 필요가 없겠지? 아무튼 의사 자격증을 가졌으면서도 개업을 거부했어. 자신이 낳은 세 아기의 생명조차 구하지 못했기에 의사로 일하고 싶지 않다는 제법 그럴듯한 이유를 둘러댔지.

롱게도 해가 바뀌도록 안정적인 일자리를 찾지 못했어. 예니헨은 살림을 꾸려 나가려고 아등바등 개인 교습에 나서야 했네. 동네를 돌아다니며 외국어나 음악 교습 자리를 구한다는 전단을 붙였더군. 엄마를 닮은 걸까, 맏딸 예니헨은 전단을 붙이는 그 을씨년스러운 일을 "생존 투쟁을 위한 유쾌한 전투"라고 불렀지.

억장이 무너진 것은 예니였을 거야. 자신이 걸어온 삶을 고스란히 답습하는 두 딸의 일상은 끔찍한 살풍경 아니었을까. 예니는 롱게와 라파르그, 두 사위가 부지런하지 않아서라고 단언하더군. 리프크네히트에게 보낸 편지가 지금 내 손에 있네.

"우리는 어느 모로 보나 지금 파리로부터의 망명자들—아주 뛰어난 정치적 게으름뱅이들—에 대한 유치한 열정에 대가를 치르고 있는 것입니다. 편지에는 어울리지 않으니 자세한 말은 생략하겠습니다."

언제나 품위를 잃지 않았던 예니의 그 '생략'에 얼마나 많은 눈물이 고여 있었을까.

그 무렵 자네도 서재에서 유령처럼 지냈지. 아침 일곱 시에 일어나 블랙커피를 여러 잔 마시고는 서재로 들어가 오후에 내가 방문할 때까지 나오지 않았어. 하얀 볼수염과 머리칼로 둘러싸인 얼굴이 한층 어두워 보였지. 눈 밑에 촘촘한 주름살이 퍼져갔고 그늘도 졌어.

하지만 눈빛만은 생기로 반짝였고 연륜이 더해져 관록이 묻어났지. 그러니까 나와는 첫인상부터 차이가 컸어. 자네보다 두 살 어리긴 했지만, 내 볼수염은 여전히 불그스름했고 콧수염도 희끗희끗하지 않았다네.

나는 자네의 건강을 위해 내게 주어진 '세계사적 과업'을 착실히 수행했지. 함께 산책을 하고 자네를 집으로 들여보낸 뒤에 돌아왔어. 다시 서재로 들어간 자네는 저녁 식사를 하라고 적어도 세 번은 불러야 나왔다고 들었네. 님이 참 성가셨을 걸세. 식사 뒤엔 다시 서재로 돌아가 새벽 두세 시까지 머물렀지.

님은 자네가 쓰고 있는 책이 "박사님의 생피를 끊임없이 빨아

먹고 있다"고 우려하더군. 예니는 예니답게 표현했지. 운명의 실을 잣는 여신 파르카이가 자네를 위해 부지런히 자아놓은 생명의 실을 너무 팽팽히 잡아당겨 쉽게 툭 끊어질 것 같다고.

자네가 공개적인 활동을 하지 않자 한 영국 신문은 자네가 중병에 걸렸다고 보도했지. 꼭 집어 왜곡이라고 할 수만은 없었어. 수면제도 효과가 없는 심한 불면증과 두통에 시달렸잖은가. 혈압도 우려되어 맨체스터에서 알고 지내던 의사를 불러왔지.

여든 살의 노련한 독일인 의사는 내게 자네의 생활 습관부터 고쳐야 한다고 조언하더군. 무엇보다 일을 줄이고 밤늦게 글 쓰는 일을 그만두라 했지. 그러지 않으면 자네가 죽을 수도 있다고 경고했어. 그대는 글 쓰는 일을 그만둔다면 이미 죽은 게 아니냐고 반문했지.

결국 나와 예니, 님이 귀하가 의사의 처방을 따르는지 확인하기 위해 이십사 시간 감시 체제에 들어갔다네. 비록 헤이그 대회 이후 자네는 서재의 유령이 되었지만, 유럽은 물론 그 너머에서도 칼 맑스를 만나러 오는 '순례객'이 줄을 잇지 않았던가.

감시자 세 명은 자네가 기자를 비롯한 껄끄러운 방문객과의 만남도 사회적 활동의 하나로 유쾌하게 느끼도록 유도했지. 자네를 '런던의 테러리스트' 따위로 보도하는 기자들이 종종 인터뷰를 요구하면, 그들을 환대하며 즐거움을 만끽하라고 권했어. 고양이는 생쥐를 당장 잡아먹을 수 있지만 발톱으로 툭툭 건드리며 노는 것을 더 즐거워한다는 내 말에 자네는 모처럼 호탕하게 웃었지.

《자본》과는 비교할 수도 없을 만큼 허접한 책들이 날개 돋치듯 팔리는 세태를 보아서일까. 제우스 흉상 헌정자에게 "나는 대중은 눈곱만치도 신경 쓰지 않는다"라는 편지를 보낸 적도 있더군.

나는 건강을 위해 여행을 자주 다니라고 부추겼지. 친구를 감시하는 고역에서 벗어나고 싶어서이기도 했네. 바다 건너 유럽 대륙의 온천 휴양지 카를스바트*에 호텔을 잡아준 기억이 나는군. 자네가 좋아하는 숲과 화강암 바위가 절경을 이루고 간 질환 치료에 효과가 뛰어난 유황천이 있어서일까. 막내딸과 카를스바트를 다녀온 뒤 건강이 눈에 띄게 좋아졌다는 말을 들었을 때 정말 기뻤지.

아마 예니가 예순 살을 맞은 해부터였을 거야. 살금살금 부부 여행의 즐거움을 누리더군. 물론, 연구와 집필에서 자네를 해방시키려는 예니의 의도가 짙었지만 말일세.

나는 제대로 여행을 가라며 리지와 함께 갔던 곳, 영국 남쪽 해변 와이트섬의 언덕에 자리 잡은 집을 추천했지. 자네가 그곳

---

*　　카를스바트는 중세부터 온천지로서 유럽인의 사랑을 받았다. 베토벤과 괴테도 자주 찾은 곳이다. 현재도 체코 서쪽의 온천 도시가 되어 관광객을 불러 모으고 있으며 카를로비 바리Karlovy Vary라는 이름으로 불린다. 체코명·독일명 모두 '카를 왕의 온천'이라는 뜻이다.

으로 떠나고 한참이 지나 "이 섬은 작은 파라다이스"라고 썼던 편지 기억하나? 너무 한가해 편지를 쓰지 못했다는 대목에선 저절로 미소가 나오더군. 배를 타고 섬을 일주하고 걸어서 언덕을 산책하는 노부부의 데이트가 떠올랐어.

와이트섬에서 보낸 편지를 받고 답장을 쓴 뒤엔 빈집을 지키는 님을 위해 포도주를 챙겨 찾아갔다네. 예니의 편지 한 대목이 가슴에 걸려 더 그랬지.

"제 남편과 저는 항상 걱정과 실망으로 가득 찬 굴곡 많은 삶을 살고 난 후에 이제 좀 휴식과 평안이 필요했고, 감히 말씀드린다면 누릴 자격이 있다고 생각합니다. 특히 제 남편은 많은 고생을 했어요. 이제 우리는 제약과 구속 없이 지내고 싶군요."

내가 오지랖 넓게 참견할 문제는 아니네만, 그런 편지를 볼 때마다 나는 예니의 고매한 품격에 감탄하면서도 한편으로는 그 모든 것이 철저하게 님의 희생 위에 서 있다는 생각을 지울 수 없었네.

자네 부부가 늘그막에 아늑한 데이트를 즐길 권리를 부정하는 것은 아닐세. 그 비용을 대기가 아까운 것은 더더욱 아니지.

다만, 휴식을 누릴 자격이나 권리라면 사실 님이 가장 떳떳하고 절절하지 않겠는가. 하지만 님은 그럴 수 없었지. 지금에서야 털어놓지만, 자네가 보기에도 내가 더러 예니에게 냉정한 모습을 보였던 까닭이라네.

후대에게 있는 그대로 자네를 증언하겠노라 다짐한 나를 용서하시게. 산책을 할 때 가끔 나는 귀하에게 아들 프레디 이야기를 꺼냈지. 그때마다 자네는 괴로워하면서도, 아들의 근황을 꼼꼼하게 물어보았어. 그 이야기를 어디까지 써야 할지 아직도 모르겠네.

다만 친구, 이제 나조차 언제 눈감을지 모르는 상황이라네. 님이 남긴 기록을 내가 이 증언에 담아야 할지도 좀처럼 판단이 서지 않는군.

18. 나는 말했고 내 영혼을 구했다

"집 안은 무덤처럼 적막하네."

예니헨이 낳은 첫 아기가 돌을 한 달 앞두고 숨졌을 때, 자네가 보내온 편지였어. 라우라가 아기 셋을 잃었을 때와 또 달랐지. 이번에는 같은 집에 살며 줄곧 지켜보았으니 말일세. 손주를 가슴에 묻어서인지 잠을 설친다고 쓴 편지도 새록새록 기억나는군. 채 꽃피지 못한 채 시든 아기가 아른거릴 때마다 앙가슴은 피를 흘린다고 했던가.

그럼에도 식탁에서 틈만 나면 장인과 논쟁하려 달려드는 사위 롱게에게 자네는 울뚝밸을 삭이지 못했지. 예니헨을 다독인 뒤 롱게와 함께 기어이 집에서 내보내더군. 잘 결정한 걸세. 이어 집을 조금 줄여 이사했지.

　마음의 안정을 되찾은 자네는 다시 서재의 유령이 되었어. 《자본》제2권을 집필하는 작업에 매달렸지. 러시아에서 번역된 《자본》은 두 달도 안 돼 매진됐고, 독자들이 자네 책 표지를 신약성서로 위장해 읽는다는 소식도 들려왔어. 러시아어로 번역된《자본》양장본을 대영박물관에 기증할 때 자네 얼굴은 나이를 착각할 정도로 빛났다네.

　독일에서도 노동운동에 괄목할 진전이 있었지. 1875년 3월 노동인을 대표하는 두 조직인 독일노동인총연맹과 독일사회민주노동당의 통합 계획이 발표됐어. 강령을 만들어 5월에 고타에서 통합대회를 열고 노동인의 새로운 정당을 창립*키로 했지. 얼마나 기쁜 소식이던가.

　리프크네히트가 새로운 당 강령—통합대회가 열리는 지역 이름을 붙여 '고타강령'으로 통용되는—을 우리에게 보낸 것은 우정과 경의의 표시였어. 강령을 읽으면서 어딘가 부족한 듯했지만 따따부따하기보다는 축하의 열기에 가세키로 했지.

　하지만 과연 내 친구일지라. 새로운 사회를 이루기 위해 다시

---

*　　1875년 창립된 이 당은 1890년 독일 사회민주당(사민당)으로 이름을 바꿨고 현재까지 독일의 주요 정당으로 활동하고 있다. 사민당 집권 시기에 사회복지 정책이 확대되었다.

악역을 자처하더군. 〈독일노동인당의 강령에 관한 주해〉, 줄여서 〈고타강령 초안 비판〉이라는 글을 작성했어. 신중하게도 공개하지는 않고 당 지도부만 열람할 수 있도록 편지를 보내 문제점을 콕콕 집어주었지.

고타강령은 "노동은 부와 모든 문화의 원천이다"라는 선언으로 시작했어. 언뜻 보면 옳아. 하지만 자네는 단호하게 비판했더군. "노동은 모든 부의 원천이 아니다. 자연 또한 사용가치의 원천이다."

꼰대처럼 지적질만 해댄다는 오해를 무릅쓰고 자네가 '노동은 자연이나 감각적인 외부 세계 없이 아무것도 생산할 수 없다'는 사실을 강조한 이유는 분명했지. 노동력만 가진 사람들이 노동의 재료인 자연—이를테면 토지와 여러 자원—을 장악한 사람들의 '노예'가 된다는 사실을 부각하기 위해서였네. 그 현실을 무시하고 노동을 절대화하는 것은 자칫 진실을 은폐할 수 있겠지.

바로 그래서야. 고타강령에서 "유익한 노동은 사회에서만, 또 사회를 통해서만 가능하므로, 노동의 수익은 온전히 평등한 권리에 따라 모든 사회 성원에게 속한다"라는 대목도 그냥 넘어가지 않았어. "노동이 사회적으로 발전하고 그럼으로써 부와 문화의 원천이 되는 정도에 따라, 노동인 쪽에서는 가난과 방임이, 노동인이 아닌 쪽에서는 부와 문화가 발전한다"라고 또렷하게 현실을 규명했어.

무엇보다 자네는 "노동의 해방은 노동계급의 사업이어야 하며, 이들에 대하여 다른 모든 계급은 하나의 반동적 대중일 뿐"이라는 대목을 납득할 수 없었지. 사실 많은 사람들이 아직도 '노동 해방'이라는 말을 즐겨 쓰고 있다네. 그런 말을 다들 무심코 쓴다고 볼 수는 없어. 노동인들의 삶이 달린 문제인데 애매모호한 말로 두루뭉실 파악하는 것은 무심코가 아니라 무책임 아닌가. 하물며 정당 강령이라면 두말할 나위 없겠지.

자네가 칼날처럼 갈파했듯이 '노동 해방'이란 말은 대체 누가 무엇을 해방하자는 건지 알 수 없는 주장 아닌가. 다름 아닌 국제노동인연합의 규약에 근거해서 바로잡았지.

"노동인의 해방은 노동인 자신의 일이어야 한다."

노동 해방이 아니라 노동인 해방임을, 소외된 노동으로부터의 해방임을 명확히 한 거야. 누군가가 그들을 지도해서가 아니라 노동인이 스스로를 해방해야 한다는 중요한 선언이지.

노동인 이외의 모든 계급을 '반동적 대중'으로 몰아세운 것도 동의할 수 없었어. 독일의 새로운 노동인 정당이 선거에서 수공업자나 소기업가, 농민들에게 "당신들은 상공업자, 지주와 함께 우리에 대하여 하나의 반동적 대중을 이룰 뿐"이라고 이야기하겠다는 말이냐고 반문했지. 우리는 소시민*, 독립 수공업자와

---

*   원어 프티부르주아지petit-bourgeois는 흔히 외래어 그대로 쓰거나 '소시민'으로 번역되어왔다. 이 작품에서는 '소시민'으로 옮기되 부르주아지를 상

자영 농민도 얼마든지 혁명에 나설 수 있다고 보았어. 노동인과 더불어 민중을 늘 강조한 이유였지.

그럼에도 극단적인 노동인 중심주의를 내세우는 사람들은 대부분 상공업자나 지주들과 어떤 형태로든 자신이 연관을 맺고 있기에 그것을 은폐하거나 얼버무리려는 의도라고 예리하게 지적했지.

자본주의를 넘어선 새로운 사회와 관련해서도 고타강령은 우려를 자아냈지. 고타강령이 "노동의 해방은 노동 수익의 공정한 분배를 수반한 총노동의 조합적 규제를 필요로 한다"라고 주장한 것에 대해 '공정한 분배'라는 말은 공허한 소리라고 지적했어. 까닭은 명쾌했지. 상공업자들도 작금의 분배가 '공정하다'라고 언죽번죽 주장하잖은가.

자네는 새로운 사회에서 노동은 개인이 분업에 복종하는 예속적 상태가 사라지고 정신노동과 육체노동 사이의 대립도 사

___

공업자로 옮긴 맥락에서 때로는 '소상공업자'로 번역했다. 본디 유럽이 중세에서 근대사회로 이행할 때 나타난 자유롭고 독립된 수공업자와 자영 농민을 이른다. 산업자본주의 단계에 들어서서 자본과 월급 노동의 관계가 확립되었을 때 일부는 상층 상공업자, 일부는 노동인이 되었다. 현대사회에서 소시민은 구舊중산계급과 신新중산계급으로 구성되어 있다. 전자는 소기업주·자영 상인·자영 농민·자유업자를, 후자는 전문 직업인·공무원·예술가를 이른다. 전자는 물론 후자도 자신의 지식과 창작품을 팔거나 관료적 직위를 소유했다는 점에서 넓은 의미로 소상공업자라는 말로 아우를 수 있다.

라지기 때문에 "노동이 생활을 위한 수단일 뿐만 아니라 그 자체가 일차적인 생활 욕구"가 된다고 강조했지. 그러니까 노동이 단순한 삶의 수단이 아니라 그 자체로 삶의 "첫 번째 필요"가 되리라, 또는 그래야 옳다고 본 거야.

따라서 많은 이들이 오해하듯이 우리는 모든 노동 분업이 폐지되어야 한다고 말하지 않았어. 사람을 노예화하고 복종케 하는 분업을 폐지해야 한다고 주장했을 따름이지.

고대 노예제와 중세 농노제에 이어 임금 노동으로 역사적인 형식은 변모해왔지만 노동은 언제나 유쾌하지 않은 일이었고 외부로부터 강제되었거든. 노동이 개개인의 전면적 발전, 자기실현을 위한 매력적인 활동이 될 수 있는 주객관적인 조건을 만들어내지 못해서가 아니었나.

노동은 외부로부터 강제되거나 부과되지 않을 때 자유의 활동, 자기실현의 길이 되겠지. 새로운 사회에서 노동은 자본주의 사회에서의 노동과 정반대로 자기를 긍정하는 활동이자 개개인의 삶에서의 중요한 욕구를 충족시키는 길이 될 거야. 혁명이 공정 분배나 복지국가의 문제에 그쳐서는 안 되는 이유가 여기에 있지.

자네는 열여덟 쪽짜리 고타강령 비판문을 에스겔서의 인용구로 마무리했더군. "나는 말했고 내 영혼을 구했다"고.

에스겔서는 유대 왕국 말기부터 바빌론 포로 시기 전반에 걸쳐 활동한 선지자 에스겔의 예언을 모은 책이지. 유대인이 우상을 숭배한 탓에 심판을 받아 왕국이 멸망하고 수도 예루살렘이 파괴되리라 경고했고, 그 말처럼 예루살렘이 함락된 뒤에는 실의에 빠진 민중을 위로하고 격려하기 위해 회복과 부흥을 예언했어. 자네가 인용한 구절이 여러 가지를 사유케 해주더군.

고타강령을 비판하는 글을 독일의 당 지도부에게 보낸 뒤 자네는 인용구 그대로 "영혼을 구한" 평온한 모습이었어. 머리와 수염은 이미 하얗게 변했지. 즐거운 눈빛에 온화한 미소는 서그러운 품격을 고스란히 드러내주었어. 신문 기사들도 조금씩 달라져가더군.

"이 탁월하게 박식한 사람은 언제나 즉석에서 적실한 말을 했고, 늘 매혹적인 미소를 지으며 갑자기 번뜩이는 농담을 던지기도 했다"라거나 "사람들은 여전히 칼 맑스를 자본주의 사회와 문화에 비판적이고 오만한 반란자라고 여긴다. 그렇지만 사실 그는 아주 교양 있는 앵글로—게르만적 신사다", 또는 "여성이나 아이들과 말할 때 그는 매력적인 재담가가 되었고 활동가라기보다 의심할 여지없이 철학적인 사람이었으며 노련한 투사라기보다 역사가 또는 운동의 전략가로서의 면모를 더 많이 지닌 사람이었다"라는 보도가 곰비임비 이어졌지.

1875년 그해 연말연시가 기억나는군. 자네는 그날 최고의 의상으로 차려입었지. 한 손은 아내의 손을, 다른 한 손은 '감히' 리지의 손을 잡고 행진을 벌이고는 빙글빙글 춤추면서 이슥한 밤까지 새해 축하연을 즐겼어. 활력 넘치는 모습, 참 보기 좋았다네.

그 시절 일요일이면 자네 딸들과 친구들까지 다 함께 내 집에 모여 저녁 식사를 했지. 약속은 보통 세 시였지만 식사는 일곱 시까지 시작되지 않았어. 그때까지 맥주와 보르도산 포도주, 샴페인을 마셔댔잖은가. 식사할 때도 술이 끊이지 않아 때로는 자리가 월요일 새벽까지 이어졌지. 이런, 아름다운 그 나날을 상상하는 것만으로 이 늙은이의 목이 심하게 마르는군.

19. 죽음의 결혼식, 늙음의 서러움

문학적 소양이 풍부한 예니가 말했던가. 늙을수록 시간이 무장 가혹해지더라고. 정말 시간은 바람처럼 지나가지.

이미 이승을 떠난 자네에게 이런 말은 몸을 가진 자의 사치로 예의에 어긋날지 모르겠으나, 더는 젊지 않고 몸 여기저기가 아파오는 것은 서럽고 비참한 일이라네.

우리 인생에서 즐거운 만찬과 술잔은 언제나 짧은 삽화였어. 싸워야 할 일들이 끊임없이 일어났지. 자네와 내가 브뤼셀에 머물며 공상적 사회주의를 비판한 지 옹근 삼십 년 만인 1876년에 새로운 세대의 몽상가들과 같은 싸움을 벌여야 했네.

건강이 좋지 않은 자네를 대신해 내가 전적으로 나섰지. 사회주의자이자 철학자를 자임하는 오이겐 듀링*이 허접스러운 주장을 들고 나섰는데 어처구니없게도 그 주장이 독일 노동당 지도부에 영향을 끼치더군.

노동인들이 본격적으로 정치운동을 시작하는 단계였기에 공상주의가 다시 발흥할 위험을 좌시할 수 없었어. 내가 《반듀링론》을 저술한 이유라네. 그 책을 쓰면서 나는 《자본》을 이해하려고 애쓰는 사람들을 위해 배려도 했지. 유물론적 역사 개념과 잉여가치를 통한 자본주의 생산의 원천을 드러내는 데도 역점을 두었어. 자네의 《자본》을 더 많은 인류가 읽기를 바라는 마음에서 써갔다네.

듀링을 비판하는 책을 몰입해 쓰느라 언제나 튼실하던 '아일랜드 여성 혁명가' 리지가 아픈 걸 미처 챙기지 못했지. 지금도 뼈저리게 후회하고 있다네.

리지의 '건강 전선'에 이상이 생겼을 때, '장군'인 나는 허둥

---

* 오이겐 듀링Eugen Dühring, 1833~1921은 수학·물리학에서 철학과 경제학에 이르는 폭넓은 연구를 했다. 인간은 선천적으로 서로 공감하는 본능을 지니고 있다는 낙관을 밑절미로 자본계급과 노동계급의 이분법은 불필요하다고 주장했다. 모든 나라가 경제적으로 자급자족해야 하며 민족 경제를 보호하기 위해 관세 적용을 해야 한다고 주장했다. 엥겔스는 《반듀링론》으로 더 잘 알려진 《오이겐 듀링씨의 과학혁명》에서 듀링의 사회주의를 '속류 유물론'이라고 비판했다.

지둥했어. 군대를 지휘할 때보다 사랑을 할 때 훨씬 더 많은 재능이 필요하다고 랑클로가 말했던가.

아일랜드 사람답게 낯선 사람도 따뜻하게 환대했던 리지는 1877년 여름부터 시름시름했지. 함께 여행을 떠났지만 그녀에게 언제나 효과가 있던 해수욕의 마술도 힘을 잃더군.

가을이 오던 9월 12일 새벽 한 시 삼십 분. 옹근 십오 년 내내 헌신적인 사랑으로 내 곁을 지켜온 리지가 영원히 떠났어. 바로 전날 나는 리지의 소망을 들어주었지. 성공회 신부를 집으로 불러 결혼식을 올렸다네.

쉰일곱 살의 늙고 껑충한 신랑과 침대에 누운 작은 신부가 한밤중에 사랑을 서약했지. 리지의 창백했던 얼굴이 장밋빛으로 물들더군.

"고마워요, 너무 행복해요."

리지는 거의 문맹에 가까웠지만 일상에선 늘 나보다 사려 깊고 총명했지. 나와 정반대로 어린 시절부터 무권리와 가난을 몸으로 체험한 리지는 아일랜드의 듬직한 투사이자 국제노동인연합 혁명가들의 친절한 전우였다네.

켈트 십자가 아래 가톨릭 공동묘지를 리지의 안식처로 삼았어. 참석해준 자네와 가족들이 고마웠다네. 감수성 예민한 예니헨이 당시 롱게에게 말했더군.

"그분은 완전히 절망한 것 같고 다시는 행복해질 수 없으리라 믿고 계세요."

그랬다네. 나는 리지의 죽음으로 삶을 다시 발견했다네. 자네가 아들 무슈를 잃었을 때의 심경이 실감 나더군.

끝없이 밀려드는 편지에 일일이 답하거나 기사를 써달라는 무수한 청탁을 수행하느라 밀쳐둔 내 프로젝트를 더는 미룰 수 없다고 생각했지. 정치 선동 활동을 하며 중요한 작품을 완성하려 애쓰는 것은 별로 효과적이지 못함을 절실히 깨달은 걸세.* 시간이 지날수록 내 젊음도 사라지니 무엇인가를 이루려면 일을 제한할 필요가 있었어.

자네 부부도 건강이 악화되어갔지. 예니는 두통과 복통이 끝없이 이어졌고, 자네는 만성 기침에 시달렸어. 그럼에도 종종 찾아오는 손주들이 있어 행복했을 거야. 예니헨과 롱게가 아이를 유모차에 태우고 오면 자네와 예니가 서로 아이를 안으려고 뛰쳐나갔지. 자네는 날렵한 할머니에게 언제나 뒤처졌지만 말일세.

붉은 악마의 서재는 유럽 전역에서 온 급진주의자들의 가장 중요한 방문지였어. 오랜 친구들도 런던에 올 일이 있으면 마치 새들이 둥지를 찾듯이 자네 집을 방문하더군.

서재의 단골은 망명자나 반란자 같은 무시무시한 존재들만은

---

*   여기서 이 "중요한 작품"이 무엇을 지칭하는지는 명시되어 있지 않으나 엥겔스는 1873년부터 자연과 변증법의 관계를 탐구하며 원고를 쓰고 있었다.

아니었어. 아장아장 걷는 손자도 서재를 찾았지. 그 뒤를 따라 개가 아즐아즐 꼬리를 흔들고 눈치를 살피며 슬금슬금 서재로 들어섰어.

술 이름을 따서 개 이름을 지은 자네의 거친 낭만이 몹시 그립군. 그렇게 채신없는 할아버지였지만 여전히 세상에 대한 호기심을 잃지 않았지. 쾰른에서 젊은 저널리스트로 일할 당시에 떨어진 나뭇가지에서 사회적 관계의 경제적 기초를 발견했을 때와 전혀 변함이 없었어. 예리함도, 다부짐도.

자네에겐 세상 어디에서건 모든 사건—경제적이든 정치적이든 사회적이든—이 서로 연결되어 있었어. 그래서 트리어에서 지냈던 청소년 시절에 다짐했듯이 인류에 대한 봉사 의무를 다하고자 사건의 어떤 것도 간과할 수 없었지.

그 결과일세. 자네가 쓰는 글에는 늘 세상에 대한 깊은 이해가 담겨 있었네. 내 친구에게 가장 혁명적인 무기는 언제나 글, '문학'이었지.

1879년 봄에 독일 정부의 반사회주의자법이 유효한 한《자본》제2권은 출판될 수 없을 것이라는 소식이 출판사로부터 전해져왔어. 원고에 쫓기던 자네는 은근히 반겼을 거야. 어차피 영국에서 진행되고 있던 경제위기가 어떻게 해결될지 확신하기 전에는 책을 완성할 수 없다는 생각도 있었지. 미국과 러시아에서 받은 자료들도 자네의 호기심을 자극했어.

그 시점에 영국 빅토리아 여왕의 딸, 빅토리아 공주—곧 독일

황제가 될 사람의 아내─가 영국의 한 국회의원에게 자네에 대해 물었지. 공주에게 잘 보이려던 국회의원은 자네와 직접 만나 점심 식사를 하며 세 시간을 보내고 공주에게 보고했더군.

"경찰이 생각하는 것처럼 요람에서 아기를 꺼내 먹는 습관이 있는 신사로 보이지는 않습니다."

그런데 보고서의 다음 내용은 완전히 엉터리더군.

"위험스럽다고 보기에는 너무나도 공상적입니다. 전체적으로 서로의 의견이 반대쪽에 있다는 사실을 인정한다면 그다지 나쁘지 않았으며 기꺼이 다시 만날 의향도 있었습니다. 원하건 않건 그 사람은 세상을 뒤집어엎을 사람이 못 됩니다."

예니의 건강이 안 좋아져 두 딸 내외를 동반해 가족 휴가를 갔을 때는 우연히 그곳에 온 뉴욕의 기자와 만났지. 휴양지의 절벽 위에 솟은 화사한 색상의 목조주택에서 자네와 사적인 대화를 나눈 기자는 자네를 '우리 시대의 소크라테스'라 불렀더군.

칼은 기자와 두 사위를 데리고 술잔을 나누다가 해변으로 산책을 나섰지. 그곳까지 따라온 기자가 '현대의 소크라테스'에게 질문했더군. "존재의 최후의 법칙"이 무엇인가를.

마침 불어오는 거센 파도와 해변을 서성이는 사람들을 잠시 둘러보다가 자네는 간결하게 답했어.

"투쟁!"

신문사로 돌아간 기자는 기사를 쓰며 가족들에 대해서도 썼지. "즐거운 가족이었다. 모두 열 명이었다. 아이들 덕분에 행복한 두 젊은 주부의 아버지, 그리고 손자들의 할머니, 그녀는 즐겁고 현모양처다운 차분함을 보였다"라고.

기자에게 존재의 최후 법칙이 투쟁이라고 밝혔듯이 자네는 서재에서 여유롭게 지내고 있을 때도 건강이 허락하는 한 여러 나라에서 찾아오는 사람들을 만나 노동인의 대중 정당을 세우는 일이 당면한 역사적 과제라고 역설했어. 틈틈이 신문 기사를 훑어보고 책을 읽으며 《자본》 제2권도 꾸준히 써갔지. 노동인들에게 혁명의 무기를 전달하려는 육십 대 노익장의 의연한 투쟁이었네.

20. 내가 달라이 라마라면 자네는 붓다

늙어가는 혁명가에게 그래도 프랑스 민중이 1879년 복음을 전해주더군. 공화파가 끝끝내 왕당파를 몰아내면서 일흔한 살의 민주주의자 쥘 그레비가 대통령에 취임했지.

베르사유에 빼앗겼던 수도의 위상을 되찾은 파리의 정치 상황은 반길 일임에 틀림없어. 다만, 그 복음이 예니에겐 앓아오던 신체적 고통에 심적 아픔을 더하는 계기가 되었지. 영국 대학에서 가까스로 외국어 교수로 자리 잡고 있던 롱게가 파리의 정치적 변화에 싱숭생숭해하고 있을 때, 롱게의 친구가 파리에서 발행하는 신문 《정의》의 국제면 편집을 맡아달라고 제안해 온 걸세.

망설이는 듯했지만 예상대로 롱게는 교수직에 사표를 내더군. 어렵게 얻은 교수직도 아쉬웠지만, 롱게가 파리로 돌아가면서 예니헨과 손주들도 런던을 떠나게 되었어. 자네 부부, 특히 예니는 삶의 기쁨이었던 두 손주와 작별하면서 상심이 컸지.

자네의 아이들 사랑은 가족은 물론 동지들 사이에도 소문이 왁자했어. 가난에 쫓기면서도 길에서 남루한 행색의 아이와 마주치면 일 페니 또는 반 페니라도 건네주었지. 호주머니가 텅 비었을 때는 머리를 쓰다듬으며 부드러운 목소리로 격려했어.

수염이 하얗게 변해서도 집 근처를 산책할 때마다 재잘거리는 아이들을 달고 다니는 모습이 종종 목격됐지. 추정컨대 아이들은 지배계급이 악마로 규정한 자네를 보며 흰 수염의 산타클로스를 연상했을 거야.

동네 아이들과 어울려 놀던 자네의 가슴 깊은 곳에는 소년 시절에 숨을 거둬 자네의 검은 머리를 새하얗게 만든 아들 무슈와의 추억이 짙은 슬픔으로 깔려 있었을까. 아니면 자네의 아들이었던 프레디에게 아무런 추억도 만들어주지 못한 죄책감이 컸던 걸까.

어쨌든 프레디는 어느새 스물아홉 살의 건장한 노동인으로 성장했고 결혼도 했어. 늘 귀하의 가족 주변을 맴돌며 어머니

님과는 연락을 지속하고 있었지. 예니헨은 프레디 부부에게 모자나 돈을 빌릴 만큼 가깝게 지냈지만, 그가 배다른 동생이라는 사실은 짐작조차 못 했을 거야.

자네의 외손주 사랑은 극진했지. 리프크네히트가 감옥을 들락거리는 중에 어렵게 런던을 방문했을 때가 떠오르는군. 자네가 가장 예뻐한 조니가 할아버지의 품에 뛰어들며 목말을 태워 달라고 졸라댔지. 그 순간에 누가 뭐랄 것 없이 즉각 배역이 정해졌어. 승합 마차는 별 수 없이 자네가 맡았고, 나와 리프크네히트는 마차를 끄는 두 마리 말이 되었지.

세계 여러 나라의 정부를 전율케 한 세 명의 노혁명가는 '마차의 어깨'에 사뭇 늠름하게 올라탄 아이가 말을 모는 소리에 맞춰 방 안팎을 뛰어다녀야 했어. 땀을 삘삘 흘리던 늙은 자네는 천천히 달리고 싶었지만 조니가 가상의 채찍을 휘두르며 혼쭐을 냈지.

"이런 게으른 말들! 이랴, 끼랴."

웃음과 탈진으로 숨이 가쁜 마차의 바퀴가 도저히 더는 굴러가지 못할 때까지 손주는 채찍을 마구 흔들더군.

손주들이 파리로 떠난 뒤 부부 곁에는 막내딸만 남았지. 물론, 님도 여전히 귀하 곁을 지키며 모든 집안일을 도맡고 있었어. 투시는 친구들과 집에서 모임을 즐겨 가졌고 자네는 그 모임을 허락하고 환영했지. 셰익스피어 독서 모임에는 자네와 함께 나도 명예회원으로 참여했네. 늘 용감한 자네는 투시 친구들이 자네를 초대하자 짐짓 배짱도 부리더군.

"나는 손주들보다 나이 많은 사람과는 사귀기 싫어."

투시의 친구들이 참 착했기에 얼마나 다행이었는가. 아마 자네가 악마였기에 특별히 용서해주지 않았을까 싶군.

1880년대에 접어들며 자네와 나의 삶은 더 촘촘하게 연결되었지. 자네는 딸과 사위, 손주에 대한 사소한 문제까지 내게 상의했어. 예니는 몸이 아파 집 안에 누워 있는 시간이 부쩍 늘었지. 병색이 무장 완연해 얼굴이 창백했어. 방문객들을 얼어붙게 할 만큼 아름다웠던 눈 밑은 보랏빛으로 물들어갔지. 님은 예니의 곁을 지키며 간병하느라 귀하와 이야기할 시간도 없었어. 예니가 자네와 님의 언행을 평소보다도 예민하게 살펴서 더 그랬을 거야.

어느새 자네에 이어 나까지 육십 대에 합류했지. 청신한 세대의 노동운동가들이 우리를 "정신적 아버지"로 추앙하기 시작해 민망하더군. 한 젊은이에 따르면 우리를 "최종 법정"으로 여긴다던가.

대부분 자식 또래의 운동가나 노동인들이 보호나 조언 또는 창당이나 창간 축사를 받으려고 찾아왔지. 나는 그들을 최대한 환대했어. 사람들이 교회로 예배 가는 일요일이면, 그들은 교회를 찾지 않고 내 집으로 오더군. 새벽 두세 시가 넘어 돌아가기 전까지 토론을 하며 포도주와 고기, 샐러드를 풍성하게 내놓았네. 아껴두었던 백포도주 기억하나. 달달한 선갈퀴 향이 났지.

우리는 함께 독일 민요를 부르기도 하고 기회주의자를 비판하는 시를 낭송하기도 했어.

자네는 그리 신뢰하지 않았지만 영국 최초의 '맑스주의자'를 자부했던 헨리 하인드먼*은 나를 "런던의 달라이 라마"라고 불렀지. 1850년대와 달리 당시 달라이 라마라는 말은 '복종에의 강요'보다 '지혜'의 의미로 더 많이 쓰이고 있었기에—유럽의 불교 인식이 그만큼 높아졌다고 볼 수 있겠지—기분이 그리 나쁘지 않더군.

그런데 이런 생각이 들었지. 내가 만일 달라이 라마라면, 자네는 뭘까. 두말할 나위 없이 붓다일 거야.

나는 독일에서 선거가 있을 때면 집을 활짝 열어놓고 있었어. 특별히 독일산 맥주를 통째로 내놓고 저녁도 푸짐하게 대접했지. 독일 각지에서 속속 전보가 올 때마다 봉투를 찢어 큰 소리로 읽었네. 승전보라면 모두 함께 건배를 하고, 졌다는 소식이면 씁쓰레 각자의 잔을 들었지.

달라이 라마로서 나는 다시 편지 쓰기에 성실했다네. 영국과 대륙 곳곳에서 온 편지들을 그때그때 모두 읽고 답장을 주었지. 산책과 독서도 규칙적으로 했지만, 무엇보다 즐거운 시간은 젊

---

* 헨리 하인드먼Henry Hyndman, 1842~1921. 영국 최초로 맑스주의자가 된 언론인. 《자본》을 읽고 맑스주의자가 된 그는 1880년대 영국 사회주의 지도자들에게 큰 영향을 주었다.

은 벗들과 술을 마시며 담소 나눌 때였네.

1880년이 끝나갈 무렵에 베른슈타인과 베벨이 찾아왔어. 당시 독일에서 사회주의 언론과 정치 활동에 가장 뛰어난 인물로 평가됐던 후배들이지. 큰 유리잔에 보르도 포도주를 찰랑찰랑 부어주며 권했다네.

"잔을 비우게! 젊은 친구들."

시종일관 격렬한 정치 논쟁을 벌이며 연거푸 잔을 비우다가 문득 생각난 듯 외쳤지.

"자, 이제 칼 맑스를 만나러 가세."

벌떡 일어나 성큼성큼 이웃에 있는 자네 집으로 걸어갈 때 이미 내게 기가 질린 베른슈타인은 더 심한 일을 당하리라는 예감에 초조해했지. 훗날 다음과 같이 밝혔더군.

"나는 곧 까다롭고 괴팍한 노인을 만나리라 상상했다. 그런데 문이 열리자 내 앞에는 검은 눈에 불꽃과 미소를 동시에 품고 인자하게 말을 건네는 백발의 남자가 서 있었다."

첫인상 치고 극찬 아닌가? 아마도 베른슈타인이 내가 권한 술에 취한 채로 자네를 본 탓일 걸세. 어쨌든 자네는 죽음을 맞기 전에 자신의 정치적 후예, 젊은 세대를 올바른 길로 인도하고 싶어 했어. 계급 없는 사회의 꿈을 실현시킬 임무는 자신이 아니라 그들의 몫임이 점점 더 뚜렷해지고 있었으니 말일세.

이듬해 봄, 예니헨이 다시 아들을 낳았을 때 손주가 살아갈 창창한 나날이 부럽다는 듯이 툭 던진 말, 생각나나?

"우리는 인류가 겪어온 날들 가운데 가장 혁명적인 시대를 앞
두고 있네. 안타까운 것은 늙은이는 직접 보지 못하고 예견밖에
할 수 없다는 사실일세."

21. 끝이 다가올수록 삶에 미련이

"위대한 미지의 존재."

자네는 손주를 그렇게 불렀어. 나는 자네가 새로 태어난 '미
지의 존재'를 볼 수 있도록 자네 부부의 프랑스 여행 계획을 세
웠지. 파리로 떠날 때 예니가 원하는 건 무엇이든 다 해주라고
당부하며 얼마든지 돈을 써도 좋다고 했어. 까닭은 자네도 정확
히 알고 있었을 거야. 예니 삶의 마지막 여행이 되리라고 직감
했을 테니 말일세. 내가 예니에게 표할 수 있는 마지막 예의 또
는 경의였지.

젊은 칼과 예니가 쫓기듯 파리를 떠난 후 어느덧 삼십 년이 더
흘렀더군. 세월은 파리의 색깔을 적잖게 바꿔놓았고 트리어의
소문난 미인도 마마의 공습으로 변화를 겪었네. 잿빛의 런던과
달리 화려한 파리에 돌아왔지만, 젊고 건강했던 예니의 초록빛
은 돌아올 수 없는 잿빛이 되었어.

예니는 원하는 것을 무엇이든 지원하겠다는 내 말을 사네에게 전해 들었음에도 참 소탈했더군. 그저 그대와 카페에 들어가 길가의 작은 탁자를 가운데 두고 마주보며 커피를 마시고 싶어 했지.

예니는 무슨 생각을 했을까. 검은 머리의 정열적인 철학박사와 트리어 사교계 여왕의 연애? 혁명과 추방의 길로 들어선 언론인과의 신혼? 한때 악마로서 유럽의 신문을 뒤덮었지만 이제는 파리의 수많은 사람들 속에 파묻힌 할아범과 할멈?

두 사람 앞에 성큼성큼 다가오는 작별의 순간을 앞두고 여러 추억의 순간을 떠올리며 파리의 바다에 깊이깊이 잠겼을 거야.

예니헨의 집에 머물며 혁명의 추억과 손주들 속에 파묻혔던 예니는 런던으로 돌아온 뒤 거의 침대에서 일어나지 못했어. 간병하던 자네마저 고질병이 도지더군. 기관지염과 늑막염은 아무래도 싸구려 담배만 골라 피운 후과인 듯싶어 내 마음이 불편했다네.

병석의 미녀와 그 곁을 지키는 병든 악마에게 간헐적으로 복음이 전해졌어. 1881년 10월 독일 총선에서 노동계급 정당이 약진했지. 비스마르크의 반사회주의자법이 서슬 푸르렀는데도 그랬더군. 우리의 젊은 시절과 달리 이제 왕은 제위에 있더라도 더 이상 신성하지 않았고, 일방적으로 착취만 당하던 노동인들이 권력의 일각을 차지해가고 있었어.

병석의 예니는 의사에게 속마음을 다 드러냈더군.

"이야기의 끝이 가까워질수록 이 세속의 눈물 골짜기에 더욱 매달리게 되는 것은 참으로 이상한 일이군요. 지푸라기라도 잡고픈 심정입니다. 조금만 더 살고 싶어요."

기독교 성경에서 '눈물 골짜기'는 고통과 탄식, 시련으로 점철된 경건한 인생길의 상징 아닌가. 일찍이 자네와 나, 예니, 님은 하이네가 쓴 〈눈물의 골짜기〉를 애송했어.

밤바람이 들창을 스며 들이치는
지붕 밑 침대에
불쌍한 두 생명이 누워 있네
창백하고 초라한 몰골로 멀거니 눈을 뜬 채
불쌍한 한 사람이 말한다
"너의 팔로 날 좀 안아주렴
입도 맞춰주렴
네 체온으로 나를 녹여다오"
그러나 불쌍한 다른 한 여인이 말한다
"당신의 눈동자를 바라보면
나의 불행도 배고픔도 추위도
이 세상의 모든 괴로움까지도 사라져요"
그들은 몇 번이고 입을 맞추고 또 울었다
눈물이 가시지 않은 얼굴로 손을 맞잡고
웃으며 노래하고

그리고 드디어 잠잠해졌다

다음 날 아침 검찰관이

권위 있는 의사를 데리고 왔다

그 외과의는 이 두 구의 시체가

이미 차가워졌음을 확인하였다

"이렇게 지독한 추위와 공복이

두 사람을 죽인 것입니다

적어도 그것이 죽음을 재촉한 원인입니다"

그리고 덧붙여 말하기를

"추위가 심해지면 담요로 예방을 하는 것이

가장 중요합니다

영양을 섭취하는 것도 동시에 필요하고요"

예니는 〈눈물의 골짜기〉를 왜 그렇게 애송했을까. 자신에게 배어 있을지도 모를 귀족 성향을 씻어내며 마음을 다잡고 싶어서였을까, 아니면 그 지순한 사랑에 감정이 이입될 만큼 자신도 '추위와 공복'을 느꼈던 걸까.

친구, 짧은 시간이나마 예니가 예술적 재능을 나름대로 구현할 수 있었던 것은 얼마나 다행인가. 육십 대에 들어선 예니가 신문에 문화 기사를 썼던 일을 자네도 기억할 거야. 그 시절이 눈물의 골짜기를 걸어온 여인의 만년에 작은 행복을 선사했을지도 모르겠어. 예니가 영국 연극에 대해 쓴 글을 한 독일 신문이 실었지. 그 신문은 영국의 극장과 문화생활에 대해 계속 투고해달라고 요청했어. 덕분에 예니는 한때 자네와 좌석 뒤에 서서 관람했던 극장에 자유롭게 들어가 더 많은 시간을 보낼 수 있었네. 필자의 요구로 기사는 익명으로 실렸지.

기사 쓰는 일은 예니의 건강이 좋지 않아 중단되었지. 조금 더 일찍 예니에게 그런 기회가 오지 못해 아쉽다네. 탁월한 재능을 지나치게 남편의 뒤치다꺼리에 바쳐왔다고 쓰면, 자네 심기가 불편하겠지.

하지만 진실일세. 자네의 광채 뒤에는 예니의 어둠은 물론, 님의 암흑이 있어. 인류는 자신의 절반에 이르는 여성을 일상의 굴레에 묶어온 것이 얼마나 큰 실수였는가를 적어도 다음 세기엔 깨닫게 될 거야.

어쩌면 자신의 문학적 재능을 꽃피우지 못했기에 병석의 예니는 눈물의 골짜기에 미련을 가졌을지도 모르네. 자신이 평생 헌신한 남자가 사회적 평가를―굳이 다윈과 견주지 않더라도―제대로 받지 못하고 있었으니 말일세.

예니는 의사에겐 미련을 털어놓았지만 문병 온 사람들에겐 랑클로―정숙한 체하는 위선자들을 냉소하며 사교계를 주름잡던 여성 철학자―의 일화를 들며 따뜻하게 위로했지.

"사교계 여왕으로 군림하던 랑클로가 죽음을 앞두고 비탄에 잠긴 친구들에게 웃으면서 말했다죠. '당신들도 언젠가는 죽지 않겠어요? 적어도 그런 의미에서 당신들의 비탄은 천박해요. 나는 다만 당신들보다 한 걸음 먼저 가는 것뿐이에요. 이루어질 수 없는 희망을 주어서 내 마음을 어지럽히지 말아주세요.' 저는 사교계의 여왕은 아니지만 랑클로의 그 말만은 품위가 느껴져요."

"당신은 우리 노동인의 여왕입니다."

누군가 화답했을 때 예니는 살짝 생기가 돌아 웃으며 말했어.

"아무리 은유라도 여왕은 제게 어울리지 않아요. 당신의 친구로 기억해주면 더 바랄 게 없어요. 내 일생은 결코 나쁘지 않았지요. 다른 식으로 살고 싶다는 생각은 털끝만큼도 하지 않았답니다."

모르핀과 고통 사이를 오가던 예니가 그 골짜기에서 마지막 순간에 행복과 보람을 느낀 것은 단순한 우연이 아니었을 거야.

11월 말 런던에서 발행되는 월간지 《현대 사상의 지도자들》이 자네의 사상을 조명하는 기사를 실었을 때, 편집자는 실의에 젖어 눈물의 골짜기를 배회하는 트리어의 미인에게 그 기사가 어떤 의미일지 상상하지 못했겠지. 11월 30일 자네는 예니의 침대 옆에 앉아 그 기사를 처음부터 마지막 마침표까지 담담한 목소리로 읽어주었어.

"칼 맑스의 《자본》은 경제학에서 교조적인 이론의 틀을 깬 작품으로서 그 혁명적 성격과 파급효과의 중요성은 천문학에서의 코페르니쿠스의 이론 또는 물리학에서의 뉴턴의 중력 법칙에 견줄 만하다."

꺼져가던 예니의 눈빛은 그 순간 반짝이며 되살아났지. 자네는 그때 예니의 눈이 "크고 사랑스럽고 그 어느 때보다도 빛났다"고 회고했어. 젊은 시절에 남편 칼이 위대한 사상가의 신전에 늠름히 입성하리라 믿었다가 그 모습을 보지 못해 절망하던 예니로서는 그 기사가 미래를 약속하는 듯이 보였을 거야.[*]

그로부터 이틀 뒤인 12월 2일 예니는 숨을 거두었지.

"이제 기력이 다했어요."

남편에게 건넨 마지막 말이었어. 예순일곱 살. 하이게이트 공동묘지의 언 땅에 예니를 묻을 때 자네는 참석하지 못했지. 가족 누구도 깊은 충격의 늪에서 허우적대는 자네가 폐렴으로 아픈 몸을 이끌고 추위 속에 나서기를 원치 않았어. 나는 밤새 작성한 조사를 읽어갔다네.

"여기 이 여인이 날카롭고 비판적인 지성과 정치적 감각으로, 활력과 열정으로, 투쟁하는 동지들에 대한 헌신으로 거의 사십 년간 해왔던 기여는 널리 알려지지 않았습니다. 이 여인의

---

[*]   《자본》은 20세기 들어 인류에게 가장 강력한 영향을 끼친 사상서가 되었다. 21세기 들어 2008년 미국의 금융위기로 촉발된 세계적인 장기 불황 국면을 맞아 그해 독일에서 최고의 베스트셀러에 오른 책도 바로《자본》이었다. 당시 프랑스 대통령이었던 사르코지Nicolas Sarkozy가《자본》을 읽고 있는 사진이 퍼지자 영국의《타임스》는 "맑스가 돌아왔다"고 보도했다. 독일과 프랑스에서 추방당한 예니는 팔리지 않던 남편의 책이 세기를 넘어 큰 성과를 이루리라고는 미처 예상하지 못했을 것이다.

운동은 현대 언론의 연보에 기록되지도 않았습니다. 그러나 다른 사람을 행복하게 해주는 일을 자신의 가장 커다란 행복으로 여긴 사람이 있다면, 바로 여기 이 여인입니다."

그 순간, 님이 관 위에 쓰러지듯 몸을 던져 흐느껴 울었지. 투시가 다가가자 나는 조용히 손사래를 쳤어. 님의 슬픔 또는 서러움을 존중하고 싶었다네.

얼마나 시간이 흘렀을까. 탈진할까 싶어 내가 다가가 님을 일으켜 세웠지. 그리고 삽을 손에 들려주었어. 님은 짙은 갈색 흙을 아주 조금 떠 관 위로 굵은 피눈물처럼 떨어뜨리더군.

온 세계에서 동지와 당원들의 조사가 쇄도했지. 헤스는 "자연은 자신의 걸작을 파괴했다. 내 평생 그렇게 재치 있고 사랑스러운 여인은 만나 보지 못했다"라고 썼어.

자네는 그 어떤 위안의 말도 상실의 고통을 줄여주지 못한다고 신음했지. 어찌 모르겠는가. 다만 그대의 건강을 우려하지 않을 수 없었어.

예니는 평생 자네와 함께 우리 운동을 열어갔지. 이제 그녀는 지상에 없고, 그대의 병은 깊어만 갔네. 님이 있었기에 그나마 위안이 되었을까. 아무래도 그랬을 걸세.

자네는 본디 나와 늘 정해진 오후 시간에 산책했지만, 예니가 죽은 뒤로는 종종 홀로 먼저 산책에 나서더군. 검은 외투와 중절모를 걸치고 집을 나서 공원을 떠도는 모습을 나도 먼발치서 지켜만 보았다네. 근시가 심해져 돌아오는 길에는 이웃집을 자네 집으로 알고 들어가기도 했어.

온갖 병으로 허약해진 몸 여기저기에 요오드팅크를 발라 피부에 염증이 번져버렸지. 자네는 그 고통을 달게 받아들이며 말했어.

"그 치료가 이 순간 내게 확실한 효과를 주었어. 정신적 고통에는 오직 한 가지 약밖에 없다네. 바로 육체적 고통이지. 세상의 종말도 극심한 치통에 시달리는 사람에게는 별로 중요하지 않거든."

자네는 《자본》 제2권을 작업하고 싶어 했지. 에니에게 헌정하고 싶다 했던가. 그런데 출판사가 제1권의 3판을 낸다고 연락을 해왔어. 서문을 다시 쓰고 본문은 과거와 달리 최소한의 수정만 한 채 출판사에 일임했지.

이어 남쪽, 가능하면 북아프리카의 알제까지 여행하길 소망했어. 나는 곧장 여행 계획을 짰다네. 혼자 가고 싶어 하는 귀하의 마음도 정확히 읽었지.

22. 삭발하고 북아프리카 홀로 걸어

에니가 세상을 떠난 후 막내딸 투시는 큰언니 에니헨에게 자기가 이기적으로 느껴진다는 편지를 썼더군. 아버지를 사랑하지만 간병인 노릇으로 집 안에 주저앉기는 죽기보다 싫다고 한 뒤 끙끙댔지.*

"우리 모두는 결국 우리 자신의 삶을 살아야 하잖아. 아무리 노력해도 뭔가를 이루고 싶은 욕망을 억누를 수 없어."

아마 집에 평생 궂은일을 도맡아온 님이 있었기에 자신이 아버지를 돌보지 않아도 괜찮다고 생각했을 거야. 그럼에도 병든 아비로선 엔간히 서운했을 걸세. 라우라에게 쓴 편지에서 투시가 "하루 종일 읽거나 쓰면서 시간을 보내고… 단지 의무감으로 나와 함께 있는 것을 견뎌내는 것 같군, 마치 자기를 희생하는 순교자처럼"이라고 적었어.

자네는 투시를 놓아주고 싶다며 내게 말했지.

"그 아이는 독립된 예술가로서 자기 삶을 스스로 열어가고 싶다는 강렬한 욕망을 품고 있네. 일단 그것을 인정한다면 자기 나이에 더는 허비할 시간이 없다는 그 아이의 주장은 의심할 여지없이 옳아. 투시가 스스로 늙은이의 간병인으로서 가족이라는 제단에 희생될 수밖에 없다고 생각하는건 결코 내가 바라는 바가 아닐세."

마지막 문장에선 간병을 희생으로 여기는 막내에 대한 서운

---

* 영국 빅토리아 시대에는 딸, 그중에서도 보통 막내딸이 집에 남아 노부모를 봉양하는 것이 관습이었다.

함이 배어 있더군. 어쩌면 그 일도 작은 계기가 되었을 거야.

자네는 홀로 집을 떠났지. 나는 지금 자네가 따뜻한 햇살을 찾아 북아프리카로 건너가기 전 마르세유에서 보낸 편지를 찾아 읽고 있네.

새벽 두 시에 도착한 마르세유역 건물 안에서 외투를 여민 채 추위에 떨며 웅크리고 있는 노인이 '유럽을 뒤흔든 악마'라고 누가 감히 상상이라도 했겠는가. 역에서 밤을 새느라 "꽁꽁 얼어"가는 몸에 "유일한 처방은 술밖에" 없었을 거야.

하루 머물고 다음 날 지중해를 건너 알제에 도착했더군. 지중해가 내려다보이는 언덕 위 호텔을 숙소로 정하고 홀로 걸으며 "유럽과 아프리카의 경이로운 조화로 마법같이 멋진 풍광"을 관상했겠지.

눈부시게 선명한 알제의 아름다운 풍경은 유감스럽게도 곧 폭풍우에 가렸다며? 장대비가 아흐레 내내 몰아쳤다는 편지를 받았을 때, 운명의 여신이 내 친구를 돕지 않는다는 생각이 들더군. 혹 노파심에 사족으로 적어두네만 나는 저 망할 운명의 여신 따위를 믿지 않네. 이 기록의 적잖은 표현들은 반어법이거나 서툰 문학적 접근임을 자네는 금세 알아차리겠지만 독자들은… 잘 모르겠군.

기후 탓일까, 아니면 여행의 피로 탓일까. 몸에 물집이 돋아나 병원을 찾았을 때, 의사는 깜짝 놀라 산책은 물론, 대화까지 금했어. 귀하는 그곳에서 예니가 그립다며 편지를 보냈지.

"대부분의 사람들이 자기 감정을 과장하는 경향이 있다는 것을 자네도 알 거야. 내 생각의 대부분이 내 아내, 내 인생의 가장 좋았던 시절에 빠져 있다는 것을 인정하지 않는다면 그것은 거짓말이 될 걸세!"

4월 중순까지 북아프리카의 바람은 그치지 않았어. 비가 그치면 해가 작열했지. 자네는 색채와 빛과 향기, 심지어 비바람조차 두루 강렬한 그곳에서 자신에게 혁명을 일으켰네. 과감하게 머리를 짧게 자르고 면도도 했지.

"세상이 나의 온전하고 포악한 모습을 잊지 않도록 알제 이발사의 제단에 머리카락을 바치기 전에 먼저 사진을 찍어뒀다"라는 편지를 보냈더군.

아무리 애써도 상상이 안 되었네. 삭발한 머리, 또는 짧은 머리칼에 수염이 없는 칼 맑스가 북아프리카 해변을 홀로 걸어 다니는 풍경은 좀처럼 머릿속에 그려지지 않더군. 그대의 그 모습을 본 지인은 아무도 없지. 아마 사진도 부러 찍지 않았을 거야.

알제에서 몬테카를로를 거쳐 다시 프랑스로 가기 전에 예니헨에게 편지를 썼지. 아무에게도 알리지 말라고 당부했어. "가족생활, 아이들의 소음, 미시적 세상이 더 재미있다"고 썼더군.

하지만 병이 깊어 찾아든 맏딸 집에서 자네는 편안하게 머물지 못했어. 아니 머물 수 없는 정도가 아니었지. 꾹꾹 참았지만 이윽고 격분할 수밖에 없었을 거야.

똑똑하고 야무졌던 딸은 그 누구의 도움도 없이 낮이나 밤이

나 집안일을 하고 아이들을 돌보느라 눈코 뜰 새가 없는데, 사위 롱게는 아내에게 소리나 질러대고 불평만 잔뜩 늘어놓는 '일' 말고는 도무지 하는 일이 없었지.

롱게는 프랑스 언론계에서도 점점 배제되어갔어. 그에 따라 수입도 거의 없어져 딸은 빚에 허덕였지. 롱게의 어머니는 대부분의 시어머니들이 그렇듯이 모든 것을 며느리 탓으로 돌렸고, 심지어 "게으름 피운다"며 일자리를 얻으라고 압박했어.

둘째 사위 라파르그는 롱게와 다른 차원에서 자네를 괴롭혔지. 주장과 분석을 얼버무려놓은 교의를 제 동료들과 함께 '맑스주의'라고 부르며 자신의 정치적 이념으로 내걸고 있었어. 게다가 사위랍시고 언제 어디서든 자네의 말을 즐겨 인용했지.

장인 칼은 자칭 맑스주의자 사위가 하는 일에 관련되기를 거부하며 명토 박아 말했지.

"한 가지 확실한 사실을 일러주지. 나는 맑스주의자가 아니네."

자네는 두 사위에게 질렸더군. 롱게를 인간적으로 혐오했고, 라파르그는 정치적으로 진저리를 쳤어. 내게 보낸 편지에서 분통을 터뜨렸지.* "롱게 그 프루동주의자 떨거지, 라파르그 그

---

* 맑스는 엥겔스와 함께 1848년 《공산당선언》에서 공상적 사회주의와 구분하기 위해 '공산주의자'를 자처했지만, 1871년 파리공동체 이후 '공산주의'라는 말에 대중이 무장봉기를 연상하고 바쿠닌이 공산주의의 이름으로 주

바쿠닌주의자 떨거지"라고. 그 다음 문장을 밝혀야 옳은가 싶을 정도로 자네는 분노했어. 그래, 말한 그대로 옮기지.

"유령은 그것들을 안 잡아가고 뭐 하나!"

그래서일까. 런던에 돌아온 귀하는 마침내 내게도 역정을 내기 시작해 나를 종종 불편하게 했다네. 그 시절 나는 그게 다 그대의 건강이 그만큼 악화되었기 때문이고 건강이 나빠진 가장 큰 이유는 예니의 죽음이라고 생각했지.

하지만 이 책을 쓰면서 나는 깊이 후회하고 있다네. 친구가 생의 마지막 순간을 맞았을 때 우정에 소홀한 사람은 바로 나였음을 깨달았기 때문이지.

어리석게도 그대에 대한 섭섭함이 내 눈을 가린 거야. 고백컨대 나는 북아프리카를 다녀온 뒤 자네의 마지막 시간들을 기록하기가 두렵다네. 내게 짜증을 내서가 아니라네. 오랜만에 만난 귀하의 눈빛에서 낯선 시선을 느꼈거든. 과거와 달리 볼수염과 머리칼이 풍성하지 않아서만은 아니었어.

자네의 눈길에서 깊이를 헤아릴 수 없는 현자의 그윽함이 전

창한 무정부주의가 득세했기 때문에 다시 '사회주의자'를 자임했다. 때로는 공상적 사회주의와 대비해 과학적 사회주의자라고 하기도 했다. 공산주의자라는 표현이 부활해 전면에 등장한 것은 러시아 혁명 이후 1918년 러시아 사회민주노동당이 러시아공산당(볼셰비키)으로 당명을 바꾸고 유럽 사회민주주의와 다른 노선을 걸으면서부터였다.

해오는가 싶으면, 곧이어 죽음을 앞둔 노인의 지친 허망감이 어떤 노여움과 함께 실려왔네. 다시 세상의 모든 걸 꿰뚫는 지혜가 번득이는 듯싶다가 하찮은 일에 역정을 부리기도 했어.

나는 당시 그 모든 게 귀하의 병세 탓이라는 성급한 결론을 내렸다네. 자네가 북아프리카 여행 앞뒤로 우리의 공동 사업, 혁명운동을 사실상 내게 인수인계했기에 더 그렇게 판단했지. 톺아보니 자네가 글을 발표하지 않은 세월도 꽤 많이 흘렀더군. 여행을 다녀와서는 몸이 더 불편하다며 모든 서신 교환은 물론 세 딸의 문제까지 거의 내게 일임했어.

아무래도 예니를 묻고 난 뒤 나는 자네를 포기한 것 같아. 어쩌면 자네가 가장 깊고 치열한 사색에 잠겨 있었을 시기에 엉뚱하게도 그대의 지적 탐색이 멈췄다고 판단한 걸세.

진심으로 미안하네, 친구. 그래서 내게 역정을 냈고, 건강도 더 빠르게 악화되었는지 모르겠다는 생각마저 드는구먼. 12월 중순에 의사는 자네에게 집 안에만 머물라고 권고했지.

1883년 새해에 들어서자 곧 질식할 것 같은 발작적인 기침이 부쩍 늘었어. 그래도 "요즘 신경과민이 내 숨통을 직접 죄는 것을 보면 참 신기하다는 생각마저 들어"라며 짐짓 여유를 부리기도 했지. 그때 알아차렸어야 했어. 자네가 신경과민을 이야기할 만큼 무엇인가가 자네의 사유를 지배하고 있음을.

내가 서재를 방문해도 예전과 달리 이야기를 거의 하지 않더군. 흔들의자 옆 작은 탁자에는 소설 몇 권과 쾨펜이 쓴 불교책이 놓여 있었지. 그러고 보니 생각나는군. 자네는 어느 날 내게 혹 해탈에 대해 생각해본 적이 있느냐고 물었어. 나는 자네가 병약해서 건네는 말쯤으로 넘겨버렸지.

며칠 뒤 자네가 두 사위를 거론하며 옳은 길을 일러주어도 자기 고집대로 그른 길을 걸어가는 인간적 습성이 혁명의 미래를 어둡게 할지 모른다고 잔잔하게 말했을 때도 그것을 병적 징후라고 여겼지.

물론, 자네가 노동인들의 혁명으로 새로운 사회가 오리라는 확신을 접은 것은 절대로 아니었어. 하지만 파리공동체 이후 그 시기를 점점 더 멀리 내다보았지. 나중에 자네 서재에서 발견된 예니의 적바림은 놀랍더군. 자네가 예니에게 물었다며?

"당신은 내가 무엇을 가장 두려워할 것 같소."

"음, 노동인들의 혁명이 일어나지 않는 것?"

"아니오, 혁명은 일어날 것이 틀림없소. 그런데 그것이 권력을 좇는 사람들에게 넘어가는 것, 그것이 가장 두렵소. 권력이 없을 때는 고분고분하고 아첨까지 서슴지 않지만 권력을 잡으면 난폭한 깡패가 되어 큰소리나 치는 허풍쟁이들 말이오."

그래, 자네는 내가 미처 생각하지 못한 지점들을 고심하고 있었던 게야. 그래서 더더욱 후회스럽네. 혁명의 전망이 어떤지, 왜 내게 해탈을 물었는지 생전의 자네와 깊이 토론하지 않은 것을.

뒤늦게 자네의 인생을 기록하는 이 작품을 쓰면서 어렴풋이나마 조금씩 자네의 슬픔, 수염 깎은 맑스의 고뇌를 깨닫게 되더군.

그래서인가. 자연과 변증법의 관계를 스무 해 가까이 탐색한 글을 나는 아직도 완성하지 못하고 있다네. 원고를 마무리 지어야 할 때에 사실상 버려두고 있지. 변증법으로 본 자연의 기본 법칙을 대립물의 통일과 투쟁 법칙, 양질 전화의 법칙, 부정의 부정 법칙으로 정식화해보았지만 자연은 그보다 더 넓고 깊다는 생각이 자꾸 드는구면.*

자네가 지병과 고투를 벌이던 그때, 그 빌어먹을 운명의 여신은 최후의 일격을 가할 채비를 하고 있었더군. 맏딸의 건강이 자네보다 빠르게 악화된 걸세. 담당 의사가 아픈 원인을 잘 모르겠다고 해서 라파르그가 직접 처형을 진찰했지. "곧 좋아질 것이라는 제부의 말에 안심이 된다"고 예니헨이 내게 편지를 보내왔어. 하지만 그 편지를 띄운 다음 날, 1883년 1월 11일 예니헨이 숨을 거뒀네.

내 권고로 와이트섬에 머물던 자네에게 그 소식을 전하러 투시가 찾아갔을 때, 아비는 절망으로 굳어진 막내의 얼굴만 보고 단숨에 이유를 알아채며 개탄했다지.

---

* 엥겔스는 결국 1873년부터 '자연의 변증법'이라는 주제로 써온 원고를 완성하지 못한다. 그가 남긴 유고를 정리해 소련공산당이 1925년 《변증법과 자연》이라는 제목으로 처음 출간했고, 책 이름은 곧 《자연변증법》으로 굳어졌다.

"큰언니에게 일이 생긴 거니?"

비보를 들은 자네는 투시를 곧장 프랑스로 보냈어. 아이들을 보살피라는 거였지. 투시는 아버지 곁에 남겠다고 우겼지만 떠나야 했어.

나는 다시 예니헨의 조사를 썼다네.

"노동인들은 그녀를 잃음으로써 한 명의 용감한 투사도 잃었습니다. 그렇지만 그녀의 죽음으로 슬픔에 젖어 있는 아버지는 적어도 유럽과 미국에서 수십 만의 노동인이 그 슬픔을 함께하고 있다는 사실에 위안을 얻을 것입니다."

온 세계에서 위로 편지가 쏟아졌어. 나는 자네가 답장을 쓰기에는 몸이 너무 아프다며 대신 답장을 썼지.

예니에 이은 예니헨의 죽음은 그대에게 결정적이었어. 물론, 님도 나도 귀하 곁에 머물렀지만 자네가 다시 삶에 의욕을 갖도록 만들 순 없었지.

잠 못 이루는 자네의 책상에는 소설이 쌓여갔어. 가깝던 동지들조차 잘 몰랐지만 자네는 영원한 문학청년이었잖은가. 대학 시절에 소설을 습작했지만 혁명을 연구하고 실천에 나선 이후에는 소설을 쓰지 못했지. 그런데 자네의 파란만장한 삶 자체가 한 편의 장편소설이라는 생각이 자꾸 드는구먼. 그러니까 그대는 실제 삶으로 소설을 쓴 걸세.

23. 아직은 쌀쌀한 봄날의 고요한 최후

님이 훌륭한 요리 솜씨로 최선을 다했음에도 자네의 식욕은 돌아오지 않았지. 맏딸이 죽은 뒤 만성적인 호흡 곤란도 무장 심해지더군. 겨울 내내 님이 얼마나 눈물을 흘렸는지 귀하는 모를 거야.

1883년 3월 14일 꽃샘추위가 몰아친 날이었지. 나는 옷깃을 세우고 언제나 그랬듯이 오후 일찍 집을 나서 자네 집으로 터덜터덜 걸어갔다네. 자네 집으로 갈 때면 혹 커튼이 쳐진 상갓집을 보게 될까 봐 두려워 길모퉁이 돌기를 주저했던 나날이었지.

오후 두 시 삼십 분 문을 열어주는 님의 눈이 온통 빨갛게 젖어 있더군. 황급히 무슨 일이냐고 묻자 출혈이 조금 있었을 뿐인데 갑자기 자네가 혼수상태에 빠졌다고 답했어. 내가 들어서자 님은 위층 서재에 올라가보더니 다시 내려와 낮은 목소리로 소곤소곤 말했어.

"살살 따라오세요, 반쯤 잠들었어요."

서재로 님을 따라 발맘발맘 올라갔다네. 오랜 가사 노동으로 굽은 님의 어깨가 더없이 애처롭더군.

우리가 다가갔을 때 자네는 흔들의자에서 잠들어 있었지. 책상 의자에 앉아 기다리려고 자네 옆을 살금살금 걸어가는데 가슴으로 냉기가 칼날처럼 파고들더군. 바로 자네를 살폈지. 예감대로 깊숙이 잠들었지 뭔가, 다시는 깨어날 수 없는 영원한 휴식으로. 님이 서재를 오간 그 짧은 순간에 맥박도 호흡도 멎은 거라네. 아무 고통 없이 고요하게.

나는 자네의 죽음이 삶의 행적 못지않게 '칼 맑스의 위업'을 알리는 계기가 되리라며 애써 치솟는 울음을 삼켰네. 자네 몸이 싸늘하게 굳을 때 조문 온 사람들에게 분연히 선언했어.

"이 사람을 보시오. 우리가 지금의 우리가 된 것은 바로 이 사람 덕분이오. 노동인 운동이 지금과 같은 발전을 이룬 것도 이 사람의 이론적·실천적 활동이 있었기에 가능했소. 이 사람에게는 우리가 여전히 엄청난 혼란에 빠져 있는 것으로 보일 것이오."

이어 동지들에게 편지를 썼어.

"인류는 이 지성을 잃고 더욱 불행해졌습니다. 그는 실로 오늘날 인류가 자랑스럽게 여길 만한 최고의 지성이었습니다. 노동인 운동은 자신의 경로를 계속 나아갈 것이나 구심점을 잃었습니다. 궁극적인 승리는 여전히 변함없는 사실이지만 일시적인 후퇴나 지역적 탈선은 그 어느 때보다도 심각한 상황입니다. 이제 우리가 그 일을 맡아야 합니다. 우리의 존재 이유에 달리 무엇이 있을까요."

오열하는 님과 함께 장례식을 준비했다네. 자네는 병석에서 이미 저승으로 간 세 사람의 사진을 자주 들여다보았지. 예니, 예니헨 그리고 작고 얇은 액자에 담긴 중년의 남자 사진이었어. 궁금해하는 내게 님이 자네의 아버지라고 일러주더군.

관 속에 사진을 넣어주자는 님의 말에 나는 액자를 벗기려 했어. 하지만 님이 깜짝 놀라더군. 님은 액자 그대로 넣자고 고집했지. 당황해하는 모습을 의아하게 바라보자 님은 내 옆에 바투서서 액자 속 아버지 사진 밑에 귀하가 또 다른 사진을 넣어두고 지냈다며 사진을 꺼내 보여주더군. 아, 자네 아들 프레디의 사진이었어. 그 사진을 보여주던 님의 눈빛이 빛났지.

나는 그 순간 내가 모르고 있던 세계가 자네에게 있었다는 사실을, 그리고 그 당연했을 세계를 왜 내가 간과하고 있었는가를 뒤늦게 깨닫고 지난날을 반추해보았다네. 혹시 님이 귀하의 관에 넣어주려고 액자를 열어 자네 아버지 사진에 아들 사진을 겹쳐놓은 게 아닌가 의심도 했지. 하지만 님이 내게 거짓말을 할 여인은 아니잖은가. 하물며 자네 뜻에 어긋나게 말일세.

긴 추억에 잠겨 귀하를 회상하다가 밤이 깊어질 무렵에 장례식에서 읽을 조사를 쓰기 시작했네.

"3월 14일 오후 두 시 사십오 분 우리 시대의 가장 위대한 사상가는 생각하기를 멈추었습니다. 그를 혼자 둔 지 이 분도 채 안 되어 우리가 방으로 들어갔을 때 그는 이미 고요히 그러나 영원히 잠들었습니다. 유럽과 미국의 전투적인 노동인들과 역사의 과학에게 이 사람의 죽음은 헤아릴 수 없는 손실입니다. 얼마 안 가 우리는 거인의 죽음으로 인한 빈틈을 느끼게 될 것입니다.

다윈이 생물계가 발전하는 법칙을 발견한 것과 같이 맑스는 인류 역사가 발전하는 법칙을 발견했습니다. 그것은 최근에 이르기까지 겹겹의 이데올로기에 가려져 있던 다음과 같은 간단한 사실입니다. 곧 사람은 정치·과학·예술·종교 등등에 종사할 수 있기 전에 우선 먹고 마시고 집을 가지고 옷을 입어야 하며, 그러므로 물질적 생활 수단의 생산, 어떤 민족 또는 시대의 경제 발전 단계가 토대이고 그 토대로부터 그 시대 사람들의 국가기구·법률·사상·예술 그리고 심지어는 종교 관념이 발전하는 것이며, 그렇기 때문에 이러한 것들은 그 토대에서 설명되어야 하며 종래와 같이 거꾸로 되어서는 안 된다는 것입니다.

그뿐만 아니라 맑스는 또한 오늘날의 자본주의적 생산 방식과 그 소산인 상공업자들이 주도하는 사회의 특수한 운동법칙도 발견했습니다. 잉여가치의 발견과 함께 이 분야는 단숨에 명백해졌는데, 자본주의 경제학자나 사회주의 평론가들의 종래 모든 연구는 어둠 속을 헤매고 있었던 것입니다. 한평생에 이러한 발견을 둘만 하면 충분할 것입니다. 이러한 발견을 하나만이라도 할 수 있는 사람은 행복할 것입니다. 그러나 맑스는 그가 연구한 모든 분야에서, 심지어 수학 분야에서도 독자적 발견을 했습니다. 이러한 분야는 매우 많았으며 또 어느 하나도 피상적으로 연구한 것은 없었습니다.

이런 사람이야말로 과학자*입니다. 그러나 이는 맑스의 진면목의 일부에 지나지 않습니다. 맑스는 과학을 역사를 추동하는

---

*   '과학자'의 영어 원문은 'the man of science.'

혁명적인 힘으로 보았습니다. 현실에 응용이 될 수 있을지 아직 예견할 수도 없는, 어떤 이론과학상의 새로운 발견이 있을 때마다 그는 기뻐했지만 산업에 대하여, 역사 발전 일반에 대하여 즉시 혁명적 영향을 주는 발견이 문제될 때에 그의 기쁨은 아주 각별했습니다. 예컨대 그는 전기 분야에서 이루어진 진전과, 최근에는 마르셀 드프레즈*의 발견을 세심하게 연구했습니다.

맑스는 무엇보다도 혁명가입니다. 자본주의 사회와 그 사회에 의하여 만들어진 국가기구의 변혁에 참가하는 것, 현대 노동인의 해방을 위해 일하는 것―이것이야말로 참으로 그의 평생의 사명이었습니다.

현대 노동인에게 처음으로 그들 자신의 처지와 요구를 자각하게 하고 그들의 해방 조건을 자각하게 한 사람이 바로 그였습니다. 투쟁은 그의 본령이었습니다. 그리고 그처럼 열정적으로 굳세게 또 성과적으로 투쟁한 사람은 드뭅니다. 1842년 최초의 《라인신문》, 1844년 파리의 《전진》, 1847년의 《독일-브뤼셀 신문》, 1848~1849년의 《새라인신문》, 1851~1862년의 《뉴욕데일리트리뷴》, 그리고 그밖의 수많은 투쟁적 매체의 필자로서 파리·브뤼셀·런던의 단체에 들어가 활동했고, 끝으로 이 모든 것

---

* 마르셀 드프레즈Marcel Deprez, 1843~1918는 프랑스 전기공학자로 1882년 독일의 뮌헨 전기기술 박람회에서 뮌헨에서 미스바흐에 이르는 57킬로미터에 걸쳐 장거리 전력 수송에 최초로 성공했다.

의 절정으로서 위대한 국제노동인연합을 창설—실로 이 국제노동인연합의 창설은 창립했다는 그 자체만으로도 자랑스런 일입니다—했습니다.

바로 그렇기 때문에 맑스는 그 누구보다 더 증오를 받았으며 그 누구보다 더 비방을 받은 사람이었습니다. 전제 정부건 공화 정부건 간에 정부는 그를 추방했고 보수적 상공업자든 민주적 상공업자든 간에 앞다투어 그에게 비방과 저주를 퍼부었습니다. 맑스는 이 모든 것을 쓰레기처럼 쓸어버리고 무시했으며 대답은 극히 필요한 경우에만 했습니다. 그는 시베리아의 광산에서 캘리포니아에 이르기까지 온 유럽과 미국에 사는 수백만 혁명적 전우의 존경과 사랑과 애도 속에 이 세상을 떠났으니 저는 감히 말할 수 있습니다—그에게는 수많은 적이 있었으나 개인적 원한을 가진 사람은 단 한 사람도 없었을 것이라고. 그의 이름도 그의 위업도 영구 불멸하리라!"

나는 이 조사를 1883년 3월 17일 열린 장례식에서 또박또박 영어로 읽었지. 이어 우리의 친구 리프크네히트가 독일 사회민주당의 대표자로서 추도사를 독일어로 낭독했네.

"나는 잊을 수 없는 스승이자 충실한 동지에게 사랑과 감사를 표하기 위해 독일의 심장부에서 왔습니다. 칼 맑스의 위대한 동지들은 그를 이 나라에서 가장 증오받는 사람이라고 말했습니다. 이는 진실입니다. 그는 가장 증오받는 사람이지만 또한 가장 사랑받는 사람이기도 했습니다. 민중의 압제자와 착취자로부터는 가장 증오를 받고, 압제받고 착취받는 사람들이 자신의 처지를 의식하는 만큼 가장 사랑했던 사람입니다. 압제받고 착취받는 민중은 맑스가 그들을 사랑했기에 그를 사랑했습니다. 우리가 그 상실을 애통해하는 고인은 그가 증오받는 만큼 그의 사랑으로 위대했습니다. 그가 증오받았던 것은 그가 사랑받는 원천이었습니다. 그는 위대한 영혼이었던 만큼 위대한 양심이었습니다.

맑스가 노동인과 그들의 정당을 공리공론에서 해방시키고 그들에게 아무것도 흔들 수 없는 과학의 튼튼한 기초를 제공했다는 것은 틀림없이 그의 불멸의 공적이 될 것입니다.

우리가 맑스에게 빚진 과학의 기초는 우리가 적들의 모든 공격을 격퇴할 수 있게 하고 우리가 떠맡은 싸움을 언제나 커져가는 힘과 함께 지속할 수 있게 합니다. 맑스는 사회민주주의를 분파와 학파에서 정당으로 변화시켰는데, 그 정당은 이제 기세가 꺾이지 않은 채 싸우고 있으며 기필코 승리할 것입니다.

그리고 이는 오직 우리 독일인에게만 해당되는 것이 아닙니다. 맑스는 모든 노동계급에 속해 있습니다. 맑스의 인생은 모든 나라의 노동계급에 헌정되었습니다. 추모하는 대신에, 고인이 된 그 위대한 사람의 정신으로 행동하고, 그의 가르침을 실현하기 위해 전력을 다해 싸우고, 그가 싸워왔던 것들이 가능한 한 빨리 실천되도록 합시다. 이것이야말로 맑스의 기억을 명예롭게 하는 가장 좋은 방법입니다."

사위 롱게가 프랑스 노동당의 추도사를 프랑스어로 읽었네. 이어 그대의 관을 평생의 아름다운 반려 예니가 영면한 곳에 묻었지.

그대의 사망 소식을 가장 먼저 전한 언론은 《로이터》였어. 그러나 생전 자네에 대한 대부분의 언론 보도가 그러했듯이, 사망 기사도 부정확했더군. 자네가 프랑스에서 사망했다나?

십이 년 전 파리공동체 사건 직후에 자네 이름이 신문 1면을 장식했었지. 하지만 저들에게 사망 소식은 언급할 가치가 없었을까. 대다수 언론이 침묵했어.* 몸과 함께 자네의 사상마저 사라지지 않도록 할 임무가 내게 주어진 걸세. 나는 내게 주어진 그 잔을 기꺼이 마시기로 했네.

24. 내 곁에 온 파란 제비꽃

"칼 맑스와 프리드리히 엥겔스의 우정이 남녀 사이의 사랑을

---

* 영어, 독일어, 프랑스어로 거행된 칼 맑스의 장례식 기사와 추도사 내용은 독일 사회민주당 기관지 《사회민주주의자》의 1883년 3월 22일 자에 게재됐다.

뛰어넘었다는 것은 더 말할 필요가 없는 진실이라오. 친구를 잃은 슬픔을 내가 무슨 말로 위로할 수 있겠소. 그저 위로와 애도를 전할 따름이오."

쏟아진 조문 가운데 오랜 동료인 줄리언 하니가 보낸 편지일세. 그대에게 그 대목만은 잔잔하게 들려주고 싶군.

장례를 마치고 돌아와 열한 명의 조문객을 접대하는 내내 런던 경찰이 집 주위를 정기적으로 순찰했네. 슬픔에 잠긴 라우라를 위로하려고 우스개를 던졌지.

"저 바보들은 우리가 다이너마이트를 만들고 있다고 생각하나 봐. 사실 우리는 위스키에 대해 토론하고 있는데 말이야."

하지만 경찰이 옳았어. 자네 서재에서 다이너마이트들이 곰비임비 발견됐지 뭔가. 장례의 충격에서 가까스로 벗어난 님은 서류 더미 속에서 오백 쪽에 이르는 초고를 발견했어.《자본》제2권이었지.

우리는 원고를 다 살펴보기 전에는 공개하지 않기로 했다네. 보름 뒤 님이 제3권의 초안도 발견했지. 자네는 작업이 얼마나 이루어졌는지 우리에게 알리는 것을 삼갔으니 그 정도나 진전된 줄은 나조차 모르고 있었다네. 예니가 세상을 뜨기 전까지 그 원고를 쓰느라 자네 생명의 불꽃을 아낌없이 태운 거였어.

아직 문체가 거칠고 서로 어긋나는 표현들도 보였기에 도저히 그 상태로 출간할 수는 없었지. 그렇다고 먼지만 쌓이게 둘 수는 없는 일 아닌가. 동지들의 의견에 따라 나는 투시와 함께 자네 저작물의 공동 집행인으로 지명됐다네.

하지만 무대 뒤에서 결정적인 집행은 님이 했지. 님의 도움 또는 감독을 받아 수첩과 공책, 원고 더미, 편지, 신문이 담긴 상자들을 뒤지며 정리해갔네. 서재에서 자네의 손때 묻은 자료들을 정리하다 보니 즐거웠던 시간들이 사무치더군.

서재 카펫에 X자 모양으로 난 길을 볼 때마다 심장이 저려왔다네. 그대와 나는 카펫 위를 한쪽 구석에서 반대편 구석으로 끝없이 오갔지. 서로 골똘히 생각하며 오가다가 얼굴이 마주치면 나는 함박웃음을 터뜨렸고, 자네는 미소를 지었잖은가.

그 넉넉한 미소를 떠올리며 자네가 자신의 생각을 책 여백에 적어둔 것도 꼼꼼히 살폈어. 그런데 투시는 나와 리지에 대한 험담이 있을까 싶어서였는지 가족 사이의 편지들은 반드시 자기가 미리 보거나 내가 보지 못하도록 애쓰더군.

궁금했지만, 어떤 내용일까 굳이 알려고 하지 않았다네. 내게 남은 인생을 조금이라도 암울에 가두고 싶지 않았거든. 게다가 그럴 만한 여유도 없었어. 슬픔도 슬픔이려니와 다양한 단계의 완성도를 지닌 수천 쪽의 원고들을 발견했으니 말일세.

방대한 양에 당혹스럽지 않았다면 거짓일 거야. 하지만 기쁨이 더 컸어. 친구와 다시 공동 작업을 시작한 느낌이 들었거든.

님이 내 마음을 읽었을까. 서재로 차를 자주 내오면서 자네의 유고를 정리하는 작업은 "사랑의 노동"이라고 격려해주더군. 참 적확한 지적이었지. 서재에서 함께 일할수록 님의 지성이 새롭게 다가왔다네.

귀하 곁을 줄곧 지켜온 님 자신이 어느 시점인가부터 이미 훌륭한 노동운동가로 활동해왔다는 진실을 비로소 발견했지. 자네도 미처 몰랐을 걸세.

그대가 떠난 빈집에 이윽고 님이 홀로 남게 되더군. 투시가 1883년 9월 독립해 나갔거든. 님이 얼마나 귀하를 사랑했는가는 굳이 말할 필요가 없을 거야. 누구보다 자네가 잘 알고 있었을 테니까.

망설이던 님은 결국 내 집으로 들어왔다네. 내가 요청했을뿐더러 님으로서도 딱히 머물 곳이 없었지. 경제적 이유일세. 자네에게 허락을 받아야 할 성격의 일이었지만 어쩔 수 없었지. 다만, 자네도 선선히 동의했으리라 믿네. 리지가 떠나고 남아 있던 조카조차 결혼해 나간 뒤 우리 집도 비어 있었어. 님은 자네의 서재를 우리 집으로 고스란히 옮겨왔지.

님에 대한 내 감정을 자네도 나중에는 조금 눈치 챘으리라 짐작하네. 자네 집에서 처음 님을 보았을 때, 저절로 하이네의 시가 떠오르더군. 당시 우리는 모두 이십 대 중반이었지.

파란 제비꽃 눈동자
두 볼은 새빨간 장미
작은 손은 하얀 백합
피고 또 피는구나

님이 딱 그랬다네. 푸른 눈에 언제나 뺨이 붉었어. 가사를 전부 도맡았던 손은 의외로 작았지. 귀족이나 상공업자의 딸들과는 다른 싱그러운 분위기가 육감적인 몸 전체에서 물씬 풍겼어.

군이 구분하자면 에니는 고귀했던 만큼 귀족의 습속을 벗지 못했고 메리는 몸과 마음 두루 튼실했지만 문맹의 틀에서 벗어나지 못했지. 민중의 딸, 님은 읽고 쓸 수 있었어. 에니와 메리의 중간, 또는 장점을 두루 갖췄다고 할까.

여기서 내가 메리나 리지보다 님에게 더 눈독을 들였다고 예단해 들끓을 악머구리를 위해 적어두려네. 나는 메리, 리지, 님을 모두 사랑했어. 메리, 리지와는 투박하고 농익은 사랑을, 님과는 오랜 연정이 배어든 은은한 사랑을 나누었네. 그 사랑의 높낮이를 비교하는 장난은 연애의 풋내기들에게 맡겨둠세. 내 인생의 청년기·장년기·노년기를 함께한 메리와 리지, 님에게 나는 각각 최선을 다해 사랑을 주었을 따름이라네.

님은 자네 집을 찾아오는 젊은 동지들에게 숱한 구애를 받았지. 그때마다 단호히 거절하더군. 자네 가족을 선택했고, 가족처럼 대우받았지. 그 배려에 님은 헌신으로 보답했어.

사실 님이 숱한 구애를 거부한 더 구체적이고 결정적인 까닭은 귀하가 가장 잘 알 걸세. 님의 가슴속에 이미 한 사람이 깊숙이 들어와 있었으니까.

그 한 사람과의 관계는 독특했지. 어린 시절부터 모셨던 '아씨'의 남편이었다네. 아씨와 남편은 사랑이 깊어 감히 누가 끼

어들 여지가 없었지. 그런데 님이 그 남편과 사랑을 나눈 사건
이 일어난 거야.

당시 님은 아씨보다 어렸지만 자네 집안에서 '독재자'—그렇
게 부른 것은 다름 아닌 자네였지—로서 유감없이 '권력'을 행
사했어. 종종 극단적이었던 자네와 예니의 감정을 차분히 가라
앉게 하는 마술도 부렸잖은가.

님과 자네가 사랑을 나눌 때 예니는 친정으로 떠나 있었고,
나 또한 맨체스터의 거북한 곳간에 수감될 채비를 하고 있었지.
자네 홀로 외로웠을 거야. 어쩌면 예니의 '믿음'처럼 자네와 님
이 평소처럼 단 둘이 술잔을 나누다가 일어난 우발적 사건일 수
있겠지.

그런데 나는—주관적 직관이고 그래서 기록하기를 여태 망설
여왔지만—자네가 예니 못지않게 님을 사랑하고 있음을 그 이
전부터 알고 있었다네. 하지만 님에게는 그 어떤 사랑의 표현도
할 수 없었지. 그것이 은밀하면 은밀할수록 사랑은 더 깊어지지
않았을까 싶군.

일하느라 분주한 님을 때때로 귀하가 애처롭게 바라볼 때면
하이네의 시가 떠올랐지. 아마도 시 표제가 마음에 들어 그랬는
지도 모르겠네. 자네도 〈내 소중한 친구여〉라는 시 알 거야.

내 소중한 친구여, 너 사랑에 빠졌구나
새로운 고통에 시달리고 있구나

네 머릿속은 갈수록 어두워지고
네 가슴속은 갈수록 환해지겠지

내 소중한 친구여, 너 사랑에 빠졌구나
네가 그것을 설사 고백하지 않아도
심장의 불길이 벌써 네 조끼 사이로
훨훨 타오르는 것이 보이는구나

여기서 어떻게 동시에 두 여성을 사랑할 수 있는지 따위를 들
먹이는 신사와 숙녀들에게는 굳이 대꾸하고 싶지 않다네. 위선
자들과 논쟁하기엔 내게 남은 시간이 너무 아깝거든. 사실관계
를 그냥 증언해둘 따름이지.

물론, 얼마든지 그 역도 가능해. 정갈한 여성도 얼마든지 두
남성을 사랑할 수 있지. 나야 일부일처제의 문제점을 내놓고 지
적해온 사람 아닌가.

혹 오해할 사람들을 위해 간명하게 밝혀두고 싶군. 나는 상공
업자가 주도하는 자본주의 사회에서 일부일처제는 경제적 여유
가 있는 자들이 주로 누리는 매매춘이나 간통에 의해 뒷받침되
고 있다고 생각하네.

개인적 성애의 발전은 문명기의 성과지만, 상공업자들의 단
혼제도는 결정적으로 경제적 요인, 재산의 제약 아래에 놓여 있
지. 성애 이외의 요소가 사랑을 규정하고 있는 걸세.

그건 옳지 않잖은가. 깨끗한 세대들이 순수하게 애정만으로 맺어질 때 비로소 성의 평등이 진정으로 실현되겠지. 새로운 사회에서는 마음 놓고 사랑할 수 있어야 할지라.

어쨌든 나는 귀하의 간절한 요청으로 님이 낳은 아들, 프레디의 아버지로 덤터기를 써야 했네. 프레디가 내 아들이라는 '해명'을 예니는 짐짓 받아들이는 것처럼 보였지만, 자네와의 사랑에 금이 갈 수도 있을 만큼 큰 충격을 받았을 거야. 예니는 "1851년 초여름 내가 여기서 자세히 언급하고 싶지 않은 사건이 일어났다"라는 기록을 남겼지. 절제된 글이었지만 기록을 남기길 잊지 않은 것은 분명 절제하는 동시에 자네를 고발한 걸세.

프레디의 양육을 맡은 부모는 소호와 비교해서도 훨씬 가난하기로 유명한 이스트런던에 거주했지. 님은 자네 집에 머물기로 했어. 자네와 예니, 님 세 사람 사이가 파국을 맞기에는 너무 긴밀했다는 말로 다 설명될 수 있을까. 이제 나는 회의적이네.

예니의 가슴속은 시커멓게 피멍이 들지 않았을까. 그렇다면 님은? 경제적으로 어려운 상황에서도 돈을 아끼지 않은 부모 덕분에 귀하와 예니의 딸들은 셰익스피어 연극을 관람하고 공원에서 주말 피크닉을 즐겼지. 무엇보다 늘 아버지의 속 깊은 사랑을 받았어. 그 정경을 지켜보며 말없이 모든 가사 노동을 성실하게 수행한 님의 가슴은 새까만 숯이 되지 않았을까.

프레디는 의젓하게 컸네. 넓은 이마, 다부진 코, 듬직한 가슴, 검은 머리칼 하나하나가 누가 뭐래도 자네의 아들임을 선언하고 있었지. 프레디는 재단사와 선반공 일을 하면서 노동인으로 살았고 노동조합에도 들어갔어.* 나중에 들었는데 귀하와 내 사진을 집 안에 걸어놓았다고 하더군.

자네가 떠나고 님이 우리 집으로 들어왔을 때, 이미 결혼한 프레디는 아들 해리를 데리고 종종 찾아왔네. 해리, 자네 손자일세. 얼마나 또랑또랑 귀여운지 몰라. 자네가 녀석을 보았다면 흠뻑 빠졌을 거야. 거의 일주일에 한 번꼴로 프레디가 님을 보러 오더군. 품성이 선한 게지. 언젠가부터 나는 슬그머니 자리를 피해주었다네. 해리를 안아주지 못해 아쉬웠지만 말일세.

님과 프레디는 오붓하게 저녁 식사를 하며 귀하에 대한 추억을 도란도란 나누었을 거야. 무슈가 일찍 죽어 늘 허전해하던 자네에게 이런 말들이 위로가 되었으면 싶으이.

자네가 세상을 뜬 그해 가을, 《자본》 인세가 출판 십육 년 만에 처음으로 도착했다네. 나는 출판사에게서 받은 십이 파운드를 삼등분해 투시, 라우라, 그리고 롱게의 아이들에게 나누어주었어. 액수는 보잘것없었지. 하지만 모두 기쁜 마음으로 받았어. 그 상징적 의미가 얼마나 큰가. 모두들 돈에 쪼들리는 생활을 하고 있었기에 금전적 가치가 아주 없었다고 볼 수도 없네. 딸들과 손주에게 좋은 선물이 되었을 걸세.

---

* 프레디가 훗날 영국 노동당의 지역 당원으로도 활동했다는 기록이 남아 있다.

이듬해인 1884년 3월 자네의 1주기 추모 행사는 '파리공동체'의 열세 돌 기념식과 함께 치렀어. 일 년 전 장례식에는 열두 명이 둘러섰지만, 이번에는 육천여 명이 붉은 띠를 두르고 자네가 처음 런던에 망명해 살았던 소호에서 공동묘지인 하이게이트까지 씨익씨익 행진했지. 독일, 프랑스 대표단도 있었지만 대부분 영국인이었어. 극적인 변화 아닌가. 자네가 사귄 영국인은 평생 손에 꼽을 정도로 적었잖은가.

영국과 프랑스, 독일에서 노동인 정당과 정파들이 곰비임비 생겨났어. 그들끼리 서로 다투는 일도 늘어나기 시작했지. 나도 어느새 늙었더군. 그들을 하나로 모아낼 힘과 의지 모두 부족했다네.

자네가 살아 있었다면 그 문제를 해결한 이론적·실천적 작업에 뛰어들었겠지. 아니, 어쩌면 자네는 그런 모습을 훤히 들여다보았기에 생의 마지막 그토록 슬픈 현인이었던 건가.

아무튼 행동주의자를 자처했던 '장군'이 어느새 변했더군. 내가 운동에 기여할 수 있는 최선의 길은 가능한 한 많이 그리고 빨리 자네의 유고를 출판하는 일이라고 믿었어.

이윽고 1885년 1월에 《자본》 제2권의 원고를 출판사에 넘겼지. 완성된 원고 두 개와 불완전한 글 여섯 개, 그 밖에 뒤엉킨 글들을 엮어서 의미가 통하도록 편집하는 일에 꼬박 일 년 반이 걸렸다네. 그 사이에 몸져눕기도 했어.

그뿐이 아니었네. 《자본》 제1권의 영어 번역과 제3권 작업도 시작했어. 자네와 나의 초기 저작들의 프랑스어·이탈리아어·덴마크어·영어판 개정 작업도 수행했지. 그래, 친구. 자네에게 수줍게 전하는 활동 보고라네. 못다 한 우정에 위로받고 싶은 게지.

25. 부활한 내 친구를 만나려면

유고. 그러니까 자네의 분신인 《자본》 제2권과 제3권을 정리하면서 내 친구가 혁명의 이론적 무기를 얼마나 잘 벼려왔는지를 절감했다네.

실은 그래서 자네가 사실상 집필을 중단하며 출간을 단념한 까닭이 무엇인가를 짚어보게 되더군. 그 의문은 아무래도 내가 죽을 때까지 확연히 풀지 못할 것 같아. 귀하가 수염을 깎았다는 수수께끼와 함께 말일세.

그래도 유고 작업을 할 때 육필을 남긴 필자가 언제나 나와 함께 있다는 느낌은 들었어. 《자본》 제2권 서문의 날짜는 자네의 생일인 5월 5일로 썼지. 야생 곰의 뜻에 따라 예니에게 헌정했다네.

세상 이야기도 간단하게 전함세. 우리 노동인들의 정당은 1885년 가을에 독일, 영국, 프랑스에서 치러진 투표로 시험대에 올랐어. 독일의 노동계급은 국회 의석을 스물네 개로 늘렸지. 자네가 눈감은 후 긴 세월이 흐른 것은 아니네만 선거에 대한 인식은 많이 긍정적으로 바뀌었네.

자네 생전에도 이미 노동인들 사이에 선거운동이 벌어졌지. 사회주의자를 탄압해온 비스마르크조차 사회법을 통해 궁핍을 개선함으로써 노동인들을 체제에 포섭하려고 나섰잖은가. 그 결과 노동인의 살림살이가 개선되었네.

만년에 자네는 자본주의가 생각했던 것보다 더 '학습 능력'을 갖췄다고 평가했어. 어찌 보면 우리의 비판을 가장 잘 받아들인 자들이 자본가일지 모른다는 말도 술잔을 나누며 조심스레 꺼냈지. 그 흐름에 맞춰, 또는 맞서서 우리 후배들은 국회로 들어간 걸세. 자네의 사상으로 무장했으니 걱정하진 말게나.

반가운 소식이 더 있다네. 1886년 들어 프랑스, 독일, 영국의 사회주의 정당 지도자들이 국제노동인연합 재건(제2인터내셔널)*을 논의하기 시작했어. 상황이 무르익어 다시 모든 나라의 노동인을 국제조직으로 단합시킬 필요가 있다고 판단한 거야.

유럽의 상공업자 국가들은 제국주의라는 거대한 괴물이 되어 세계지도를 분할하느라 분주했어. 상품을 팔 시장과 자원을 확보

---

* 국제노동인연합, 곧 제1인터내셔널은 뉴욕으로 본부를 옮긴 뒤 성명을 발표하는 수준의 활동을 이어가다가 1876년에 필라델피아 회의에서 해산했다.

하는 데 수단과 방법을 가리지 않더라고. 저 야만인들이 말하는 '자원'에는 당연히 사람도 포함되어 있지. 세계시장의 확장과 더불어 기술 개발에도 가속도가 붙어 부의 규모도 크게 늘어났네.

그 자연스러운 결과겠지. 무엇보다 자네가 기다렸을 상황이 전개되고 있다네. 드디어 영국에서도 노동인들이 거리 싸움에 나섰거든. 1887년 11월 실업에 항의하는 아일랜드 노동인들을 지원하자며 런던에서 십만여 명—그중엔 희끗한 님도 푸른 프레디도 있었네—이 시위를 벌였을 때, 자네가 끔찍이 사랑했던 막내딸이 경찰이 휘두른 곤봉에 머리와 팔을 맞고 쓰러졌다네.

얼마나 대견한가. 막내는 체포되었다가 풀려난 뒤 더 정열적으로 행동에 나섰지. 그때까지는 연극배우로서 틈날 때마다 노동인 교육과 조직에 나섰지만 이때부터는 중심 활동을 전투적 저항운동으로 옮겨갔어.

투시는 1889년 3월 가스 노동인들의 투쟁에서도 노동조합의 규약 작성을 도왔고, 8월에는 부두 노동인 파업에 지지 연설자로 나섰지. 부두 노동인들의 파업은 거의 모든 요구를 쟁취해내면서 국제적 주목을 받았다네. 나도 흥분을 누르며 기고했지.

"철저히 짓밟힌 사람들이, 노동인 중에서도 최하층인 그들이, 어중이떠중이들의 오합지졸이었던 그들이, 일자리를 얻으려는 경쟁으로 부두 들머리에서 아침마다 난투극을 벌이던 그들이 하나로 뭉쳐 그 결의로 저 전능한 부두 회사들의 간담을 서늘하게 만들 수 있다면, 우리는 정말 노동계급의 어떤 부분에 대해서도 절망할 이유가 없다.”

나는 “자랑스럽고 살아서 그 모습을 보게 된 것이 기쁠 따름”
이라며 “칼 맑스가 살아서 이 모습을 보았더라면!”이라고 썼지.
노동인들에게 화답하기 위해 영국에서 노동인 정당을 만드는
일이 그 어느 때보다도 중요해졌다고 호소했네.

1889년 7월 14일 파리에서 마침내 국제노동인연합이 재건됐
지. 자네가 엄격히 가르친 사위 라파르그가 실무를 주도했다네.
스무 개 나라에서 사백여 명의 대표가 참석해 규모가 매우 성대
했어. 대회 엿새째에 대표단은 여덟 시간 노동제, 아동 노동의
금지, 여성과 청소년 노동의 규제에 대한 결의안을 채택했지.
또한 노동인을 위한 정치조직의 필요성을 강조했어.

무심한 세월 탓인가. 유고들을 정리해서 출판하고 이미 출간
된 책들의 번역을 감독하는 일이 점점 버거워지더군. 일흔을 앞
두고 다음 세대 가운데 베른슈타인과 카우츠키에게 도움을 요
청했다네. 두 사람 모두 흔쾌히 내 제안을 받아들였지.

독일의 사회주의자들은 1890년에 치러진 선거에서 의석을
서른다섯 개나 차지했어. 이어 5월 1일에는 국제노동인연합의
결정에 따라 노동인 최초의 세계적 시위가 벌어졌지. 런던 집회
에서 라파르그와 투시가 연설했다네. 특히 투시는 부두 노동인
들의 파업 이후 가장 인기 있는 연설자 중 한 사람이 되었어. 자
네 딸답게 셸리의 시를 인용해 연설을 마치더군.

“잠에서 깨어난 사자처럼 일어나라. 잠든 사이 네게 채워진,

그대들을 묶고 있는 사슬을 이슬처럼 털어내라. 그대들은 다수이고, 저들은 한 줌이다."

청중은 환호했어. 다시 자네와 예니 생각이 나더군. 조금만, 눈물의 골짜기에 조금만 더 머물 수 있었다면 얼마나 좋았을까.

독일 총선과 노동인들의 세계적인 시위가 준 감동을 밑절미로 나는 님의 도움을 받으며 《자본》 제3권 작업에 집중했다네. 님은 내가 편히 일할 수 있도록 아낌없이 배려해주었네. 칠 년 넘게 님과 한 지붕 아래 살면서 자네가 그토록 오랜 세월 나름 평화롭게 작업할 수 있었던 것은 바로 님 덕분이었을지 모르겠다는 생각마저 들더군.

사실 자네와 나는 그 여자, 님과 1845년부터 흉금을 터놓은 친구 사이였지. 어쩌면 가족 이상이었을 수도 있어. 일에 대한 열정, 술잔을 나누는 즐거움을 모두 공유했으니 말일세.

어디 그뿐인가. 예전에는 자네 집으로, 자네가 떠난 뒤에는 내 집으로 세계 곳곳에서 찾아오는 망명가, 혁명가, 정치인, 언론인들에게 문을 열어주고 곰살궂게 먹을 것을 챙겨준—경찰 끄나풀 따위에겐 더없이 차가웠던—사람이 바로 님이었지. 정치를 주제로 한 대화에도 참여했고, 손님이 노래를 부르고 싶어 하면 분위기를 맞춰주며 포도주도 끊임없이 내왔어.

님이 살갑게 준비한 크리스마스 파티는 전설로 남았지. 실내를 온통 초록색으로 치장하고 겨우살이 나무를 교묘하게 배치해서 볼 키스 세례를 받지 않고는 아무도 그 사이를 통과할 수 없도록 만들었잖은가. 식탁에는 손수 장만한 맛깔난 음식이 넘쳐났지.

그런데 세계 곳곳에서 노동인들의 전진이 감동을 준 1890년 그해 10월에 님의 건강이 갑자기 악화되었다네. 서둘러 의사를 불렀지. 하지만 님은 의사에게 세밀하게 진찰받기를 거부하더군. 의사는 패혈증을 우려하며 떠나갔어. 님은 기운은 없지만 또렷하게 말했어.

"저, 살 만큼 살았어요. 새파란 나이에 생명을 잃은 동지들을 생각하면 정말 오래오래 산 거잖아요. 더구나 늘 존경하던 칼과 살았고 그분이 가신 뒤로는 늘 감사했던 분과 살았으니 얼마나 행복한 여자인가요."

"님, 굳이 칼을 존경했다고 표현하지 않아도 됩니다. 사랑했다고 말해도 괜찮아요."

잠깐 내 눈을 바라보던 님의 파란 제비꽃에서 샘물이 방울방울 올라오더군. 하지만 목소리는 담담했어.

"그래도 될까요. 좋아요. 늘 사랑하던 칼과 같은 지붕 아래 살아 행복했어요. 이 집에서 당신과 함께 칠 년 넘도록 살아온 세월도 그랬고요. 감사합니다."

"이런, 님. 그건 아니죠. 칼도, 저도, 그리고 예니조차 당신의 헌신에 감사해야 마땅합니다. 사회를 떠받치고 있는 토대가 경제이듯 님은 칼 가족의 튼튼한 기반이었지요. 더구나 당신은 우리 모두에게 웅숭깊은 민중의 사랑이 얼마나 다사로운가를 온

몸으로 느끼게 해주었습니다. 메리도 리지도 당신을 손경했답니다. 당신이 있었기에 칼도, 에니도 자기 길을 걸어갈 수 있었어요. 저도 그래요. 당신이 없었다면 칼의 유고 작업은 아무런 진척이 없었을 겁니다."

"당신은 늘 친절하고 따뜻했어요. 하나만 당부 드려도 될까요?"

"얼마든지요."

"에니가 말했던가요, 인생은 눈물의 골짜기라고. 막상 떠나려 하니 아들이 눈에 밟혀요. 홀로 남아 외로울 것 같거든요. 당신도 아시다시피 그 아이는 칼의 아들이기도 하잖아요? 혹 힘들어한다면 잘 이끌어주시길 부탁드려요."

"님, 걱정 마세요. 프레디가 누구인가요. 님과 칼의 아들인데요. 지금처럼 씩씩하게 자기 길을 걸어갈 겁니다."

"그렇죠? 그분도 내심 미더워했답니다."

"프레디가 칼의 딸들과 소통하며 살아가게 할게요. 약속합니다."

"아, 그렇게 해주신다면 제가 무엇을 더 바라겠어요. 정말 감사합니다."

파란 눈에선 끝내 이슬이 주르르 흘러내렸네. 다음 날, 님은 내 곁을 떠나 다시 귀하 곁으로 갔어. 아들 프레디와 나, 투시가 임종을 지켰지.

님은 작은 한 손으로는 투시의 손을, 다른 한 손으로는 프레디의 손을 잡은 채 미소를 머금고 눈을 감았어. 투시에게 차마 말은 못 했지만 둘이 남매 사이임을 일러주고 싶었을 게야.

님을 자네와 예니가 묻힌 곳에 함께 묻어주면서 나는 다시 조사를 읽어야 했지.

"우리는 그녀가 칼 맑스와 그의 가족에게 어떤 존재였는지 측량할 수도 말로 표현할 수도 없습니다."

애써 참았지만 그 대목에서 끝내 목이 메었네. 어쩐지 너무나 서럽더군. 님이 남긴 작은 재산은 프레디가 물려받았어. 슬픔에 잠긴 나는 조문객들에게 가까스로 말했다네. 마음씨 좋고 아름답고 헌신적이었던 여인이 이 세상을 떠났다고.

노동인의 자기해방이라는 사상이 싹틀 때부터 님은 언제나 우리 곁을 지켜온 동지이자 가사 노동으로 평생을 살았던 프롤레타리아트의 전형이었어.

님은 이따금 책상 앞에 앉아 무엇인가를 기록했지. 생명이 마지막 불꽃을 태우던 시기에는 더 자주 그랬다네. 사후에 책상을 정리하다가 님이 써놓은 원고를 발견했지. 님과 자네, 프레디의 내밀한 관계를 정리해두었더군. 처음 읽으며 들었던 당혹감은 시나브로 사라지고 내 친구의 성품이 친밀하게 다가왔지.

님의 기록에 따르면 자네는 아들에게 무심하지 않았더군. 아들이 건강한 노동인, 새로운 사회의 주체로 커가기를 바랐더구먼. 하긴 자기 합리화에 능한 먹물 따위로 평생을 사는 것은 얼마나 큰 삶의 낭비인가. 자네는 처음부터 가사 노동에 최선을 다한 님을 하녀가 아닌 가족의 구성원이자 튼실한 노동인으로 여기고 그렇게 대했더군.

자네 아들 프레디를 불러 님이 남긴 원고를 건넸네. 서둘러 들머리를 읽어보던 프레디는 돌아가시기 전에 어머니가 깨끗이 정서해서 준 원고와 내용이 같다고 하더군. 그 기록이 어디까지 진실인지, 혹 버림받았다는 상처를 지닌 아들에게 삶의 용기를 주려고 일부 각색을 했는지는 나도 모르겠네.

다만, 자네가 예니 못지않게 님을 사랑했음을 새삼 확인할 수는 있었지. 귀하가 어느 정도 눈대중했겠지만, 나는 가슴 한 곳에서 늘 그대가 님과 프레디에게 지나치게 냉담하다고 판단해 그것이 자네의 인간적 결함이라고 여겼거든. 하지만 프레디의 사진에 이어 님의 수기를 읽으며 그 생각이 오해였음을 확인했네. 하기야 어쨌든 평생을 님과 한 집에서 살았으니 내가 미처 모르는 숱한 순간과 사연이 얼마나 많았겠는가.

그럼에도 님의 기록을 이 작품에 담지는 않았네. 자네에게 확인할 수 없어서만은 아니라네. 언젠가 누군가가 님의 원고를 온새미로 출간하리라 기대해서라네.* 다만 최소한 자네가 '악마'로서의 고통을 이겨내는 데 님과 프레디가 가장 가까운 노동인

---

*   헬레네 데무트의 수기는 맑스 사망 120주기를 맞아 2003년 서울에서 출간된《유령의 사랑》에 담겨 있다. 당시 신문사 논설위원으로 일하던 한민주가 런던에서 영문 원고의 복사본을 입수했다.

으로서 큰 힘을 주었다는 사실은 기록해두고 싶군.

님은 우리 모두의 젊은 시절 기억을 공유했던 단 한 사람의 생존자였네. 님이 떠나고 이제 나 혼자 남았다는 사실을 뼈저리게 절감하며 문득 남은 생을 어떻게 살아가야 할지 막막하고 먹먹해지더군. 햇살이 들던 집에 어둠이 짙게 깔렸네.

자네의 부활이 아니었다면 그 짙은 어둠에서 벗어날 수 없었을 걸세. 시간이 갈수록 더 많은 공간에서 부활한 자네를 만날 수 있더군. 저 오랜 옛날 예수가 우리 주변의 가장 보잘것없는 사람을 통해 부활을 약속했다면,* 내 친구 칼의 유령은 그 보잘

---

*   이 주장의 근거는 신약성경에서 찾을 수 있다. 예수는 "영원한 생명의 나라"로 보낼 사람들에게 "너희는 내가 굶주렸을 때에 먹을 것을 주었고 목말랐을 때에 마실 것을 주었으며 나그네 되었을 때에 따뜻하게 맞이하였다. 또 헐벗었을 때에 입을 것을 주었으며 병들었을 때에 돌보아주었다"라고 말했다. 그런 일이 없었다고 의아해하는 사람들에게 예수는 "너희가 여기 있는 형제 중에 가장 보잘것없는 사람 하나에게 해준 것이 바로 나에게 해준 것"이라고 말한다. 미심쩍어하는 사람을 위해서일까. "영원히 벌받는 곳"으로 갈 사람들에게도 "너희는 내가 주렸을 때에 먹을 것을 주지 않았고, 목말랐을 때에 마실 것을 주지 않았으며 나그네 되었을 때에 따뜻하게 맞이하지 않았고, 헐벗었을 때에 입을 것을 주지 않았으며, 또 병들었을 때나 감옥에 갇혔을 때에 돌보아주지 않았다"라고 말했다. 그들이 그런 일 없었다고 항변하자 "여기 있는 형제들 중에 가장 보잘것없는 사람 하나에게 해주지 않은 것이 곧 나에게 해주지 않은 것"이라고 강조했다(마태오 25:31~46). 더 상세한 논의는《교양으로 읽는 기독교》를 참고할 수 있다.

것없는 사람들이 싸우는 곳에서 부활하고 있지.

정말이지 나 이미 숱하게 자네를 보았네. 현실 꿰뚫는 새 눈 학습하며 깨쳐가는 노동인들, 정의 평화 넘실대는 새 길 토론으로 열어가는 노동인들, 스스로 해방 이루는 새 삶 사랑으로 실천하는 노동인들 속에 살아 숨 쉬고 있더군.

나도 부활한 친구의 도반으로, 성숙한 노동인들의 미숙한 도반으로 늘 곁에 있고 싶네만 아무래도 과욕이겠지. 다만 술잔과 너털웃음 나누는 노동인들 속에선 나도 한 자리 끼어들 수 있지 않을까.

친구, 이제 곧 만나겠구먼. 조금만 기다리게. 거의 다 왔다네.

에필로그

빛깔 좋은 포도주

친구, 어찌 읽었나. 자네 마음에 들어야 할 텐데 자신이 없네그려. 본디 자네와의 만남 오십 돌을 기념해 1892년 발간할 계획으로 초고를 탈고했네만, 아무래도 부담스러워 출간을 미뤘네. 그간 내가 출간한 책들과 성격이 달라서만은 아닐세. 친구의 모습을 나조차 온전히 전하지 못한다면, 그것이야말로 내가 받을 수 있는 최고의 형벌 아니겠는가.

하이게이트로 거처를 옮긴 자네는, 더 구체적으로 말해 사자 갈기 머리와 흰 수염으로 덮인 자네 얼굴은 온 세계 노동인의 스승, 더 나아가 우상으로 추앙받기 시작했지. 어느 열혈 동지가 자네 별명 '무어'를 언급하는 것은 당을 해하는 행위이므로 금해야 한다고 주장했다는 말을 들었을 때 폭소를 터뜨렸다네. 그는 우리 운동의 전설적인 지도자가 그런 애칭을 가졌다는 사실이 알려지면 권위가 손상될까 봐 우려한 게지.

내가 정색하며 부인한 뒤에도 한사코 '엥겔스 박사님'이라 부르는 동지들이 이즈음엔 고맙기도 하네. 더 늦기 전에 있는 그대로의 자네 모습을 인류의 다음 세대에 증언하러 나서는 데 그만 한 자극은 없었으니 말일세.

친구, 너무 우울해하진 마시게. 그 우스개 삽화들은 어찌 보면 그만큼 우리 운동이 크게 성장했다는 증거이기도 하다네.

1892년 런던의 노동절 시위는 전해보다 규모가 두 배로 커져 하이드파크에 육십만 명이 몰렸어. 나는 결정적 전투를 치를 수 있을 만큼 노동자들이 강력해질 시기가 빠르게 다가오고 있다면서 노병의 전투적 언어는 선거라고 강조했네. 선거 혁명은 폭력 혁명을 부르짖는 것보다 더디고 따분한 일이지만 열매는 더 확실하지 않겠는가. 민중이 그 훌륭한 무기를 활용할 수 있다면 말일세.

노동인들은 의지만 있다면 뭐든지 해낼 걸세. 영국에서도 노동인이 국회에 진출했거든. 1893년에 '생산·분배·교환 수단의 공동 소유와 통제'를 내건 독립노동당을 세웠지.* 여덟 시간 노동제, 아동 노동 철폐, 불로소득 과세로 병자·노인·과부·고아의 생계 보장, 대학까지 무상교육, 전쟁 대신 중재와 군비 축소를 주장하고 있어.

국제노동인연합이 스위스에서 정기대회를 열며 나를 폐막식에 초청했을 때, 연단에 올라가자마자 열여덟 개 나라에서 온

---

* 오늘날의 영국 노동당으로 이어진다. 물론 맑스는 엥겔스가 이 원고에서 지적했듯이 단순한 복지국가를 꿈꾸지 않았다. 신자유주의까지 흡수한 영국 노동당은 맑스와 엥겔스의 이상과 정반대라 할 만큼 멀어졌다.

사백여 명의 대표단에게 기립박수를 받았다네. 나는 연단 뒤에 걸린 흰 수염 초상화를 가리키며 저 친구의 친구로서만 그 박수를 받겠다는 말로 연설을 시작했지. 다시 우레와 같은 박수가 터졌네.

"칼 맑스와 제가 첫 번째 사회주의 글을 발표하며 운동에 나선 지 이제 오십 년이 흘렀습니다. 사회주의는 반세기 전의 작은 서클에서 이제 모든 정부를 떨게 만드는 강력한 당으로 성장했습니다. 우리의 칼 맑스는 세상을 떠났습니다. 하지만 지구 어디서든 단 한 사람이라도 어엿한 자부심으로 그를 돌아볼 수 있는 한 그는 여전히 살아 있는 것입니다."

친구, 나는 그렇게 자네의 부활을 증언했네. 우리 모두의 공통 기반을 넓혀가려는 노력을 쉼 없이 전개하자며 "분파가 되지 않고 공통의 관점을 견지하기 위해 토론과 대화를 통한 자발적인 결속과 자유로운 연대"를 강조했어.

폐막을 선언하자 대표들은 다시 기립박수를 쳤지. 그날 그곳에 그대는 초상화로만 존재한 것이 아니라네. 내 옆은 물론, 참석자들 사이에 힘찬 모습으로 살아 숨 쉬고 있었지.

1894년 5월에 《자본》 제3권 원고를 인쇄업자에게 보냈어. 긴장이 풀려서인지 원고를 보낸 후 이제 나도 늙었다는 진실을 몸으로 확인했네. 한낱 고뿔로 일주일 내내 침대에 누워 지냈거든.

의사가 왕진을 몇 차례 오고 난 뒤에야 겨우 일어날 수 있었어. '장군' 엥겔스가 말일세. 가장 먼저 자네의 전기를 쓴 원고 초안을 서랍에서 꺼내 읽어보았지.

불현듯 다시 쓰고 싶더군. 저 어린 시절의 꿈이었던 서사시극을 완성하고 싶었던 걸세. 살아 있는 내 친구를 주인공으로 말이야. 자네는 악마이자 신성이었지. 두 속성이 공존했다는 뜻이 아니라네. 자본가와 반민주적 권력자에겐 내내 붉은 악마였지만 노동인에겐 거룩한 존재였어. 나는 인류의 다음 세대는 자네를 있는 그대로 보길 바라네. 그렇기에 증오와 공포의 대상인 악령도, 찬양과 숭배의 대상인 성상도 아닌, 참 아름다웠던 한 사람을 '수염 없는 맑스'로 표상한 걸세.

자네의 삶을 기록하며 혁명의 문학과 문학의 혁명 이야기를 했었지. 그대는 모든 사람이 자신을 실현하는 사회, 인간성의 전면적인 발전을 꿈꾼 위대한 작가였어. 자신의 삶도 문학으로 형성했지. 사람이 곧 문학이라면, 그대야말로 불후의 걸작이라네. 그래, 아직도 다 알려지지 않은 걸작은 《자본》이 아니라 귀하라네. 인류를 위하여 헌신하겠노라 다짐한 청소년, 아프리카 대륙에서 사자 갈기와 하얀 수염을 깨끗이 깎은 노인 말일세.

민망하지만 내가 쓴 최후의 원고도 혁명의 문학이 되기를 바라며 전면 수정했지. 너무 과한 소망일까, 첫 소설에? 하지만 어쩌겠나. 마지막 소설일 텐데.

1895년 4월 24일 마침내 수정 원고를 탈고했네. 원고가 완성되면 투시와 리프크네히트에게 보여주고 교차 확인할 셈이었지만 아직도 망설이고 있어. 자네를 신성시하는 사람들의 예배 행위를 좀 더 지켜보고 싶기도 하네. 새로운 세기, 20세기를 앞두고 출간할까도 싶어. 내 친구의 탄생 80주년에 맞춘다면 1898년 5월이 좋을까.

1900년이면 내 출생도 팔십 돌인데 그날까지 살고 싶은 욕심이 부질없이 부쩍 늘고 있네. 바야흐로 노동인의 세기가 될 20세기의 새벽을 맞고 싶은 걸세. 죽음을 앞두고 예니가 왜 이 눈물의 골짜기에 미련이 커지는지 모르겠다고 했던 그 간절함을 절감하고 있어.

사뭇 죽음에 초연한 듯 딴청 피워왔네만 아직도 내가 죽는다는 사실이 도무지 실감 나지 않아. 내게 주어진 시간에 원고를 조금 더 다듬어보려네.

자네는 탈고한 뒤에도 늘 수정을 거푸하며 예술적 완성을 기했잖은가. 이 원고도 자네의 유고와 같은 운명을 맞이할지 모르겠어(그런데 내 유고는 누가 출간해줄까, 그 사람을 위해 새붉은 포도주 한 병 서재에 숨겨놓고 싶군).*

* 엥겔스가 서재에 숨겨두었을 새붉은 포도주의 운명은 알 길이 없다. 이 유고가 진본임을 학계가 공인할 확실한 증거도 아직까진 찾을 수 없었다. 다만, 맑스의 일생을 기록한 연구자들의 탁월한 성과, 이를테면 갈리나 세레브랴코바의 《프로메테우스》, 하인리히 켐코브의 《맑스 엥겔스 평전》, 메리 게이브리얼의 《사랑과 자본》 트리스트럼 헌트의 《프록코트를 입은 공산주의

친구, 자네가 언제나 강조했듯 인류의 새로운 미래에 유일한 희망은 '노동인의 지적 발전' 또는 '지적으로 발전한 노동인'이지. 그래야 노동인이 새로운 역사를 형성할 주체가 될 수 있고 '입술의 사랑'이 아닌 '과학적 사랑'으로 무장한 단결이 가능한데도 지적 성숙에 생판 관심 없는 공상주의자들이 아직도 목소리를 높이고 있다네.

게다가 '칼 맑스'를 신앙으로 섬기는 자들도 곰비임비 생겨나고 있네. 여북하면 이미 자네가 "나는 맑스주의자가 아니다"라고 명토 박았겠나. 맑스주의자들은 맑스의 눈부신 진실을 앞으로도 마주할 수 없을 걸세. 고루하고 허약한 시력으로 무엇을 볼 수 있겠는가.

아무것도 아닌 내 뒤를 이을 이른바 후계자 자리를 놓고서도 벌써 으밀아밀 속닥이거나 숭배자를 자처하는 무리를 보노라면 우악스런 독재자의 형상이 아른거린다네. 우리를 정통 노선이라는 이름 아래 가두려는 저들을 보며 중세 기독교의 마녀사냥이 혹 다음 세기에 재현되지는 않을까 걱정이 되지만, 정녕 쓰잘머리 없이 밤잠 설치는 늙은이의 망상이겠지? 제발 그러기를

자》를 비롯한 여러 저작의 내용과 일치하는 대목이 많아 신뢰성을 높여주고 있다. 맑스 탄생 200돌을 맞는 2018년 현재까지도 맑스와 엥겔스의 원고들은 절반 조금 넘게 출간되었을 뿐이다. 엥겔스 사후 원고들이 흩어졌기 때문이다.

바라네.

그래서라도 더 꾹꾹 눌러 적어두고 싶군. 내 친구, 아니, 우리 친구의 사상은 학습할 교시가 아니라 학습하는 방법임을, 길이 아니라 길라잡이임을 말일세.

칼, 친구와 포도주는 오랠수록 좋다고 하지. 내 몸의 마지막 피가 한 방울 돌 때까지 모든 나라의 노동인과 빛깔 좋은 포도주—저 오래전의 젊은 랍비처럼 비유하자면 '내 친구의 피'—를 나누며 절창하고 싶네, 부활한 그대와 어깨동무하며.

"학습하라, 토론하라, 사랑하라."*

* 엥겔스는 1895년 8월 영면했다. 병석에서 눈감기 직전 투시에게 프레디가 맑스의 아들임을 알려주었다. 엥겔스의 유해는 유언대로 공개적 장례식 없이 화장해서 그가 사랑했던 영국 해안의 바다에 뿌려졌다. 맑스의 아들 프레디 데무트는 러시아 혁명을 살아서 지켜본 유일한 칼의 자식이다. 투시와 리프크네히트가 이 원고를 보았는지 확인할 수는 없었다. 두 사람을 비롯한 '맑스주의자'들이 이 유고를 보았다면 불편해했을 가능성이 높다. 맑스와 엥겔스는 위대한 지도자가 '영도'하는 혁명을 상상조차 하지 않았다.

엥겔스가 그린 칼 맑스의 수염 없는 초상

디어 맑스
ⓒ손석춘, 2018

초판 1쇄 2018년 4월 24일 발행

지은이 손석춘
펴낸이 김성실
책임편집 박성훈
교정교열 김하현
표지 공중정원 박진범
본문 채은아
제작 한영문화사

펴낸곳 시대의창   **등록** 제10-1756호(1999. 5. 11)
주소 03985 서울시 마포구 연희로 19-1
전화 02)335-6121   **팩스** 02)325-5607
전자우편 sidaebooks@daum.net
페이스북 www.facebook.com/sidaebooks
트위터 @sidaebooks

ISBN 978-89-5940-667-8 (03990)

잘못된 책은 구입하신 곳에서 바꾸어드립니다.

이 도서의 국립중앙도서관 출판시도서목록(CIP)은
서지정보유통지원시스템 홈페이지(http://seoji.nl.go.kr)와
국가자료공동목록시스템(http://www.nl.go.kr/kolisnet)에서 이용하실 수 있습니다.
(CIP제어번호: CIP2018011250)